리조트관광지

진화, 관리 그리고 개발

지은이 **브루스 프리도**
마케팅과 관공관리학과교수
오스트레일리아 제임스 쿡 대학교

옮긴이 **박형서**
리조트개발학과(산림조경학과) 교수
대구한의대학교

대구한의대학교 출판부

리조트 관광지

진화, 관리 그리고 개발

초판 찍은날 2014년 5월 20일

지은이 브루스 프리도
옮긴이 박형서
펴낸이 변창훈
펴낸곳 대구한의대학교 출판부
주　소 712-715 경북 경산시 한의대로 1
전　화 053-819-1577,1578
등　록 1987년 11월 21일
ISBN 978-89-87696-99-7

※ 값은 표지 뒷면에 있습니다.

헌정사

내생애에 매우 특별한 사람, 나의 사랑하는 아내 린과 우리 아이들 질리안, 벤자민, 조슈아 크리스틴과 제레미에게.

당신들의 인내와 지원 그리고 용기를 북돋아준데 대하여 감사하며 그것이 없었다면 이 책은 결코 나오지 못했을 것이다.

제 6장을 쓰는데 도움을 준 에레나 일즈, 내가 긴 여행을 완성하도록 용기를 준 살리노스와 같은 팀으로서 전과정을 통하여 나를 안내해준 엘스비어 등 이 프로젝트에 대한 그들의 충고에 감사하며 많은 나의 동료들에게 감사를 표한다.

머릿말

관광목적지와 리조트는 관광 시스템의 개발 및 운영에 있어서 주요 구축분야이다. 목적지와 리조트의 생존, 지속성과 장기적 관리는 건강한 글로벌 관광 시스템에 중대한 요소이다. 관광지와 리조트의 개발, 관리, 지속성, 마케팅, 역사 등 상황에 대한 많은 논의가 있었지만 큰 간극이 남아있다. 이책의 목적은 미래는 재정의 되어야 할 정도로 빠르게 변화하는 환경 속에서 아직은 확실하지 않지만 미래에 대하여 숙고하고 미래를 위하여 계획되어야 하는 하나의 방법으로서 광의적인 의미에서 특별히 지속가능성을 강조함으로써 이런 간극을 분석하는 것이다.

유엔보고서에 따르면 기후변화와 미래 세계인구를 위한 식량과 주거를 제공하기 위한 막대한 비용은 오늘날보다 2050년에는 50%정도 높아질 것이라는 사실은 기본적인 삶을 제공하기 위한 글로벌 시장을 팽팽하게 긴장시키고 국제 정치 시스템에 심대한 도전을 가져올 것이다. 기후변화에 직면한 가장 최근의 뉴스는 IPCC의 해수면 변화 전망이 현저하게 낮게 추정되었으며 1미터 이상 상승한다는 것이 보다 더 현실성이 있는 것 같다. 이런 사실은 해안관광과 해안가에 거주하는 전세계 50%의 인구에게 중대한 의미가 있다.

세계경제위기의 인식하에서 세계시장의 재편은 기본적으로 신자유주의적 시장체제에서 좀 더 통제된 시장체제로 움직여 간다. 이런 모든 힘과 이 책에서 토론되고 있는 많은 것은 새로운 세상(환경)을 창조할 것이다. 이 같은 환경 속에서는 성장에 한계를 인식하는 지속가능성의 영향을 고려하는 범위 내에서 관광이 계속 진흥될 것이다. 관광지는 이런 현실에 순응하는 것이 필요하다. 이책이 적어도 점증하는 기후변화의 소용돌이와 악화되는 지속가능성을 관광지 측면에서 우리가 어떻게 대응해야 할 것인가에 대한 필요한 논의에 기여할 수 있기를 기대한다.

브루스 프리도

차 례

제1장 서론

변화에 직면했을 때 혁신이 성공의 전략이다

관광지는 세계관광시스템의 중요하고 지적으로 매력적인 요소이다. 학문적 측면에서 관광지(리조트)는 연구를 위한 풍부한 토대를 제공하고 있다. 1980년 버틀러의 '관광지 생애주기'의 출판으로 촉발된 30년간의 논쟁은 관광지 및 리조트와 관련된 이슈를 불러일으키면서 이에 대한 열정을 보여주고 있다. 그러나 놀랍게도 이런 논쟁은 전반적인 관광시스템내에서 관광지의 역할에 관한 좀 더 일반적인 토론에 중점을 두지 않고 관광지 및 리조트의 특수한 형태와 관광지와 리조트가 직면하는 문제점에 초점을 맞추고 있다. 더군다나, 최근 관광지의 구조나 관리에 영향을 미치기 시작하는 기후변화, 도시화율의 증가, 오일피크를 포함하는 주요한 이슈에 대한 연구가 부족하다는 것이다. 세계관광기구(WTO, 2002)와 에어버스 인더스트리(에어버스 인더스트리, 2007)를 포함하는 관광을 선도하는 회사는 국제관광의 의미있는 성장을 예상하고 있으나 베켄(2007)이 상기했듯이 현실적으로 우리는 오일에 대한 수요는 증가하지만 오일 생산감소 시대로 움직이기 시작함에 따라 오일에 의존하는 항공분야는 이용 가능한 제트연료의 상당한 부족현상에 직면할 것이다. 이런 중요한 변화에 따라 관광지에 대한 시사점은 보다 구체적으로 분석되어야 할 것이다. 연구의 공백을 보완하는 과정을 시작하기 위하여 이책은 특수한 관광지의 형태(도시, 해안지역, 산악 및 도서)에 대한 대응으로 관광지의 특수한 측면(모델링, 계획, 교통과 위기관리)에서부터 이런 변화에 까지 이르는 연구의 통합을 통하여 관광지를 분석한다. 그 다음에 어떻게 관광지가 미래의 중요한 도전에 대응할 것인가에 대하여 초점을 맞춘 과제토론으로 이어진다.

이런 의문에 대한 분야는 이미 많은 저술이 이루어졌다는 이같은 자세는 위험한 발상이다. 단일저서는 호도되거나 소홀하게 다루어지는 이슈의 결과를 가져와서 구체적인 관심의 각 분야를 포괄할 수 없는 것이다. 그러나 본보고서의 목적은 관광지 연구의 특수한 측면에 대한 철저한 분석을 이해하는 것이 아니라 오히려 관광지나 리조트 현상에 대한 연구에 있어서 많은 주제를 함께 끄집어내고, 새로운 방향을 조장하는 보다 전체론적인 형식에서 주제들을 적용해보는 것이다. 이 책의 구성은 그림 1.1에 나타나있다. 본장에서는 각장에서 채용한 접근방법을 시작으로 책 후반에서 이슈 범위의 논의를 위한 배경을 설정한다. 동시에 각장에서 논의될 여러 주요개념에 대한 전반적이고 간략한 개요를 담고 있다.

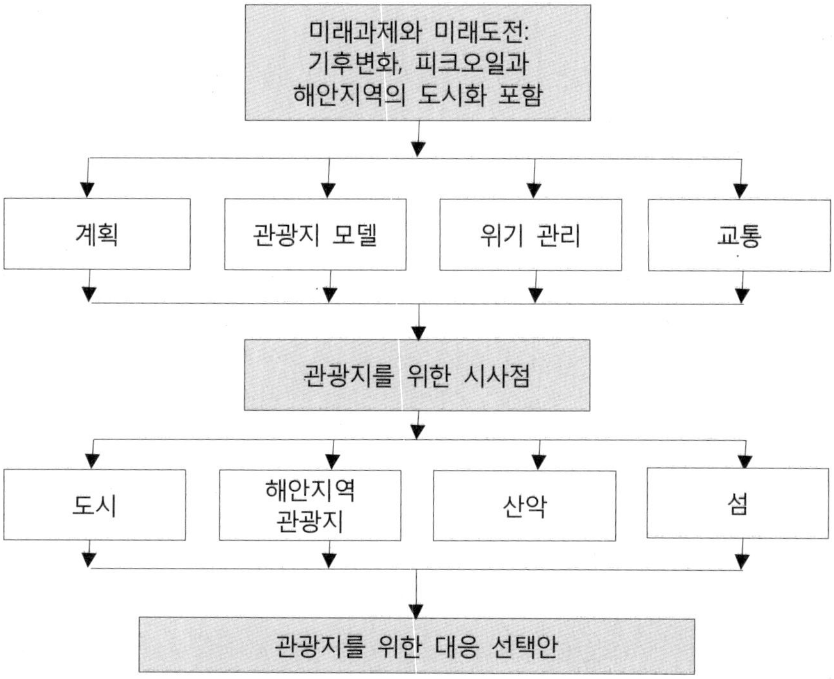

〈그림 1.1〉 본 책의 구성

사용된 접근법

제 2장은 관광지 모델, 모델의 목적, 그리고 모델이 어떻게 이용되고 남용되는지 사례에 대한 논의로 시작된다. 모델은 복잡한 현상(문제)을 설명하는데 자주 활용되는 방법이지만 설명의 단계를 넘어서는 알 수 없는 부분이 있다는 한계를 가지고 있다. 결론적으로 실제 생활상황에서 정책결정자나 계획가가 해결책을 도출하기 위하여 일상적으로 사용될 수 있는 정도까지 모델이 작동하는 경우는 거의 없다. 이런 현상은 다른 사회과학분야에서도 복잡하고, 시간 의존적이고, 다양

한 문제 등을 정형화하기 위한 모델화를 시도할 때 자주 접하게 되는 비슷한 어려움이다. 자연과학 분야에서는 컴퓨터 모델링은 항공기, 우주선, 교량과 선박 등 복잡한 구조를 세우고 건설하는데 유용하게 활용된다. 제 2장(그림 2.8)에서 제안된 원시적인 간단한 분석수단이라도 관광지의 운영에 대한 이해를 하는데 수단을 풍부하게 할 수 있다. 관광모델의 주류는 필수적으로 보다 복잡한 현실을 단순화한 형식이다. 결과적으로 특수한 분야의 문제를 해결하기 위한 특수한 모델그룹의 적용은 단순한 모델의 적용이 얻을 수 있는 것보다 더 구체적이고 적확한 관점을 줄 것이다. 보다 중요한 것은 대부분의 관광모델은 이론으로서 좀 더 적절하게 상황이 설명되어질 수 있고 그렇게 다루어져야 한다는 것을 인식할 필요가 있다. 이런 자연에 대한 모델은 과거의 흐름을 분석하거나 수단을 가르치는데 우수하지만 이런 모델은 미래를 계획하는 데는 적절하지 않다. 경제학자들이 컴퓨터에 의한 복잡한 개량경제모델을 이용하는 국가경제모델을 추구하는 것과 같이 관광 연구자들이 관광지를 계획하거나 관리하는데 도움을 줄 수 있는 새로운 예측모델을 생성하기 위하여 경제학자들과 다른 전문가들과 한 팀을 형성할 필요가 있다.

효과적인 관광지 관리와 지속가능한 미래를 위한 기본적인 요구사항은 뒷장에서 강조하듯이 효과적이고 심사숙고하는 과학과 조심스러운 협력을 염두에 둔 계획이 없다면 달성될 수 없다. 복잡하고 시간이 소요되는 계획은 결과중심적인 것을 수용하는 행정적, 관리적 프로세스가 아니라 집단적 대화와 토론과 수용을 조장하는 과정으로 이해된다. 이런 곳에는 물리적, 자연적 환경에 의해 부과되는 제한이 있고 동시에 모든 이해관계자의 의견을 인정하는 것이다. 앞으로 대변혁의 시대에서 토론이란 미래는 현재와 다르다는 것을 인정하도록 하는 본질이다. 이런 것이 관광지계획에 있어서 항상 현실적인 것은 아니다. 계획수립의 조급함 속에서 행정가, 계획가와 투자자는 자주 시간의 복잡함과 변화의 메커니즘을 무시한다. 과거 흐름의 분석에서 조차도 시간과 변화의 역동적 특징과 예측의 어려움이 있고 그리고 비용적 경고를 무시한 측면을 드러내 보여 줄 수 있다. 근본적으로 과거의 관계가 미래에도 그대로 답습되는 것은 거의 없기 때문에 예측은 높은 정확도를 가질 수 없다. 그러나 더욱더 미래를 형성하는 힘을 알아내고 위협을 최소화하고 기회를 극대화하는 미래지향적 계획을 위한 전략을 개발하는 것이 필요하다.

뉴올리안즈는 2005년 8월 29일에 카트리나 허리케인이 도시에 불어 닥쳤을 때 발생된 재난에 대한준비가 부족했다. 1,800명 이상의 인명이 사망했고 피해액이

800억 달러를 넘는 것으로 추산 되었다. 시와 중앙 및 지방정부의 각 기관들은 재난발생에 대한 준비를 하지 않았다. 3년이 지난 허리케인 구스타프 때 (2008년 9월 3일에 발생)는 완전히 다른 상황을 보았다. 3백만 명의 주거민이 허리케인이 시에 접근하기 전 몇일 동안 대피를 시작했고, 시민긴급구조청과 군대는 시민의 행정을 지원하기 위하여 잘 조직되고 훈련되어 있었다. 카트리나 이전의 재난계획은 카트리나와 같은 위력을 가진 허리케인에의 공격이 1백년 발생빈도 가능성을 대체적으로 무시했다. 카트리나 이후에는 1백년 빈도가능성은 그런 재난이 1백년내에 일어나는 것을 뜻하는 것이 아니라 시설 보수자들은 미래에 발생할 이런 강도의 허리케인에 대비한 준비를 하여야 한다는 것이 명백해졌다. 제 5장에서 논의한 바와 같이 재난계획은 선택의 행위에서 관광계획과 시장마케팅전략에 필수적인 요소로 포함되어야 하는 것으로 전환될 필요가 있다.

계획의 중심적 목적은 바람직하고 오늘의 상황보다 개선된 미래를 개발하는 것이다. 많은 이해당사자를 위하여 바람직한 미래는 현재보다 크고 더 매력적인 관광지로 인식된다. 실제로는 지속가능한 관광지를 조성하는 것이 더 중요하다. 민간이나 공공에서 투자계획을 위해 자주 사용되는 미래관광 흐름의 전망은 장기적으로 정확도가 떨어지고 자주 예측하지 못한 것을 포함하지 않는다. 제 3장과 10장에서는 미래에 영향을 주는 요소의 수를 고려하고 사회, 경제, 자연속에서 현재 관찰할 수 있는 변화의 요소란 측면에서 미래가 어떻게 이해될 수 있는지에 대하여 토론한다. 현재에 활용할 수 있는 방법으로 얻을 수 있는 것 보다 철학적으로 미래를 일견해 볼 수 있고 장래의 가능성을 제시하는 추가적인 계획수단으로서 다른 예측방법과 결합하여 활용되는 시나리오 방법이 있다. 그럼에도 불구하고 예측의 대안적 방법으로의 시나리오 가능성은 대체적으로 무시되고 있는데 이는 아마도 대안선택의 부담을 안고있는 개념적 미래 예측형식보다는 미래 관광흐름의 계량적 전망이 사용자들로 하여금 이해하기 쉽기 때문이다.

연간단위로 계산된 자료에 기초하여 관광흐름의 특정한 패턴을 전망하는 것이 어렵지만 지난세기 동안 통합된 관광흐름의 패턴은 글로벌 GDP 증가를 상회하고 있고, 여행경비를 감소시키며 안전, 편안, 풍요를 가져온 새로운 기술을 꾸준히 채용한 글로벌수송시스템의 지원으로 상승방향을 나타내고 있다. 그러나 놀랍게도 관광관련 보고서는 수송중심의 관광연구 수행을 다른 분야에 넘겨주고, 관광진흥에 있어서 동작 주체로서 교통체계의 역할을 무시하고 있다. 제 4장에서 주장하듯이 교통은 글로벌 관광시스템에서 중요한 요소이며 교통요소는 가까운 장래에 기후변화를 완화시키는 정책과 예상되는 국제 석유공급의 감소로 인하여 점증하는 압력을 겪게 될 것이다(듀발, 2007; 베켄, 2008). 교통역할은 오랫동안 주어진 것으로 보거나 무시되어 왔기 때문에 많은 연구자와 관광지는 그들 앞에 놓여진 잠재적 위험성을 인지하지 못한 채로 있거나 혹은 더 나쁜 것은 이런 위험성을 부정하고 있는 것이다. 본장에서는 교통산업이 탄소거래를 포함한 기후변화 완화정책의 비용도전에 대응하는 방식이 3세대 바이오연료와 다른 대체연료를 포함한 새로운 기술을 채택할 수 있고, 급속한 도시화의 압력에 대한 적응할 수 있는 이런 형식이 미래의 모든 형태의 관광지 수요 패턴을 형성하는데 주요 요소가 될 것이라는 것을 논의하면서 교통 이슈를 미래연구의 최우선의 위치에 놓고 있다.

위기관리란 주제는 관광지 관리의 기본적 요소로서 개발되고 인정되어야 한다. 위기란 특수한 이벤트로서 예측이 어렵지만 관광지 계획과 관리에 포함되어야 한다. 앞서 뉴올리안즈에 관한 토론은 준비되지 않은 관광지(2005년의 뉴올리안즈)와 준비된 곳(2008년의 뉴올리안즈)과의 차이점을 강조하고 있다. 위기는 종합적 현상이며 학계, 정책결정자, 계획가 그리고 민간부문에서 비상한 관심을 가져야 함이 명백해졌다.

뒷장에서 논의한 바와 같이 미래의 관광과 관광지에 직면할 위기의 본질은 현재에도 감지될 수 있다. 국제교통 시스템이 직면하는 주요 이슈에 대한 앞의 토론은 많은 문제 중의 하나이다. 우리는 지금 오일 사용가능성은 중요한 문제가 되고 있으며 각 나라의 정책결정자들은 그 해답을 찾기 위한 노력을 시작하고 있다는 것을 잘 알고 있다. 관광 관련 저서가 연구 아젠다에 있어서 위기에 대한 연구를 보다 주요한 위치에 올려놓고 있으나 위기연구의 방향에 대한 반사적이고 반응적 상태에 머물고 있다. 최근에 위기가 분석되고 그 대응 틀이 제안되고 있으나 미래 위기에 대한 고려는 주로 경시되고 있다. 이제는 과거의 교훈을 지속적으로 발견하는 한편 미래에 고려해야 할 일은 닥쳐올 위기에 대한 연구로 옮아갈 때이다.

과거는 어떻게 사회구조속에서 상호관계가 발전되고 조직과 개인이 동시대의 복잡한 세상이라는 모자이크 속에 적응하는 가에 대한 올바른 평가를 개발하기 위해 요구되는 열쇠라는 것을 이해하여야 한다. 한편 현재의 관심이 매우 중요한데 이는 장기적인 성공 혹은 관광의 다른 측면을 결정하는 미래에 우리가 어떻게 대비하고 준비하는가 하는 것이다. 만약 우리가 더 나은 미래를 성취하기 위한 정책이나 다른 행동을 형성하거나 방향을 구한다면 우리는 오늘날 형성된 요소들이 시간이지나면서 어떻게 역할을 하고 간섭을 통하여 더 바람직한 미래를 창조해나가는 것이 가능한 가를 이해하는 것이 필요하다. 그림 1.2는 제 10장에서 좀 더 구체적으로 발전될 변화의 개념을 나타내고 있다. 변화는 가끔 이해도 되지 않고 일반적으로 주목되지 않지만 그러나 새로운 질서나 존재 상태에 앞서 끊임없이 일어나는 것이다. 변화는 사회와 관광을 창출한다. 논의된 것처럼 성공적인 관광지는 변화를 이해하고, 변화의 의미가 관광지의 경쟁력과 바람직함을 제고하는 방향으로 변화시키는 길이라는 것을 이해하도록 해야 한다. 성공적 관광지는 또한 혁신적인 관광지이며 새로운 아이디어를 수용하여 경쟁우위를 확보하는데 리더의 존재가 필요함을 이해하여야 한다.

가능한 한 이 책에서 고려되는 다양한 형태의 관광지는 과거는 현재를 형성하고 현재는 어느 정도 미래를 형성한다는 믿음 속에 과거와, 현재 그리고 미래를 모두 주목하고 있다. 그림 1.2는 시간과 사건의 이런 아이디어의 요약을 보여주고 있다. 계획, 모델링, 위기관리, 미래와 지속가능성의 이슈의 주제가 관광지란 측면에서 어떻게 이해되어야 하는가를 탐구하는데 있어서 4개의 특정한 관광지의 구분이 분석을 위하여 설정되었다. 각 관광지 형태는 앞의 주제들의 영향을 분석하는 기회를 제공한다.

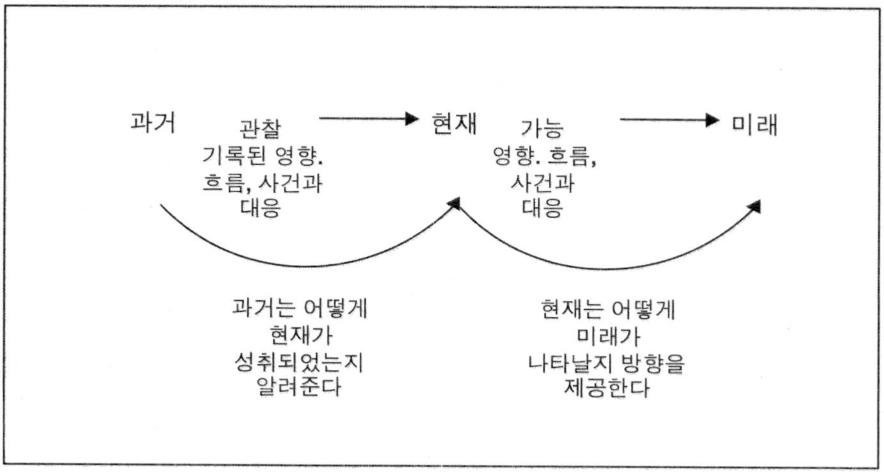

〈그림 1.2〉 현재, 과거와 미래간의 상호 관계

과거에 공간과 환경적 고려에 우선하여 타입, 기능과 활동 범주를 강조하는 맥락에서 도시의 역할을 평가하는 전통이 있어왔다. 그 결과 역사도시, 도시관광지 그리고 해안 리조트의 역할에 대한 연구보고서는 풍부해졌다. 대신에 도시와 주변의 공간 및 생태환경간의 관계에 대한 고려를 강조하는 것은 많지 않다. 이런 이유 때문에 해안관광 연구는 해안 리조트와 그들간의 연계 관광시스템에 초점을 맞춘 반면 리조트가 존재하는 공간적, 생태적 정황은 대체적으로 무시되고 있다. 제 6장은 도시가 변화에 어떻게 대응할 수 있고 미래도시가 어떤 형태로 형성될 것인지를 연구하기 전에 관광시스템에서 도시의 역할과 활동을 분류하는 전통적인 접근법을 따른다. 제 7장은 해안 관광 연구를 위해 다른 접근 방법을 채택한다. 해안도시와 관광산업은 해안관광의 입지로서 도시 및 산업의 발전보다는 차라리 해안지역에 있어서 도시 및 관광산업의 입장과 역할의 전망이 더 많은 고려사항이다. 해안관광의 의미에 대한 이런 재해석은 패쇄적인 측면에서 보다는 사회적, 생태적, 경제적, 환경적 계획과 행정관리적으로 넓은 맥락에서 해안에 위치하는 도시에 영향을 미치는 이슈를 고려할 필요를 인식하는 보다 광범위의 사회과학과 과학적 연구보고서의 출현을 가져 왔다.

해안지역의 관리에 대하여 나타나기 시작하는 규제속에서 관광의 중요성에 대한 지속적 인식은 당연한 것 같지는 않다. 관광은 다른 산업 및 다른 토지이용과 경쟁해야하고 도시경제에 기여하는 관광의 능력을 보여주어야 한다. 관광산업 전망으로부터 관광의 가치는 명백하지만 이런 견해는 해안지역에서 다른 행위와 공유하지 않아야 한다는 것이다. 해안지역의 관리에 직면한 이슈와 관련하여 발생되고 있는 보다 넓은 논쟁에서 이같은 관광의 가치를 증명하고 해안지역에 함께 존재해야함을 정당화하기 위하여, 관광산업은 산업과 규제적 제한을 넘어서고, 다가올 큰 흐름(트렌드)에 정통하기 위한 폭넓은 연구에 자금을 지원하여야 한다. 또한 해안지역과 관련한 논쟁에서 다른 행위(용도)자들과 관광의 적합성을 증명하고 그 위치를 확보하여야 한다.

산악은 최근 수십년간 거대한 관광관심을 끄는 자연풍경의 특징에서 뛰어나다. 스키, 외진 산악지역의 개방을 포함한 레크리에이션 행위의 자유화는 환경적 비용이 없는 것은 아니지만 새로운 사계절 놀이터를 제공해 주고 있다. 제 8장에서 토론처럼 산악은 매혹적이고 도전적이다. 그럼에도 불구하고 산악의 거대한 존재는 무자비한 개발의 영향으로 환경시스템적으로 깨지기 쉬운 취약한 곳이다. 다른 환경체계로서 이 책에서 언급하고 있는 기후변화는 산촌사회와 환경체계, 그리고 산악풍광을 활용하는 관광의 미래 지속가능성에 중요한 영향을 미치는 것 같다. 앞으로 출현할 위험을 인식하고, 적응성을 강화해주는 계획기법을 개발하며 발전을 가져올 혁신적 접근법을 채택함으로써 산악관광지의 역량은 관광지의 국제적 우선순위에 있어서 미래의 위치를 결정할 것이다.

섬은 소설가, 영화제작자, 시장상인을 위한 오랜 장소로서 매력적이고 신비로움을 가지고 있다. 그들이 창출해낸 이미지는 일반적으로 놀이, 탈출, 편안함을 위한 매력적인 장소로서 섬을 바라볼 수 있도록 만들었다. 수많은 섬 지역사회는 이런 시각에 잡혀있고 경제발전의 수단으로서 관광을 장려하고 있지만 그러나 그 과정에서 그들의 사회, 경제, 문화와 자연환경이 어떤 경우에는 잘 관리되지 않은 채 변화에 노출되었다. 제 9장은 섬 관광지의 미래 생존능력에 대한 영향을 주기 시작하는 이슈의 범위를 분석한다. 섬 관광지는 세계화, 사회변화, 기후변화, 오일피크 등의 이슈에 어떻게 대응할 것이며 지속가능과 관련한 지방의 이슈와 섬 관광산업이 매일 직면하는 다른 과다한 이슈들에 어떻게 대응할 것인가가 미래의 성공과 글로벌 관광산업에서 위치를 결정할 것이다.

이 책은 두 가지 측면에서 관광지 연구의 정립을 목적으로 하고 있다. 즉 관광지는 관광시스템의 주요 요소라는 관광측면, 또 하나는 좀 더 넓은 글로벌 의미에서 관광은 글로벌 경제 성장으로부터 얻는 이익을 가지지만 새로운 글로벌 이슈가 발생되고 해법이 개발됨에 따라 미래에 문제를 경험하게 될 수많은 산업중의 하나라는 것이다. 관광은 경쟁하는 많은 행위자중의 하나로서 이 큰 외부환경을 소홀히 하는 것은 관광수요와 그 수요를 만족시킬 수 있는 관광지의 능력을 형성하는 중요한 사건을 무시하는 것이다. 기후변화의 이슈는 가까운 미래에 관광에 대하여 영향을 미치는 주요 요소로서 점차 인식되고 있다. 또한 많은 요소들 즉 변화하는 소비자의 수요 패턴, 가족구성원의 자연적 변화, 소비자 수요의 다른 분야로부터의 도전자, 오일 피크, 세계 인구증가, 글로벌 규모의 빠른 도시화, 새로운 기술, 지속가능성 대한 요구, 식품 안전, 정치적 갈등, 정치적 목소리를 위한 일단의 그룹의 폭동과 분쟁, 물의 안전과 보편성 등을 포함하는 요소들이 고려되어야 한다. 이런 많은 이슈들은 관광 연구자들이 무시했거나 낮은 우선순위로 인식하였다. 그러나 아시아 경제위기(1997-1998), 2003년의 사스(SARS) 그리고 미국에 대한 9.11 테러와 같은 사건의 영향은 위기와 연관된 이슈를 무시하는 것이 그런 위기를 소멸시키지 못하고, 많은 경우에 있어서 라바울(20세기판 폼페이)에서 일어난 화산폭발로 나타난 것처럼 위기인식의 실패는 막대한 손실과 회복을 지연시킨다는 것을 보여주고 있다.

혁신

관광의 견지에서 혁신은 지속가능하고 순응적이고 경쟁력있는 관광개발을 성취하는 중심이다(카슨과 제이콥슨, 2005). 혁신의 과정은 어떤 특정한 상황에 대한 인식, 적응 그리고 새로운 아이디어와 기술의 성공적 채택으로 설명한다(로저스, 1995). 리 외(2000)는 체계적 혁신이란 새로운 아이디어를 창출하고 이를 생산과 과정 및 서비스의 창조나 개선에 적용하는 지속적인 프로세스로 설명하고 있다. 관광산업에 있어서 혁신은 현존하는 자원을 활용하는 반면 새로운 아이디어를 창출하는데 활용하는 다양한 접근방법을 확인하는 것을 포함하고 있다(맥베스와 카슨, 2005).

관광지 측면에서 제이콥슨(2005)은 혁신적 관광지를 개발하기 위하여 필요한 요소들을 다음과 같이 정의하고 있다.

- 변화를 이끄는 예측가능한 위험을 파악하는 필요성과 이런 과정에서 필요한 자원을 얻고 정의할 수 있는 기술을 인정할 수 있는 센스있는 리더십
- 이런 시스템하에서 효과적인 협력관계와 파트너십을 형성할 수 있는 능력
- 시장에 관한 지식을 수집하고 배분하는 능력
- 공공과 민간섹터 그리고 소비자간의 효과적인 상호관계
- 새로운 아이디어와 기술채택에 호의적
- 새로운 아이디어를 검증하고 실패를 허용할 수 있는 자금, 인프라, 지식 등을 포함한 충분한 사회적 자원
- 개발을 위한 다양한 선택을 제시하고 자원의 사용에 대하여 대안적 시각을 고취하는 자연적, 문화적 자산을 포함한 중요한 항목

잘 알려진 로저스(1995)의 혁신에 관한 모델에서 혁신이란 일찍, 늦게 그리고 끝까지 채택하지 않는 마지막 그룹으로 설명되는 다양한 사람들에 의해 추종되는 새로운 아이디어를 혁신자가 추구하고, 취하는데 있어서 시간을 요하는 과정으로 설명하고 있다. 혁신은 초기 채택자에게 새로운 생산물을 시작할 수 있고 그 과정에서 이익을 증가시킬 수 있는 시간적으로 유리한 위치를 준다. 후발 채택자가 시장에 진입했을 때는 경쟁은 점증하고 적정한 이익을 확보하는데 어려움이 있다는 것을 알 것이다.

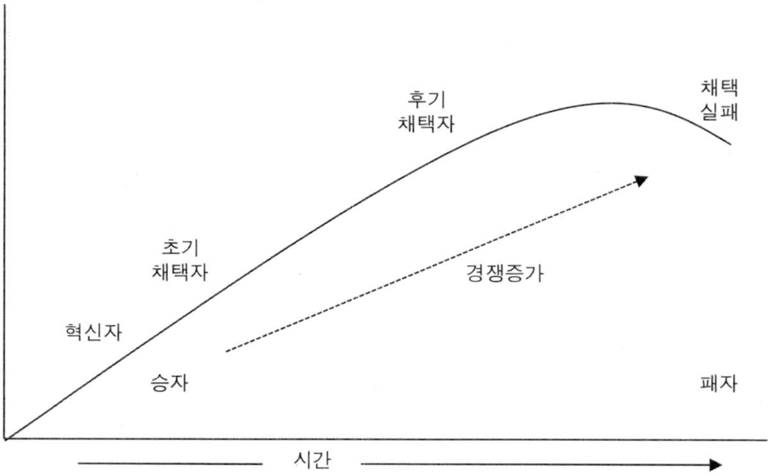

〈그림 1.3〉 로저스의 혁신모델
자료: 로저스(1995)를 수정

이 책의 후반부에서 논의하는 것과 같이 혁신은 많은 관광지가 직면하기 시작하는 위험에 성공적으로 대응하는 중요한 전략이다. 불행히도 관광의 특수분야의 연구는 아직 초기단계에 있지만 연구분야로서 혁신에 대한 문헌은 많으며 점차 증가하고 있다.

정의의 문제

국제적 견지에서 관광지에 대한 연구를 접근할 때 리조트와 관광지의 적절한 용어 사용에 관한 개념정의 문제가 남아있다는 것이 명확해지고 있다. 부분적으로는 산업계나 정책결정자들에 의해 이런 용어들이 사용된 결과이며, 이 용어는 원래 문맥상으로 사용되고 있다. 리조트는 정의의 목적에 따라 다양한 시각으로부터 그리고 여러 가지 방법으로 정의되고 있다. 오스트레일리아에서는 리조트란 용어는 가끔 관광지 용어와 혼용되고 있다. 이 용어는 또한 구체적인 뜻으로서 개인적 재산의 뜻으로 사용되기도 하여 혼란을 가져온다. 킹(1994)은 명사나 동사로서 리조트란 단어의 사용과는 별개로 형용사로서 사용되는 것은 거의 정의되지 않고 있으며 매우 특정된 것에서부터 매우 모호한 것까지 범위의 위치적 장소를 설명하기 위하여 사용된다고 한다. 크레이크(1991)는 리조트란 용어를 오용과 책망의 뜻으로 사용하였다. 크레이크에 따르면 많은 해안 리조트에서 가능한 대규모 관광경험에 대한 실행 가능한 대안의 부재 때문에 관광은 잘 가게 되는 것(resorted to)으로 이해한다.

이 용어의 사용 초창기에는 리조트는 해안휴양지방, 산악스키 타운을 묘사(설명)하기 위하여 사용되었다. 유럽에서 리조트란 의미는 관광활동이 주로 이루어지는 특별한 속성을 가지는 실체로 이해되고 있다. 해안과 산악 리조트는 이런 의미로 사용된 예이다. 같은 맥락에서 관광지란 용어는 주(도)급(예를 들어 태즈메이니아, 로드 아일랜드, 저지, 라자스탄, 웨일즈 등) 규모에서부터 국가 또는 몇 개의 국가를 포함하는 보다 큰 규모의 특정지역을 설명할 때 사용되기도 한다. 리조트-관광지 연속체에 대한 유럽의 시각은 남부 잉글랜드에서 잘 보여주고 있는데 토키와 패드스토를 포함하는 콘월 지방은 리조트로 분류되는 반면 콘웰은 관광지로 분류되고 있다. 아시아에서 쿠타(발리섬에 있는)는 리조트로 분류되는 반면 발리는 관광지로 분류되고 있다. 관광연구에서 널리 쓰이는 명확한 정의가 부족한 상황이기 때문에 다른 사회과학에서처럼 정의의 문제가 모호하고 지속적인 논쟁의 주제가 되고 있다. 현재 논쟁의 상황하에서 리조트의 세계적인 정의를 확립하는 것은 가능하지 않으며 그렇게 하는 것이 바람직하지도 않다. 리조트가 관광이 주요 경제활동으로 이루어지는 해안 지역에 적용되는 것과 같은 전통적인 용어 사용의 인식속에서 제 7장에서는 한정된 범위로 이용되지만 이 책에서 관광지란 개념은 지속성을 달성하는 리조트의 용어로 더 많이 사용된다.

미래 글로벌 경제

세계화, 소비 트렌드의 변화, 기후변화, 오일 피크, 수자원 안전, 식품안전 그리고 세계인구 증가 등을 포함하는 미래의 이슈는 현존하는 세대의 미래뿐만 아니라 미래세대의 미래를 담보하는 방법에 있어서 이런 도전에 적응하고 대처하는 세계 사회의 능력을 시험할 것이다. 주요한 관심을 요하는 하나의 이슈는 미래 세계경제의 형태이다. 20세기 공산주의 붕괴와 그전의 파시즘은 자본주의를 경제 체제의 우월한 모델로 만들었다. 현재 경제체제 형태에 있어서 자본주의 모델은 지속적 성장의 후기 자유주의 철학에 기반을 두고 있다. 많은 재생 불가능한 자원이 소진될 것이라는 것이 정해진 것이라면 지금 형태와 같은 형태의 성장은 지속가능하거나 바람직한가? 이 책이 쓰여 질 당시에는 방임주의(Laissez-faire)의 후기자본주의 실패에 대한 토론이 시작되고, 새로이 개편된 사회자본주의를 위한 필요성이 대두되고 있던 시기였다. 사회자본주의에서는 새로이 소생된 상황이 시장규제를 위한 능동적인 간섭을 준비하였던 시대였다.

우리가 오늘날 알고 있고 수세기동안 경험해왔던 자연의 성장이 미래를 위한 대안이 되는 것을 중지한다면 기초자원의 고갈 때문에 세계경제가 어떻게 대응할 것인가를 이해하는 것은 필수적인 요소가 된다. 불행히도 기후변화에 대한 IPCC (1990)의 첫 보고서는 그 당시 폭 넓은 논의를 불러일으키는데 실패했으며 2세기가 흐른 후에서 조차 관광 관련 대부분의 보고서에서 경시되고 있다. 이런 풍조속에서 자연성장의 이슈는 이제 연구의 관심분야의 전면에 대두되어야 한다. 기본적인 이슈는 미래 어느 시점에 정책결정자의 주의를 요하고 한편 선진국의 시민들에 의해 현재 향유하고 있는 성장형태의 차단에 직면하는 개발도상국 지도자의 분노를 일으킬 것이라는 것이다. 후기 자본주의자들은 '세계경제속에서 자원은 어떻게 배분하고, 잃는 자에게 어떻게 보상할 것이며 관광은 새로운 경제체제 속에서 어느 정도로 참여하는 것이 허용될 것인가?' 라는 물음이 어려운 만큼 좀 더 숙고할 필요가 있다.

지구의 수용용량을 추정하기 위하여 생태발자국 지수 접근법을 이용하는데 크렙스(2008)는 이 방법을 통하여 지구는 이미 수용능력에 완전히 도달하였고 많은 국가들이 그들의 가능한 환경적 지원을 넘어서고 있으며 그래서 결핍상태에 있다고 관측하였다. 어떤 이는 생태발자국을 이용한 수용능력의 평가방법은 맬서스적 접근법이며 지나치게 경고추종주의자라고 주장한다. 맬서스의 기하급수적인 인구증가는 지구의 수용능력을 초과할 것이라는 그의 저서속의 우울한 전망처럼, 점증하는 혼란에 대한 성장반대론자의 전망과 생태 재앙의 예측은 광범위한 경제적, 사회적 혼란을 전망한 Y2K(2000년으로 들어설 때 날짜나 시각을 다루는 과정에서 발생하는 오류의 문제) 지지자들에 의해 표현된 두려움으로 메아리치고 있다. 성장찬성주의자는 지속적 성장에 대한 열쇠로서 혹은 극단적인 성장반대주의자들에 의해 제안된 우울한 미래의 시나리오를 최소한 비켜가는 메커니즘으로서 기술과 혁신을 지적하고 있다. 이런 접근법은 맬서스가 지구 인구의 적정수준이라고 생각했던 지점을 훨씬 넘어서는 데까지 세계인구를 허용하는 것을 지속시켜주고 있다. 미래 성장에 대한 대안적 견해는: 성장은 바람직한 것이며 해결책을 지속적으로 제공하는 수용가능한 새로운 기술적 해결책을 제공한다는 것과; 혹은 우리는 현재 지구의 수용능력의 한계를 넘어서고 있으며 더 이상의 성장은 지속가능하지 않다는 것이다. 이 근본적인 물음에 대한 해결책은 시간의 흐름과,

중요한 사건의 영향, 국제정치적 흐름의 반응을 기다려야 한다. 관광지 측면에서 그 영향은 어느 시간에 사라질 것이다. 이런 거대한 변화를 위한 준비는 매우 어렵지만 문제점은 존재한다는 것을 인식하고 시작해야만하며 계획, 생산개발과 마케팅을 위한 핵심가치로서 혁신의 채택이 뒤따라야 한다.

과학의 역할

여러 장에 걸쳐 논의한 중요한 점은 과학은 어떤 자연자원의 활용이 가능한 여러 대안 중에서 관광 사회를 알리는데 있어서 유용한 역할을 수행할 수 있다는 것이다. 자연은 요구되는 수요에 대하여 지배되고, 만들어질 수 있다는 믿음하에 일반적으로 너무 자주 개발자의 관심이나 경제가 환경보다 우선순위에 있다. 여러 상황에서 이 같은 접근방법은 환경적 보전의 악화나 손실을 가져온다는 것이 확실해졌다. 기후변화는 변화에 대한 명확한 실패의 위험에도 불구하고 변화에 우리의 행동과 무능에 따른 환경적 암시를 무시한 우리의 축적된 자업자득의 예이다. 지배력이란 관광이 개발에 접근하는 태도로서 중심적인 주제였으며 자연에 대한 이런 이용은 환경공존보다는 파괴에 더 가까웠다.

여러 해 동안 문헌들은 환경적 책임과 지속가능의 수요에 대한 인식을 요구해왔지만 일반적으로 관광산업은 이를 경청하는데 소홀히 했다. 과학적으로 더 나은 기초는 지속가능성의 긍정적 측면을 나타내고 지속가능하지 않은 것의 실행비용을 강조하는 방법이다. 사례연구 8.2는 사람들이 어떻게 위협을 인식하고 반응하며, 새로운 경험과 행동을 개발하는지에 대한 우리의 변화를 이해하는데 과학이 기여할 수 있는지를 강조하고 있다. 해결책의 한 부분으로 과학사회의 어느 지위에 있는 집단으로부터 조정자를 구할 수도 있고 과학적 탐구의 힘과 인간사회의 사회과학적 이해를 통한 수단을 융합한 변환훈련을 위한 새로운 패러다임을 개발할 수도 있다.

사례연구

몇몇 저자들(파크헤, 1993; 인, 1989, 1993, 1994)은 연구 수단으로 사례연구의 무용론을 강조하고 있다. 롭슨(1993)은 사례연구란 다양한 근거를 이용하는 실제생활의 측면에서 특수한 현상의 경험적 분석을 포함하는 연구전략의 하나라고 정의했다. 실제로 많은 관광개발에 대한 조사연구를 위해 이 접근법을 채택하고 있다. 인(1989)은 사례연구의 4개 핵심요소를 제시하고 있다.

- 실제생활의 측면에서 일시적 현상의 조사이며,
- 현상과 정황간의 경계가 명확하지 않을 때
- 증거의 다양한 출처가 이용되며
- 연구는 종합적 연구전략의 한부분이 되어야하고 단순하게 디자인된 형태나 데이터수집의 수단만이 아니다.

인(1994)에 의하면 사례연구는 이해의 현상을 이해하기 위하여 행위형태의 통합이 가능하다. 이런 이유 때문에 이 책은 논의되는 특별한 형태의 토픽을 강조하기 위하여 몇 가지 사례연구를 제시하고 있다.

요약

본장은 이 책의 핵심을 이루는 관광지 연구에 대한 접근법을 형성하고 있다. 논의의 목적은 관광현상의 전체론적인 견해를 세우는 것이라도 미래를 위해 다른 저자들에게 남겨주어야 할 책무에 대하여 깊이 논의된 것은 아니지만 많은 이슈가 소개되고 있다.

- 혁신은 미래의 변화에 성공적으로 적응하는 핵심중 하나가 된다.
- 기후변화는 사라지지 않을 것이며 관광연구에 있어서 보다 중요한 위치로 움직여갈 것임에 틀림없다.
- 세상은 미래 어느 시간에 역사의 새로운 단계로 들어갈 것이다. 경제조직에서 자본가 우위의 모델이 도전받게 될 것이며 새로운 자원을 취득하는 데에 기초한 성장촉진의 철학으로부터 배분을 위한 글로벌 환경의 한계내에서 수요를 담보하는 새로운 형태의 경제조직으로 변화되어야 한다.
- 기존과 새로운 관광지의 성장은 글로벌에 기초한 자원의 가용범위내에서 달성될 필요가 있다. 거기에는 얻는 자(놀이를 할 수 있는 자)와 잃은 자(할 수 없는 자)간의 쟁탈전이 있을 수 있고 그 과정에서 갈등이 잠재할 수 있다.
- 세계화와 대규모 전쟁에 대한 식지않는 열정은 관광과 광광지에 무슨 영향을 미칠까? 많은 토론과 같이 관광은 평화를 신장시키는 힘을 가지고 있다는 믿음으로 우리는 평화로운 해결을 생각하고 희망할 수 있다.

관광지 개발 모델링 제2장

모델은 이해를 위해 단순화하지만 그러나 그 과정에서 우리가 어떤 현상을 이해하는데 있어서 단순화가 복잡성을 대신할 것이라는 위험성이 있다

서론

관광지의 성장비율과 어떤 상황에서는 쇠퇴비율을 총체적으로 형성하는 힘과 과정을 검증하고 모델화하는 시도는 1939년 초기 길버트가 영국의 내륙지역과 해안지역의 건강 리조트의 성장에 대한 분석에서 시작되어 수십년 동안 관광연구자의 관심을 사로잡고 있다. 그때 이후 이 주제는 관광 보고서에서 지속적인 연구와 토론 분야가 되었고, 가장 즐겨하는 분야가 되었다. 관광지내에서 작동되는 원동력을 설명하기 위하여 많은 유형(예를 들어 플로그, 1973; 펙과 라이피, 1977; 스미스, 1977; 소언, 1993)과 모델(예를 들어 길버트, 1939; 레이버리, 1974; 마이오섹, 1976; 버틀러, 1980; 곰센, 1981; 영, 1983; 켈러, 1987; 스미스, 1992, 커매스와 토마스, 1992; 버튼, 1994; 러셀과 폴크너, 1998; 위버, 2000)이 제안되었다. 버틀러가 제안한 관광지 생애주기 모델만이 보고서에서 집중적으로 검증되었다. 계속되는 관광지 생애주기 모델에 대한 토론에 있어서 모순은 이모델이 심도있게 검증, 개량, 수정, 개선, 확장(예를 들어 오글레스로프, 1984; 윌킨슨, 1987; 스트랩, 1988; 쿠퍼와 잭슨, 1989; 위버, 1993; 모간, 1991; 초이, 1992;, 갓츠, 1992; 윌리암스, 1993; 비앙키, 1994; 해리슨, 1995; 다이건스, 1997; 투맨, 1997; 호비논, 2002; 위버, 2000; 아가월, 2002; 루소,2002를 참조)되어 온 반면에 그 모델은 아직도 실용적 계획의 도구로서 활용될 역량이 결핍되어 있고 그 역할을 떠맡을 시도조차 못하고 있다는 것이다. 이 장은 모델의 이용에 대한 검증과 모델이 어떻게 관광지 현상을 개별적으로, 집단적으로 이해하는데 적용되는지 그리고 관광지 관리자와 계획가에게 지침을 제공하는지를 고찰한다. 모델이 어떻게 활용되는지 고찰하기에 앞서 모델의 목적과

활용할 때의 한계에 대하여 고찰하는 것이 필요하다.

기본적으로 모델이 시도하는 것은:

- 핵심 상호관계의 수와 상호관계 생성을 가져오는 변수를 확인하고
- 이해를 위해 사용되는 단순한 형식으로 규명하거나, 계획을 위하여 사용되는 좀 복잡한 형태로 규명되는 상호관계(relationships)를 설명하는 것이다.

그러나 관계를 규명하고 그런 다음 모델의 표현(프린트)형식에서 2차원적 그림으로 혹은 모델의 컴퓨터 형식에 있어서 수학적 형평성의 연속으로서 표현될 수 있는 상징적 형식으로 분류하는 과정에서, 가정은 발생되는 많은 복잡한 관계가 적절하게 표시되지 않을 수도 있는 결과를 가져올 수 있다. 다른 학문, 예를 들어 변수간의 관계가 수학적으로 분류되고 계량화 될 수 있는 제조업 부문에서는 꽤 복잡하고 매우 정확한 예측 수학모델을 개발하는 것이 가능하다. 항공기 디자인에 있어서 항공 부품과 공기역학간에 일어나는 다양한 관계는 잘 알려져 있고, 컴퓨터 모델링은 보잉 787이 컴퓨터 실험실에서 시현해 볼 수 있는 것처럼 새로운 항공 디자인의 시험을 하는 시제품의 중요한 몫을 차지하는 단계까지 도출한다. 그러나 인문사회분야에서는 소비자의 눈과 취향은 광고, 개인적인 경제적 능력, 국가적인 경제요소와 교육과 같은 자극의 정도에 반응하여 늘상 변화하고 있다. 따라서 인간이 환경에 어떻게 대응하는지에 대한 모델링은, 관계가 좀 더 안정되어 있고, 환경속에서 변화에 대한 반응이 알려져 있는 지식으로 검증할 수 있고, 가장 중요하게는 반복되어 질 수 있는 과학적 환경분야보다 훨씬 어렵다. 사회과학분야에서 모델은 복잡한 현실을 기본적으로 단순화한 표현이다. 따라서 사회과학모델은 표준화 될 수 있는 관계를 찾는 것이며 이런 방법 속에서 그리고 어떤 사례의 예상하에서 비교가능한 많은 변수간의 관계에 대한 발견을 추구한다.

관광현상에 대한 지식이 증가하면서, 그리고 이런 현상을 함께 만들고 지속하도록 하는 많은 변수들간의 관계가 명확해짐에 따라, 기존의 지식을 다시 재검토해보고 미리 그런 개념이나 수정된 모델을 받아들이거나 혹은 심지어 폐기처분될 필요가 있다. 다른 분야에서처럼 관광분야 학계에서도 오래 동안 익히 친숙한 패러다임이나 모델과 유리되어 지내는 것을 싫어하며 새로운 아이디어나 모델은 의심스러워한다. 생존을 위해 혁신과 빠른 변화가 요구하는 비즈니스나 정치분야에서는 제 1장에서 토론되었던 혁신모델에 의해 가장 잘 설명되는 아이디어 채택

과 혁신의 패턴을 따라가면서 낡은 패러다임이나 사고방식은 지속적으로 교정되고 폐기된다. 관광학계에서의 도전은 비슷한 예측 이론을 채택하고 새로이 나타난 아이디어를 추종하지 않거나 혁신적이고 좀 더 효과적인 설명을 주는 것을 추구하지 않는 다는 것이다. 물론 모델이 설명적 역할에서부터 이론으로서 보다 현실을 받아들이는 후기 이론단계까지 모델을 개선하는 데는 주의를 요할 필요가 있다.

다른 사회과학분야에서처럼 관광연구에서 모델은 표현 형식이 일반적으로 2차원적 형태로 나타난다. 복잡한 현실하에서 이 접근법은 수학적 모델이 달성할 수 있는 복잡성을 포기하기 때문에 일반적으로 전체의 상황을 너무 단순화한다. 많은 모델의 또 다른 문제는 나타난 변수들이 이상적으로는 모두 포함되어야 하지만 2차원 모델의 한계 때문에 그런 형식이 무시되거나, 개별적 모델화가 필요하게 되는 매우 복잡하고 보이지 않는 상호작용 중에서 가시적 부분만 고려되는 것이다. 어떤 의미에서는 복잡한 상황을 단순하게 구축하는 것은 독자들로 하여금 보다 빠른 이해를 돕기 위해 허용되지만 때로는 복잡한 상황 즉 서술된 관계의 현실을 좀 더 깊게 이해하는데 추가적 노력이 발생하는 어려움이 있다. 2차원 모델은 교육의 수단으로 유용하고 어느 정도 복잡한 문제를 단순화하여 이해를 제고할 수 있으나 단순화 과정이 실제 사용가능한 계획의 수단으로서 모델의 활용성을 감소시킨다. 이런 문제에 대한 하나의 해결책은 다른 접근법으로 분석해야할 특수한 상황을 설명하는 연계된 모델 그룹을 이용하는 것이다. 이 장 후반부에 논의될 리조트 개발 스펙트럼(RDS)은 관광지 개발에 영향을 미치는 요소들을 설명해주는 3개의 연관된 모델 사용의 시도를 보여주고 있다.

관광지를 창조하고 발전시키면서 혹은 뛰어나게 하는 과정에 있어서 이해에 도움을 주는 모델의 역할에 대한 구체적인 토론의 시작에 앞서, 모델은 관광지를 관광현상의 좀 더 넓은 시각에 맞추어 생각하는데 매우 유용하다는 것이다. 관광시스템에서 모델화는 많은 시도가 있어왔다(예를 들어 밀과 모리슨, 1985; 라이퍼, 1990; 쿠퍼 외, 2005). 자연상태의 모델 설정에서 당면한 주요문제점은 단순화를 요구하는 방법하에서 복잡함의 대표성이다. 시공간상 다차원의 현실을 복잡한 많은 현상부분이 삭제되는 2차원적 형식에 표현하기란 어렵다. 예를 들어 잘 알려진 관광시스템의 밀과 모리슨(1985) 모델(그림 2.1)은 관광현상을 각 4분면으로 구분하고 각 분면은 오직 한곳으로만 앞뒤로 직접적 연계를 가지는 4분위 모델로 나타냈다.

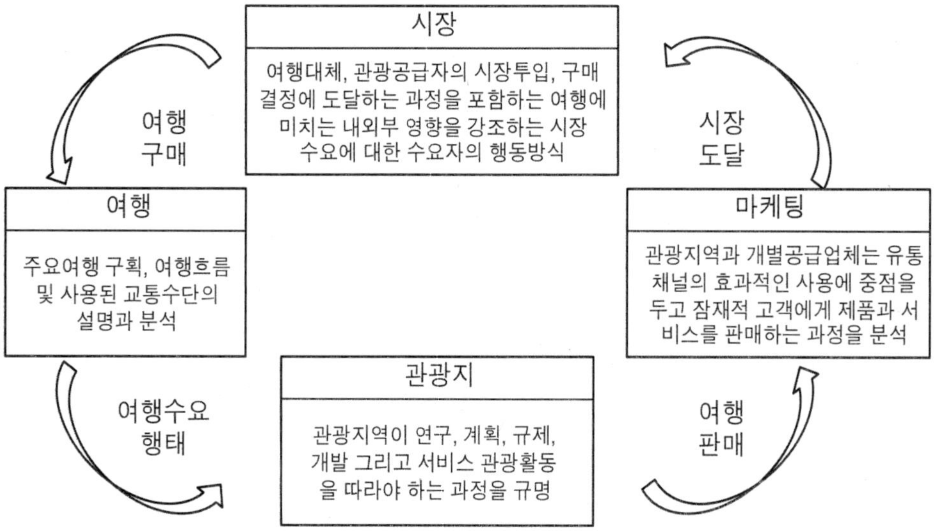

〈그림 2.1〉 관광시스템
자료: 밀과 모리슨(1985)을 기초로 재작성

시스템 접근 개념의 입문으로서 유용하지만 이 모델은 미래 예측능력이 없다. 산업적 측면에서 분류될 수 있는 관계는 수천은 아니더라도 몇 백은 될 수 있다. 이같이 비슷한 관측은 관광지에 관해서도 분류될 수 있다. 정적인 시스템에서 조차도 요소간의 관계를 나타내는 데 있어서 실용가능한 기능을 하는 모델을 세우기가 쉽지 않다. 제퍼리와 릿치(1981)는 학문적 견지의 실례에서 모델의 활용과 관련하여 복잡성의 다른 요소들을 상기시켜 주고 있다. 관광현상은 모델의 역할에 대하여 각자 다른 견해를 가지고 있는 여러 학자들에 의해 연구되고 있다.

전반적인 관광시스템내에서 관광지별로 점유하고 있는 위치의 전후관계를 설정하는 다른 여러 모델을 고려하는 것이 유용하다. 압출-유인(밀기-끌기) 모델(push-pull)(그림 2.2), 거리감쇄 모델(그림 2.3), 핵심주변 모델(그림 2.4)은 모든 것은 아니지만 일부 측면에서 특정관광지를 방문하는 관광객에게 공통적으로 영향을 미치는 힘을 설명하고 있다.

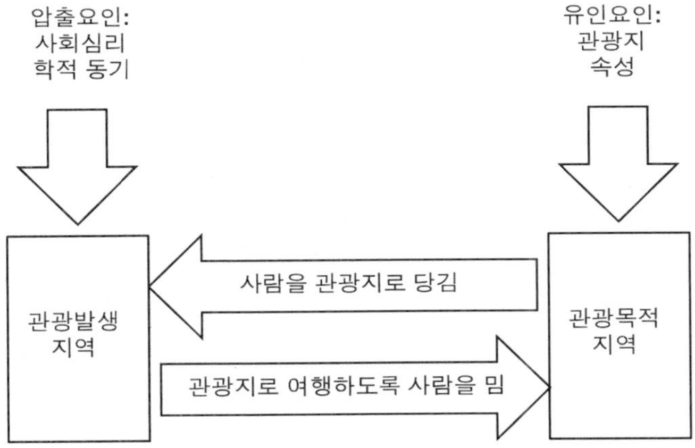

〈그림 2.2〉 목적-출발지의 압출 유인 모델
자료: 라이퍼(1990)

그림 2.2의 압출-견인(push-pull) 모델은 관광객이 특별한 관광지를 선택하도록 조장하는 여행동기를 나타내고 있다. 압출(Push)요소는 일반적으로 여행을 하려는 개인에게 영향을 주는 사회심리학적인 동기의 범위에 속한다. 압출요소는 사람의 내부적인 부분인 반면 유인(pull)요소는 외부적인 부분이다. 많은 압출 동기는 일상탈출, 휴식과 휴양, 학습, 위치와 특권, 그리고 사회적 상호관계(댄, 1977; 크롬프톤, 1979; 라이언, 2003)를 포함하는 곳으로 분류된다.

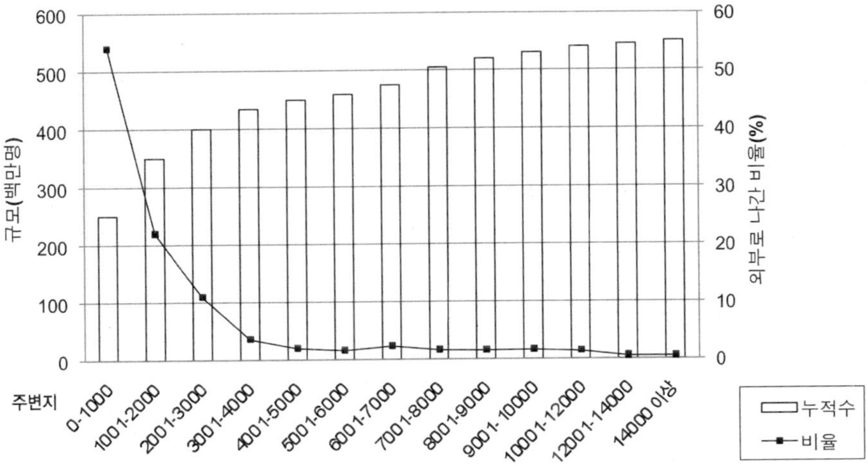

〈그림 2.3〉 맥커처의 국제관광에서 거리감쇄 모델
자료: 맥커처 외(2008)

유인(pull)요소(우살과 쥬로스키, 1994)는 관광객을 모으고, 편리한 접근성, 관광지의 매력, 자연환경, 역사, 저렴한 비용 등을 포함한다. 어떤 학자는 압출요소는 여행을 하려는 사람에 대한 기초적인 영향력을 나타내기 때문에 압출 및 유인요소가 같은 뜻으로 작용하지 않는 다고 말하는 반면, 어떤 학자는 주요 요소를 평행선상에서 작동하는 것으로 본다(유안과 맥도날드, 1990; 우살과 쥬로스키, 1994; 장과 카이, 2002).

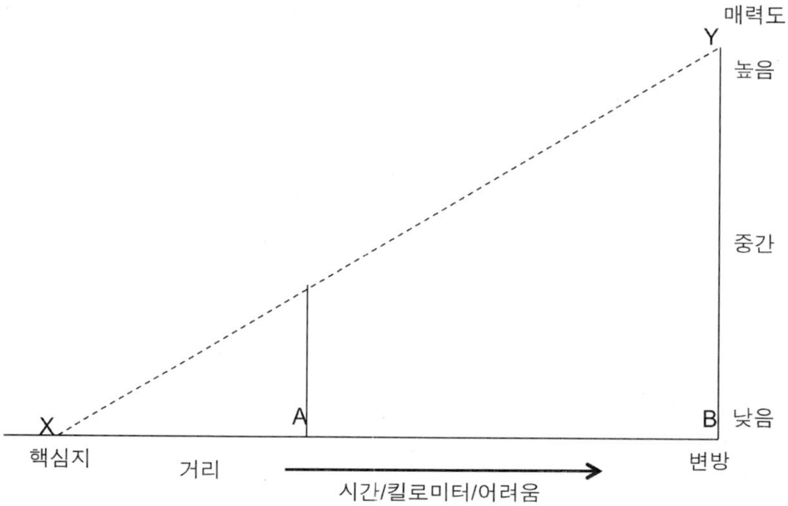

〈그림 2.4〉 핵심주변 모델

압출-견인 모델이 다른 모델과 결합을 통하여 특정관광지로 관광객을 끌어들이는 동기를 설명하는데 유용하고 개량적인 방법을 제공하며, 특정관광시장을 창출을 위해 개발되는 관광지 특성의 형태에 대한 유용한 수단을 가진 관광지를 창출할 수 있다.

최근 멕커처 등(2008)에 의한 논문은 거리감쇄 모델이 특별히 유용하게 활용될 수 있음을 보여주고 있다. 146개 관광지를 방문하는 41개 주요 관광시장을 중심으로 2002년 외부로 나가는 관광 데이터 분석에 기초하여 맥커처는 1,000km의 거리가 추가됨에 따라 확실하게 전체수요의 50%가 감소함으로써 시장으로부터 1,000km가 넘는 관광지는 수요가 급속히 감소한다는 것을 발견하였다. 국제관광의 80%가 집에서 1,000km 이내에서 발생하고, 극히 예외적인 경우인 원거리의 관광지는 시장으로부터 출발자의 1-2%이상을 유치하기가 매우 어렵다. 그림 2.2에 보이는 핵심-주변 모델은 위버(1998), 오퍼만(1993), 월(2000)

에 의해 초창기에 세워졌고, 거리-감쇄 모델은 듀발과 맥커처(2008)에 의해 구축되었다. 그 중 핵심-주변 모델은 장소의 유인 매력도와 출발지로부터 거리간에 역관계를 보여주고 있으며, 핵심지역에 가까이 위치한 관광지와 비교하여 주변지역을 방문하기 위하여 지불하는 시간과 비용이 증가하기 때문에 핵심지역으로부터 어느정도 떨어진 관광지나 관광출발지역은 관광객을 유치하는데 어려움을 경험할 것이라는 가정을 하고 있다. 프리도(2008)는 주변성의 정도는 투자결정, 관리 실행과 마케팅 전략에 영향을 준다고 지적하고 있다. 원격성과 주변성이 증가함에 따라 관광지의 유일성의 정도나 관광지가 제공하는 매력의 차별성이 여행을 해야 할 거리증가에 비례하여 증가해야 한다. 그렇지 않으면 방문객은 그들의 출발지와 가까운 관광지로 여행할 것이다. 앞의 개요에서 본 압출-견인 모델 견지에서 주변지역에 위치한 관광지는 관광지의 유일성과 필수적인 질적 관광자원을 가지고 있다는 것을 추측할 수 있도록 유인요소를 강화하는 전략을 수행해야 한다. 그림 2.4에서 XY선은 거리, 시간과 비용의 정도를 나타내고, 수직선은 유인 매력도를 나타낸다. 관광객이 핵심지역으로 더 많이 여행을 함에 따라 여행비용과 시간은 증가할 것이다. 따라서 B점에 위치하고 있는 것으로 가정한 관광지는 여행으로 발생하는 비용과 시간의 추가분을 적절하게 보충하는 관광자원의 차별성을 보일 수 있을 정도라면 방문객을 끌어들일 수 있을 것이다. 만약 B가 중간 정도의 매력을 제공할 수 있다면 그 매력도가 Y 근처의 높은 우위의 매력정도에서 받을 수 있는 방문객보다 적은 방문객을 받을 것이다. 만약 A 근처에 또 다른 관광지는 B지점에서 제공되는 관광경험과 같은 것을 제공할 수 있지만 그러나 낮은 경비와 적은 시간에 제공이 가능하면 A는 B로 여행할 관광객을 유인할 수 있을 것이다. 핵심주변 예측법에서 주변에 위치한 관광지는 항상 유일성이나 차별화된 자원을 제공하지 못하면 핵심 근처에 위치한 관광지와 경쟁하는데 어려움을 맞이할 것이다.

관광지 모델

발전의 과정을 설명하는 수단으로서 모델의 개념적 타당성을 논의하는데 있어서 오퍼만과 촌(1997)은 많은 관광지 모델이 지리상 여건을 가장 적극적으로 고려하는 전통으로부터 개발되었으며, 분석 틀로서 연구자들에게 제공되도록 설계되었다는 것을 발견하였다. 더욱이 오퍼만과 촌(1997)은 지리학적 보고서에서 모델의 개념과 관련하여, 모델은 정형화된 시스템의 작동을 설명하는데 이용하는 구조 또는 현실을 구조화한 대표성이라고 주장하는 언윈(1992)과 그리고 모델은 이론과 제도이며 가설 혹은 구조화된 아이디어의 또 다른 형태라고 주장하는 존슨(1991) 등과 논쟁을 하여 왔다.

관광 관련 보고서는 2개의 전통적인 모델은 인정하고 있는데 이는 자료의 그래프나 다이어그램으로 표현하는 것에 의존하는 것과 수학적 방정식을 채용하는 것이다(갓츠, 1986). 수학적 방정식은 관광수요를 예측하는데 가장 보편적으로 이용된다. 그러나 수많은 복잡한 상호관계의 범위를 포함하는 수학적 방정식에서 조차도 어떤 중요한 요소가 간과되거나 무시될 수가 있다. 예를 들어 국제관광수요 모델의 이(異) 분석에서 림(1997)은 성장을 촉진하는 요소의 범주를 나타내는 100여개의 연구자료를 분석하였다. 제 4장에서 관광지개발에 있어서 교통의 기본적 역할에 대한 논의가 있는데 놀랍게도 그는 교통비용변수가 54개 연구에서 생략되어 있다는 것을 발견하였다. 수학적 모델 역시 한계성을 가지고 있으며 림(1997)에 의해 확정된 형태의 모델과 관광예측자에 의해 활용되는 모델은 예측수단으로 유용하지만 반면에 관광지 성장을 촉진하고 시너지효과를 집단적으로 창출하는 요인을 모델링을 하는데 적용의 한계가 있다.

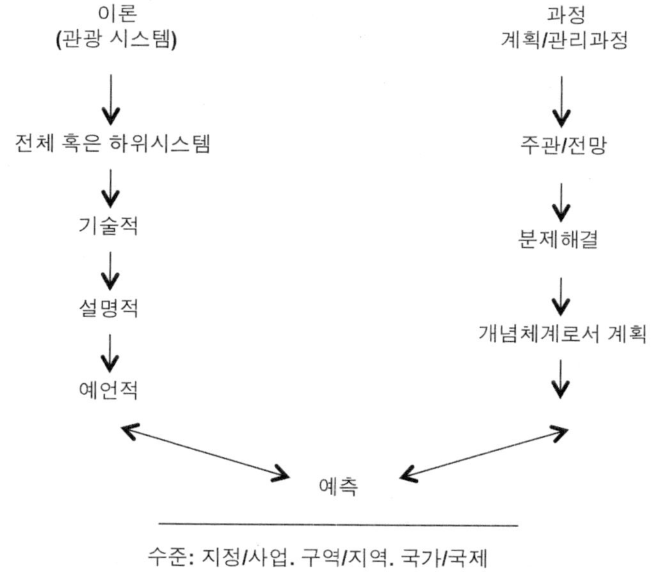

〈그림 2.5〉 이론과 과정 모델
자료: 갓츠(1986)를 기초로 재구성

갓츠(1986)에 따르면 비수학적 모델은 이론적, 과정적 2개의 형식으로 구분될 수 있다. 이론적 모델은 관광산업의 기본적 요소를 설명하며, 과정적 모델은 관리와 계획과정을 설명한다. 이론적 모델은 관광시스템을 모형화하는 형식에 따라 더 세분되는데 기술적, 설명적, 예언적 모델로 분류된다. 과정적 모델은 다시 주관적 모델, 문제해결에 기초한 전통적 모델, 시스템에 기초한 모델로 세분화 된다. 모델의 역할에 대해 요약하면 갓츠는 '모델은 – 첫 번째가 기술적이며 그다음에 자연현상의 설명적, 그리고 예언적 모델로 – 이론의 형을 구축하는 것'이라고 설명한다. 이론과 과정적 모델간의 관계는 그림 2.5에 나타나있다. 갓츠의 설명에 따르면 과정의 주요 도출 결과는 모델의 적용에 있어서 예측이 가능하다는 것이다. 이 장에서 검토한 모델을 포함하여 많은 관광 모델은 이론적 모델에서는 예측단계를 넘어 혹은 과정모델에서는 계획단계를 넘어서 까지 진행하는 데는 실패하였다.

오퍼만과 촌(1977)은 관광현상의 특징을 설명하는 모델을 개발하는데 기본적으로 2개의 접근방법이 있다는 것을 제시하면서 모델 분류에 있어서 좀 더 색다른 방법을 택했다. 첫 그룹은 귀납적 형식에 따르는 것으로 관측을 통해 일반성을 도출하는 것이다. 오퍼만과 촌에 따르면 더 선호하는 방법은 검증을 통하여 가설은 증명하는데 사용될 수 있고, 다시 해설을 설정하기 위한 장으로서 유용한 대안적인 적극적 방법을 제안하고 있다.

관광연구자들에 의해 인정된 많은 모델은 국가경제에 있어서 성장 6단계 모델을 제안한 로스토우(1960)를 포함한 경제학자등이 제안한 개발단계 이론으로부터 도출되었다. 인식할 수 있는 단계에서 발생하는 관광 성장의 개념은 쓰롯(1973: 3개 단계를 이론화), 마이오섹(1976: 5단계를 제안), 버틀러(1980: 6단계를 설정), 버튼(1994: 4개 단계를 가정) 등을 포함한 많은 관광 연구자들에 의해 연구되었다. 대부분 모델은 관광의 규모에 대한 분석과 방문객의 형태에 있어서 변화에 한정되어 있다(오퍼만, 1993). 버틀러(1980)는 상품생산주기 이론과 개발이론을 결합하여 개발상태의 컨셉을 6단계의 진화론적인 리조트 생애주기를 확인할 수 있다고 주장하는 모델을 도출하였다.

관광발전을 설명하는 모델의 사용

어떤 학자들은 모델 구축과 검증 과정에 대하여 언급하고 있는데 다음 토론에서는 단순화된 6단계 개발 순서에 기초한 형식을 이용하는 특정목적을 위한 모델이 구축될 수 있음을 보여준다. 이 접근법은 모델 구축을 위한 연역법이나 귀납법을 본 뜬 모델이 사용될 수 있다. 귀납법은 사전에 알려지지 않은 주장을 도출하기 위하여 설명적 사항을 탐구하는 과정이며, 연역법은 때로 긍정적 접근법을 활용하면서 기존에 인정되는 원칙(파크헤, 1993)에 기초한 이론으로부터 결론을 도출하는 데 의존하는 과정이다. 중요한 것은 이같이 제안된 구조는 여러 단계를 거치는 연속적 과정이며 예측을 검증할 필요성을 인정하고 종국에는 모델 개발과정의 초기단계의 보완수정을 허용하는 재검토하는 환류의 고리를 모두 포함하는 것이다.

단 계	행 동
1단계	분석되어야 할 문제점의 규명
2단계	이해관계자의 규명과 자료 수집에 의해 따르는 종속변수와 독립변수의 분류를 포함하는 체계적 관찰
3단계	2단계에서 관찰된 상호관계의 일반화
4단계	관찰된 상호관계의 설명
5단계	기능성이 있는 결과의 예측
6단계	예측의 검증과 필요하다면 1-5단계에서 구성요소의 변경

〈그림 2.6〉 모델개발의 6단계 과정
자료: 던(1987)과 퀘이드(1979)를 수정

모델 구축과정은 문제인식으로 시작하여 예측과 전망의 접근법을 통하여 결론에 이르는 많은 단계를 수반한다. 어떤 모델이 달성하고자 하는 목적은 모델이 어떻게 설정될 것인지를 결정하게 된다. 예를 들어 예측모델은 관측된 트렌드를 자극하는 수학방정식의 연속성 속에서 나타날 수 있는 여러 변수의 규명을 요구한다. 이런 모델의 작동은 투입된 변수의 변화에 기초한 미래 수요로 이루어진 안정된 예측을 가능토록 한다. 퀘이드(1979)와 댄(1981)에 의하면 모델 개발은 그림 2.6에서 보여주는 것처럼 6단계를 거친다. 기존의 관광지 개발 모델은 일반적으로 그림에서 보여준 6단계에서 4번째 단계를 넘어서는데 실패하였다. 관광개발의 비교연구를 위한 충분한 틀을 제공해 주는 반면 4단계를 넘지 못하는 모델은 운영에까지 활용되지 못하고 관광관리자나 계획가가 요구하는 수준에서 예측을 위해 이용된다. 관광지 개발에 관한 대부분의 연구는 근거가 되는 질적 자료를 검증하고 의존하는 이론을 활용하는 연역적 접근법을 택한다.

5.6단계에서 모델은 산출됨직한 결과물을 예측할 목적으로 일단의 변수들간의 관계를 검증하기 위하여 컴퓨터를 이용한 모델개발이 요구된다. 그럼에도 불구하고 5.6단계의 특징을 포함하는 모델은 질적이고 경제적인 예측능력에 의존하기보다는 오히려 일반화에 의존하는 경향을 보이고 있다. 가격, 수요, 공급, 관리, 정책, 관광지내에서 관광산업과 다른 산업간의 경쟁과 같은 각 요소들간의 작용과정과 관계의 수는 매우 많고 변수간의 상호관계는 계속해서 변화된다. 이런 다양한 관계의 모든 것을 넘어서는 것으로 소비자의 선호나 기호 등과 위험이나 재난은 예측 불가능한 특징을 가진다. 바람직한 한해가 될 수 있는 관광지가 하루밤 사이에 인기에 대한 평판이 뚝 떨어지는 경험을 볼 수 가 있다. 이런 것은 관광지 모델의 과정에 대한 경제적 모델링을 적용함에 있어서 어려움을 초래한다. 경제적 계량모델에 대한 대안적 방법은 과거의 트렌드에 대한 관찰에 기초한 있을 것 같은 이벤트(사건) 과정의 일반화된 적용에 경제적 계량모델을 결합할 수 있는 시나리오 형식을 사용하는 것이다. 이 방법은 제3장에서 구체적으로 설명할 것이다.

갓츠(1986)는 모델이란 일반적으로 변수간의 상호관계를 규명하고 우발적인 요소를 고려하는 것이라고 했다. 이 같은 한정된 특징이 늘 완전한 원인과 결과에 대한 평가를 가로막는다. 결론적으로 미래의 수요를 결정하거나 인프라의 수요에 대하여 관광성장의 영향을 예측할 수 있는 비수학적 관광지 모델을 개발하는데 진전이 거의 이루어지지 않고 있다. 비슷한 이유로 수요예측의 특수한 분야를 제외하고는 수학적 모델 개발도 거의 진전이 없다. 결론적으로 현재 이용되는 모델은 향후 계획을 하는데 그 한계를 가지고 있지만 보완 교정할 수 있는 도구로서 활용할 수는 있을 것이다. 몇 개의 개발모델을 구체적으로 점검하기 전에 다음 토론은 관광개발을 설명하는데 있어서 모델과 형식의 역할과 관련된 문제를 분석해 본다.

대부분의 현대 모델은 성장이 숙박형태, 쇼핑, 그리고 용수, 전기 및 통신과 같은 서비스 공급 등 인프라에 어떻게 영향을 미치는지 예측하는 능력에 있어서 취약함을 보이고 있다. 본장 후반부에 논의 될 RDS는 이런 결함을 보정하는 방법으로서 진전이 있지만 아직 능력, 지속가능성, 수요, 적응성과 형평성과 같은 상호관계의 역할을 적절하게 분석하는 추가적인 작업이 요구된다. 현재의 관광지 모델의 부족한 점은 기존의 관광연구에서 지적되어 왔으며 관광지의 성장 패턴을 설명하는데 이용되는 다양한 모델의 잇점에 관하여 광범위의 연구보고서가 출간되고 있음에도 불구하고 시장의 역량과 인프라 개발의 중요성과 같은 기본적인 문제에 대해서는 모델설계자나 검토자에 의해 무시되고 있다. 그러므로 관광지 개발에 관한 초기 모델은 행동이나 계획요소를 포함하도록 설계되지 않았으며 관광현상에 대한 해설과 설명에 더 초점을 맞추고 있다.

관광지 개발에 대한 연구

길버트(1939)와 바렛(1958)은 영국의 해안 리조트에서 가끔 관찰되는 개발의 형태에 관심을 보여 왔으며, 그 후 크리스탈러(1963)는 한정적이기는 하나 처음으로 행위에 있어서 힘에 대한 이론적 설명을 제안하면서 관광분야에 작용하며 나타나는 혁신주기에 관심을 보였다. 이어서 수십년 동안 많은 형태의 모델이 관광지 개발 과정을 설명하기 위하여 개발되어 왔다. 현존하는 형식과 모델은 일반적으로 관광객의 동기예측이나 관광과정에 영향을 미치는 요소 분석으로부터 도출되는 문제를 평가하고 있으며, 도리어 주요한 수요와 공급 요소의 중요성에는 강조를 덜하고 있다.

리조트 성장을 설명할 유형과 모델의 이용

학자들은 현상 설명에 도움이 되는 형식과 모델을 개발하여 관광지 성장과정을 개념화하려는 시도를 하였다. 유형과 모델은 목적과 의도가 명백히 다름에도 관광지와 관련된 문헌에는 약간의 혼돈이 있다. 고든과 구달(1992)은 벤치마크로서의 생산물 생애주기와 환경의 질적 주기를 활용하는 대안적 접근법에서 유사성과 상이점을 구분하는 일단의 모델과 유형을 비교하고 있다. 표 2.1은 고든과 구달의 도표에 몇 가지 추가적인 모델을 유형과 모델에 보완하여 만든 것이다. 이 표에서 보면 모델과 유형이 같은 과정이지만 상이한 관점에서 목적을 추구한다는 것이 명백하다.

일반적으로 모델은 예측을 목적으로 하는데 유형은 분류를 목적으로 한다. 특히 관광의 의미로 사용될 때 두 방법간에는 큰 차이가 존재한다. 모델은 자주 기본적 관계를 규명하는데 관련된 변수를 찾아내고 이들간의 관계를 수학적 방정식이나 그래프로 표현된 형태를 구축하는데 이용되며, 이때 변수간의 관계는 현상 설명이나 예측을 위해 이용될 수 있다.

〈표 2.1〉 리조트순환, 상품순환, 경제순환 그리고 관광모델과 형식의 종합

상호 유형학 주기 및 모델

리조트모델						상품생애 주기	유형학					환경 질 주기		
마이오섹 (1976)	초기 버틀러모델	수정된 버틀러모델	스미스 (1992)	크리스탈러 (1963)	프리도 (1996)		코헨 (1972)	플로그 (1973)	코헨 (1979)	독시 (1976)	스미스 (1977)		예: 일반적 로스토우(1960)	예: 겔러와 관련된 관광
파이오니어 리조트	탐구	발견	지방정주	잊혀진 지역탐구	지방관광	도입	실존적 실험적 경험적		탐색자	행복감	탐색자	국가 관광명소	도약 전단계	지방관할
	참여		처음관광 처음호텔					모험중심	표류자		상식을 벗어난 엘리트	정체성		지역참여
복합 리조트	개발	성장	더 많은 호텔	개발	지역관광	성장	발견	중간	개별적 대량	냉담	초기대량	개발	도약	국가관할
계층 및 정체	고려	성숙	더 많은 숙박시설		대량관광	성숙 (포화)		안전중심	조직된 대량	자극 대립	대량전세	하락	성숙가속	국제관할
	정체		더 많은 호텔	대량관광	이미지 저하		휴양					혼잡	높은대량 소비시대	
계층 특화 포화	쇠퇴	쇠퇴	리조트 정부철도	쇠퇴		쇠퇴						쇠퇴		지방참여
	회복	회복	완전도시화											

관광 관련 문헌에서 기존에 구축된 모델과 유형의 역할은 각자 학자에 의해 의도한 관광 개념에 따라 영향을 받는다. 실제로 관광현상의 형성과 관련한 논쟁은 그대로 남아있다(트라이브, 1997). 관광객은 수입, 취향, 인종, 사회계급, 지역 그리고 나이, 또는 보다 세분된 식사스타일과 경향, 쇼핑, 오락, 매력 등과 같은 속성별로 구분할 수 있다. 이같은 수준에서 관광을 조망하는 방법이라야 관광현상을 이해하고 분석을 통해 의미있는 결실을 가져올 수 있다.

관광이 학문이라는 것을 인정하면서 관광 관련 학자들이 변수와 수입의 역할을 설명하기 위해 시도한 노력은 기존 관광의 유형과 모델의 지평을 넓혀주는 기초를 제공하고 있다. 유형과 모델을 개발하는데 당면한 어려움은 관광개념이 다른 사람에게 혹은 일단의 그룹에게 상이한 의미를 가질 수 있으며, 결국 개인은 다른 사람의 예측을 이해하지 못하는 경향이 있다는 것이다(월, 1993). 따라서 많은 경우에 관광시스템에서 유사한 측면을 가지고 있지만 서로 다른 예측을 하는 보고서가 나타나고 있다. 이와 관련된 된 하나의 새로운 사례는 장기적으로 자원의 악화를 초래하지 않는 수준에서 제한하도록 설계된 개발을 의미하는 지속가능성의 용어 사용이다. 그러나 급속한 기후변화의 새로운 시대에 많은 생태계는 빠르게 변화하고 있고 어떤 경우에는 적어도 관광전망에서 지속가능성의 의미에 대한 재정립을 요구하는 근본적인 변화를 겪을 것이다.

유형학(론)

유형은 모델에서 사용하는 분석적 접근법과 같은 형태를 채택하지 않고 기본적으로 분류나 비교를 위해 이용된다(모 외, 1993; 피어스, 1981). 패튼(2002)은 유형은 '세상의 어떤 측면을 연속선상의 부분으로 나눌 수 있는 개념으로 이루어진 분류시스템'이라고 말한다. 페이톤(2002)에 따르면 유형은 이상적 형태나 실증적 예의 결과(종착점)위에 구축되는 것이라고 말하며, 한편 그레이 등(2007)은 유형은 2 혹은 2이상의 변수의 모든 가능한 조합을 보여주어야 한다고 주장한다(모 외, 1993). 결국 유형에 대한 경험적 검증은 매우 드물다. 즉 심리적, 사회적, 물리적 그리고 질적 관계와 같은 관찰할 수 있는 요소에 중점이 두어진다. 이같은 관찰 결과에 기반을 두고 분류학은 발전해 왔다. 자연현상을 가장 잘 기술하는 유형론은 설명, 이해와 해설을 위한 틀을 제공하여 왔지만 예측 능력에는 한계가 있다. 어떤 학자는 관광객 역할의 유형분류는 관광동기를 이해하거나 공급분석을 위하여 별 가치를 없다는 언급까지 하고 있다(로익 등 1992). 문헌에 때로는 모델과 유형간의 차별이 명확하지 않다. 예를 들어 스테이블러(1991)는 '계획중심-모험중심(Psychocentric-Allocentric)'의 개인적 타입에 대한 플로그의 이론을 모델로서 언급하는 반면 로익 등(1992)은 플로그의 이론을 유형(론)으로 분류하고 있다. 버튼(1994)은 코헨(1972)과 플로그(1973)에 의해 개발된 유형의 요소와 공간패턴의 변화에 기초한 모델을 개발하기 위하여 버틀러(1980)와 라이퍼(1990)에 의해 개발된 모델의 요소를 함께 포함시키고 있다.

유형은 관광의 구조적 특성을 관찰하는데 그룹유형(예: 스미스 1992; 레이버리 1974; 곰센 1981)과 각개인의 여행을 결정하는데 영향을 미치는 요소를 조사하는 유형(플로그 1973; 스미스 1977)으로 나눌 수 있다. 유형은 관광지에서 관찰할 수 있는 발생과정을 분류하는 편리한 방법이다. 이같은 과정은 일반적으로 구조적이거나 심리적일 수 있다. 유형의 전반적인 적용에 있어서 방문자의 타입이나 주변의 환경 상황별로 관광지 잠재적 성장의 단계를 표현하는데 활용된다. 그러나 유형은 관광지의 사회 인프라의 수요나 잠재적 방문자의 경향 같은 예측요인 분석에는 거의 활용되지 않는다.

모델

모델은 통상적으로 기본적 관계를 분석하기 위하여 채택되며 관련되는 기본적 변수를 분석하고 이런 관계가 수학적 방정식이나 그래프로 명확하게 표현될 수 있도록 한다. 그렇게 함으로서 관계의 설명과 예측이 가능해 진다. 관광지 개발을 설명하기 위해 사용되는 관광모델은 3개 카테고리로 그룹화 할 수 있다.

- 공간적 요소에 기초한 지리적 모델
- 경제적 모델
- 관리 및 마케팅 모델

공간적 관계와 시간적 요소를 포함하는 지리적 모델은 관광개발을 설명하기 위해 개발된 모델로서 가장 많은 그룹을 형성하고 있다. 경제적 모델이나 관리 및 마케팅 모델은 거의 관심을 두지 않고 있다. 버틀러의 모델은 예측 능력에 대한 비판이 있고, 발전추세의 형태와 방향성에 대한 지속적인 논쟁이 있지만 관광개발 연구의 정통성을 인정받고 있다. 관광개발에 있어서 그동안 만족스럽지 못한 모델이 발표되어 오면서 만족할 만한 수학적 모델을 개발하는 것은 거의 불가능한 일임이 판명되고 있다. 본장에서 인용된 모델과 유형에 대한 재검토는 관광지 개발에 대한 연구가 많은 특징을 가지고 있다는 것을 암시하고 있다: 즉 귀납적 접근방법보다 차라리 연역적 방법이 더 선호되고 있거나; 학자들이 질적 연구를 선호하면서 질적, 양적 방법을 혼용한다거나; 기존의 모델과 관광개발 이론을 설명하기 위하여 사례연구 방법이 광범위하게 이용되며; 개발의 지리학적, 심리학적 측면에 초점을 맞추고 있는 반면 특수한 공급측면의 요소와 같은 경제적 요소에 대한 분석은 제한되어 있다.

관광지 개발을 설명하는데 이용되는 모델의 한계

관광모델의 개발과 검증에 있어서 많은 문제들이 실질적으로 검토되지 않고 있다(프리도, 2004). 요약하면

- 경제적 관계(예: 가격 메커니즘)의 역할이 무시되고 있다.
- 많은 모델이 계획의 도구로서 사용되는데 능력상 한계를 보이는 연역적 분석방법만을 제안한다.
- 질적 자료에 지나치게 의존하기 때문에 경험적 분석이 가끔 어렵다.
- 버틀러의 모델에 대한 심도있는 검증 및 보완과 별개로 다른 모델은 검증되지 않거나 1-2개 정도 검증되었다.
- 항상 검증은 비교할 수 있거나 대조하여 나타나는 결과를 볼 수 있는 복수의 실제 현장이 아니라 단수의 관광지에 대한 검증과 비교였다
- 관광지 개발에 포함되는 현상이 일련의 모델에 의해 설명되어 질 수 있는 가능성이 구체적으로 연구되지 못하고 있다.
- 곧 다가올 미래에 기후변화가 많은 생태체계에 영향을 미치기 시작함에도 많은 모델이 환경적 용량의 문제를 경시하고 있다.
- 소비자 선호도의 역할과 마케팅이 소비자의 소비패턴에 미치는 영향에 대하여는 거의 주의를 기울이지 않는다.
- 러셀과 폴크너(1999)는 개발과정에서 개인의 기업가 정신의 역할에 대하여 언급하고 있지만 후속적인 노력이 이 분야에는 거의 없다.
- 일반적으로 국가 또는 국제적으로 경쟁력에 대한 관심을 거의 갖지 않고 있다.

많은 관광지모델이 개발되었지만 대부분 문헌들은 버틀러의 관광지 생애주기 모델에 초점을 맞추고 있을 뿐 다른 모델은 무시되고 있다. 이런 현상은 이 분야

의 연구에 심각한 약점으로 지적되고 있다. 한 모델이 어떤 현상이나 작업의 과정을 온전하게 설명할 수 없으며 집합적인 복수의 모델이 폭넓은 작업 진행과정을 보다 효과적으로 기술할 수 있다는 것을 보여주는 그림2.7에서처럼 이같은 접근법을 채택하는 것이 보다 유용한 접근법이 된다는 것이 명확하다. 어떻게 복수의 모델이 오스트레일리아 골드코스트에 적용되었는지를 간단하게 점검하고, 이 책에서 논의는 버틀러의 관광지 생애주기모델(버틀러, 1980)과 최근의 리조트개발 스펙트럼(RDS)(프리도, 2004)에 초점을 두어 좁혀갈 것이다.

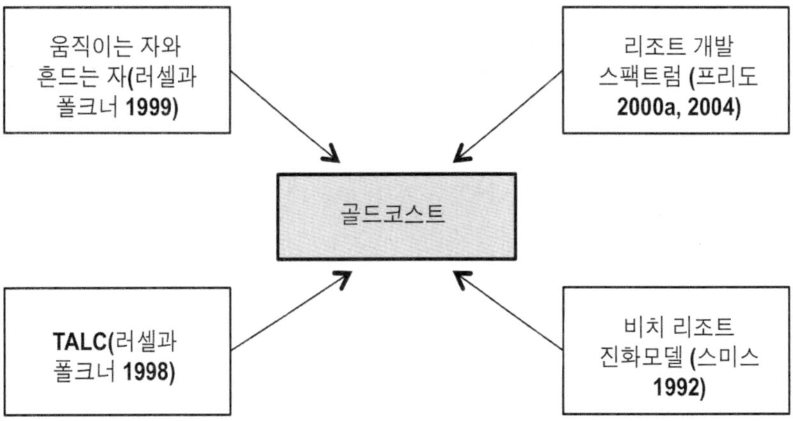

〈그림 2. 7〉 오스트레일리아 골드코스트에 적용된 개발모델의 예

사례 2.1 : 골드코스트

골드코스트는 퀸즈랜드 남동쪽에 위치한 국내 및 국제적으로 중요한 관광지다. 이관광지는 2006년에 360만명의 국내관광객과 83만명의 국제관광객을 유치했으며 46.6만명의 인구를 보유하고 있다. 대략 42km의 길이를 가진 본 관광지는 해변을 따라 연속적인 연담도시를 형성한 연합된 수개의 도시를 포함하고 있다. 태평양에서 시작하여 동부까지 그리고 그레이트 다이빙 레인지에서 서부까지 좁은 해안에 자리잡은 이 관광지는 해안비치 리조트로서는 처음 시초이다. 최근 수십년간 골드코스트는 국제레저, 쇼핑, 레크리에이션과 위락 관광지로 발전하고 있다. 호주 관광 산업에서 차지하는 위치가 중요하고 주변에 다수의 대학이 위치하고 있기 때문에 균형 잡힌 시각에서 본 관광지의 성장을 설명해보려는 많은 학자들에 의해 심도있는 연구가 진행되었다. 모델개발에 대한 첫 시도 중의 하나는 러셀 스미스(1992)에 의해 수행되었는데 그는 그의 비치리조트 진화(Beach Resort Evolution)모델에 사례연구로 골드코스트를 인용하였다.

그림 2.7에서 나타나듯이 많은 모델이 골드코스트에 적용되었다. 한 모델의 각각 적용은 성장을 집합적으로 촉진하는 힘의 복합적 메트릭스의 부분을 규명해준다. 동시에 격리된 각 모델은 관광지 발전을 위한 만족스러운 설명을 하기위하여 제시된 반면, 규명되지 않은 다른 요소들 역시 타당한 설명을 제공한다. 공간변화에 대한 스미스의 분석은 고찰해 볼만 하지만 그는 러셀과 폴크너(1999)에 의하여 수행되었던 방법과 마찬가지로 이런 변화의 원인에 대한 의문을 가지지 않았는데, 러셀과 폴크너는 관광지의 기업가적 계층은 스미스에 의해 관찰된 개발 투자자들이라는 것을 발견하였다. 이 기법에 대한 더욱 활발한 분석은 관광지 발전을 이해하는데 새로운 시각을 제공한 것 같다. 아쉽게도 그림2.8에 나타나있는 토론 이외에 공간적 한계는 구체적인 이기법의 탐구를 가로막고 있지만 다른 의미에서 연구의 방향이 좀 더 심도있는 탐구가 이루어져야 할 것이다.

그림 2.8은 겪어야 할 발전과정에 대하여 보다 역사적 관점을 가능하게 하는 발견된 많은 모델들이 조합된 기초위에서 관광지 연구에 대한 접근법을 제시하고 있다. 이기법의 장점은 과거에서 현재 그리고 미래로 연결되는 시간개념에서 관광지내에 작용하는 다양한 힘의 비교를 가능하게 한다는 것이다.

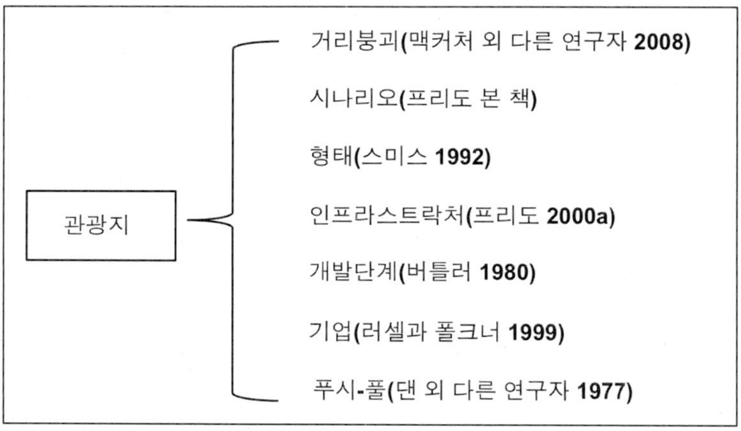

〈그림 2.8〉 특정 관광지를 분석하기 위한 다중모델의 시용

버틀러의 관광지 생애주기 이론

근 30년 동안 관광지 발전에 대한 연구의 아젠다를 세우기 위한 관광지발전 세미나 논문에서 버틀러는 관광지 생애주기 모델을 제시함으로써 진화론적인 변화의 아이디어를 재정립하였다. 이 모델은 1966년 버논(뎁베지, 1990)에 의해 처

음 제안된 상품생애주기 이론을 기초로 개발단계의 개념에 초점을 맞추고 있다. 역사적 관점에서 관광지 생애주기 모델은 디퍼트(1954, 오퍼만과 촌 1997에서 인용)와 크리스탈러(1963)와, 관광지에서 일어나는 발전에는 주기가 있을 것이라는 것을 제안한 스탠스필드(1978)의 한 연구에서 먼저 세워졌다. 버틀러의 모델과 유형간에는 유사한 점이 관찰될 수 있다. 예를 들어 관광생애주기의 '탐색단계'는 플로그의 '모험중심(allocentric)', 코헨의 '표류자'와 '탐색자', 그리고 스미스의 '탐색자'(1977)와 유사한 점을 가지고 있다. 버틀러(1980)는 상품발전주기에서 '상품판매가 초기에는 서서히 진행되다가 빠른 성장단계를 경험하고 안정화를 거처 종국에는 쇠퇴하는 즉 큰 기본적인 점근적(漸近的) 곡선을 그린다'고 말한다.

상품생애주기 개념에서 도출되는 비슷한 트렌드(흐름)가 관광목적지에서도 증명되는 바, 버틀러는 소규모 그룹의 모험적인 관광객들의 지역에 대한 탐험적 단계에서 시작되는 연속적 단계를 통하여 발전이 진행된다는 것을 인정하였다. 한 단계에서 다음 단계로 이동은 관광지 내외에 존재하는 많은 변수에 달려있다. 일반적으로 이런 변수는 접근성, 지방정부의 태도, 자원의 가용성, 경쟁자, 정치적 의도와 관광객의 선호도 등을 포함한다. 발전은 조사단계로부터 시작하여 참여단계를 거쳐 침체, 쇠퇴 혹은 회복이 일어나는 한 점으로 수렴하면서 발전하는 일련의 연속적 단계로 구분된다. 이 모델은 초기, 성장, 성숙 그리고 쇠퇴의 패턴을 형성하는 S형 곡선을 나타내는 연속적 단계를 통하여 상품이 진화된다는 것을 인정하는 상품생애주기 이론에 기반하고 있다. 예측도구로서 사용되는 생애주기설의 활용역량은 많은 토론과 개선에 대한 이슈가 되어왔고 이것은 관광성장 패턴에 대한 적용가능성에도 논쟁을 불러일으키고 있다. 많은 학자들(예를 들어 켈러, 1987; 헤이우드, 1986; 커매스와 토마스, 1992; 스트랩, 1988; 디베네디토와 보자니치, 1993; 바움, 1998)이 버틀러의 모델을 개량하고 수정보완을 시도하였으나 수정된 이론도 폭넓게 수용되지 않고 있다.

이 모델은 몰타(오글레스로프, 1984), 루이지애나(메이어 아렌트, 1985) 섬 소국(윌킨슨, 1987), 영국령 아일오브만(쿠퍼와 잭슨, 1989), 카리브해(위브, 1990), 마조르카(모건, 1991), 나이지리아 폭포(갓츠, 1992), 도미니카공화국(커매스와 토마스, 1992), 사이프러스(아이오아닌데스, 1992), 미노르카(윌리암스, 1993), 오스트리아의 알프스지역(다이건스, 1997), 포르투갈(곤 클레이브스와 아구아스, 1997), 영국 해안리조트(쿠퍼, 1997), 펜실바니아(후비넨, 2002)를 포함하는 다양한 지역에서 심도있게 검증을 받았다. 프리스틀리와 문데트(1998)는 이 모델을 3

개 스페인 리조트의 발전을 비교하는데 이용하였다.

이 모델의 단순성은 강점과 약점을 모두 가지고 있다. 이 모델은 성장의 과정을 설명하지만 관광지에서 계획과 정책의 발전을 위한 충분한 구체성을 제공하지 못하기 때문에 계획의 도구로서 작용을 할 수 없다. 모델에 대한 많은 적용 검증 결과가 발전 주기의 일반적 이론을 뒷받침하는 것 같지만 이상적인 모델로부터 많은 편차를 노정하고 있다(쿠퍼, 1992a; 커매스와 토마스, 1992).

이 모델에서 확인되는 문제점은 일반적으로 8개 분야로 나누어진다(프리도, 2000a): 관광발전에 대한 단일 모델의 역량에 대한 회의(초이, 1992; 비앙키, 1994; 프로서, 1995); 상품주기설 개념과 관련된 문제점(하트 외, 1984; 켈러, 1989); 역량을 운용하는데 개념적 한계점(갓츠, 1992; 헤이우드, 1986); 관광계획에 있어서 주기개념의 사용(쿠퍼와 잭슨, 1989; 헤이우드, 1986; 갓츠, 1992); 그 개념에 동의할 수 있는 경험적 증거 부족(프로서, 1995); 특히 전환점과 단계를 규정하는 측면에서 생애주기 모델의 측정 문제(쿠퍼, 1992a); 그리고 관광지역에서 생애주기 개념을 적용하는 문제 등(비앙키, 1994; 쇼와 윌리암스, 1994)이다. 이와 같은 일반 관심분야에 추가적으로 관광지역에서 경제적인 시장의 운용을 고려하는데 실패했다는 것이다(프리도, 1998).

이 모델에 대한 토론에서 라이퍼(2004)는 대중성에도 불구하고 이 이론은 심각한 결점을 가지고 있고, 이 모델을 적용한 많은 대부분의 지역사례에서 효용성이 없고 실상을 오도하고 있다는 것을 관찰하고서 다른 연구자(런드트롭과 웨인힐, 2001; 하비논, 2002)와 같은 견해를 따르고 있다. 중요한 것으로 라이퍼는 관광지 생애주기 모델은 관광객수의 변화를 설명하지 못하고 그것을 예측할 역량도 없다는 것을 확인하였다. 이문제와 관련하여 하비논(2002)은 펜실바니아에서 이 모델로는 설명이 되지 않는 패턴인 성장, 침체, 쇠퇴의 징후와 회복의 징후가 동시적으로 발생하는 있다는 것을 확인하였다.

요약하면 관광지 생애주기 모델은 계획의 도구로서 사용될 가능성에서부터 사용되는데 까지 이를 가로막는 많은 한계를 가지고 있다. 그럼에도 불구하고 이 모델은 성장을 이루어 가는 동안 관광지가 겪게 되는 진행과정과 관광지가 지나갈 시점을 관찰하는데 유용하다. 다음의 RDS의 토론에서 다른 접근법이 채택되고, 단일모델을 사용하기보다는 성장과정에서 다른 요소를 각자 나타내는 3개의 연계된 모델을 통하여 모델화하고 있다.

관광지의 성장패턴을 설명하기 위해 개발된 RDS를 검증하기 전에 대부분의 해안관광이 현재까지 해안관광 연구의 범위를 주로 규정해 왔던 전통적 해변 리조트에서 발생하지 않는다는 제7장의 논쟁을 고려하는 것이 필요하다. 실제로 해안관광의 새로운 동력은 해안지역 도시의 빠른 확산이다. 휴스톤(미국), 뉴욕, 텔아비브 그리고 홍콩은 해안에 위치하고 있고 많은 관광객이 오고 있지만 해안관광지로 여겨지지 않는다. 이들 도시에서 관광은 시나 주정부로부터 인정받기 위해 경쟁하는 수많은 산업중의 하나일 뿐이다. 불행하게도 많은 보고서는 해안관광의 합리적인 구성요소로서 이들 도시의 역할에 대하여 충분한 인식을 하지 못하고 있다.

리조트 발전 스펙트럼

RDS는 관광지에서 미시경제의 작동, 관광 성장이 이루어지는 형태 그리고 성장을 위해 요구되는 인프라 구축의 패턴을 집합적으로 설명하는 3개의 상호 연계된 모델을 통합한 틀로서 개발되었다. 이 모델은 구매자(수요측)와 판매자(공급측)간의 상호작용의 패턴 속에서 어떻게 변화가 개발에 대한 다양한 시각을 생산하는지를 관찰한다. 다양한 시각은 다음을 포함한다: 성장이 이루어지면서 관광지 인프라의 구성과 성장을 지원하는 인프라의 구조속에서 변화; 수요패턴변화의 시사점; 성장의 발생 결과에 따른 경제적 관계 등이다. 처음 착상에 따라 RDS는 많은 유럽국가와 다른 개발국가에서 나타나는 발전 패턴에 적용되었다. 이 국가들은 지역, 국가 어떤 경우는 국제시장을 아우를 수 있는 지방에 대하여 우선 초점을 맞추고, 지리적 시장을 확대하는데 기반한 개발로서 이에 적합한 미개발 지방이 발굴되고 발전되었다. 이 같은 형태의 발전은 변화가 증가하고 반복적으로 일어나는 진화로서 가장 잘 묘사된다.

모든 관광지가 그 같은 예측가능한 패턴으로 성장하지는 않으며 어떤 경우에는 발전이 위에서 설명한 패턴과는 반대가 될 수도 있는 패턴속에서 투자자로 하여금 투자를 촉진시키는 촉매효과를 창출하는 비교적 저개발된 지역에 낙하산식으로 이루어져 주요발전의 결과로서 나타나기도 한다. 이런 발전 형태는 발전의 빅뱅 패턴으로 불리어질 수 있다. 멕시코 칸쿤이 이런 발전형태의 대표적 사례다. 이 모델의 근저에 있는 원칙은 관광지 발전의 두 가지 타입을 충분하게 설명할 수 있는 확고함이다. 다음 토론은 미개발지이지만 시간이 경과하면서 대규모 국제관광단지로 성장한 풍부한 지역적 관광자원을 가지고 시작하는 성장패턴을 검증하는 출판형태의 모델로서는 처음으로 그 대강을 보여준다. 이 모델의 적용은 2개 관광지 케언스(프리도, 2000a)와 골드코스트(프리도, 2004)에서 실증되었다. 사례연구 2.2는 발전의 빅뱅형태의 예를 분석하였다.

경제적 측면에서 RDS는 어느 정도 관광잠재력을 가진 미개발지에서 출발하여 그 관광지가 언제 국제적 관광지로 진화했는지를 확인하고 결론을 도출하는 일련의 변화에서 성장과정 중 어떤 단계에서 발생하는 부분적 균형점의 연속선상인 성장경로를 나타낸다. 성장은 자동적으로 이루어지는 것이 아니며 또한 모든 관광지가 대규모 국제관광지로 성장하는 것도 아니다. 기 간행된 연구보고서내의 모델에서는 정체, 쇠퇴 혹은 회생 등 5번째 단계로 가능한 이 부분을 4개 단계로 구성된 과정에서 성장단계로 나타내고 있으며, 한편 또 다른 성장 진행 형태로는 처음 성장단계로 부자를 위한 소수지역으로서 관광발전에 기반을 둔 지역을 예상할 수 있다(프리도, 2000a). 이런 진행과정은 장 후반부에 설명된다. 성장의 각 단계는 특정 관광객 그룹에 기초하는데, 이들 방문객의 수요와 공급측면에서의 특성이 지역관광지로 시작하여 대규모 국제관광지 규모로 성장해가는 과정에서 각 단계(시점)의 관광객 시장구조를 결정한다. 성장 곡선상의 어느 지점에서 성장 능력은 개발을 지원하는 환경용량, 토지공급, 지역사회의 열정, 지각적(심리적) 구성부분(월, 1982), 정부정책, 지속가능성의 수준, 관광수요, 공급, 인프라서비스의 능력과 교통접근(프리도, 2000b) 등을 포함하는 다양한 힘의 조합에 의하여 결정된다. 처음 출판된 보고서에서처럼 능력, 지속가능성, 수요, 유연성과 형평성의 요소는 포괄적인 의미로 고려되었으며 각 개별적 기여도는 특정되지 않고 계량화하지 않았다. 그러나 이 모델에서 수요는 인지할 수 있는 관광지의 유일성을 반영한 것이며 다음 3가지 요소에 기인한다는 것을 확인하고 있다.

1. 지역, 국가, 국제 시장에서 관광지의 자연, 시설 및 문화적 매력도의 차별성
2. 구조화된 관광지의 자연, 시설, 문화가 어떻게 시장을 형성하고 각 관광 개인이 이에 대해 느끼는 관심과 정도
3. 가격과 질적 수준 그리고 접근성 측면에서 지역, 국가, 국제시장에서 관광지로서의 명성

가격 메커니즘

기존의 많은 관광지 모델의 주요한 실패원인은 성장을 지지하는 경제적 요소에 대한 분석이 부족했다는 것이다. 관광지가 관광 경관의 주요한 구성부분이라

면, 관광은 다른 수요가 충족된 후에 관광소비를 위해 자금을 공급하는 경제적 능력의 소산이라는 것이 이 분야에서 연구의 부족현상을 가져 왔다. 다음 토론은 관광지 경제를 지지하는 몇 개의 기본적 기준의 윤곽을 제시한다. 가격 메커니즘의 작동에 기초한 관광지 개발에 대하여 설정한 가정은 다음과 같다.

- 가격체계는 공급자가 생산하려고하는 수량의 상품과 서비스에 대한 수요가 조화되는 형식속에서 작동한다(사무엘슨, 1992).
- 수요는 관광객 수입과 그들이 소비하는 서비스 가격의 상관함수다(크라우치, 1992).
- 공급력은 투자에 기초하여 발전을 촉진하는 필수적 조건을 형성한다. 정부가 공급측을 진작시키는 역할을 할 수도 있다.
- 수요력은 제공하는 서비스에 대한 수요를 창출하기 위해 공급측에서 제공하는 광고와 같은 요인에 의해 조종될 수 있다.
- 수요는 관광객의 수입과 가격에 따라 유동적일 수 있다(제 4장의 토론 참조). 따라서 만약 가격이 오르면 수요는 감소하고 가격이 떨어지면 수요는 증가할 것이다. 역시 관광객의 수입이 증가하면 수요는 증가할 것이지만 수입이 감소하면 수요도 떨어질 것을 예상할 수 있다.
- 수요와 공급이 어느 것이 먼저 필요한가에 대해서 분석이 이루어지지 않는다.
- 개발에 도전하는 개인의 역할에 대한 평가는 이루어지지 않는다. 그러나 이것은 개발과정의 중요한 측면이 된다.
- 수요와 공급의 상호작용에 대한 다음 토론에서 사용된 가설적 모델은 관광에 깊게 의존하는 소규모 해안도시를 보여준다. 이사례에서 발전은 서서히 진화하는 것이며 앞에서 언급하였던 빅뱅 발전과 같은 경로를 따르지 않는다.
- 수요 조건은 휴일관광지 선택에 있어서 결정을 하는 순간 관광객의 반응과 관계가 있다. 관광객은 관광지를 선택할 때 시간과 경비의 가능한 자원을 최대화하려고 하는 것이 일반적이다.
- 공급력은 공공과 민간부문으로 형성되는 것으로 본다. 민간부문은 이익을 최대화하려고 한다.
- 가격은 휴가체험과 접근 경비의 표준적 기준과 관련된다. 높은 가격은 고급 숙박과 추가적인 교통비를 의미할 수 있으며 저렴한 가격은 모텔이나 카라반 파크와 같은 좀 더 적정한 숙박과 저렴한 교통비를 의미한다.

- 접근비용은 지역의 관광발생지에서 관광지로 가는 교통비용을 말한다. 발생지역과 관광지의 거리와 관계되는 주요요소는: 거리가 증가함에 따라 교통비용은 증가할 것이고(그림4.3 참조) 두지역간의 거리가 증가함에 따라 거리감쇄모델(distance decay model)의 영향력이 효과적으로 작용될 수 있다.(그림2.3 참조)

균형

경제이론에서 균형은 상품과 서비스 생산자가 주어진 가격하에서 생산하려는 수량이 소비자가 그 가격에 기꺼이 구매하려고하는 상품과 서비스의 총량과 같아질 때 이루어진다. 만약 가격이 오른다면 불균형상태가 발생되고 수요는 감소할 것이다. 같은 이치로 가격이 떨어진다면 수요는 다시 불균형상태를 초래하는 상품 부족의 원인이 되면서 증가할 것이다. 이론적으로 각 생산품이 유일한 균형점을 달성하는 것은 전체적인 경제흐름에서 부분적인 균형에 해당되는 것이다. 총합경제 속에서 모든 부분적 균형의 합이 전체적인 균형이 되는 것이다.

균형점은 관광지의 생애속에서 나타난다. 기존의 균형상태에서 관광지의 수요나 공급의 특성 변화는 불균형이 발생하는 원인이 된다. 예를 들어 불균형은 관광지로 여행을 유발하는 수요가 숙박부문의 가격을 상승시키도록 유도한다. 결국 가격과 수요의 증가는 투자자로 하여금 보다 높은 가격을 부담하게 되는 새로운 숙박시설 건설을 촉진할 것이다. 균형점은 수요와 공급이 다시 균형이 이루어 질 때에 재정립될 것이다. 이 새로운 균형점에서 숙박시설이 개인별 소비자가 지불하려는 가격수준에서 공급의 질(객실의 형태)에 부합하는 다양한 수준의 가격이 형성된다. 이 경우 관광지 숙박분야의 균형점을 함께 구성하는 전체 숙박부문 내에서 부분적 균형의 편차가 있을 수 있다. 관광지 균형 작용에 기초한 관광지 발전에 대하여 설정된 가정은 아래와 같다.

- 불균형은 공급이 수요에 따르지 못하거나 수요가 공급에 못 미칠 때 발생할 수 있다.
- 공급이 수요에 못 미친다면 새로운 공급자의 시장진입을 촉진하게 된다. 새로운 진입자가 만약 기존가격에서 지불의사가 있는 추가 소비자를 유치하려고 한다면 그 가격은 반복 될 것이며, 만약 소비자 그룹이 더 높은 가격의 지불을 준비한다면 가격을 올릴 것이다. 만약 신규 진입자가 새로운 관광분

야(예: 주단위 또는 국가, 국제 등)를 유인할 수 있다면 새롭고 더 높은 관광지 가격 수준을 형성하고 따라서 그 관광지는 새롭고 더 높은 균형수준으로 이동하게 되며 가격이 오를 것이다.

- 관광지 상품과 서비스에 대한 수요는 동일하지 않고 관광객이 지불하고자 하는 가격에 기초한 수요의 범위가 있을 것이다. 예를 들어 5성급 호텔 숙박시설에 머무르는 부유한 관광객으로부터 배낭족을 위한 형태의 숙박시설을 감수하는 관광객까지 그범위가 넓다. 결론적으로 동일관광지내에서 숙박이나 다른 서비스에 대한 수많은 부분적 균형점이 존재할 수 있다. 이런 측면에서 동일한 관광지와 동일한 시점에 어떤 숙박부문에서 균형상태에 있지만 다른 부문은 불균형상태에 있을 수 있다. 이런 관찰에 따른 주요한 시사점은 다음 논의에서 밝혀 질 것이다.
- 어떤 상황에서 보다 싼 교통수단이나 다른 공급측면의 투입과 같은 외부의 규모경제의 도입은 균형가격 상태에서 하락의 결과를 가져오는 실제적인 가격하락으로 수요의 증가를 발생시킬 것이다. 장기적 관점에서 관광지 영업부문이 이익획득에 관여하고 수요공급이 다시 균형상태에 이르는 지점까지 가격을 올림으로써 실제가격의 초기 하락은 흡수 희석될 것이다.

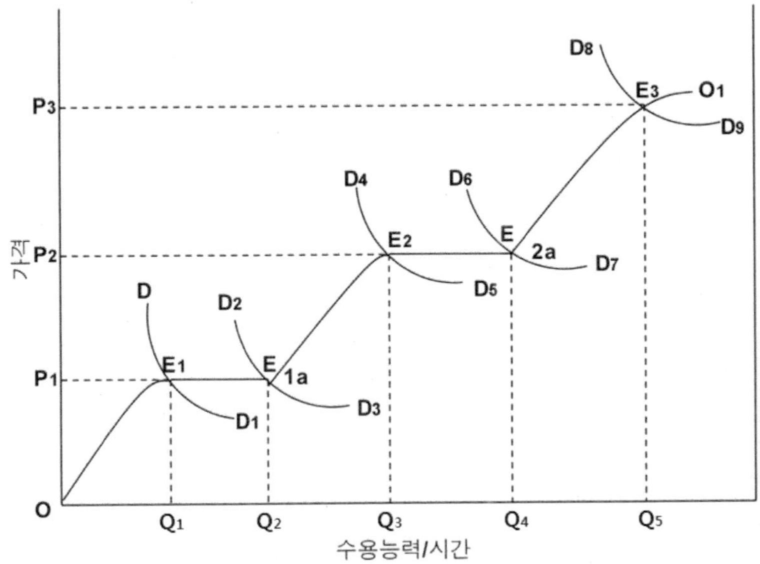

〈그림 2. 9〉 균형점에서 이동에 의해 발생하는 성장 경로
자료: 프리도(1998)

RDS 모델은 어떻게 성장이 예측되는 패턴을 따라 발전될 다양한 인프라의 수요를 창출하는 지를 나타낸다(표 2.3 참조). 출발지역에서 규명된 방문객의 성장과 그들이 요구하는 경험의 형태 그리고 발전의 각 단계를 지원하기 위하여 요구되는 인프라의 종류간에 존재하는 상호관계를 규명하는 것은 계획가로 하여금 어느 시점에 어떤 새로운 시설이 필요하게 되는지를 판단할 수 있게 해준다. 예를 들어 표 2.3은 새로운 방문객 집단이 유치됨에 따라 숙박형태와 교통시스템에 있어서 발생되는 변화를 규명하고 있다. 단일 다이어 프로그램 모델 사용의 한계 때문에 RDS에 의해 기술된 과정이 3개의 보완 모델속에 나타나있다. 그림 2.9는 가격요소에 기초한 관광지의 미시경제에 있어서 발생하는 수요공급상 상호관계의 범위를 보여주는 반면에 그림 2.10은 관광발생지역으로부터 거리에 의존한 시장부문에 따른 성장을 나타내고 있다. 표 2.3은 시장부문에서 변화에 기초한 인프라의 시간적, 연속적 발전을 요약한 것이다. 그림 2.9와 2.10에 나타난 성장진로는 두 개의 시각이지만 전반적으로 동일한 결과를 가져오는 성장과정을 보여준다. 따라서 그림 2.9는 가격에 대한 토론을 포함하는 반면 그림 2.10은 가격요소를 표시하지 않고 시장부분을 이용하는 성장과정을 나타내고 있다.

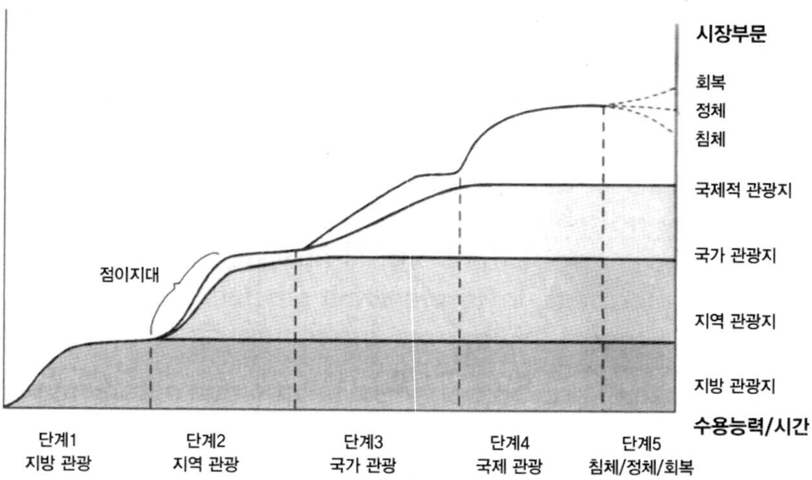

〈그림 2. 10〉 리조트개발 스펙트럼

RDS는 관광지가 성장함에 따라 쇼핑시설, 관광지 주민을 위한 아파트, 새로운 관광유치시설, 주민과 관광객을 위한 레크리에이션 시설, 추가되는 호텔 등의 원인으로 형성된 환경속에서 공간적 변화가 나타나는 것을 인지한다. 이런 변화는 관광지에서 수요변화의 패턴을 반영한다. 스미스(1992)의 시범적 리조트 모델은 발생할 수도 있는 공간적 변화의 형태에 대한 유용한 시사점을 제공하고 있다. 앞의 기존 모델에서 예측능력을 개발할 수 없었던 이유 중의 하나는 이 모델들이 대체적으로 관광지에서 경제의 역할을 무시했다는 것이다. RDS는 관광지의 경제는 공급자의 투자결정에 영향을 미치고 그리고 투자자의 결정을 통해 성장해 나갈 진로와 형태에 중대한 영향을 미친다는 논지를 펴고 있다.

RDS를 형성하는 이론과 관련한 다음의 많은 토론은 기존에 발간된 프리도(2000a, 2004)의 보고서에 담겨있다. 다음 토론은 그와 같은 많은 자료를 끄집어 내고 있다. 관광생애주기 모델과 비교하여 RDS는 오스트레일리아 2개의 사례연구(케언스와 골드 코스트)를 제외하고는 비교적 검증되지 않았다. 해안권이 아닌 지역에서 성장을 설명하는데 이 모델이 활용되기 위해서는 시장 매개변수를 변화시키는 보완이 요구된다. 그러나 그림2.9에서 나타난 균형점을 변화시키는 경제이론은 수정이 필요하지 않은 것 같다. 다른 의미에서 이 모델을 검증하는 것은 계획모델의 수정뿐만 아니라 개선을 위한 비판과 제언을 초래할 것이 예상된다.

RDS에서 주장하기를 성장패턴은 관광지 생애기간 동안에 발생하는 균형상태의 연속선 혹은 부분적 균형점을 통하여 추적할 수 있다고 한다. 그림 2.9에서 DO_1선은 관광지에서 장기공급곡선 뿐만 아니라 장기성장 경로를 나타낸다. 성장경로는 시간의 경과에 따라 발생하는 균형점의 변화를 반영한다. 이 상황은 그림 2.9에서 보여 주듯이 성장은 O점에서 시작하여 관광지대의 최대가격수준이 P_1에 이를 때까지 지속될 것으로 보고 있다. 이 경우 가격은 숙박형태, 쇼핑, 그 외에 제공되는 서비스의 실질적인 지표가 된다. 가격의 상승은 제공되는 서비스나 상품의 형태가 상방향으로 움직이는 것을 의미한다. 첫 단계에서 균형상태(E_1)는 가격이 P_1일 경우 휴일의 수요곡선(DD_1)과 시설공급곡선 사이에서 형성되기 때문에 성장은 수평을 이루는 곡선으로 시작된다. 실질적인 도착 관광객 수는 관광지의 상대적으로 낮은 가격수준에 의해 지속적으로 증가하고 유인될 수 있다. 이것은 새로운 점 E_{1a}에서 균형 상태를 형성하고 이에 대응하는 새로운 수요곡선이 D_2D_3로 표현될 수 있다. Q_1Q_2간의 성장은 대체로 P1에 의해 부과된 예산 범위 내에서 현존하는 시설의 확장에 의존하게 된다. 만약 관광지에서 시장시스템에 따라 초래되는 가장 높은 가격이 P_2로 상승한다면 새로운 균형점은 E_2에서 나타나게 된다. 가격의 상승은 새로운 방문객이 관광지로 유인되고 서비스와 상품의 질이 제고됨에 따라 공급자를 자극하는 보다 높은 가격을 지불할 준비가 되어있을 때만 가능한 것이다. 결국 이것은 관광지가 타깃시장의 범위를 증가할 수 있도록 해준다. P_1과 P_2 사이의 가격 인상부분은 교통비뿐만 아니라 더 비싼 숙박, 음식점을 포함하는 관광지 시설의 업그레이드를 포함한다. O와 OQ_4사이의 성장은 P_2 수준에서 가격이 형성되는 반면 QQ_4점을 넘는 성장은 호텔, 교통망 그리고 새로운 유인시설을 포함하는 추가적인 인프라가 건설되고 관광지가 P_3보다 높은 가격을 지불할 의사가 있는 새로운 관광객 그룹을 유인할 수 있을 때 발생될 것이다. 기간을 더 연장한다면 새로운 균형점 E_3에 도달할 것이다. 많은 방문객 시장의 출현은 그 자체의 유일한 가격탄력성의 특성으로 각각 수많은 가격분화가 일어나는 관광지 경제를 형성할 것이다. 만약 관광지가 추가적인 투자를 유치할 수 있다면 성장은 E_3를 넘어서서 그 점이 관광지가 공간적 및 생태적 용량이 허용하는 데까지 지속될 것이다.

균형 E_1E_2와 E_3간의 성장률은 표 2.2에서 보여주는 발전의 14개 주요기준을 만족시키는 관광지의 잠재력에 따라 다양할 것이다. 동시에 이들 각 요소(표 2.2)는 관광지의 발전경로 상의 어떤 점에서 성장에 대한 제한을 보여준다. 이 요소들은 성장경로의 형태, 관광지의 수용능력과 장기적으로 사회경제적 지속가능성을 달성할 수 있는 잠재력을 결정한다. 생태적 지속가능성은 바람직한 것이지만 기후변화가 향후 수십년 내에 많은 생태계에 빠른 변화를 야기시킬 지속가능성에 대하여 현재시점에서의 가정은 의문시된다. 기후변화는 새롭거나 보완된 생태계를 창조할 것이며 이는 보완될 생태계의 최후 지속가능성의 수준이 무엇이어야 하느냐에 대한 확실한 해답이 없다는 결론하에서 현재의 지속가능성의 개념에 대하여 다시 생각하게 할 것이다.

표 2.2는 경쟁적인 관광지간의 비교와 평가를 위해 사용될 것이다. 만약 하나 또는 그이상의 기준이 저축되거나 유지될 수 없을 때, 예를 들어 충분한 토지이용에 대해 기술하고 있는 기준6에 해당되면 성장은 그 점에서 성장을 멈추거나 담당기관으로 하여금 특단의 정책집행을 요구할 것이다.

그림 2.10의 RDS는 관광객 출발지의 기준으로 시간이 지남에 따라 방문객 분화의 변화를 나타내고 있다. 방문객 분류는 지방, 지역, 국가 그리고 국제관광객으로 구분된다. 그림 2.10은 그림 2.9에서 명시된 가격영향은 나타내지 않는다. 이는 방문객 입장에서 숙박지를 포함한 관광지의 관광체험을 구매하는데 관광객은 가장 저렴한 가격에서 가장 비싼 가격 사이의 어느 수준에서든 선택적으로 구매할 수 있기 때문이다.

〈표 2.2〉 핵심 관광지 개발 기준

1. 관광지의 주요 관광명소(항상 그런 것은 아니지만 이것들은 일반적으로 자연 및 인공시설을 포함한다)
2. 적정한 유통채널로 효과적이고 대표적인 관광지 마케팅 기관을 개발하기 위한 능력
3. 마케팅을 통해 새로운 관광발생지역과 새로운 관광분야 시장 개발의 성공
4. 관광개발을 위한 지역당국과 지역주민의 지원
5. 특정관광지가 수요에 부응한 공급측면의 능력(예를 들면 호텔)을 확장하기 위하여 걸리는 시간
6. 개발을 위한 사용 가능한 토지, 지속되는 손상이 없이 방문객 유입을 흡수할 수 있는 자연자원의 활용가능성, 물과 같은 자원의 활용가능성, 환경요소와 정치적 요소 등으로 표현되는 수행능력과 지속가능성
7. 투자를 끌어들이고 그 투자를 구성할 수 있는 능력
8. 지역, 주(도) 그리고 중앙정부에서 지원수준(이것은 마케팅, 인프라 건설과 세제혜택 등을 위한 지원을 포함할 수 있다)
9. 경쟁 관광지의 영향
10. 국가 및 국제 경제의 변화와 이를 강조하는 생산 시스템
11. 새로운 교통 인프라의 투자
12. 관광지와 주요관광발생지역과의 거리
13. 해수면 상승과 늘어나는 가뭄, 홍수 그리고 화재의 발생에 따른 기후패턴의 변화를 포함하는 기후변화에 관광지가 적응하는 능력
14. 많은 관광지가 지진, 폭풍과 화산폭발을 포함한 자연의 힘에 직면하는 잠재적 위협. 예를 들어 뉴올리안즈는 매우 파괴적일 수 있는 정기적인 허리케인 앞에 놓여있다.

성장은 관광지 시장을 창출하도록 새로운 방문객이 추가될 때 나타난다. 이런 관광지 시장은 방문객의 출발지에 기반한 다수의 방문객 집단으로 나누어 질 수 있다. 발전의 각 단계는 명확히 확인된 방문객 시장에 기반을 둔다. 성장은 새로운 보다 먼 곳에서 발생하는 방문객을 포함하는 다양하고 많은 관광객이 유치될 때만 발생될 것이다. 가격은 성장에 영향을 미치는 하나의 요소일 뿐이다. 그렇지만 그들의 출발지와 상관없이 관광객은 숙박, 레저 활동, 쇼핑 등을 가장 싼 가격에서 가장 비싼 가격사이의 어떤 가격에서든 자유롭게 구입할 것이다. 각개인의 예산에 맞추어 쓰는 다양한 영향은 제4장 그림 4.3에 보다 구체적으로 나타나있다. 가격이 RDS 모델의 수직축 상에 부정확하게 포함되어 있었는데(프리도, 2000a) 이 문제가 그림 2.10에서 올바르게 수정되었다. 그림 2.10에 나타난 가상

적 관광지에서 소규모 미개발지이지만 표 2.2에서 제시하고 있는 기준을 만족시켜 관광을 유인할 수 있게 된 관광지는 시간이 지나면서 국제적 관광지로 발전된다. 성장의 이런 경로는 표 2.2.에서 제시한 이유로 모든 잠재적 관광지에서 가능한 것이 아니다. 더구나 성장은 자동적으로 이루어지는 것이 아니며 중단되거나 대내외 요소의 변화에 대응하면서 어느 시점에는 쇠퇴하기까지 한다. 내부적 요소로는 변화된 지방정부의 우선순위, 늘어나는 관광에 대한 주민들의 저항, 혹은 토지 및 자연자원과 용수 가용량 등에 의해 부과되는 마찰 등을 포함한다. 외부요소로는 경쟁, 국가경제 상황과 국가정책 우선순위에 대한 변경 등이다. 만약 내외부적 요소의 결과로 불균형이 발생되면 성장은 중지될 것이며 관광지는 쇠퇴할 수도 있다. 관광지가 국제적 관광지 지위를 달성한 후에 쇠퇴나 정체를 보여주는 경우가 있는 반면에 이런 쇠퇴 과정이 매우 빠른 시기에 시작될 수도 있다.

만약 새로이 나타날 수 있는 상품 제공이나 상업시설의 재정비 그리고 관광지의 새로운 상표 및 브랜드화를 포함한 보완적 행위가 취해진다면 일단 관광지가 쇠퇴로 규정되어 있다 할지라도 성장이 재점화될 수 있을 것이다. 그러나 만약 수요의 쇠퇴가 장기간 동안 지속된다면 그 관광지는 새로운 균형점에 도달할 때까지 전반적으로 가격수준이 하락되도록 압력을 받을 것이다.

이 모델은 관광지에는 많은 시장부문이 있음을 보여주고 있다. 그림 2.10에서 완만한 흐름의 곡선으로서 보여주고 있지만 시장부문은 가끔 다른 성장율과 수요수준을 나타낸다. 예를 들어 골드 코스트 사례에서(프리도 2004) 관광지는 국제시장에서 성장을 경험했지만 국내시장은 1990년대 후반에 후퇴하였다. 그림 2.10이 보여주는 시장부문의 이질적인 부분으로 이루어지는 상태는 관광지 시장의 작동에 있어서 복잡한 수준을 더하여 준다. RDS에서 먼 지역에서 발생하는 첫 방문객 그룹은 발전의 1단계에서 다음단계로 움직이는 관광지의 초기에 도착하여 성장이 시작하는 점이지대를 형성하게 된다.

표 2.3은 그림 2.10과 상관관계를 가지는 단계별 과정이 이루어짐에 따라 인프라에서 발생되는 변화를 보여주고 있다. 표 2.3은 리조트가 성장의 한 단계에서 다음 단계로 이동함에 따라 숙박, 교통과 시장을 포함하는 많은 주요 분야에 있어서 발전을 추적하고 있다. 제시한 틀은 모든 것을 망라한 것이 아니라 소매 서비스분야, 정부정책, 지속가능성, 배분, 투자, 사회정책 그리고 다른 인프라 등을 포함하는 많은 다른 요소들이 추가될 수 있다. 그림 2.9와 2.10, 표 2.3은 기존의 선행모델에서 부족한 관광지 성장과정의 다차원적인 측면을 보여주고 있다.

〈표 2.3〉 인프라 개발의 진행

주요특징	1단계 지역관광	2단계 지역관광	3단계 국가관광	4단계 국제관광
관광객형태	*지역장소 *인근 읍에서 오는 사람	1단계에 추가 *주(도)나 지역 내에서 오는 여행객 *보다 큰 리조트로 가는 지역을 통과하는 가능한 제한된 주(도)간 관광교통	2단계에 추가 *국내 모든 곳에서 오는 장거리 여행객 *주(도)청 소재지 도시는 기본적 시장이 됨	3단계에 추가 *국제관광에 중점
숙박	*비치하우스 *카라반 파크 *인가 호텔 (리조트가 아닌) 저렴한 모텔 자유여행객 호텔	*단지와 아파트 개발 발생 *2-3성급리조트 모텔 발생 *카라반 파크는 여전히 중요 *호텔에 외부투자 시작	*3-4성급 호텔 *통합된 리조트 *국제적 명성이 있는 호텔체인이 호텔개발을 시작 (예: 힐튼, 라마다)	*국제 명성의 호텔체인이 리조트호텔 건설 *골프코스, 카지노와 쇼무대를 포함할 수 있는 많은 5성급 호텔
판촉	*지역과 주변읍 *지역적 과정이나 관광협회에 의해 수행 *한정된 자금	*주(도) 범위 *정부자금을 유치할 수 있음 *개별적인 광고로 리조트 비즈니스 운영 *광고 캠페인에 전문성의 증가	*전문직원으로 구성된 판촉조직설립 *주(도)의 지방정부와 지방 비즈니스의 공동 캠페인 *호텔과 주요관광 명소가 국내 미디어를 통한 활발한 캠페인 자금	*매우 전문적으로 접근 *많은 국가 자금 유치 가능 *매우 중요한 광고를 하는 기업
관광명소 (주요관광 명소는 자연적 이거나 인공적)	비치와 국립공원같은 인근지역 경치의 아름다움까지 한정	*처음에는 비교적 작은 규모의 인공 관광명소 *동물원이 건설될 수 있음 *단계 마지막에는 보다 큰 테마파크 형태의 관광명소가 건설됨	*대규모 테마파크 혹은 유사한 관광명소 건설될 것임. 이들 명소는 수동적 참여보다는 능동적 특징을 보임	*관광명소의 초점은 비치 중심에서 테마파크와 같은 비해안활동과 시장쇼핑
교통	*범위가 매우 제한 *주요수단은 도로 *만약 리조트가 철도서비스와 가까운 곳에 위치해 있다면 철도로부터 가능한 교통	*도로접근성이 훨씬 제고 *인프라의 개발로 다른 교통수단의 도움을 받을 수 있음 *지역항공에 의해 제한된 전세기 서비스	*주(도)간 정기항공 서비스가 국가운영자 혹은 제휴에 의해 운영 *도로접근은 계속개선 (예: 고속도로) *다른 수단은 크게 재개발(예: 항만 터미널, 철도서비스)	*국제항공서비스 시작 *다른 교통수단은 계속 개발 *자원시장까지 거리에 따라: 항공이 지배적 수단이 될 수 있음

그림 2.7은 RDS를 포함하여 골드 코스트에 다수의 관광지 모델 적용을 보여주고 있다. 그림 2.11은 RDS의 적용에 기초한 골드 코스트의 발전 경로 형태를 나타내고 있다. 공간은 출현하는 역사적 흐름의 구체적 윤곽을 형성하는데 방해를 하지만 관심있는 독자는 보다 구체적인 프리도의 분석에 주의를 기울일 것이다. 프리도의 보고서(2000a)는 오스트레일리아의 케언스에서 이 모델과 비슷한 적용을 한 바 있다.

계획 모델로서 RDS의 활용

제3장에서 매우 구체적으로 계획측면이 논의 되지만 계획의 수단으로서 어떻게 RDS가 이용될 것인가에 대하여 고려하는 것은 가치 있는 일이다. 하나의 방법은 시간이 흐름에 따라 성장 발전의 시나리오 구축을 위한 기초로서 이 모델이 활용될 수 있을 것이다. 다른 활용의 하나는 발전과정에서 어떤 지점에 공항, 호텔 등을 포함하는 새로운 인프라가 요구되는지를 계획가가 결정하는데 도움을 주기 위하여 표 2.3에서 제시된 매트릭스를 더욱 발전시키는 것이다. RDS는 관광지 성장과정의 어느 시점에 한층 더 성장을 위한 잠재력과 성장의 형태가 무엇인지를 규명하기 위하여 사용될 수 있을 것이다.

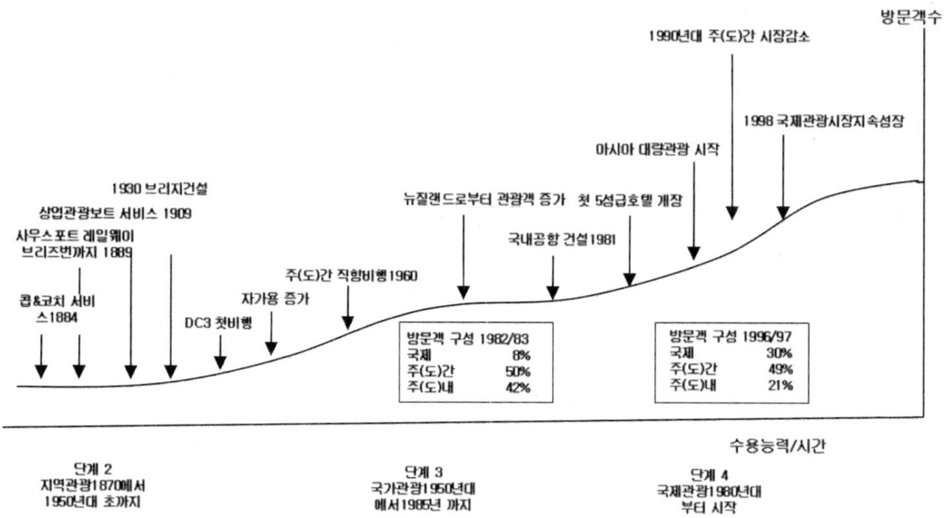

〈그림 2.11〉 골드코스트에서 리조트개발 스펙트럼
자료: 프리도 (2004)

이 같은 수용성을 보여주기 위하여 2개의 관광지가 분석되었다. 사례연구 2.2.는 그림 2.10에서 제시한 것과 매우 다르지만 그림 2.9에서 보여준 일반적인 경제원칙에 충실한 발전경로를 따라 움직이는 소규모 해안지역사회의 상황을 분석하고 있다. 반면에 사례 2.3은 재난에 시달리고 있으며, 그리고 국제관광객을 유인할 관광자원을 가지고 있지만 정부정책의 주요한 변화가 없이는 최대한의 잠재력에 도달할 것 같지 않은 해안관광지를 분석한다.

사례연구 2.2: 포트더글라스(빅뱅 성장경로의 사례)

포트더글라스의 지형을 근본적으로 바꾼 관광 붐이 일어나기 전에는 포트더글라스는 낚시와 카라반 공원, 별장과 값싼 호텔에 기초한 소규모 관광부문을 취급하는 전형적인 어촌 마을이었다. 관광은 주민이 의도하는 산업이 아니었다. 그러나 화려한 골드 코스트의 기업가이고 러셀과 폴크너(1999)가 지적한 이주자와 선동자의 한사람인 크리스토퍼 스케이스의 첫 지역방문은 쉐리든 리조트 호텔과 국제규격의 골프코스를 개발하기 위한 대규모 토지구입이 이루어지게 되었다. 스케이스가 포트더글라스에 투자하기 전에는 관광지로 여겨지지 않았지만 일단 그의 개발은 국제적 관심을 불러일으키기 시작했고 지방자치정부가 이 같은 계획프로세스를 채택하지 않을 수 없게 되면서 그 지역으로 다른 기업가들이 움직였다. 그림 2.10에서 보이는 제 1,2단계에서 제 4단계로 매우 짧은 기간에 건너 뛰어가는 경로를 가져오는 변화가 일어났다. 오스트레일리아의 주차원의 관광시장을 유인하기 위하여 추가적인 숙박시설이 세워지는 제3단계는 그 후에 늦게 나타났다. 포트더글라스가 경험한 성장경로는 아시아나 멕시코에 유사한 관광지가 이런 경로를 따라왔는데 여기에서도 국제관광 성장의 첫 번째 주요단계가 핵심이었다.

표 2.4는 1983년에서 2000년 사이에 숙소형태별 성장을 보여준다. 1989년 쉐라톤 리조트의 개장이 그다음 10년 동안의 급속한 성장시대의 서막을 알리는 신호였다. 이기간 동안 카라반 파크를 포함한 모든 종류의 숙박 객실수는 262개에서 2,107개로 늘어났다.

〈표 2.4〉 성급별 포트더글라스의 숙박시설 수의 증가

년도	5성급	4성급	3성급	2성급/모텔	휴양아파트	카라반파크
1983				49	39	225
1984			17	46	41	225
1985			17	46	47	225
1986			17	46	74	225

년도	5성급	4성급	3성급	2성급/모텔	휴양아파트	카라반파크
1987			17	52	186	274
1988			17	49	198	274
1989	300		17	56	198	184
1990	300	50	22	81	517	220
1991	300	50	22	41	517	229
1992	300	353	42	53	529	311
1993	385	353	39	47	583	328
1994	400	353	39	47	583	277
1995	400	353	58	22	590	277
1996	400	356	538	32	590	187
1997	400	406	499	22	600	211
1998	400	448	499	26	748	162
1999	400	818	19	22	848	229

사례연구 2.3: 라바울

1994년에 타부르부르와 벌칸 2개의 화산이 폭발하여 파푸아 뉴기니 라바울시의 많은 부분이 파괴되었다. 그림 5.1은 1994년 화산폭발전의 라바울시의 폐허 광경을 보여준다. 1994년 이전 이 도시는 수준높은 다이빙 장소로 유명하였고 원거리에 위치함에도 불구하고 국제관광객이 선호하는 지역이었다. 화산 폭발후 몇 년간 도시의 관광산업은 분출전의 방문객 시장을 회복하는데 실패하였다. 이는 다른 민간과 공공부문의 총체적인 실패 때문이었다. 2007년에 이용가능한 시설자산 목록은 1-2개의 다이빙 시설과 다이빙 관련 용품 가게 하나로 줄었다. 한때 다이빙 산업을 지원하던 시설물들은 버려지거나 다른 목적으로 이용되고 있다. RDS 모델 측면에서 보면 이관광지는 거의 쇠퇴단계의 바닥에 다다랐다. 표 2.2에서 제시한 기준에 근거하면 미래에 주요국제 관광지로 개발될 잠재력을 가지고 있다. 그러나 이러한 형태로 발전하기 위한 경로는 그림 2.10에서 보여준 가상모델에서 나타난 점진적 진화경로를 밟는 것이 아니라 사례연구 2.2에서 제안된 모델의 수정된 빅뱅형태에 속할 것이다.

결론

모델은 교육이나 계획을 위해 유용한 도구이다. 그러나 중요한 한계를 가지고 있는데 이는 매우 복잡한 현실을 단순화한 형태로서 투자측면에서 복잡한 현상의 특징을 설명하기 위해서는 두 개 혹은 그이상의 모델이 필요할 수 있다는 것이다. 그림 2.7에서 강조하듯이 골드 코스트 발전의 영광을 가져온 기저에 존재하는 힘을 이해하기 위하여 4개의 모델을 사용하였으며 한 개의 모델로 가능한 것보다 더 복잡한 상황을 잘 설명해주고 있다. 지금까지 철학적 수준에서는 분석적 과정의 적용이 거의 없었으며 이런 부족현상이 작업과정의 좀 더 역사적인 이해와 발전을 가로막고 있다. RDS를 포함한 현재의 모델은 해안관광의 어떤 특징을 설명하는데 유용하며 어떤 상황에서는 해안지역 도시에서 관광분야의 행태를 분석하는데도 유용할 수 있다는 것이 명백해지고 있다. 또한 적정한 수정을 통하여 RDS나 다른 모델은 산악지역에서 발전패턴을 설명하는데도 유용할 수 있다.

핵심과제

- 모델은 핵심 상호관계와 이 관계를 가져오는 변수를 규명하고 이들을 간단한 형식으로 설명한다.
- 관광 모델의 주요단계는 복잡한 것을 단순화하는데 있어서 기저에 있는 많은 상호 관계가 규명되지 않는다는 것이다.
- 모델은 발전을 이해하는데 유용한 도구이지만 잘못 사용되어 왔다.
- 관광지 발전을 연구하는데 현재 이용되는 모델을 재평가할 필요가 시급하다.
- 많은 경우에 있어서 관광지 발전의 복잡한 특성을 이해하는 효과적인 접근법으로 2개 혹은 그이상의 모델을 이용한다.
- 그림 2.8에서 제시한 원칙에 입각한 작동가능하고 새로운 다양한 모델 개발이 필요하다.
- RDS는 관광지 발전의 과정을 이해하는데 유용한 부가적 모델이다.
- 해안관광지에 대한 추가적인 연구는 해안지역의 관리적 측면에서 시작되어야 한다.

미래를 위한 계획: 새로운 접근법

제3장

미래의 지속가능성을 확보하기 위해 전진할 시간이다.

계획은 관광지의 생애에 있어서 주요요소이며 각 개별 회사에 의해 작성되는 계획 결정에서부터 관광지내의 모든 이해관계자를 포함하는 집합적 계획까지 포함하는 다양한 수준에서 이루어진다(건, 1988). 부적절한 계획은 관광지 잠재력의 성장을 한계에 이르게 하거나 장기차원의 지속가능성을 감소시킨다. 과거에는 소규모의 범위에서 델파이 연구나 전문가 조사를 포함하는 정성적 방법과 정량적 예측방법을 사용하여 관광지의 가능한 성장 진로를 장기적으로 전망하는 경향이 있었다. 그 결과는 항상 만족스러운 것은 아니어서 대안적 계획 방법이 필요하게 되는데 이는 기존의 방법을 보완할 수 있도록 하고 미래에 무엇이 가능한지를 새롭게 통찰할 수 있도록 한다. 한 가지 가능한 방법인 시나리오 기법은 이장 후반부에서 논의한다.

제 2장에서 논의한 것처럼 단일모델이나 계획수단은 상호 얽혀있는 다중부문과 정부의 연계망, 그리고 관광지에서 작용하는 운영기재를 적정하게 대변할 수가 없다. 관광지는 자연자원의 복합, 주민의 지적 능력, 투자자, 노동력, 정치적 구조, 관리배분, 주민과 그들이 받을 방문객으로 이루어진 복잡한 구조라고 할 수 있다. 간단하게 말하면 관광지는 관광상품을 만들어내는 특별한 관리 모델로 물리적, 지적, 금융적 자원을 이용한다. 여기서 관광상품은 공공분야의 규제에 따르는 경쟁시장의 배분체계를 통하여 판매되어야 한다. 경쟁은 다른 관광지뿐만 아니라 소비자의 가처분소득을 두고 경쟁하는 다른 상품이나 서비스도 포함된다. 관광지의 기능은 수요와 공급의 힘이 균형 상태를 이루었을 때 가장 효과적이다. 만약 성장이 발생되거나 관광지가 위험한 사건의 상황속에서 충격을 경험하게 되면 불균형이 나타날 것이며 균형과 안정 상태로 돌아가는데 시간이 필요하다. 새로운 균형점은 처음 균형점과 같거나, 높거나 혹은 낮을 수 있다. 균형의 개념은

관광지에서 경제적 작용을 형성하는 중요한 기본적 힘이며 제 2장에서 논의하였다. 사전계획은 수요 공급측이 불안정하거나 균형 상태에 있을 때 그리고 관광지가 새로운 균형 상태로 움직이기를 원할 때 발생하는 차이를 검토하는데 도움을 줄 수 있다.

현대적 계획

많은 관광지에서 계획은 성장이 바람직한 결과라는 기본적인 가정을 가지고 있다. 그러므로 성장은 그자체가 목적이 되어야 한다. 어떤 경우에는 추가적인 성장이 관광지의 전반적인 매력도를 감소시키는 새로운 환경적 문제를 발생시킬 것이다. 그러나 수용능력이 있고 성장이 바람직한 곳에서 계획은 성장이 지속가능하고 이익이 지역사회의 모든 분야에 분배가 보장되는 것을 요구하는 중요한 과정이다. 그림 3.1은 관광지 수용용량, 시간에 따른 성장정책, 마케팅 그리고 성장에 대한 수요, 공급측의 반응 등 이들간에 존재하는 상호관계를 보여주고 있다. 경제적 성장은 공급의 증가를 기반으로 증가하게 된 수요의 결과이다. 성장의 진로는 수요공급측면에 있어서 일련의 균형점을 형성하는 변화과정을 통해 추적할 수 있다. 이 개념은 제 2장 논의한 그림 2.9에서 나타나 있다.

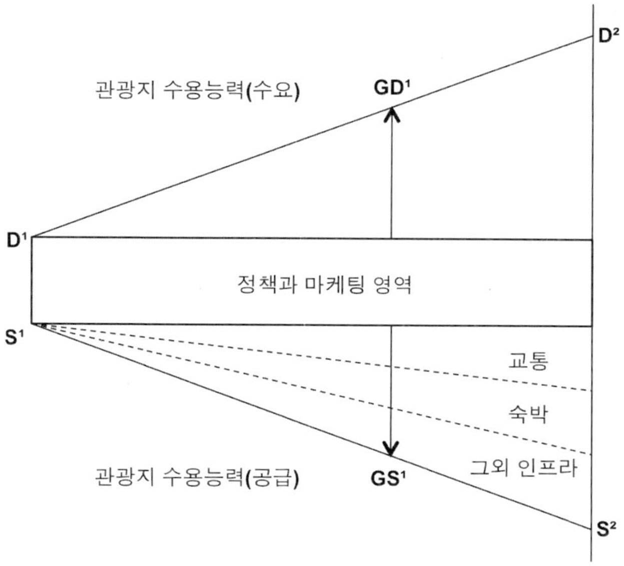

〈그림 3.1〉 관광지개발 매트릭스
자료: 저자 구성

그림 3.1의 관광지개발 매트릭스에서 수요(D)와 공급(S)이 어느 한 부분에서 성장은 다른 부분의 성장에 의해 반영되는 거울형태를 보여주고 있다. D^1D^2는 관광지 수요곡선을 나타내고 이론적으로 관광지 수용능력이 D^2점에 도달할 때까지 성장을 지속할 것이다. 이점을 넘어서는 관광지는 장기적인 지속가능성을 유지할 능력을 가질 수가 없다. S^1S^2는 곡선 D^1D^2가 표시하는 정도에서 수요측의 증가를 그대로 거울처럼 반영하는 관광지 공급곡선을 나타낸다. 수요곡선상에서는 어디서든지 수요는 공급과 일치한다. 예를 들어 GD^1점까지 성장은 관광지 공급곡선 S^1S^2 선상의 GS^1점까지 공급을 통하여 성장이 반영된다. 만약 장애가 공급곡선상에 발생하거나 수용능력 GS^1을 넘는 인프라(여기서는 교통, 숙박시설과 유인시설 등을 나타냄)의 확충이 금지되면 GD^1점을 넘는 성장은 달성되지 못할 것이다. 반면 그림 3.1에 나타나있지 않지만 모델의 수요인자는 국내와 국외를 포함하는 특정한 시장분야로 세분화할 수 있다. 수요와 공급측 사이에 놓인 정책과 마케팅 영역은 성장의 정도와 형태를 결정하는 정책과 그리고 바람직한 수준의 성장이 현실화되도록 하기 위한 실행을 요구하는 마케팅 노력의 원천이다. 이런 영역에서 정책요소의 핵심적 결과중의 하나는 효과적인 계획이어야 하며 이장 후반부에 논의된다. 동시에 효과적인 마케팅은 관광지에서 방문객의 이익이 유지될 수 있어야 한다.

건(1988, 1994), 인스킵(1991)과 쿠퍼 등(2005)을 포함한 학자들은 상대적으로 많은 재검토의 환류과정을 포함하는 표준화된 관광모델을 지지하고 있다. 이장에서는 관광지의 수요에 맞는 수정된 7단계 계획모델이 제시된다. 이 계획 과정은 개별적 관광지의 운영 및 성장잠재력에 개별적 혹은 집합적으로 영향을 미치는 비교적 큰 지역과 국가적인 정치, 금융 및 사회적 배경하에서 이루어진다.

7 단계 계획모델

계획은 그림 3.2에서 제시한 7단계 모델이 보여주는 것과 같이 간단하게 똑바로 진행하지 않는다. 각 관광지내에는 각자의 특정한 계획의 목적과 관광분야의 목적이 동질적이지 않을 수 있는 산업, 기관, 회사와 다른 조직의 집단이 있을 수 있다. 그런 상황에서는 갈등이 발생할 수 있다. 많은 관광지에서 관광산업의 목적이 다른 산업의 목적과 다른 것은 정상적인 것이다. 사우디아라비아, 이란을 포함하는 많은 국가에서 계획과정은 종교적 측면과 관련하여 관광지 운영에 더욱 복잡한 요구가 작용할 수 있다. 성공적인 관광지 계획의 첫 단계는 어떤 관광지 내에서 많은 계층의 상호작용으로 다양하고 가끔은 갈등을 일으키는 목적을 가진 다수의 계획기관이 존재한다는 것을 인식하는 것이다. 다양한 계획주체간의 합의를 도출하는 것은 가끔 어려울 수 있다. 그러므로 다른 분야와 대면하기 전에 관광산업의 목적을 명확히 하고 우선순위를 매긴 다음 주요 이해관계자간의 협상과 합의를 도출하는 과정이 필요하다. 이때 합의 상황은 전반적인 계획과정을 알려주는 장으로서 활용될 수 있으며 가장 바람직한 결과는 관광지내에서 운용될 다른 계획과 부합하는 관광 계획이다.

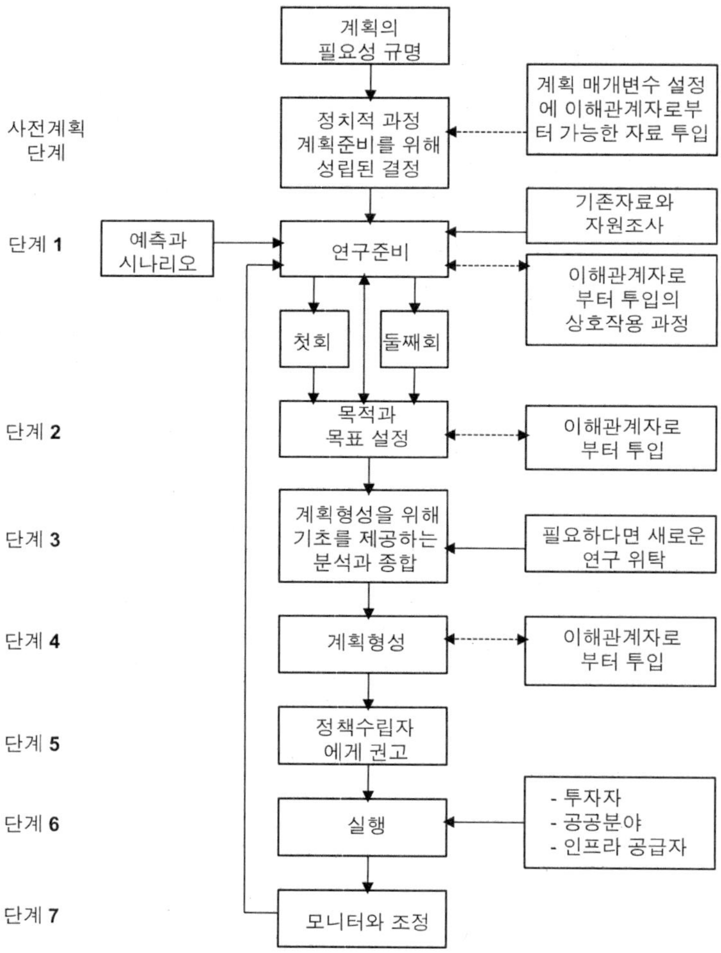

〈그림 3.2〉 7단계 계획과정
자료: 저자 구성

다른 계획체계와 부합하기 위한 관광계획의 일예는 교통분야에서 발견될 수 있다. 관광지와 관련한 교통계획은 통행자에 대한 몇 가지 의무를 포함하고 있다: 주민의 요구에 부응하고; 관광객의 욕구에 부합하며; 그리고 운송 배분시설의 충분한 확보 등이다. 관광객은 주민들이 통행하려고 하는 곳과는 다른 장소나 행위지역으로 여행하기를 원하기 때문에 이 같은 통행자 의무는 양립할 수가 없는 것 같다. 이 경우 교통계획가와 관광계획가는 효과적인 교통 네트워크를 구축하기 위해서는 협력적 작업이 필요할 것이다. 이런 문제는 제 4장에서 좀 더 구체적으로 논의된다.

이장에서 논의는 그림 3.2에서 보여주는 계획 틀의 제 1, 2단계에 초점을 맞추고 있다. 실질적으로 계획과정을 시작하기 전에 계획에 대한 착수, 수행되어야 할 계획의 범위, 배분되어야 할 자금과 계획팀이 어떻게 선정되어야 하는가 등에 대한 결정이 되어야 한다. 이 사전계획 단계는 다가오는 계획과정을 위한 매개변수를 형성하기 때문에 중요하다. 특히 만약 계획이 상당한 규모의 계획이라면 사전단계 계획은 실질적으로 정치적인 것이 된다. 계속될 계획과정의 성공은 이 단계에서의 위임사항, 배정된 예산과 계획팀의 선택에 달렸다. 계획과정에서 첫 단계는 정치적 과정내에서 시작되어야 한다. 왜냐하면 이과정이 계획의 전반적인 매개변수와 바라는 결과를 궁극적으로 결정해주기 때문이다. 여기서 사용되는 의미의 관광지는 대부분의 경우에 도심지역과 주변배후지역을 포함하는 독립된 지리적 지역으로 정의된다. 광의적인 의미로는 관광지는 지역전체로부터 국가 혹은 메콩강이 관통해 흐르는 나라의 집단으로 대표되는 다국가 지역까지 범위를 가지는 보다 큰 지역을 의미할 수 있다. 대 메콩강 주변지역으로 대표되는 이 지역은 중국, 미안마, 라오스, 타일랜드, 캄보디아 그리고 베트남을 에워싸고 있으며 최근 협력적 관광계획에 관심을 집중하고 있다.

계획 시작단계의 결과는 그 과정에 참여한 정책결정자의 목적과 그들이 성취하고자하는 것을 많이 반영하게 되며 이 처음단계는 관광지가 미래에 다가올 것으로 예상되는 방향의 구체적인 평가를 포함해야 한다. 이단계의 계획에는 다음 사항을 포함한다.

- 개발의 밀도, 발전정도와 형태
- 지속가능성을 다루는 이슈
- 주민의 복지

- 접경지역 관할권의 경계문제와 계층이 다른 정부간의 경계문제를 포함하는 관리문제
- 인프라 개발과 책임
- 인력교육
- 관광의 유형과 바라는 발전의 형태
- 개발과 보전
- 관광지 주변의 개발
- 미래 관광지의 규모와 유치시설 혼합문제
- 토지이용경합을 위한 조닝
- 보완과 경쟁기업의 목적
- 위기의 사건에 대응하는 능력 포함
- 장기적인 지속가능성에 영향을 미치는 문제의 분류와 규명
- 민간부문과 관광지역사회에 대한 공공분야의 역할
- 기후변화의 영향
- 적정개발모델의 채택
- 개발의 미래진로에 영향을 미치는 앞으로 나타날 트렌드의 규명

제 1단계에서 중요한 것은 과정의 나머지를 관리할 아젠다와 경계가 설정되어야 하는 것이다. 이과정은 이해관계인의 참여를 찾아야하고 그림 3.2에서 제시된 2번의 협의가 표시된 것처럼 상호작용 과정을 통하여 목적과 목표(2단계)를 설정하는 조정이 허용되는 과정이다. 제 1단계에서 중요한 구성부분은 결정자가 목표와 목적을 확정하는데 있어서 그들을 안내하기 위하여 활용될 수 있는 정보의 수집과 평가라고 할 수 있다. 계획과정의 이 부분에서 필요할 때는 선행연구와 위임된 새로운 연구도 고려되어야 한다. 또한 제 2장에서 먼저 거론된 적정한 개발모델의 형태를 채택하는 것이 고려되어야 한다. 계획과정의 이 시점은 결국 미래를 조사하는 하나의 훈련으로서 계획시나리오를 개발하는데 관심을 가져야 한다. 시나리오는 잘못하면 간과할 미래발전을 위한 다양한 선택의 기회를 정책수립자에게 제공하여 준다. 또한 정책 수립자에게 가능한 미래를 일견해 볼 수 있는 기회를 주고 정책목적의 선택에 있어서 정보를 통하여 결정을 용이하게 할 수 있도록 한다. 시나리오와 별개로 공공협의, 로비 그룹과의 토론, 주민의 견해, 선행연구와 전문가 의견을 포함하는 다른 많은 수단은 다양한 아젠다와 그 범위를 정하는데 이용될 수 있다. 다른 경제 분야의 정책 수립자는 계획단계에서 시

나리오가 유용한 수단이라는 것을 알고 있다. 놀랍게도 관광분야는 가능한 미래를 탐구하기 위해 비지트스코틀랜드(VisitScotland) 기구에서 주목할 만한 4개의 시나리오를 개발한 것을 제외하고는 이 기법을 채택하는데 매우 인색하다. 4개의 각 시나리오는 많은 주제를 포함하고 있다: 경제와 정치적인 환경, 스코틀랜드 관광상품 시장과 관광객 기여 등이다. 이 같은 훈련은 유용한 것으로 확인되었고 동 기구의 지속적인 기능으로서 가치를 인정받고 있다 (헤이와 요맨, 2007). 만약 1단계의 계획과정에서 주의를 기울이지 않으면 최선의 결과가 아닌 차선의 결과가 나올 수 있다.

목적을 설정하는데 있어서 중요한 구성요소는 이해관계자의 참여가 요구되고 목적과 목표가 이런 참여에 기초하여 조정될 필요가 있다는 것을 인식하는 것이다. 경시되지 말아야 할 가장 중요한 이해관계자 중의 하나는 관광지의 지역사회라고 할 수 있다. 이 그룹의 참여는 이들이 이 지역사회로 오는 방문자를 맞는 주인역할을 해야 하기 때문에 절대적으로 중요하다. 이과정은 1-2단계에서 보여주듯이 몇 번의 반복적인 과정이 있을 것이다. 지역사회의 참여나 관여가 이루어지지 않는 곳에서는 지역사회가 주인의식이나 계획의 성공 혹은 실패에 관심을 거의 갖지않기 때문에 계획자체가 실패할 수 있다.

본장 지면의 한계 때문에 3-7단계는 간단하게 논의 한다. 5단계는 이 과정에서 매우 중요한 부분인데 그 이유는 뒤 단계의 성공은 6단계에서 이루어지는 실행을 위한 적정한 자원 배분과 요구되는 정책의 우선순위를 보증하라는 요구에 정책 수립자가 어떻게 반응할 것인가에 달려 있기 때문이다.

관광의 다른 많은 측면에서처럼 계획은 중요한 구성부분이다. 총 7단계 계획과정은 지역수준에서 시작하여 국가수준 혹은 국제수준까지 이르는 관광산업의 모든 수준에 적용되어야하는 포괄적 과정이다. 계획과정의 형성은 주로 계획에서 초점을 두어야 할 문제, 스폰서, 이해관계자 참여, 기간과 가용자원에 의해 결정된다. 많은 경우에 있어서 과정은 주요 이해관계자로 구성된 운영위원회에 의해 통제된다. 전반적인 계획과정의 성공은 다음과 같은 것에 달려있다: 지역사회와 비즈니스부문이 계획에 대하여 가지는 주인의식 수준; 정책 수립자에 의해 채택되는 정도; 제안된 권고사항의 실행이 어떻게 진행되는가; 부정적 영향을 받는 이해관계자에게 보상이 어떻게 이루어지는가; 계획가의 기술적 능력과 과정에서 정태적 보다는 동태적으로 설계되었는가 등이다.

과거에는 관광지계획에 대한 접근법은 대체로 2개 정도의 경로를 따랐다. 공공부문에 의해 구체화되고 집중화된 계획에 기초하는 첫 번째 접근법은 공공부문이 상당한 힘을 가지고 주요 투자주체로 작용하는 사회주의 국가와 동일한 방법이다. 특히 관광지 개발을 위해 특정지역이 유보지로 남겨져 있을 때 시장경제 상황에서는 구체적인 계획이 가능하다. 이런 종류의 계획은 컨소시움이나 공공분야에 의해 수행될 수 있다. 예를 들어 인도네시아 발리 남쪽 누사다우(Nusa Dau) 지역이 개발지역으로 지정되고 그 지역에 마스터플랜이 작성되었으나 개인의 소유지는 민간 투자자에 의해 구체적으로 세워졌다(인스킵, 1991).

두 번째 계획방법은 대부분 선진 시장경제 체제서 발견되는 방법이다. 이 방법에서는 관광지에서 투자진행 구조와 정도를 결정하는 시장체제를 허용함으로써 공공부문이 민간부문에게 상당한 책임을 넘겨주고 있다. 실제로 시장경제에서 이루어지는 방법은 토지용도나 기준을 정하는데 있어서는 특히 공공부문으로부터의 어떤 투입(관여)에 의존하는 반면, 민간시장은 관광지 유인력, 숙박, 자원시장의 최적조합을 결정하는 기회와 어떤 경우에는 필요한 일부 또는 대부분의 인프라를 제공하는 것을 담당하기도 한다. 많은 선진 경제에서는 공공부문은 인프라 공급의 많은 분야의 능동적 참여에서 철수하고 민간부문에 공항, 항만, 철도 그리고 도로의 소유권에 대한 책임을 넘겨주고 있다. 영국과 뉴질랜드를 포함한 많은 국가에서 공적으로 소유한 공항을 민간부문에 팔고 있으며 이것은 공항 운영과 투자에 대한 책임을 민간이 떠맡는 것이다. 다른 나라에서도 고속도로와 철도가 민간부문에 역시 팔리고 있다.

두 계획 접근법 모두 한계성을 가지고 있다. 정부기관이나 민간 컨소시움에 의한 집중화된 계획은 가끔 변화하는 시장의 힘에 대응하는데 있어서 경직성과 무능력으로 어려움을 받고 있다. 공공/민간 부문에서 관광지를 계획한 북한의 금강산 프로젝트가 심각한 재정적 곤란을 경험하는 것이 하나의 예다. 프로젝트 파트너인 남북한의 현대법인은 전체적으로 방문객 수를 낙관적인 예측에 기초하여 시설투자를 하였다. 방문객 예측은 빗나갔고 재정 수입역시 예측을 벗어나면서 실질적인 남한 정부의 재정지원에도 불구하고 현재 심각한 재정문제를 야기하고 있다(김과 프리도, 2003). 이 프로젝트의 가장 큰 문제는 근본적인 목적이 정치적인 것이었고 남북한이 확실치 않은 시장 현실을 협력적으로 수행한다는 사실을 과시할 필요에 있었다는 것이다. 결국 부정확한 소비자 수요의 연구가 진행되었고 방문객 수요가 과대 추정되었다.

관광지 개발의 측면에서 책임을 민간부문에게 넘기는 것은 역시 불합리한 결과를 초래하였다. 만약 이윤동기와 짧은 기간내에 투자회수의 필요성이 장기적인 지속가능성을 달성하는 필요성과 같은 다른 고려사항보다 크다면, 관광지는 차선책의 형태로 개발될 것이다. 단기간의 수익을 촉진하는데 대한 저항이 실질적인 장기간의 이익을 가져오게 한 예는 오스트레일리아 퀸즈랜드 동남쪽 해변관광지인 누사(Noosa)에서 볼 수 있다. 누사 도심지역의 일부를 고층건물과 운하개발로 형성된 대규모 통합 리조트로 전환하려는 개발업자들의 노력이 좌절되었다. 1982년 그 당시 지방의회에 많은 자연보호론자가 선출되었고(글로스터, 1997), 개발지구로 설계되었던 지구의 일부분이 국립공원으로 지정되었다. 이어서 지방의회는 빌딩의 높이를 제한하였고 그 지구에 지정된 국립공원의 확장을 활발하게 추진하였다. 1997년에 누사전략 도시계획(Noosa Strategic Town Plan)은 구역의 환경적 수용가능성에 기초한 인구 상한선을 포함하게 되었다. 결과적으로 자치읍은 헤이스팅 거리 쇼핑, 숙박지역에 초점을 맞춘 빌리지 형태로 개발하였다. 인접한 국립공원과 결합된 쾌적한 환경은 주(州)내의 고급 관광지의 하나로서 누사의 출현을 뒷받침하였다. 이 경우 1, 2단계에서 공공부문의 이해관계자에 대한 의견을 경청하려는 노력이 2단계의 결론에서 나타난 계획목표와 목적에서 변화의 결과를 가져왔다. 7단계에서 지속적인 모니터링은 다시 1단계의 토론으로 피드백 되고 있는데 이는 개발과 보존의 특별한 조화를 창조하는 관광지를 가능하게 하였다.

관광계획에 있어서 주된 비판중의 하나는 정기적인 재검토를 위한 메커니즘을 가지고 있지 못하다는 것이다. 장기간에 걸친 효과적인 운영을 위한 계획은 능동적일 필요와 예측하지 못한 변화가 발생함에 따라 진화하는 능력을 가지며, 위험이 닥쳐왔을 때 이에 대처할 수 있도록 설계되는 것이다. 계획을 관리할 책임이 주어져 있는 운영위원회나 기관은 한정된 시간에만 그들의 임무로 보지 말고 계속 진행될 과정전체에 대한 임무로 보아야 한다. 그림 3.2에서 보는 7단계와 1단계간에 작동하는 피드백 체계뿐만 아니라 이해관계자의 견해를 포착하는 피드백 과정은 성공적인 계획을 위한 필수적인 구성요소가 된다.

자본주의 경제에서 상위계획을 위한 기준은 폭넓은 전반적인 사회 경제적 목적의 테두리를 그리고 이 지침내에서 작동되는 시장상황을 허용하고 있다. 이런 측면에서 계획은 이윤 극대화의 실현을 촉진하도록 운영되는 시장내에서 전반적인 법적, 행정적 제도를 도출하는 정치적인 요소를 가지고 있다. 공공의 시장 참견은 시장실패를 바로 세울 때만 아니라 다른 사회적, 경제적 형평성의 목적 달성이 필요할 때 일반적으로 개입이 발생한다. 예를 들어 미국은 이런 문제를 각 주(州)에게 넘겨주고 국가관광 기본계획을 수립하지 않는다. 다른 많은 나라와 같이 뉴질랜드는 관광측면에서 투자전략, 환경적 정책, 마케팅과 같은 국가적 목적을 명시하는 비교적 구체적화된 계획을 가지고 있다(뉴질랜드 관광부, 2007).

개발과정을 시작하는 것은 복잡한 일이며 그림 3.2에서 제시한 계획과정은 항상 발생되는 것은 아니다. 성장과정은 복잡하고 공공, 민간부문 혹은 두 부문으로부터 도출되는 많은 요소에 의해 점화될 수 있다. 전형적인 자본주의 모델에서 공공부문은 성장과정뿐만 아니라 다양한 형태의 재정적 지원을 하기 위하여 기획된 입법적 주도권으로 경제발전에서 외부의 참여를 항상 제한한다. 이제는 산업적 벤처에서 직접적 투자는 민간부문이 공공부문보다 성공적인 투자결정을 하는데 더 효율적으로 나타나기 때문에 이런 행태는 점점 희박해져 가고 있다. 관광부문의 모든 수준에서 정부는 정책과 규제 그리고 철도와 같은 전략적 인프라에 투자를 통하여 시장을 안내하는 역할을 점차 채택하고 있으며 반면에 숙박시설과 같은 다른 투자는 민간부문에 넘겨주고 있다. 공공분야가 개발을 관리하기 위한 권한을 보유하고 있는 분야는 조닝, 허가, 환경영향평가를 포함하는 전략을 통해 개발을 통제하는 것이다. 그 결과 대부분의 경우 공공부문은 민간부문으로부터 발생하는 투자가 시작될 때 까지 기다려야 한다.

민간부문은 이윤동기에 의해 추진되기 때문에 일반적으로 이익의 기회가 확실할 때 프로젝트에 투자한다. 결과적으로 관광계획은 목적을 정립할 수 있지만 개발이 이루어질 때 개발을 위한 가이드만 할 수 있기 때문에 저절로 개발이 시도되는 것은 아니다. 만약 충분한 협의가 없거나 기업가의 요구와 기업이외 다른 투자기관을 포함하는 넓은 의미의 상업부문의 요구가 계획가에 의해 제안된 전략과 다를 경우 개발이 되지 않을 수 있다. 이 과정의 이해가 성공적인 성장전략을 시작하는데 있어서 중요한 요소다. 지금까지 계획보고서는 성장의 촉매자로서 투자자와 기업가의 역할변화의 시작이지만 이 역할에 큰 관심을 보이지 않았다. 러셀과 폴크너(1999)는 오스트레일리아 골드코스트 관광산업의 확장에 대한 그들의 연구에서 선도기업의 역할에 대하여 조명하고 있다. 그들에 의하면 관광생애주기 모델과 같은 구조는 관광발전의 과정에서 더 근본적인 상황을 분석해 볼 수 있는 기업가의 역할을 간과하고 있으며 기업가에 의해 촉발된 발전은 예측불가하고 무질서한 것으로 묘사된다고 주장한다. 러셀과 폴크너(1999)에 따르면 개발자의 행위는 '기본적으로 기업가가 혼돈 유발자, 그리고 외부에 의해 초래된 혼돈에 적응하는 선구자로서 양쪽의 역할을 하는 창조적 과정'이라고 한다. 사례연구 2.2는 러셀과 폴크너가 설명한 기업가의 역할을 보여주고 있다.

개발은 또한 새로운 혁신이나 아이디어 채택의 정도를 나타내는 기능일 수 있다. 로저(1983)가 언급한 '개인이나 혹은 다른 기관에 의해 채택된 새로운 것으로 인식되는 아이디어, 기량 혹은 목적으로' 시장의 관심을 붙잡고, 새로운 혁신을 도입한 첫 관광지는 단기간 시장의 잇점을 창출할 수 있다. 계획과정 중에 새로운 아이디어가 탐색되어야하고 가능한 한 시장의 잇점을 확보할 수 있도록 도입되어야 한다. 어떤 관광지에서는 혁신이란 다른 기업가의 관심을 유발하고 그럼으로써 성장의 동기를 부여하는 혁신적 기업가에 의해 도입되는 새로운 형태의 유인 또는 행위와 같이 간단하게 설명될 수도 있다.

로저(1983)는 혁신에 대한 지식으로 시작하여 설득(혁신의 이해), 결정, 실행과 결정의 확인 등으로 이어지는 혁신결정 과정을 설명하고 있다. 일단 첫 채택자에 의해 혁신이 도입되면 다른 투자자는 혁신을 평가하고 그들이 로저가 채택과 관련하여 설명한 S형 곡선을 따를 것인지를 결정한다. 대부분의 경우 그림 1.3에서 보여준 것처럼 시간이 경과함에 따라 종형 곡선을 따르는 패턴에 따라 첫 번째 채택자(혹은 혁신자), 초기 채택자, 초기 다수 채택자, 후기 다수 채택자 그리고 마지막으로 낙오자가 나오게 된다.

머지않은 장래에 많은 관광지는 기후변화에 대하여 커져가는 소비자의 관심에 대응을 할 것이며 탄소감소 계획을 도입할 것이다. 마케팅 도구로서 기후변화에 대한 관심을 이용한다는 것은 냉소적일 수 있는 반면, 그 문제에 대한 점증하는 공공의 관심에 부응하지 않는 관광지는 로저가 지적한 낙오자가 될 수 있으며, 적극적인 반응을 보인 관광지와의 시장경쟁에서 시장을 상실할 가능성에 직면할 수 있다. 이런 상황과 동일한 것은 1980년대 중반의 생태관광 용어의 재빠른 도입에서 찾아 볼 수 있다. 몇 년간 일부 지역에서는 자연관광 구역을 운영하던 많은 사업이 운영행태 변화의 요구를 소홀히 함으로써 생태관광 경험이라는 그들의 생산물을 다시 바꾸어 내놓아야 했다. 관광지가 환경친화적 기후변화의 경험을 시장에서 거래하기 시작함에 따라 수사적인 기후변화 적응 상황을 극복하는데 비슷한 실패가 일어날 수 있음을 예상할 수 있다.

시나리오 활용

정책수립자, 계획가와 투자자가 직면하는 주요 고려사항은 개별관광지가 제공하는 경험과 행위에 대한 미래수요를 추정하는 것이다. 만약 계획가와 투자자가 잘못 계산을 한다면 미래에 그 관광지는 심각한 결과를 맞이할 수 있다. 부드와 포스트마(1997)는 표준적인 예측방법은 과거 상황에 외삽법을 적용하는 것이며 따라서 미래 예측은 필연적으로 안정적인 선형으로 세상을 보는 경향이 있다는 것을 관찰하였다. 테러, 질병, 2008-2009년의 세계경제위기의 특징인 증권시장의 급락과 자연재해와 같은 최근의 경험은 안정이 통상적인 것이 될 수 없으며 불안정한 상황을 인정하는 것이 계획의 매개변수로 필요하다는 것을 알려주고 있다. 물리적 세계의 어떤 부분, 즉 매일 기후패턴에서 단기간 변화 같은 물리적 변화를 예측하는데 있어서는 수학적 모델이 사용된다. 많은 학자들은(왜크, 1995; 슈워츠, 1988; 프리도 외 2003) 특히 시간적 범위가 1-2년을 넘거나 혹은 예측하지 못한 사건이 발생될 때는 예측효과의 한계를 지적하고 있다.

범위가 좀 더 긴 1-2년을 넘어 연장되는 경우 미래사건의 많은 부분은 예측이 불가능하다. 예를 들어 2008년초 석유가격의 피크는 미래교통 성장의 예측을 수정하도록 압력이 가해짐에 따라 많은 항공기의 운행이 정지되었다. 연료가격 인상은 급속히 여행수요를 감소시킬 것이라는 우려로 많은 항공사는 오래된 항공기를 퇴역시키고 적자노선을 폐쇄하여 항공기 구입을 취소하거나 연기하였다. 2009년 1월 석유가격은 국제금융위기 때문에 2006년 수준으로 떨어졌다. 현재 예측방법의 한계를 인정한다면 보완적이거나 대안적인 다른 방법을 사용할 필요가 있다. 미래학자에 의해 사용되는 많은 기술과 방법은 (10장 참조)미래가 어떻게 발전할 것인가에 대한 대안적 인식을 계획가에게 제공한다. 이것이 미래에 대한 관심을 불러일으킬지라도, 이것은 현재의 예측모델을 기초로 한 특징인 선형 형태에서 발생하거나 현재 지식상황에 기초한 예측 또는 창조될 수 있는 대안적 미래라고 할 수 있다.

현재 기존의 예측모델의 불충분성을 극복하기 위해 붐과 포스트마(1997)는 다중 시나리오 기법 사용을 제안하면서 근본적으로 미래에 대한 다른 시각의 정립을 관리자에게 보여줄 수 있다고 한다. 이런 의미의 사용되는 시나리오는 두개의 시간적 요소를 가지는데, 알려진 것과 알려지지 않은 것 사이의 상호작용에 의해 평가되는 현존세계와 미래의 측정가능한 상호관계를 활용한다는 가정에 하에 완전히 다른 패턴과 구조를 가질 것으로 추측되는 미래세계이다. 관광현장에서 널리 활용되지 않거나 관광관련 보고서에서 논의되고 있지 않지만, 관리 및 재해계획을 포함하는 다른 분야에서는 미래의 기능한 진로를 검증해보기 위하여 시나리오 기법을 집중적으로 이용하고 있다(핑크, 1986; 하임스 외 2002). 어떤 경우에는 시나리오 분석은 제 10장에서 논의될 파푸아 뉴기니에 대한 폭넓은 사례연구에서 보여주는 것과 같이 예측을 위한 효과적인 대안을 제공해 줄 수 있다. 다른 경우에는 시나리오 기법은 표준적인 예측기법과 결합하여 사용될 수 있다.

이상은 계획을 위한 도구로서 시나리오 기법에 초점을 맞추고 있지만 그 외에 알맞은 기법도 어느 정도 있다. 본장에서는 넓게 미래를 예측하는 기술, 실천도구 그리고 과학으로 정의되는 미래학과 미래연구와 관련된 여러 문헌에서 논의하는 시나리오만 살펴보지만 그 외에 델파이 기법, 미래역사, 미래바퀴, 트렌드 분석, 기술 예측법, 환경탐사 및 일상 계층분석법(CLA)을 포함하는 여러 기법 등이 활용되고 있다.

반대로 헤이든(1996)에 따르면 시나리오 계획은 전략적 목적으로 미래를 평가하는데 유용하다. 그것은 기본적 형태의 시나리오 계획은 가능한 미래의 다양함이 존재하고 미래는 미리 정하여 진 것이 아니라는 것을 이해하는데 그 기초를 두고 있다. 시나리오는 미래를 형성하는 동태적 역학을 이해하는 방법으로 설명될 수 있다. 계획의 수단으로서 시나리오의 사용은 그 구조가 통계적 예측도구의 특징인 수학적 정밀성이 부족하다는 비판을 받는다. 그러나 장기의 정확성을 달성하기 위한 기존의 표준적 예측방법의 무능력이 시나리오와 같은 다른 방법의 필요성을 나타나게 한 것이다.

전략적 계획 환경에서 시나리오는 사업환경의 변화에 대응하는 기구(그리고 관광지)를 준비하는데 중요한 수단이 될 수 있다(고데 2000; 포터, 1985; 헤이든, 1996). 시나리오 구축에는 다수의 신뢰할 수 있는 미래 가능한 대안의 개발과 미래에 발생할 가능성에 대한 분석 그리고 마지막으로 각 시나리오별로 바람직한 것인지에 대한 평가가 요구된다(닌루오토, 2001). 로열 더치/쉘, 리바이스, 일렉트로닉 그룹, 영국항공, 퍼시픽 가스 일렉트릭, 모토롤라, 그리고 국제 비즈니스 네트워크 등을 포함하는 많은 회사들이 관리도구로서 시나리오 기법을 성공적으로 채택하고 있다(링글랜드, 1998; 슈워츠, 1998).

그림 3.3에서 보는바와 같이 시나리오 이용의 기능은 사용자의 필요에 달려있다. 시나리오는 새로운 정책을 검증하기 위해 위험성을 줄이고 미래에 정책이 어

떻게 작동할 것인지에 대한 검증을 위하여 사용될 수 있다(그림 3.8참조). 시나리오에서 범위의 척도는 중요한 고려사항으로 적어도 크기와 시간이라는 2개의 요소를 가지고 있다. 크기는 개인회사에서부터 국가까지 규모를 가질 수 있고, 시간은 가까운 장래에서부터 먼 미래에 이르기까지 측정 범위가 될 수 있다. 관광지 견지에서 시나리오는 민간과 공공부문 정책의 혼합이 바람직한 미래를 성취하기 위하여 어떻게 작용되는지를 조사하고, 범위를 더 좁혀 소비자들이 어떻게 새로운 상품에 반응하는지를 분석하는데 유용하다. 미래에 있어서 아주 작은 정도의 정확성을 예측하는 것도 쉽지 않지만, 일어날 수 있는 미래의 형태에 대한 일견은 시나리오 기법을 활용함으로써 가능하다. 물론 정책과 계획 추진의 다양한 조합으로부터 가능한 결과를 반영하는 현실성 있는 가정을 설정하기 위해서는 주의가 필요하다(싱거와 프리도, 2005). 어느 것이 이해관계인(주민, 투자자, 방문객, 민간부문 및 정부)의 욕구에 가장 잘 부합하는가를 결정하기 위하여 다양한 잠재적 미래를 탐구할 수 있도록 하는 관광지의 요구가 시나리오 활용의 강력한 타당성을 제공해준다.

---

1. 현대 정책과 전략에 대한 변화의 미래영향을 평가하여 대안적 미래를 검사하는 것
2. 미래에 발생할 수 있는 위험을 평가하여 위험을 감소하는 것
3. 만약 정부의 현재 시스템이나 혹은 사회적 문화적 구조를 지배하는 요소가 변화를 겪는다면 미래는 어떻게 변화할 것인지를 검증하는 것
4. 특정 정책 발의가 어떻게 미래에 작동할 것인지를 검증하는 것
5. 요소간(연관 혹은 독립)의 상호관계가 어떻게 시간이 흐름에 따라 진화하는지를 규명하는 것
6. 바람직한 미래를 파악하고 이를 달성하는 방향으로 작용하는 하나의 수단으로서 기능
7. 정책발의를 촉발시키거나 가속하는 것

〈그림 3.3〉 시나리오의 기능
자료: 저자 구성

시나리오는 관광지의 이해관계자들이 만약 새로운 상품이 진입될 때 시장이 어떻게 반응하는지를 탐색하고, 단기, 중기, 장기별로 새로운 정부계획 정책의 영향에 대한 이해를 가능하도록 해준다. 최근 이런 형태의 시나리오 채택의 실증적 사례로 싱거와 프리도(2004)는 베이비부머 노년층 시장을 끌어들이기 위한 새로

운 상품을 도입하는데 실패한 노퍽 아일랜드 관광산업에서 일어났던 충격을 분석하였다. 새로운 방문객을 위한 상품과 서비스를 개발하기 위한 아일랜드 관광산업의 계속된 실패로 인해 이지역의 생산과 방문객의 감소를 초래한 것은 자명한 일이었다.

위험을 분석하기 위하여, 관광지나 기업은 주요한 위기(예를 들어 테러리스트의 공격) (에이레스, 2000)에 의해 촉발되는 시장위축과 같은 가능한 미래 사건이나 홍수와 지진과 같은 자연재해의 시나리오를 개발할 수 있으며 어떻게 현재 관광지의 혼합된 시장이 반응하는 지를 탐구할 수 있다. 이 같은 성질의 사건이 최근에 일어났고, 재해평가분야에서 연구업적이 늘어나는 것을 고려하면(홀 외 2003; 에이레스, 2000) 이제는 기업과 관광지는 현실성 있는 시나리오 개발의 도움으로 신뢰할 만한 연구를 기대할 수 있다. 이처럼 활용되는 시나리오 계획은 위험을 줄이고 위험관리 전략에서 최선이 아닌 차선책을 선택하는 결과를 피할 수 있는 방법을 제공해준다. 시나리오는 또한 미래 영향이나 정책변화의 결과를 분석하는데 활용할 수 있다(윌슨, 2000). 이런 목적으로 시나리오를 활용하는데 있어서 윌슨은 시나리오 분석에 기초한 정책의 수립과 집행은 어려울 수 있다는 것을 경고하고 있다. 그럼에도 불구하고 시나리오는 전통적인 예측방법이 담아내기 어려운 미래의 청사진을 제시한다. 더구나 정책변화의 결과를 예측하고 시장 상호관계에서 발생하는 근본적인 변화의 가능한 결과를 규명하는데 유용한 도구가 된다.

---

1. 현재 작동되는 것으로 알려져 있고 그리고 가능한 미래를 창조하기 위해 미래에 영향을 미칠 트렌드와 다른 요소들의 규명
2. 바람직한 것으로 여겨지고 그리고 만약 현재 또는 가까운 미래에 조건과 정책이 그런 미래를 달성하는 방향으로 능동적 작동을 위해 변경이 된다면 달성될 수도 있는 다양한 미래를 개발하는 것이다.
3. '어떤 경우'의 요소를 검증하는 것. 이 단계의 시나리오는 만약 특정 충격이나 자극이 적용된다면 일어날 수 있는 미래를 검증하는 것이다.
4. 행위의 특정코스는 특정한 결과의 반응을 측정하기 위하여 검증된다.
5. 게임. 예를 들어 전쟁 게임은 군대에서 그들 자신의 힘뿐만 아니라 적군의 힘에 대하여 전쟁터에서 가능한 전략의 결과를 검증하는데 사용된다.

〈그림 3.4〉 시나리오 분류
자료: 저자 구성

시나리오는 사용자의 요구에 따라 5등급으로 구성될 수 있다(그림 3.4 참조). 이 등급 중 3개는 미래의 청사진을 그려내는데 이용될 수 있으며 미래 시나리오와 관계가 있다(그림 3.4의 1, 2, 3 등급). 본 장 후반부에 논의할 시나리오 첫 번째 단계는 트렌드의 규정, 유인자, 그 시대의 환경 속에서 작동될 것으로 여겨지는 다른 요소와 미래에 영향을 줄 요소들을 포함한다. 그림 3.5에서 이런 미래는 '있을 법한 미래'로 분류되어 있다. 가능성이 있는 미래는 현실적인 것으로 분류되고 전문가 의견에 의해 해석될 수 있는 자료에 그 기초를 둔다. 사례연구 5.1은 이런 접근법을 활용하여 개발되었다.

시나리오 두 번째 등급은 바람직한 것으로 보이고, 그리고 만약 현재와 가까운 미래에 조건과 정책이 특정한 미래의 결과를 달성하도록 능동적 작용을 통하여 고쳐나간다면 달성할 수 있을 미래 발전형에 기초를 두고 있다. 있음직한 미래와 다르게 시나리오의 이 단계는 정책에 대한 변화가 시간이 흐름에 따라 어떻게 그 역할을 하는지를 보여주는데 활용된다. 이런 의미에서 이 형식의 시나리오는 활용자가 미래를 형성하는 요소의 변화를 시도하지 않고 미지의 미래를 인정하는 것보다는 정해진 정책변화를 이용하여 그들이 바라는 미래를 창조하는 것을 가능케 한다. 그림 3.5에서 이 단계는 '바람직한 미래'와 '가능한 미래'로 표현되고 있다.

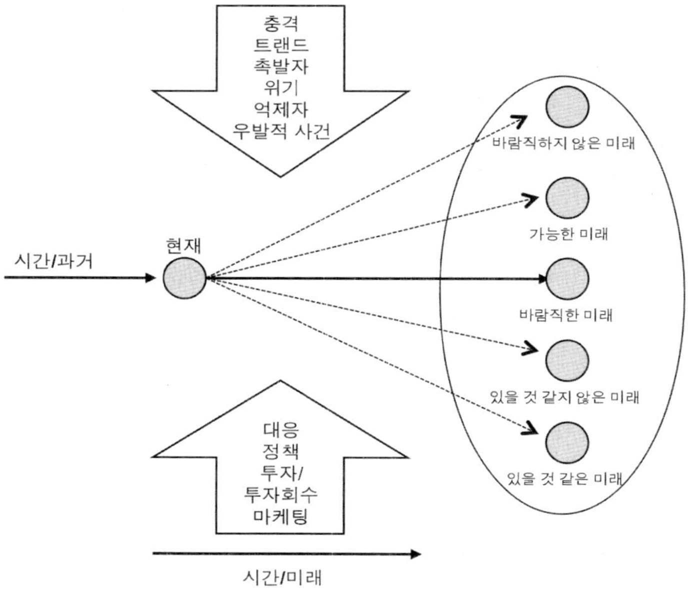

〈그림 3.5〉 충격(흐름, 우연한 사건, 위기, 선도자와 방해자)의 영향을 보여주는 다양한 미래와 대응(정책, 투자와 마케팅)　　　　자료: 저자구성

시나리오 세 번째 등급은 발생되는 어떤-경우(what-if)라는 요소와 관련된다. 이 단계의 시나리오에 포함된 미래는 역사를 바꾸는 트렌드로서 현재상태의 지식에서는 그럴듯하게 나타나지 않는 미래다. 예를 들어 이런 형태의 극단적인 시나리오는 외계인의 침입과 같은 것이다. 소설가나 영화감독 외에는 이런 현상의 발생에 대한 검증된 징표가 없다. 그러나 프리도 등(2003)이 지적하였듯이 2001년까지 미국에 대한 9.11 테러공격의 사건은 그럴듯한 것으로 생각되지 않았으나 오늘날 보다 더 큰 규모의 공격이 미래 예측에 중요한 요소가 되어야 한다. 그림 3.5에서 이 등급의 시나리오는 사실 같지 않고 '바람직하지 않은 미래'로 나타나고 있다.

시나리오 네 번째 등급은 이 시나리오가 차하위 관광지에서 작용되기 때문에 그림 3.5에 나타나있지 않는데 특정한 결과를 측정하기 위해 어떤 특정한 행위과정이 착수되는 상황을 설명한다. 호텔 사업에서 어떤 연출된 비밀고객 프로그램(secret shopper program)에 이런 형식의 시나리오가 활용될 수 있다. 비밀 고객에게 그들은 자기의 역할을 하고 그다음에 호텔 종업원의 반응을 평가하게 하는 시나리오가 주어지는 것이다. 이 등급의 시나리오 활용의 다른 예는 전에는 무료 국립공원 입장이 입장료 부과와 같은 변화에 대한 소비자의 반응을 분석하는 것이다. 시나리오 결과는 다양한 수준의 요금에서 나타나는 방문객의 패턴변화를 예측하기 위해 활용된다.

시나리오 마지막 단계는 게임이론에 기초한다. 마시니와 바스케츠(2000)는 시나리오 개념은 미국 국방부에 의해 사용된 전쟁 모의훈련에 기초하여 1950년대에 개발되었음을 언급하였다. 시나리오 개발과정은 활용하는 목적 즉 어디에 사용할 것인가에 따라 결정된다. 시나리오 개발에 있어서 많은 단계는 문제규명으로 시작되는 분석에 이용되고, 분석되어야 할 상황이나 정책의 실제적인 동력 유발자 분석이 뒤따른다(마시니와 바스케츠, 2000). 이 동력은 사건의 미래 경로에 영향을 미치는 중요한 요소이다(제 10장에서 종합적으로 논의). 기후변화는 새로운 동력 유발자로 향후 수십년간 정부정책 수립과 투자에 중대한 영향을 미칠 것이다. 유사한 것으로 중국과 인도의 빠른 GDP 성장도 이들 국가로부터 발생하는 관광객 증가에 있어서 중심적인 유발요인이다. 일단 중심적인 유발동력이 결정되고 나면 조사분석을 위해 사용될 시나리오 상황과 연관된 요소들이 규명되고 분류될 수 있다. 따라서 글로벌 시나리오에는 많은 요소와 그들간의 상호관계를 고려하는 것이 필요한 반면에 지역적 차원에서는 요소와 요소간 상호관계는 규모와 수에 있어서 훨씬 적을 것이다. 분석을 통한 미래 가능성이 있는 상황이나 정책을 반영하는 많은 시나리오를 구축하고 나면 정책수립자나 다른 시나리오 사용자는 더 좋은 미래결과를 달성할 수 있는 정책대응을 개발할 수 있다. 모든 시나리오가 이 단계를 따르는 것은 아니다(마시니와 바스케츠, 2000). 고데트(2000)는 개연성 및 작동과 관련한 연구에 기초한 접근법을 개발하였고, 스키쉘(Ski-shell) 방법은 특정사건의 발생에 맞추어져 있다(마시니와 바스케츠, 2000).

싱거와 프리도(2004)는 시나리오는 특정한 조건에서 미래를 정확하게 짚어내기 위하여 개발된 것이 아니라 다양한 방향에서 미래를 이끌고 나가는 핵심요소(힘)를 이해하기 위해 개발되었음을 지적하고 있다. 이런 힘은 시나리오의 개발을 통해 가시적으로 나타난다. 시나리오는 바람직한 트렌드뿐만 아니라 바람직하지 트렌드를 구분하고 필요하다면 정확한 행위를 촉진하기 위하여 사용된다. 시나리오 구축은 다양한 기법을 이용하고 다른 형태의 결과를 얻기 위한 다양한 정량적인 방법을 활용하는 예측과 혼돈하지 말아야 한다. 계량경제 예측에 항상 포함되지 않는 동력과 흐름에 대한 평가를 포함하는 능력이 있다. 이것들은 새로운 기술과 예측할 수 없는 위기와 같은 사건의 충격을 포함한다.

관광지 계획과정의 한 부분으로서 시나리오가 사용될 때 시나리오는: 공원입장료의 변경이나 새로운 대규모 공항 건설로 예상되는 방문객의 증가와 같은 특별한 변화의 영향을 예측하는 것; 특정관광지에서 숙박부문의 규모와 방문객수에 대한 제한과 같은 특별한 정책변화에 대한 반응을 검증하는 것; 혹은 공공부문계획 환경에서 중요한 변화에 기초한 관광지의 다양한 미래에 대한 보다 규모가 큰 예측을 하는데 이용될 수 있다.

알려진 분석을 바탕으로 미래에 대한 잠재적 모습을 이해하기 위한 노력으로서 원하는 결과를 얻기 위한 정책과 전략의 혼합을 도입하여 특정한 미래에 통제를 행사하는 데에는 어떤 제한된 범위가 있다.

그림 3.5는 시간에 따라 영향(위험, 흐름, 동력유발, 임의의 사건 그리고 억제자)과 대응(정책, 투자, 투자회수와 마케팅)간의 상호관계가 어떻게 다양한 미래를 발생시키는지를 보여주고 있다. 충격이 발생함에 따라 관광지는 반응하고, 그 과정에서 사례로 든 케이스보다 바람직한 미래상황으로 관광지를 움직이게 하는 어떤 잠재력을 갖게 된다. 제 10장은 이 개념에 대하여 보다 심도있게 논의한다. 시간의 역할은 중요하며 시간적으로 더 앞선 미지의 미래를 포함하는 능력에 있어서 시나리오는 완전히 확실치 않은 것도 예측한다.

그림 3.5는 미래를 다음과 같이 분류한다.

- 가능한 미래
- 있음직한 미래
- 바람직하지 않은 미래
- 일어나지 않을 것 같은 미래
- 바람직한 미래

다른 학자들은 미래를 다른 분류체계로 설명한다. 예를 들어 린드그렌과 밴드홀드(2003)는 미래를 3가지 형태로(가능한, 있음직한, 원하는) 설정하고 있지만 트렌드나 무작위 사건의 영향을 고려하지 않고 있다.

가능한 미래

가능한 미래는 두 개 상황을 말한다. 정부정책, 민간부문의 투자정책의 변화의 결과로서 일어나는 미래와 동시대에서 지배적인 트렌드의 방향에서 변화의 결과 발생하는 미래다. 변화에 해당되는 트렌드의 한 예는 많은 나라에서 고령화 사회의 비용을 감내하기 위한 미래세대의 능력에 관한 출산율 감소에 관한 관심이다(플레스체르와 피크마, 2002). 이 트렌드는 가역성이 있지만 정부의 새로운 정책 아젠다를 요구한다. 두 번째 상황은 예측하지 못한 변화를 통해 발생하는 성장의 일반적인 방향속에서 변화를 고려하는 것이다. 이런 형태의 변화는 2008년초 국제신용위기와 함께 가파른 오일가격의 상승이 많은 항공사가 오래된 낡은 항공기를 퇴출시키고, 운항횟수를 줄이고 운임을 올렸을 때 발생하였다. 가능한 미래는 미래의 사건 경로에 의해 영향을 받는자들의 관점에 기초하여 낙관적으로 혹은 비관적으로 볼 수 있다.

있음직한 미래

있음직한 미래는 현재의 흐름이 국가의 간섭없이 미래에도 지속될 거라고 인정될 때 발생할 것 같은 것이다. 이 상황에서 예측도구는 사건의 미래경로의 유용한 지표가 될 수 있다.

바람직하지 않은 미래

바람직하지 않은 미래는 바람직하지 않은 미래속의 참여자들에 의해 보여질 수 있는 것 중의 하나다. 예를 들면 규모면에서 1918-1919년 스페인 독감과 유사한 세계조류독감 유행의 위협이 2005년에 상당한 관심을 일으켰다(가렛, 2005). 만약 이 독감의 유행이 발생되었다면 세계의 경제성장은 꼼짝도 못하고 진흙탕 속에 빠지거나 그렇지 않으면 성장을 느리게 하여 상당한 혼란을 겪었을 것이며 국내 및 국제관광이 실질적인 감소에 시달렸을 것이다. 관광지 측면에서 바람직하지 않은 미래의 한 예는 기업이 도산하고 실업자의 증가가 노동력의 외부 유출을 가져오게 하는 정도로 수요가 감소하는 것이다.

일어날 것 같지 않은 미래

일어날 것 같지 않은 미래는 현재 과학의 이해와 경제를 관리하는 기저에 있는 힘이나 시민사회의 상태에서 나타날 가능성이 없는 미래를 말한다. 이런 유형의 극단적인 미래는 다음 몇 세기 동안에 일어나는 새로운 빙하기다. 이런 유형의 사건은 현재 세계 기후패턴의 이해 하에서는 거의 일어나지 않는 것이지만 세계 기후 패턴을 조정하는 장기적인 어떤 힘에 대한 우리지식의 부족 때문에 완전히 배제할 수 없는 것이다.

바람직한 미래

마지막으로 바람직한 미래는 사회나 혹은 관광지가 성취할 만한 가치가 있는 것으로 여겨지는 것이지만 이 경우에도 새로운 정책이 미래지향적이고 능동적인 작용을 위해 집행이 되는 경우에만 가능하다. 바람직한 미래는 만약에 관광지가 바람직한 것으로 여겨지는 미래를 성취할 자원이 부족하면 얻어질 수 없을 것이다. 이 같은 시나리오 개발은 특정 관광지의 운영을 관리하는 변수의 검증과 심도있는 분석에 의존한다. 이것은 통상 그림 3.2에서 설명된 관광지 계획과정의 1-3단계의 기능이 되어야 한다.

시나리오 구축

시나리오 구축은 광범위의 다양한 자료이용의 결과로서 발생하는 정확한 근거가 있는 과정이다. 그림 3.2에서 제시한 7단계 계획모델의 제 1단계에서 이해관계의 문제나 이슈가 시작되고 동시에 고려사항이 만들어지지만, 이해관계의 핵심적인 이슈의 규명은 일련의 각 단계를 통하여 정책대응의 개발로 옮겨 간다(그림 3.6 참조). 그림 3.2에서 제시된 것처럼 피드백과정과 관계되는 평가단계를 포함하는 것은 외부적 환경변화를 반영하기 위하여 규칙적으로 보완 수정하는 '살아 있는' 혹은 역동적 시나리오 개발과정을 가능하게 하기 때문이다. 문제란 항상 똑바로 전진하고 명확히 규명될 수 있는 것이 아니기 때문에 문제규명은 가끔 실행에 있어서 가장 어려운 부분이다(댄, 1987). 많은 경우에 있어서 문제의 징후는 정확하지 않은 시나리오구축의 결과를 가져오는 문제의 원인보다 높은 가시성을 가지고 있다.

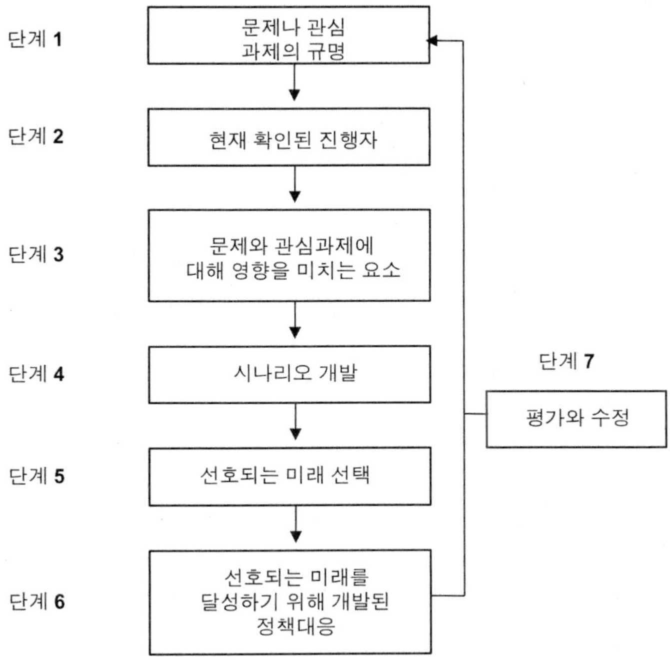

〈그림 3.6〉 미래 시나리오 구축을 위한 7단계
자료: 저자 구성

여기에서 어떤 합의는 성취될 비전으로서 나타나야 한다. '육각형 모형'과 '미래관찰'을 포함하는 많은 기술이 미래이슈를 검증하기 위하여 개발되었다. 관광지에서의 문제는 일반적으로 장기적인 지속가능성의 성취, 선호하는 성장전략의 검증, 미래시장분석과 새로운 시장의 서비스와 같은 조건에 속한다. 이런 이슈들에 대한 고려는 환경적 탐사로 묘사되는 과정을 포함하는데 이 탐사과정에서는 정보를 찾고 그리고 결정이 정보관찰과 수행의 기초위에서 이루어진다(예멘과 맥마흔-비티, 2005). 이 단계에서 모든 이해관계자와 광범위한 협의는 시나리오 구축의 필수적인 요건이다. 일단 문제가 검증되고 바람직한 길로 전진하기 위한 합의가 형성된다면 현재의 동력을 규명하는 것으로 시나리오 개발의 실질적인 과정을 시작할 수 있다.

2단계에서 보는바와 같이 모든 주요 동력과 관광지의 작동을 지배하는 주요변수에 대한 상호관계의 규명은 중요한 과정이다. 그같이 움직이는 환경속에서 변화에 대한 동력유발자들이 어떻게 반응할 것인지에 대하여도 분석을 해야 한다(사례연구 3.1참조). 동력유발자는 변화의 핀을 빼고 변화 발생의 원인이 되는 요소로 정의 된다. 모든 동력자가 관광지에 대해 특별한 영향을 주는 것은 아니며 이 단계에서 정보와 지식의 상태가 불완전하기 때문에 몇 개의 가정이 만들어질 필요가 있다. 이단계의 특징인 논쟁은 차치하고 계획가는 가능성이 있고(가장 일어날 것 같은) 일어남직한(현재의 흐름과 관계하에서 일어날 수 있는) 미래에 기초한 많은 시나리오를 개발할 것이다. 각 시나리오들은 정당화될 수 있어야 하고 현재의 지식에 기초하여 상호관계와 발전의 미래경로를 빗나가게 할 수 있는 다양한 사건의 발생가능성을 관찰할 수 있어야 한다.

사례연구 3.1: 예측하지 않은 결과를 가져오는 환율하에서 변화

환율변동이 관찰된 상호관계가 경제 및 정치환경의 변화에 의해 어떻게 빗나갈 수 있는지를 보여주는 하나의 예가 된다. 아시아 금융위기(1987-1988) 이후 몇 년간 인도네시아는 심각한 환율 평가절하가 그전에 경험했던 것보다 훨씬 싸게 인도네시아로 여행을 경험할 수 있게 해주었다. 통산적인 상황에서는 관광수요가 다른 관광지를 대체하는 인도네시아로 관광객이 증가해야 한다. 그러나 외국거주자들이 그들의 생활에 위협을 주는 폭동이 발생했을 때 대규모 비행기 탈출로 절정을 이룬 광범위한 시민혼란의 원인이 된 아시아 금융위기에 대한 반작용과 같은 심각한 내부적 문제가 나타났다(프리도 외, 2003). 사건의 일반적인 진로에서는 이 같은 탈출은 일어날 것 같지 않은 사건이었지만 인도네시아의 정치적, 역사적 지식을 조금만 가진 관찰자였다면 가능한 이런 사건을 확인하고 적정한 시나리오를 개발할 수 있었을 것이다. 그 결과는 낮은 가격으로 관광을 촉진시키기보다 자극된 시민 폭동은 방문을 주저하게 하는 관광지의 가치를 감소시키는 결과를 가져왔다.

그림 3.2에서 제시된 계획모델은 정책결정자가 좋아하는 미래(그림 3.5에서 보여준 의미로 사용)에 대하여 정보를 주기 위해 사용될 수 있는 수단으로서 시나리오 사용과 관계된다. 불행하게도 이것은 거의 일어나지 않으며, 그들의 미래를

달성하기 위해 추구하는데 필요한 대안적 미래와 진로를 보는데 거의 생각조차하지 않는다. 정책수립자가 적정한 개발목적을 결정하는데 도움을 줄 수 있는 투입요소로서 시나리오의 사용을 강하게 주장하는 사례가 있는 반면 이 방법을 계획과정에서 활성화되어야 하는 많은 계획수단중의 하나로서만 보아야한다는 견해도 있다. 이상적으로는 시나리오와 다른 방법이 계획모델 1-2단계에서 예측을 위해 함께 활용되어야 한다. 계획과정의 최종성과물은 폭 넓은 사회와 산업의 지원을 향유하는 관광지를 위한 미래비전이 되어야 하고, 결국은 관광지의 특별한 자원의 융합을 가져오는 데 도움을 줄 수 있어야 한다. 시나리오를 포함한 계획수단의 도움으로 바람직한 미래비전을 가지는 것은 정책수립자에게 가장 적합하다고 판단하는 특정한 미래를 달성하기 위하여 어떤 정책그룹이 수행하는 것이 필요한지를 결정하는 권능을 부여하게 된다. 정책의 집행에 따라 얻는 자와 잃는 자가 있을 가능성이 매우 크고 만약 잃는 자가 보상을 받지 못하면 그들의 반응은 정책의 수정을 강요할 것이다. 그런 상황에서 그 다음의 정책해결책은 관련되는 이해관계자를 달래주는 것이 필요하지만 장기적 차원에 있어서는 최선이 아닌 차선의 결과를 가져올 수 있다.

관광지계획에서 시나리오가 어떻게 사용되는지를 나타내기 위해 다음 사례연구는 파푸아뉴기니에서 관광진흥을 위한 방법을 분석하는데 활용한다. 파푸아뉴기니는 관광을 지원할 수 있는 주요한 자원을 보유하고 있음에도 불구하고 강력한 관광산업을 발전시키는데 실패하였기 때문에 하나의 사례로 선정하였다.

사례연구 3.2 파푸아뉴기니

남태평양에 위치한 섬 국가인 파푸아뉴기니는 풍부한 문화와 오염되지 않은 바다와 육지의 생태환경체계에도 불구하고 국제관광산업의 이익을 확보하는데 실패하였다. 1975년 독립한 이래 정부는 관광개발의 컨셉을 지원하여 왔지만 투자자가 요구하는 기본적인 많은 보장을 제공할 수 없었으며 관광객을 위한 안전한 물리적 환경을 제공하는데 어려움을 겪었다. 그 결과 파푸아뉴기니 관광산업은 남태평양의 다른 많은 경쟁지역들이 성취한 관광객 수준을 달성할 수 없었다. 1999년에서 2006년 사이에 관광객의 도착이 10만명에서 75,000명 이하로 감소하였으며 그중에 겨우 18,000여 명이 레저를 위한 방문객이었다. 이와 비교되는 피지는 2005년에 50만명을 넘어섰다. 파푸아 뉴기니는 가장 중요한 국제관광객 송출시장의 변방지역에 위치하고 있지만 인근의 호주시장과 가까우며 접근성이 좋고 피지와 바누아투를 포함한 많은 다른 남태평양 국가로 관광객을 송출하는 지역으로서 호주가 존재함에도 불구하고 개발되지 못하였다.

파푸아뉴기니는 국가성장과 관광개발을 저해하는 많은 문제점에 직면하고 있다. 관광발전은 진공상태에서 일어날 수 없고 다른 산업과 병행하여 정치적 리더십과 안정성 그리고 교통, 교육, 금융기관과 정당한 법과 질서있는 환경을 포함한 다양한 인프라 서비스를 공급하는 정부에 의존한다. 어떤 해설자는(홀든 베일과 홀든, 2003; 윈디뱅크와 맨닝, 2003; 바수, 2000; 코체베르스키 외, 2001) 정치적 안정과 행정, 경제적 환경을 제공하는 파푸아뉴기니 정부의 능력과 그리고 정체된 경제, 증가하는 범죄와 법적 미비, 구조적인 부패, 계속되는 정부재정 결핍과 공공위생의 후퇴 때문에 독립된 국가로서 존속할 능력조차도 의문을 표하고 있다.

파푸아뉴기니의 법적미비에 대한 평판은 호주의 대중매체에서 심각한 것으로 관심을 불러일으키고 있는데 이것이 잠재적 휴양지로서 매력도를 크게 떨어뜨리고 있다. 심각한 범죄가 없는 사회적 안전은 관광지 발전의 핵심요소이지만(피잠 외, 1997; 피잠, 1999), 이 나라에서는 사회 각 분야에서 안전이 보장되지 않는다. 더구나 정부부패에 대한 주요 뉴스, 부건 계승전쟁(1989-1997)과 좁게는 1997년에서 2001년에 민병대가 주도한 과격한 습격 등은 파푸아뉴기니를 더 이상 개인적 안전이 보장되지 않는 비틀거리는 국가로 여겨지게 했다.

〈그림 3.7〉 파푸아뉴기니에서 관광지 개발이 가능한 풍경의 전형적인 예. 이 지역에는 산호초가 비치에서 몇 미터 떨어져 위치하고 있음

공통적으로 남태평양상의 많은 국가와 같이 파푸아뉴기니도 적도의 해안비치에 인접한 산호초를 지나 우뚝 솟은 밀림으로 뒤 덮인 산으로 이어지는 넓고 다양한 매력적인 경관, 넓게 서식하는 많고 독특한 조류와 동물 종, 그리고 풍부한 고유문화의 하나인 색실 주단 등을 보유하고 있다. 라바울에서 찍은 그림 3.7은 이국가의 수많은 곳 중의 한 부

분으로 해안지역에서 발견될 수 있는 자연자원의 형태를 보여주고 있다. 높은 산으로 때로는 막히고 산맥으로 분리되어 800여 종족이나 되는 종족집단은 풍부하고 다양한 형태의 민속춤, 종교의식과 예술을 표현하는 독특한 문화적 전통의 출현을 가지고 왔다. 해양생태계, 험준한 경관, 열대생태계와 문화적 전통으로 파푸아뉴기니는 생태관광과 해양관광에서 중요한 잠재력을 갖고 있다.

관광잠재력을 수십년 동안 정부가 인식하고 있음에도 불구하고 과거 국가관광산업의 성장을 촉진하기 위한 노력은 성공하지 못하였다. 1987년에 발간된 관광개발 5개년 계획에는 1992년까지 6만명의 국제관광객 유치를 목표로 세웠지만 그 보고서가 나온지 15년이 지난후에도 그 목표를 달성하지 못하고 있다. 1991년 초기에 법과 질서 문제를 관광발전의 장애요소로 규명하였다(밀른, 1991). 밀른에 의해 규명된 관광발전을 지속적으로 저해하는 다른 요인으로는 높은 국제항공료, 제한된 도로망, 높은 숙박료, 해외투자자의 관광숙박시설에 대한 투자 미흡 등을 들었다.

가장 최근의 계획(파푸아뉴기니 관광공사 2007)에 대한 검토보고서는 지금까지 관광발전을 저해하여 온 핵심과제를 인식하는데 계속적으로 실패하였다는 것을 지적하고 있다. 파푸아뉴기니에서는 민감한 문제인 범죄가 대체적으로 무시되었고, 잠재시장에 대한 정밀한 분석을 수행하지 않았고 경쟁자를 무시했으며 대신에 시장기능과 행정 보조에 공공부문에 의한 많은 투자를 요구하였다. 그 계획의 중요한 문제는 유입되는 방문객에 대한 심도있는 연구를 수행하지 않았다는 것이다. 이런 자료는 계획에 필수적인 것이며 만약 매년 수집된 자료라면 계획과 마케팅 과정의 성공과 실패를 측정하는데 사용될 수 있다. 또 다른 부족한 것으로 남태평양 주변 경쟁자에 대한 심도있는 정보를 수집하는 것의 실패를 지적하고 있다. 이런 측면의 연구로부터 얻을 수 있는 정보는 호주와 뉴질랜드로부터 송출되는 관광객이 추구하는 관광상품의 형태에 초점을 두어야 한다. 사례 연구에서는 3개의 미래 시나리오가 파푸아뉴기니에서 관광발전을 위한 가능한 진로를 검증하기 위하여 선정되었다. 선정된 시나리오는 그림 3.5에 나타나 있듯이 포괄적인 미래에 바탕을 두고 있으며 가능한 미래, 바람직한 미래와 바람직하지 않은 미래로 구분하였다. 있음직한, 있음직하지 않은 미래는 이분석에서 제외하였다. 그 이유는 이런 미래는 본장의 범위를 벗어나는 매우 구체적인 요소의 평가를 요구하기 때문이다. 시나리오는 파푸아뉴기니의 현재 상황에 기초를 두고 있으며 정부는 새로운 항공노선의 허가, 고급방문객을 관심지역에서 수용할 수 있는 안전성의 달성과 관광발전을 지원하는 인프라에 대한 투자를 포함하는 관광 촉진위한 그럴듯한 정책변화를 수행할 수 있는 능력을 가진 것으로 간주하고 있다. 그림 3.6에서 제시된 과정을 이용한 시나리오를 설정하는데 있어서 파푸아뉴기니의 현재 상황이 고려되었고, 평가는 정책이 수립되어 있는 그대로 두거나 혹은 관광발전을 방해 또는 촉진시키는 새로운 정책도입을 시도하는 정부의 능력으로 판단하였다. 결과는 선행연구에 기초를 둔 가능성이 있는 관광객 행위패턴의 발견을 통하여 검증된 현재 패턴의 있음직한 충격에 대한 외삽법에 기초를 두거나 혹은 정책에 대하여 형성된 변화의 가능한 결과를 검증하는데 활용되는 연구결과에 기초를 두고 있다.

4단계(그림 3.6)의 각 시나리오에서 서술된 조건은 현실적이며 2007년 파푸아뉴기니에서 규명된 트렌드에 기초하고 있다. 파푸아뉴기니와 관련된 시나리오를 설정하는데 사용된 과정은 그림 3.8에 나타나 있으며 그림 3.6에서 이미 제시된 1-6단계와 순차적으로 맞추어져 있다. 그림 3.6에서 제시된 7단계(재평가)는 사례에서 본 책의 목적인 계획의 연습이기 때문에 표시하지 않았다. 대신에 7단계는 만약 시나리오 2가 채택된다면 가능성이 있는 결과물로서 표시된다.

〈표 3.8〉 파푸아뉴기니에서 잠재적 관광개발 시나리오 구축

단계	요소
1. 문제 규명	국제관광객 부족, 주요잠재시장에서 파푸아뉴기니에 대한 인식부족, 비효율적인 정부의 리더십
2. 현재 과제	범죄, 인프라 부족, 공공과 민간의 투자부족, 잠재관광지역으로 적절한 항공접근 부족, 부패, 거버넌스 문제
3. 문제에 영향을 미치는 인자	여행자를 위한 개인의 안전확보 부족, 파푸아뉴기니로 비싼 여행비용, 다른 여러지역으로 여행의 어려움, 정부정책 부족
4. 시나리오 개발	시나리오 1: 가능함: 만약 정책이 전과 동일하게 그대로 남아있다면 관광증가 없음 시나리오 2: 바람직함: 배낭 및 자연관광여행과 같은 새로운 관광분야 개발 시나리오 3. 바람직하지 않음: 방문객수가 전반적으로 감소
5. 선호하는 시나리오 선택	목적이 관광을 개발하는 것이므로 시나리오 2가 선택됨
6. 정책 대응	• 지역관광 목적지까지 직항 항공서비스 도입 • 보다 강력한 법적 강화를 통하여 지정된 구역내에서 범죄의 감소 • 민간분야의 투자촉진 • 보다 효과적인 정책환경 • 요구되는 인프라의 제공 • 적절한 마케팅 캠페인의 개발
7. 시나리오 2의 가능한 결과	• 방문객의 증가 • 배낭객과 자연관광객이 전반적 관광 확대를 위한 선도부분이 될 수 있음 • 고용과 세수의 증가

시나리오 1: 있음직한 미래

이 시나리오는 파푸아뉴기니 정부가 정부정책의 현재 기조에 대하여 주요한 변화를 시도하지 않는다는 것을 상정하여 비교적 안정된 상태를 가정하는 것이

다; 현재의 법과 행정 명령의 상태에서 변화가 없는 것; 자연탐방 관광객, 운전자, 배낭여행객과 같은 새로운 부류의 성장을 촉진하기 위하여 새로운 정책이 도입되지 않는 것이다. 이런 시나리오 하에서는 관광은 현재 달성하고 있는 수준을 넘어서는 실질적 성장이 될 것 같지 않으며 표준적인 전망 수단이 미래성장 패턴을 예측하기 위하여 사용될 수 있다. 과거 정책 결과에 기초하고 새로운 인프라가 없다면 이 시나리오가 가장 그럴 듯한 미래의 전망이 된다.

시나리오 2: 바람직한 미래

이 시나리오는 법과 행정 명령의 개선; 배낭여행 시장과 같은 새로운 시장을 개발하기 위한 정책의 도입; 그리고 지역에 대한 새로운 국제항공 서비스의 도입 등에 기초한다. 도착 방문객의 지속적인 증가를 달성하기 위한 국가의 능력은 이 같은 우선적 사항을 성공적으로 실행할 능력이 있느냐에 달려 있다. 만약 이런 시나리오로 실행된다면 파푸아뉴기니는 다른 남태평양 섬 국가들이 밟았던 발전경로를 따라 경쟁할 수 있을 것이다.

시나리오 3: 바람직하지 않은 미래

이 시나리오는 멀리 떨어진 주(州)를 관리하기 위한 중앙정부의 역량감소를 초래하고, 따라서 새로운 분리운동의 출현가능성이 증가하는 미래 속에서 늘어나는 법적 미비와 정치적 불안정에 기초하고 있다. 이 시나리오는 관광중단의 원인이 된 2003년 솔로몬 섬 중앙정부의 붕괴와 같은 방향이다. 이 같은 미래에서는 법과 명령 그리고 중앙정부의 외부 주정부에 대한 통제역량의 감소와 더불어 관광도 함께 쇠퇴하여 갈 것이다.

이 사례연구에서 보여주는 자료에서 '시나리오 2'(바람직한 미래)는 선호하는 미래이지만 국가나 주정부차원의 공공부문이 미래에 가능할 것으로 보이는 결과를 성취하는 방향으로 노력하려는 세심한 결정을 할 경우에만 달성될 수 있을 것이다. 만약 정부가 이 같은 미래를 성취하기 위하여 능동적인 시도를 하지 않는다면 시나리오 1과 3에 의하여 대표되는 미래가 아마 가능성이 있는 미래를 형성하는 곡선(길)이 될 것이다. 지금까지 활기찬 관광산업을 개발하는데 실패하였기 때문에 시나리오 2에서 상상하는 관광발전의 형태를 달성하기 위해서는 정부의 참여가 요구될 것이다. 앞의 시나리오 분석의 견지에서 보면 이 같은 미래를 성취하기 위하여 요구되는 정책은 추가적인 인프라 개발의 기초위에 설정되는 새로운 마케팅 전략과 공공안전을 회복하고 범죄를 줄이는 전략을 위한 성공적인 결과를 포함한다.

이 사례연구 경우에 새로운 방문객 부문에 대한 계량적 선형 예측에 활용될 수 있는 가능한 데이터가 없기 때문에 시나리오 기법이 기본적인 예측 방법으로서 선택되었다. 이 같이 미래에 대한 대안적 형태의 구축은 정부기관으로 하여금 만약 특정한 일련의 정책이 도입된다면 어떤 일이 발생될 것인지를 일견해 볼 수 있도록 해준다. 이 경우에 있어서 현행법과 명령체계의 영향과 연계된 현재 정책이 배낭족, 스쿠버 다이버와 자연관광객과 같은 특정 관광 그룹의 유치를 진작시킬 수 있는 실질적인 관광정책의 변화가 없다면, 파푸아뉴기니는 관광산업 성장을 위한 잠재력이 거의 없다는 것을 보여줄 뿐이다.

현재의 트렌드와 정책에 기초한 미래의 특정한 형태를 형성함으로써 정책 수립자는 한정된 범위지만 미래에 무엇이 일어날지를 조사할 수 있다. 이 같은 미래는 현재의 산물이며 그러므로 현재의 정책 변화가 좀 더 수용 가능한 미래를 개발하는데 활용될 수 있다. 그림 3.8에서 제시된 미래의 그룹 중에 시나리오 1은 관광발전을 위한 현행 정책이 제대로 작동되지 않았다는 것을 나타낸다. 파푸아뉴기니 정부의 전망에 따르면 시나리오 2는 바람직한 장기적 결과를 설명하고 있다. 그러므로 이 같은 장기적 결과를 달성하기 위한 정책의 도입은 고려되어야 할 행동이다.

결론

이 장의 목적은 관광지의 관리에 있어서 계획의 역할을 재검토해 보고 기존의 계획접근법에 대한 논쟁에 있어서 활용되는 계획 도구로서 시나리오 기법에 대하여 토론하는데 있었다. 시나리오가 활용될 수 있는 중요한 역할은 미래가 어떻게 전개될 것인가에 대한 풍부한 정보자원을 제공하는 것이다. 이런 지식에 기초하여 정책수립자는 가능한 성장과 관리를 포함하는 정책과제에 대한 정보화된 결정을 할 수 있는 능력을 완전하지는 않지만 제고시켜 줄 것이다. 시나리오가 예측과 함께 계획과정의 완전한 부분으로서 이용이 된다면, 시나리오는 미래의 새로운 관점을 개발하는데 유용한 기여를 할 수 있을 것이다. 만약 IPCC의 예측이 정확하다면 대부분의 관광지는 기후변화로부터 악영향을 받을 것인바 이런 것은 예측보다는 시나리오를 활용하는 것이 더 효과적인 모델화가 될 수 있다.

현재 시나리오는 관광계획의 수단으로서 대체로 무시되고 있지만 헤이와 예맨(2007)의 스코틀랜드에 대한 연구에서 보여주듯이 이 기법이 활용될 여지는 있다. 본장의 사례연구에서 설명했듯이 예맨의 시나리오는 폭 넓고 가능한 미래를 개발함으로써 정치부문이나 계획가에게 정보를 알려줄 수 있다. 특히 관광지의 계획측면에서 좀 더 집중적으로 활용된 시나리오의 사례라고 볼 수 있다.

미래에는 국제적 관광수요와 관광흐름에 영향을 줄 새로운 요소가 발생될 가능성이 항상 있다. 현재 시스템에 대한 변화는 관광지에 영향을 줄 것이다. 시나리오는 기후변화, 시장출현과 새로운 기술도입의 영향을 분석하기 위한 강력한 도구를 정책 수립자에게 제공할 수 있다. 변화가 급증하는 시대에 현 관광구조를 관리하는 상호관계는 변화할 것이고 만약 관광지가 홀로 번영하여 생존한다면 변화의 이슈와 그들의 영향 그리고 어떻게 계획과정에서 상호작용을 통하여 이런 이슈들이 수용되는지에 대한 규명을 위한 지적노력의 상당한 배분과 물리적인 자원의 배분이 있어야 한다.

계획과정은 어렵고 복잡하며 때로는 불명확한 상태에서 이루어진다: 현재의 수요가 미래에도 존재할 것인지에 대한 불확실성; 예측 불가한 쇼크에 관한 불확실성; 이해관계자가 어떻게 반응할지에 관한 불확실성 등이다. 그림 3.2에서 그려진 과정은 비교적 종합적이지만 성공을 위해서는 가능하면 잘 정보화되어야 한다. 시나리오 사용은 계획가에게 아이디어의 흐름을 제고시켜주는 하나의 메커니즘이다. 또한 시나리오에서 계획가는 제 2장에서 보여준 자연의 개발 이론에 의존할 필요가 있다. 관광지 개발 모델에서 설명된 과정은 정태적인 것이 아니며 기존의 모델을 수정하거나 폐기까지도 요구하는 새로운 상호관계가 나타날 것이다. 계획가에게 도전은 관광지를 형성하는 과정을 이해하고, 현재 존재하고 있는 변화의 힘을 규명하고, 미래 계획의 훈련에 있어서 이런 요소를 통합하는 것이다.

핵심 과제

- 계획은 단순히 진행하는 과정이 아니며 만족할 만한 결과를 얻기 위하여 사전계획단계에서 신중한 주의를 요한다.
- 계획은 이해관계자를 일반적인 고려사항으로 포함하는 것이 필요하며 정태적이 아니라 차라리 동태적이어야 한다.
- 계속된 실패에도 불구하고 기존의 예측모델은 관광학계나 산업 그리고 정부

로부터 폭 넓은 지지를 지속적으로 받고 있다.

- 시나리오는 유용한 추가적인 계획기법이다.
- 변화를 일으키는 동력을 이해하는 것이 계획에 있어서 중요한 요소다
- 시나리오는 정책의 현명한 적용으로 성취될 수 있는 바람직한 미래를 식별하기 위하여 활용될 수 있다.

제4장

교통 - 관광지 발전과 운영의 핵심요소

이동성, 관광경험에서 소홀히 다루어지는 요소

머리말

최근 싱가포르 항공의 광고는 '라이벌이 없는 하늘에서 긴장을 풀어라, 싱가포르 에어라인의 새로운 비즈니스 클래스, 가장 넓은 세계를 언제나 볼 것이다'(이코노미스트, 2008:32). 항공세계의 또 다른 극단에 있는 저가항공사(LCC)인 에어 아시아는 '나는 휴식이 필요하다'라는 슬로건으로 독자를 유혹하고 마카오에서 쿠알라룸푸르까지 편도 132MOP(19달러)로부터 24MOP(4달러)를 추가하면 싱가포르까지 연장할 수 있다는 광고를 하고 있다(마카오 일간지 2008년 4월 3일자). 유럽, 일본, 한국에서는 육상의 초고속철도 시스템과 고속도로가 집에서 관광지 근처까지 빠른 여행을 가능케 하고 있다. 교통은 혁신과 국제경제 부문과 관련이 있고 관광시스템의 필수적 부분이며 피크오일과 세계탄소배출 감소를 추구하는 환경론자나 입법론자들로 부터 압력을 받는 분야이다. 이런 도전에 국제교통시스템이 어떻게 대응할 것인지가 현재의 운영 수준에서 관광을 지속시키기 위한 국제교통시스템의 미래 역량을 결정할 것이다. 국내교통네트워크의 접근이 관광지 발전의 필수적인 전제조건이지만 교통시스템의 분석과 관광측면에서의 서비스는 관광관련 연구보고서에서 대체적으로 무시되었다. 본장은 관광지 운영을 뒷받침하는 많은 교통문제를 조사한다. 관광지 운영에서 교통의 역할을 규명하는데 있어서 관리자나 계획가를 도울 수 있는 많은 개념적 모델을 점검하기에 앞서 본장은 지난 200년에 걸쳐 교통의 변화된 역할에 대한 토론을 시작으로 5개 분야로 구성되어 있다. 제 3분야는 도시관광을 특별히 강조하여 관광교통 시스템의 발전과 운영에 관계되는 이슈를 점검할 것이다. 제4분야는 항공, 육상, 철도를 포함하는 특정 수단인 교통수단의 발전을 점검한다. 본장은 다가올 몇 십년동안

관광산업을 지원할 교통체계의 수용능력을 결정하는 많은 경제적, 환경적 이슈의 시사점에 대한 간단한 토론으로 결론을 낸다. 다음에 토론할 교통수단은 도로(자동차, 버스를 포함하는 자동화된 육상교통), 철도, 수운, 항공과 우주 같은 것으로 정의 된다.

〈그림 4.1〉 수상교통
시드니 항구에서 찍은 본 사진은 두 가지 주요수상교통 형태를 보여주고 있다. 사진 중앙에 보이는 시드니 항 페리는 항구내의 정기여객수송서비스를 하고 있는 반면 왼쪽에 보이는 해양 크루즈형태의 배는 남태평양 관광크루즈를 운영하고 있다. 뒤 배경의 시드니 하버브리지는 도시교통수단에서 도로의 역할을 보여주고 있다.

역사적 시각

현대시대에 국내와 국외여행은 편안하고, 안전하며 빠르고 비교적 저렴하다. 초창기 여행의 특징이었던 관광의 불편함으로 설명된 여행의 노고로서 주요 불만이었던 강도에 의한 공격이나 침몰이나 충돌의 위험 보다는 이제는 음식서비스와 유희의 질 혹은 편안한 자리에 관한 자기만족감으로 대체되는 것이 요즈음 여행의 일상이 되었다.

여행에 대한 타고난 인간의 충동성이 나타나고 있는데 이는 오늘날 국제관광산업에 만족을 주는 것 같다. 유전학자에 의해 밝혀진 새로운 증거는 남성의 Y

염색체 속에 포함된 유전자를 검사하여 지난 6만년 이상 인류의 이동경로를 추적한 것이다. 이 유전자는 남성의 염기와 염색체가 어디에서 유래했는지를 규명하였다. 이 연구를 통하여 구축한 '진화 나무'는 현대인류가 남미에는 약 1만년 전, 오스트레일리아에는 5만년 전, 스페인에는 3만년 전에 처음 정착하였다는 것을 알려주고 있다. 좀 더 최근의 이동정착을 보면 아마도 마리오족이 1000년 전에 먼 뉴질랜드에 정착할 수 있을 정도로 바다항해 기술이 진화하면서 남태평양에서 일어났다. 21세기에도 인류는 여행에 대하여 계속적으로 갈망하고 있으며 이제는 높은 효율성을 갖는 교통시스템의 도움을 받고 있다.

여행은 항상 안전하고 빠르고 편안하며 저렴한 것은 아니다. 역사는 초창기 시대에 여행자들이 만나는 위험과 어려움에 대한 많은 기록을 남겨놓고 있다. 첫 여행기의 기록자인 헤로 도투스는 지중해와 중동지역의 BC 5세기 세계의 문화와 일상생활에 대하여 열정적인 통찰력을 보여주고 있다(케이슨, 1994). 2세기 후에 신원미상의 학자가 BC 3세기에 꼭 보아야 할 지역자료를 모았다. 이는 '죽기 전에 가봐야 할 곳'의 주제에 대한 변형으로서 묘사되는 장소에 대한 동시대의 리스트와 유사한 것으로 7대 불가사의인 기자의 대 피라미드, 바빌론의 공중정원, 오림피아의 예수상, 에페소스의 아르테미스 사원, 헬리 카네수스에 있는 모솔로스의 묘, 로드섬의 거상과 알렉산더의 등대 등을 포함하는 그 시대에 오래 남을 영상적 장소를 포함하고 있다. 예를 들어 스티브 데이비드와 마르크 스콜로스만(2007)의 '죽기 전에 해야 할 것으로 추천한 행위에 대한 시리즈'의 제 4편인 '죽기 전에 일상에서 탈출하기에 잊을 수 없는 섬'의 모음집은 여행 11개월의 총결집판으로 특출한 섬 관광지를 강조하기 위하여 설계되었다. 비슷한 방법으로 슐츠(2003)는 1,000곳을 추천하였고 왓킨스와 존(2006)은 죽기 전에 봐야 하는 잊을 수 없는 지역에 대한 시리즈를 추천하였다.

관광지 발전에서 교통의 역할에 대한 배경을 보기 위하여 초기여행의 몇 가지 역사를 간단히 살펴볼 가치가 있다. 고대 그리스에 트로이 전쟁전의 이야기로서 황금 양털을 찾으려는 제이슨과 아르고 선(船)에 대한 고전 탐험이 수천년 동안 독자들에게 영감을 주었다. 구약성서에는 중동지역에서 마음 아픈 고난에 대한 많은 여행 이야기를 담고 있으며, 반면 사도 성 폴의 신약성서 여행은 기원후 첫 1세기 로마제국에서 드러나고 있는 생활의 이야기를 보여주고 있다. 로마시대 동안 총 길이 85,000km에 이르는 방대한 도로망은 교역과 제국관리, 그리고 외세방어와 여행을 위해 구축되었다.

아시아에서는 기원 500년에서 1500년 사이의 천년간은 상업, 예술, 학문, 종교 그리고 무역에서 놀라운 시기였다. 이시기에 아시아는 세계에서 가장 큰 도시를 가지고 있었지만(스튜어트, 2008), 유럽은 지난 서로마제국의 멸망후 500년 동안 상업과 무역에서 후퇴를 가져왔다. 우리에게 암흑의 시대로 잘 알려진 그 시기에는 팔레스타인에서 십자군 참여와 순례자의 예외적인 여행이 있었고 예술 학습과 상업은 억압되었다. 유럽에서 여행의 기회가 감소하였지만 아시아에서 여행기회는 확대되었다. 무역길이 생기고 무역에 종사했던 여행자들이 불교와 이슬람 등 아시아 대종교를 배우고 확산하는 도관(導管) 역할을 하였다. 유럽 중심적인 학자들에 의해 대체로 무시되었지만 마르코 폴로 이야기에 버금가는 아시아의 많은 여행에 대한 기록들이 나타났다. 스튜어트(2008)는 기원 후 600년에서 1500년 사이에 아시아 여행가의 학술적이고 열정적인 기록 속에는 많은 여행 이야기와 상황을 묘사하고 있다. 아마도 이시대의 가장 유명한 이슬람 여행가는 14세기에 30년 기간 동안 117,000km에 이르는 계속된 여행을 하였던 베르베르인 학자 아부 압둘라 바투타라고 할 수 있다. 그의 여행은 알려진 거의 모든 이슬람 세계뿐만 아니라 동남아시아, 중국, 인도대륙 그리고 유럽을 아우르고 있으며 '도시의 불가사의와 경이로운 여행을 계획하는 사람에게 주는 선물' 혹은 간단히 축약하여 '릴라(여행)'로 명명된 여행일지 시리즈 속에 기록되어 있다. 그의 이야기의 일부분에는 비현실적인 부분이 나타나고 있지만 14세기 세계의 그림을 그려주고 있다. 그의 이런 성취에 대한 현대의 축하기념은 이븐바투타 쇼핑몰이 두바이에 오픈하였고 그의 책에서 묘사한 많은 나라에서 이븐바투타가 주제로 이용되고 있다(메킨토시-스미스, 2003). 남아메리카에서도 역시 방대한 도로망이 콜롬비아 문명 이전에 구축되었다. 불행하게도 그들의 성취에 대한 기록은 거의 없으며 우리는 여행가를 통한 그 역사시대의 여행에 대하여 아무것도 알지 못한다.

서구에서 유럽국가들이 암흑의 시대로부터 벗어나면서 여러 세기동안 지역적 경계를 넘어 여행이 거부되었던 자기성찰로부터 훌훌 털게 됨에 따라 마르코 폴로와 같은 여행가의 이야기와 포르투갈과 스페인의 해양 탐험이 무역과 여행에 대한 관심을 일깨워 주었다. 베네치아 무역상인 마르코 폴로는 실크로드를 따라 현재 베이징인 칸발리크에 있었던 무굴제국의 대제까지 여행을 하였다. 13세기 후반부에 이루어진 그의 여행은 기록이 되었지만 베니스와 제노아간의 충돌에 따라 투옥되었으며 후에 프랑스어로 '세계의 설명(Le Divisament dou monde)'이라는 책으로 출간되었다. 인쇄기술이 200년 후에나 발명되었기 때문에 복사본이 손으로 쓴 자필이었음에도 이 책은 곧바로 성공하였다.

산업혁명전 교통시스템에 대한 토론에 앞서 사람들의 대규모 이동은 많은 사람의 이동을 위한 교통시스템의 능력뿐만 아니라 경제발전 수준에 의해 방해를 받았다는 것이 명확하다. 현대 시대에서는 효율적인 교통망이 진정한 국제 관광산업의 발전을 위하여 필요한 필수조건의 역할을 하며(에이비란트, 1993; 츄, 1987; 페이지, 1999; 프리도, 2000b) 국내외 관광발전에 있어서 중심적 역할을 하고 있다(테이에, 1992). 놀랍게도 관광과 교통간 그리고 교통과 관광지 성장간의 상호관계가 페이지(1999), 프리도(2000b)와 듀발(2007)을 포함한 소규모 그룹의 연구자를 제외하고는 대부분 무시되고 있다. 이런 이유의 하나는 교통시스템이 가끔 보다 큰 관광시스템 측면에서 당연히 주어지는 부분으로 여겼기 때문이다. 실질적으로 교통시스템의 구조와 운영은 관광지를 형성하고 유지하는데 중요한 역할을 한다.

철도망 건설의 직접적인 결과로서 19세기에 영국의 해변 리조트의 빠른 확산을 목격하였다. 휴양을 보내려는 계층에게 해안가에서 휴일을 보낼 기회를 제공할 수 있는 철도망이 성장하는 산업중심지에서 해안까지 연결되었다. 철도가 부설되기 전에는 여행객은 마차로 온몸이 흔들리는(bone-shaking) 여행을 감수해야 했다. 이 같은 여행은 모든 생각의 대부분을 방해하였는데 힘든 여행이 필연적이었다. 철도가 처음으로 승객들이 여행을 즐기고, 저렴하며 빠르고 안락한 대량 여행의 시대의 도래를 알렸다(길버트, 1939; 카이저와 헐버트, 1987). 그후에 자동차와 비행기로 특징지어는 기동성이 20세기 동안에 국내외 관광의 광범위한 성장을 가져왔다. 츄(1987)에 따르면 철도, 자동차, 비행기는 관광을 형성한 3가지 교통혁명이라고 한다. 쿠퍼 등(2005)에 의해 제안된 관광 시스템의 모델에서는 다른 모델에서 부족한 중심성을 교통에 부여하고 있다.

오늘날 많은 주요관광지의 역사에 대한 피상적인 연구를 통해서도 교통시스템의 중요성을 알 수 있다. 장거리 승객을 위한 제트비행가 도입되기 전 하와이는 높은 가격으로 인한 제한된 항공여행의 한계에 대하여 보완적 역할을 한 선박승객에만 의존하는 고립된 관광지였다. 제트비행기를 통한 승객의 유치는 주요 국내외 관광지로서 하와이 성장의 기초를 세웠다. 발리, 푸켓 그리고 아시아의 유사한 관광지가 보잉 747 비행기의 도입으로 항공 운송능력의 대규모 확장이 없었다면 주요 국제관광지로 결코 출현하지 못했을 것이다.

교통시스템의 구조와 수용능력은 많은 측면에서 관광지 발전에 영향을 미친다.

여기서 각 측면은 관광발생지역과 관광지와의 연결하는 역량; 관광지로 이동할 방문객의 수와 비용; 관광지내와 가까운 주변에 관광객을 유인할 수 있는 운송 시스템의 역량; 그리고 화물과 연료를 다룰 수 있는 역량 등을 말한다. 출발지와 목적지간의 거리는 앞서 그림 2.3에서 강조하였듯이 중요한 요소다. 이 상호관계는 핵심지역으로부터 떨어진 지역으로서 쿠퍼 등이 정의한 주변지역의 시각에서 볼 수 있다. 주변의 정도가 증가하면 여행의 비용도 증가한다.

출발지의 시각

대부분의 기본적 형태에 있어서 관광은 여행에 관한 것이며 방문할 곳, 이루어질 행위 그리고 집을 떠나서 돌아올 때까지 기간동안 만나는 사람들을 포함한다. 라이프(1990)는 그림 4.2에서처럼 간단하고 아직은 우아한 모델 속에 이런 상호관계를 요약하고 이 모델 속에서 교통 시스템은 환승지로 나타나고 있다. 간단한 반면에 이 모델은 광범위한 관광시스템 내에서 교통의 역할을 표현하는데 넓게 활용된다.

교통이 관광산업에서 점하는 중심적 역할에 대한 보다 구체적인 설명은 표 4.1에 제시고 있으며 처음으로 카울(1985)에 의해 제안된 것을 새로이 갱신된 일련의 가상속에 요약되어 있다.

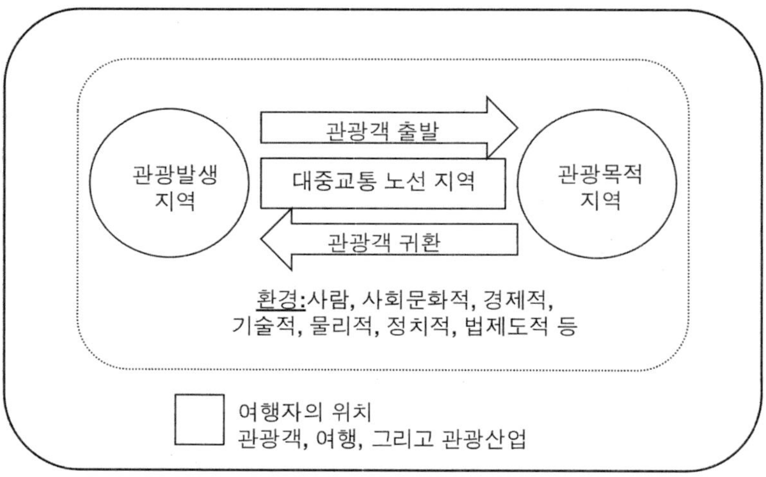

〈그림 4.2〉 기본적 관광체계
자료: 라이프(1990)

〈표 4.1〉 관광개발에서 교통의 역할에 대한 카울의 가정

1	교통에 의해 관광의 발전이 크게 영향을 받고 교통시스템 개발의 기능역할을 한다.
2	관광은 대중의 현상일 뿐만 아니라 개별적 활동이며 이는 각 활동종류에 따라 적합한 시설과 기술을 요구한다.
3	교통시설은 관광을 위해 초기 그리고 통합적으로 필요한 사항이며 교통흐름을 위한 확장과 억제요소로서 작용한다. 교통서비스의 질은 관광객 흐름의 형태에 영향력을 행사한다.
4	잘 고안된 통합적 교통정책하에서 교통인프라의 계획적인 개발, 유지, 운영이 기술과 수요를 만족할 수 있어야 하며, 이것은 관광성장에 기여하는 교통시스템의 성공을 위한 핵심요소다.
5	교통비는 교통수요의 변동성과 가격구조의 변화에 영향을 미친다. 경쟁은 관광의 이익에 대한 다양한 교통수단간에 가격인하와 질적 개선을 촉진한다.
6	국내 및 국제교통시스템의 통합과 다른 나라와 공동협력은 국내, 국제관광 흐름을 쉽게 하고 국내 및 국제관광성장에 기여한다.
7	교통기술개발은 개발도상국과 선진사회에 모두 교통수단과 패턴에 깊은 영향을 미친다. 보다 효율적이고 빠르며 안전한 교통시스템은 관광성장과 확장에 유익하다.
8	관광개발과 성공의 필수적 구성요소로서 숙박시설은 증가하고 다양화하는 관광의 수요와 교통확장에 상응할 수 있는 상대적인 성장을 하여야 한다.
9	교통에 있어서 만족한 개발과 터미널과 도중의 시설 구비, 인프라의 체계적인 개선, 새로운 기술의 흡수와 채택 그리고 적절한 대중마케팅 기법은 미래 세계 관광 지속적인 성정에 대하여 전반적인 영향을 줄 것이다.

자료: 카울(1985)로부터 응용

교통비용 모델

관광수요의 요소로서 교통의 경제적 중요성은 많은 연구자에 의해 소개되었다(마틴과 위트, 1988; 타플린, 1980; 위트, 1980; 듀발, 2007). 단거리 및 장거리 관광객의 수요탄력성의 연구에서 크라우치(1994)는 장거리 여행을 위한 수요의 민감도는 거리가 증가함에 따라 교통비용이 증가하기 때문에 단거리 수요와는 현저하게 다르다는 증거를 알아냈다. 마틴과 위트(1988)는 여행경비가 여러 대체 관광지 중에서 지역을 선정을 하는데 하나의 요소라는 것을 지적하였다. 더구나 최근에 듀발(2007)은 크기의 규모와 거리를 이해하는데 중력모델의 활용성은 출발지와 목적지간의 교통패턴에 영향을 미친다는 것을 관찰 하였다. 작은 규모의 도시보다는 더 많은 활동을 창출하는 큰 인구규모를 가진 도시에 영향을 미치는

반면에 거리는 서로 떨어져 있는 도시간의 상호작용의 수준에 영향을 미친다. 이런 특징의 거리-감쇄 모델은 도시와 같은 어떤 장소의 힘이 출발지로부터 거리에 대하여 반비례관계에 있다는 것을 보여주고 있다. 다른 연구는 여행시간의 가치(안코마흐와 크롬튼, 1992; 체로우, 1981; 시바스 외, 1989; 웰스 외, 1990), 수단의 특성(바리프, 1982)과 교통의 다양한 수단의 기회비용(모리슨과 윈스톤, 1985)에 초점을 맞추고 있다. 연구자들이 일치하는 관점은 여행에 소비하는 시간의 가치와 소비자 잉여의 추정간에 직접적인 상호관계가 있다는 것이다(웰스 외, 1990). 시간, 비용과 수단의 선택을 포함하는 여행특성의 측정과 여행 결정에 대한 특성의 영향은 교통과 엔지니어링 연구 보고서에 풍부한 자료를 제공하고 있는 반면 이런 이슈는 관광보고서에서는 크게 정독되지 않고 있다.

그림 2.10의 RDS는 관광지 성장에 대한 교통시스템의 기여도 측면을 보여주고 있다. 교통시스템 구조와 능력의 중요성은 성장단계에서 다음단계의 초기로 이동하는 시점에서 증명된다. 이 시점에서 교통인프라의 확충은 관광지가 보다 먼 시장까지 접근로를 획득할 수 있도록 하는 필수적인 요소가 된다. 그림 4.3에서 나타난 교통비용모델(프리도, 2000b)은 교통비용변화가 경쟁관계에 있는 관광지까지 여행하려는 수요에 미치는 영향을 보여주고 있다.

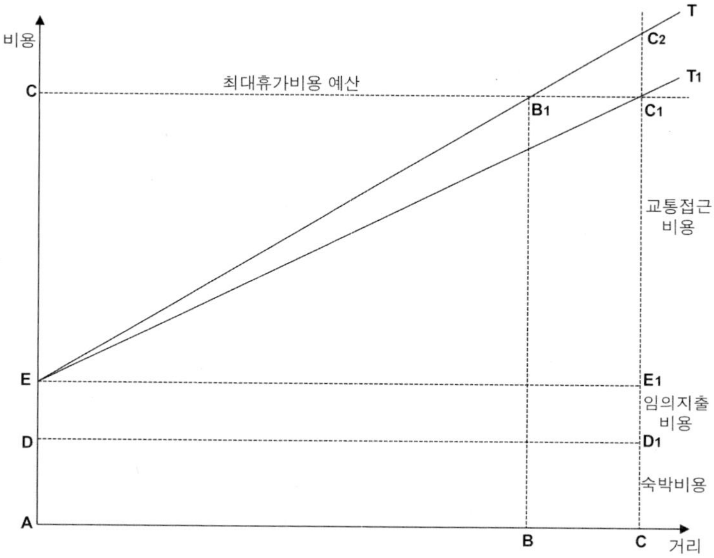

〈그림 4.3〉 휴가비용 모델(교통)
자료: 프리도(2000b)

경제적인 측면에서 관광지까지의 여행경비구조는 수요와 공급간에 발생하는 상호작용에 의해 결정된다. 수요측의 비용은 관광객에 의한 직접적으로 부담하는 비용에 속하며 관광객 개인의 휴가예산으로부터 지불되는 것이다. 공급측의 비용은 관광지를 조성하고 운영하는데 발생하는 비용에 속하며 호텔 건설, 인력교육, 안전제공과 교통네트워크의 개발과 유지의 비용을 포함한다. 이런 비용의 특징은 비교적 고정적이며 관광지 가격구조 속에 포함되어 있다. 관광객의 입장에서 휴가여행은 크게 세 가지 부류의 경비로 숙박비, 자유경비와 교통비로 그룹화될 수 있는 일단의 개인적 경비를 수반한다. 숙박경비는 크게 설명할 필요가 없지만 다른 부류의 경비는 특정한 세(細)분류로 더 나누어 질 수 있다. 자유재량경비부문은 여행전에 소비하는 것과 관광지에서 소비하는 것으로 세분류할 수 있다. 여행전의 경비지불은 비자와 여권 관련 경비, 미리 지불하는 공항세, 예방주사, 새로운 의류 구입, 여행자 보험과 카메라나 여행가방과 같은 다른 여행물품을 포함한다. 관광지에서 자유롭게 지불되는 경비는 입장료, 식사비, 선물구입비, 현지투어, 유희시설, 관광지내의 교통과 기념품 구입비 등이 포함된다. 관광객은 그들의 효용성을 최대화하는 자유경비 지출항목내에서 소비를 상호 선택할 것이다. 예를 들어 한 관광객은 몇 날밤을 저렴한 레스토랑에서 식사를 함으로써 다른 비싼 현지관광을 위해 지불하는 것을 선택할 수도 있다.

교통비용은 출발지에서 목적지까지 그리고 휴가가 끝나고 여행지에서 돌아오는 것으로 이루어지는 여행을 위한 각 교통수단과 관련되는 경비에 속한다. 관광지 내에서의 교통비는 자유여행경비 항목에 속한다. 왜냐하면 이 경비는 관광지까지 그리고 관광지에서 집으로 오는 여행경비와 분리되어 있기 때문이다.

교통경비는 크게 3가지 하위 항목인: 여행을 위해 실제 지불하는 운임; 여행을 위해 걸리는 시간에 대한 명목상의 가치; 그리고 요구되는 편안한 수준의 여행에 대한 비용을 포함한다. 본장에서 구체적으로 논의하고 있지는 않지만 여행시간은 특별히 시간을 민감하게 생각하는 여행객들에게는 중요한 비용이 될 수 있으며 향후 추가적인 연구가 요구되는 분야다. 또한 동시에 편안함을 위해 프리미엄의 경비지불은 역시 중요한 요소지만 구체적으로 고려하지 않는다. 시간은 중요한 변수이며 교통수단은 다양한 여행시간을 제공한다. 육상여행은 비교적 느리며 시간을 소비하는 반면에 항공여행은 더 빠르다. 그러므로 항공여행은 특히 먼거리일 경우 육상여행과 비교하여 관광지에서 더 많은 시간을 관광객에게 제공할 수 있다. 만약 관광객이 제한된 시간을 가지고 있다면 시간경비는 여행을 위해 실제

지불한 경비보다 더 중요할 수도 있다. 시간은 유한한 특성으로 인해 중요하다(펠트만과 모니크, 1981). 전문가를 포함한 시간이 부족한 상태의 어떤 관광객 그룹은 기본적 비용보다는 허용된 시간의 사용측면에서 구성된 여행을 선택하는 결과를 가져올 수 있다.

여행의 안락함 또한 중요한 교통경비의 변수이며 일례로 1등석 항공비와 같이 실제 경비로 측정할 수 있다. 어떤 관광객은 일등급의 여행을 위한 프리미엄 경비를 지불할 준비가 되어있는 반면에 다른 관광객은 편안함에는 하위가치를 두고 경제적인 여행의 낮은 경비지출에 만족한다. 이런 이유 때문에 본장 후반에서 논의할 저가항공사의 성장이 최근 관광시장에서 중요한 요소가 되고 있다. 같은 취지에서 주요경비의 각항목내에서 서로 대체할 수 있으며 관광객의 능력에 따라 비슷하게 주요 경비간에도 대체하는 것이 역시 가능하다. 예를 들어 어느 관광객은 기념품과 선물 혹은 철도보다는 비행기 여행과 같은 자유경비에 대한 추가적인 지출이 가능하도록 그들의 숙박경비를 줄일 수 있을 것이다. 여행(목적지까지 교통접근비용으로 표현)을 위한 수요와 교통비용 구성부문간의 이론적인 상호관계는 일반적인 용어로 다음과 같이 표현할 수 있다.

$$TACi = f(PFi, TJi, CTi, TICi)$$

(THC: 총휴가 경비, i: 특정관광지, TACi: i 관광지까지 교통접근 비용, PFi: i 관광지의 요금가격, TJi: i 관광지까지 여행시간, CTi: i 관광지까지 여행의 안락함, TICi: 관광지의 인프라 건설비용, f: 함수)

유사하게 교통을 위한 이론적 수요함수는 전체 휴가비용과 다양한 분야의 소비간의 관계로 나타낼 수 있고 일반적인 용어로 다음과 같이 표현된다.

$$THCi = f(DSi, ACi, TACi)$$

(i: 특정관광지, DSi: i 관광지에서 자유경비, ACi: i 관광지에서 숙박비, TACi: i 관광지까지 교통접근 비용, f: 함수)

그림 4.3은 휴가비용의 세 가지 부문과 개인 여행예산을 포함하는 요소에 기초한 휴가 관광지 선택간의 상호관계를 나타내고 있다. 이 모델은 관광객은 개인적 비용예산을 가지고 그들이 휴가체험을 위해 지출을 원하는 총액과 그들이 추구하는 체험의 타입, 시간적 가능성과 그들이 선택한 숙박 기준, 자유경비 소비수준

과 교통접근비용에 관한 선택으로부터 얻어지기를 원하는 만족의 수준에 기초하여 관광선택을 할 것이라는 것을 가정한다. 그림 4.3에서 수직축은 항목별 휴가비용을 나타내고 수평축은 관광객의 출발점 A로부터 거리를 나타낸다. 이 모델에서 숙박비와 자유경비로 발생하는 총 휴가비용에 대한 구성비는 고정되어 있는 것으로 간주한다. 실제에 있어서 관광객은 현지관광, 유희와 식사에 더 많은 소비를 하기 위하여 좀 더 값싼 숙박지를 선택할 수 있다. 배낭여행이 값싼 숙박지와 다른 휴가행위에 대한 소비간 교환의 전형적인 예가 될 수 있다. 이 논의의 목적을 위해 보다 안락한 여행(예를 들어 일등석)을 위해 지불되는 프리미엄은 논의되지 않을 것이다. 따라서 고려되는 교통접근비용의 구성부분은 사용되는 교통수단을 위해 지불되는 운임의 실질적인 화폐가치와 여행의 시간구성으로 이루어진다.

휴가예산은 고정되어 있고 숙박에 대한 소비는 자유경비이며 관광객의 숙박선호도 뿐만 아니라 숙박을 위한 일반적인 관광지의 가격수준에 의해 결정된다는 것을 가정한다면 접근교통비는 관광지 선택에 있어서 중요한 요소가 된다. 그림 4.3에서 A는 관광객의 출발점을 나타내고 B는 가까운 관광지를 나타내는 반면 C는 먼 관광지를 나타낸다. ET와 ET1 선은 두 개의 교통비 시나리오를 나타내는데 ET 선은 더 높은 비용의 시나리오다. 만약 출발지로부터 여행경비가 E1T1이라면 관광객은 C가 사전에 결정한 휴가예산 범위내에 있기 때문에 관광지 C를 선택할 것이다. 그러나 만약 관광지 C까지 여행을 위한 교통접근비용이 E1T까지 오른다면 총 휴가비용은 관광객의 휴가예산을 넘어설 것이며 관광객은 더 가까운 관광지 B와 같은 대체 휴가관광지를 찾지않을 수 없게 될 것이며 그렇지 않으면 관광객은 휴가경비의 다른 구성요소를 사전에 고려하고 전반적인 휴가예산에서 그 부분의 경비를 줄이게 될 것이다. 관광지 C가 출발지 A에서 앞 수준의 시장을 다시 회복하기 위해서는 전체관광지 비용을 관광객의 최대휴가예산에 맞는 수준으로 줄여야 한다. 이는 인프라비용을 줄이고, 교통임금을 줄일 새로운 기술의 도입이나 혹은 휴가 패키지화 등을 포함하는 다양한 방법으로 성취할 수 있을 것이다.

2008년 관광여행에 대한 오일가격의 타격으로 인한 영향은 이 모델로 설명될 수 있다. 관광지에서 C의 경우는 여행경비가 E1T1에서 E1T로 증가하는 것으로 가정한다. 관광지 C까지 여행은 관광객 휴가예산을 초과하고 관광객은 여행예산을 늘리거나 다른 휴가소비부문의 경비를 줄이거나 B와 같은 대체관광지를 선택하는 결정을 하여야 한다. 만약 연료가격이 떨어진다면 그 관광지는 다시 가격경쟁력을 가지게 될 것이다. 미래에 탄소거래제 도입과 석유공급 감소가 장거리 관광지가 느끼는 가장 강력한 영향으로서 항공여행의 비용에 추가될 것이다. 이 두 가지 결합의 순수한 효과는 소비자가 많은 관광지에서 어려움을 느끼게 되면서 값싼 단거리 관광지로 전환할 정도로 장거리 관광지 비용이 증가할 가능성이 높다. 미래에 나타날 수 있는 또 다른 외부효과는 소비자의 탄소발자국의 크기에 대한 관심이다. 만약 관심의 수준이 증가한다면 수요는 많은 탄소소비 관광지로부터 낮은 탄소비용의 단거리 관광지로 전환이 있을 것이다.

최근 수십년간 모든 것을 포함한 패키지 휴가의 발달은 특히 외국 관광지로 대규모 여행의 발전을 촉진시켰다. 관광지 선택을 결정하는데 하나의 요소로서 교통접근비용의 중요성은 교통부문의 운송비가 전체휴가예산에 차지하는 비율에 달려있다. 따라서 관광객의 출발지점으로부터 관광지의 거리는 중요한 변수가 된다. 만약 휴가비용 소비의 다른 부문이 교통운임보다 훨씬 높다면 교통접근비용의 중요성은 실질적으로 감소할 것이다. 어느 정도까지는 이런 현상이 유럽에서 나타나고 있는데 라이언에어, 저먼윙스 그리고 스카이유럽을 포함한 저가항공사의 성공은 유럽내 휴양여행의 중요구성부분에서 항공 요금부문이 더 이상 관광지 선택의 주요요소가 아닐 정도로 항공여행요금을 낮추었다. 비슷한 흐름이 에어마카오, 에어아시아 닷컴(말레시아), 제스타(오스트레일리아), 그리고 오아시스(홍콩)를 포함한 저가 항공사가 주도하는 아시아에서도 나타나고 있다.

이 모델은 교통접근비용이 또 다른 대체교통수단에 의해 어떻게 영향을 받는지를 나타내는데 활용될 수 있다. 출발지와 목적지간의 거리가 증가함에 따라 교통수단의 상대적 가격도 변화한다. 예를 들어 짧은 거리는 자동차 여행이 항공여행보다 쌀 수 있지만 여행의 거리와 시간이 증가함에 따라 항공여행이 차량여행으로 인한 하루 밤의 숙박비와 식사비를 추가적으로 소요하게 하는 자동차여행보다 저렴하게 된다(프리도, 2000b). 마틴과 위트(1988)는 관광지를 대체하기 위한 여행비용이 관광지 선택에서 하나의 요소가 될 수 있다고 지적하였다. 그림 4.3은 일반적으로 특정 출발지의 시장으로부터 관광객을 유인하기 위한 관광지의 능력에 대한 교통접근 비용의 영향력을 보여주고 있다. 현재 형태에서 교통모델(그림 4.3)은 교통접근비용과 관광지 선택간의 상호관계를 정량화를 시도하는 것은 아니다. 상호관계를 정량화하는 하나의 방법은 같은 출발지 시장을 기초로 하여 경쟁관계에 있는 관광지간의 수요 가격탄력성을 추정할 수 있을 것이다. 가장 단순한 탄력방정식은 가격변화에 의해 발생되는 소비에서의 변화를 분석한다(비맨 외 1991). 그러나 교통수단, 계절, 도덕적 여행의 고려와 관광지의 매력도에 대한 개인적 선호를 포함하는 수많은 외생적 인자들은 이 같은 폭넓은 인자들을 포함하는 탄력방정식의 구축을 필요로 한다(롤 1997의 교통탄력성의 계산법에 대한 토론과 크라우치 1994의 장단기 관광객을 위한 수요탄력성에 대한 토론 참조).

가격탄력성은 유용한 개념이며 교통수요의 측정과는 별개로 여러 대안중에서 이책에서 설명하는 하나의 관광지를 선택하는 것과 값비싼 식사나 비용이 나가는 기념품구입과 같은 다른 가능한 소비에 대한 특별한 행위의 선택을 포함하는 많은 상호관계를 이해하는데 활용될 수 있다. 탄력성은 관광객(혹은 어떤 소비자)이 가격변화에 대응하는 정도를 측정하는 것으로 설명될 수 있다. 따라서 상품이나 서비스의 가격변화는 그 상품이나 서비스의 수요 변화를 가져온다(리, 2009). 예를 들어 저가 항공기에 의해 제공되는 값싼 항공여행 때문에 항공여행이 쉬워짐에 따라 항공여행수요가 증가한다. 반대로 연료가격이 오르면 항공여행수요는 떨어질 것이다. 탄력성 공식은 다음과 같이 표현된다.

가격탄력성 = 수량의 변화율(%) / 가격의 변화율(%)

상품가격과 수요량의 상호관계는 탄력적이거나 비탄력적으로 나타난다. 만약 수요가 탄력적이라면 조그마한 가격인상이 수요에 큰 변화를 초래할 것이다(양의 탄력적 상관관계의 결과). 만약 수요가 비탄력적이라면 가격의 변화는 수요에 큰 변화를 발생시키지 않는다. 가격 탄력성의 하나의 예는 환율변화가 여행하는데 좀 더 값싼 관광지로 만들어 관광객의 큰 증가를 가져오는 것을 볼 수 있다. 2008년 초 신용위기 기간 동안 미국 달러가치의 하락은 유럽인들에게 좀 더 싼 미국여행을 할 수 있게 하였지만 역으로 유럽으로 여행을 하려는 미국시민에게는 여행이 더 비싸게 되었다. 두 경우에서 수요탄력성이 중요한 요소로 작용하였다. 국가간의 외환가치에 의해 측정되는 교역조건은 특히 레저부문에서 여행탄력성에 강력한 영향력을 행사한다. 여행이 비즈니스 행위에서 필수적인 구성부분이기 때문에 비즈니스 분야에서의 여행은 1등석에서 비즈니스석으로, 비즈니스석에서 이코노미석으로 그리고 완전하게 항공서비스를 해주는 이코노미석에서 저가항공으로 수요의 이동이 있을 수 있지만 그러나 비즈니스 하강기에도 비탄력적인 경향이 있다.

석유의 예처럼 모든 생산품이 동일하게 탄력성이 낮은 것은 아니다(듀발, 2007). 2000-2007년 기간동안 원유가격은 400%정도 올랐으나 자동차나 서구국가에 깊이 스며들어 있는 자동차로 인하여 석유의 수요가 동반적으로 감소하는 결과를 가져오지 않았다. 그러나 자동차 수요의 특징은 크고 힘이 있는 자동차에서 더 작고 연료 효율성이 좋은 자동차로 변화하였다.

관광지 선택의 교통접근 구성부문의 중요성은 과거 관광연구에서 일반적으로 간과되었다. 이 모델은 간단한 형식으로 휴가소비의 3개 주요부문과 관광객의 출발지점간의 동태적 상호관계를 보여주고 있다. 일반적으로 거리의 증가는 교통접근비용의 증가를 가져오고 전체 휴가비용에서 중요한 인자를 나타낸다. RDS와 연계하여 적용된다면(그림 2.10) 교통접근비용이 관광지 성장에 있어서 중요한 요소라는 것이 명백해진다. 만약 관광지가 교통접근시간을 줄이거나 교통인프라의 효율성 제고를 통하여 접근성을 높일 수 있다면 과거에는 없었던 새로운 비용부담을 초래할 미래 오일가격 인상이라는 경고에도 불구하고 폭 넓게 시장에 접근하는 기회를 가질 수 있도록 한다. 이것은 본장 후반부의 저가항공기에 대한 논의를 할 때 강조할 것이다. 관광지가 성장하고 호텔과 유인시설을 포함하는 다양한 시설을 개발함에 따라 규모의 경제적 목적에서 규모의 호화로움의 목적까지 아우르는 다양한 휴가예산을 가진 소비자를 유인하는 더 좋은 장소가 될 것이다.

관광지의 시각

관광지까지 그리고 관광지내에 교통을 제공하는 개별적 수단의 혼용과 중요성은 관광지의 주민뿐만 아니라 방문객의 수요에 의해 지배된다. 공공교통의 주민이용 패턴은 집과 직장을 통근하는 오전과 오후, 어린 학생들의 학교에 등하교, 지역의 소규모 쇼핑객들의 이동, 그리고 저녁식사와 주민들의 저녁 오락참여 등을 포함하는 피크시의 교통수요에 의해 좌우된다. 방문객의 수요패턴은 그들이 참여하는 다양한 관광시설과 활동에 의해 좌우된다. 각 관광지에서 발전하는 교통시스템의 특정한 구조는 지역주민과 관광객 양쪽의 수요를 서비스할 수 있는 능력이 있어야 하며 민간분야, 공공분야 두 개의 혼합에 의하여 운영될 수 있다. 관광교통 시스템의 구조에 영향을 미치는 공급측의 요소는 다음사항을 포함한다:

- 관광지가 위치한 국가: 선진국의 관광지는 개발도상국의 관광지보다 대규모 공공교통과 도로망에 투자할 능력이 크다. 예를 들어 인도의 어떤 곳에서는 단순히 높은 공공교통수요와 많은 사람이 운임을 지불할 능력이 없기 때문

에 철도객차의 지붕위에 올라앉은 철도 승객을 보는 것이 전혀 이상한 일이 아니다. 일본이나 미국에서는 유사한 상황을 상상할 수 없는 일이다.

- 인구와 물리적 지역을 포함한 관광지의 크기: 규모가 큰 관광지는 작은 관광지보다 집약적으로 개통된 대규모 공공교통망을 구축하고 있을 것이다. 예를 들어 미국 뉴욕은 밀집된 지하철망을 가지고 있는 반면에 주요한 도시지만 플래그 스타프(아리조나)와 같은 소규모 관광지는 부분적으로 공공교통에 대한 주민의 수요가 낮기 때문에 훨씬 규모가 작은 공공교통망을 형성하고 있다.
- 관광지 발전의 패턴: 도시는 콤팩트한 고밀도 도시지역에서부터 교외화의 저밀도 준도시까지 밀도의 패턴이 다양한 스펙트럼 속에서 발전한다. 고밀도의 도시 관광지에서는 버스와 함께 아직은 비싸지만 높은 수용능력을 가진 지하철망을 건설하는 것과 홍콩의 경우에는 트램이나 패리 서비스를 자주 운행하는 것이 비교적 쉽다. 도쿄, 런던, 파리와 홍콩에서 지하철 서비스가 수분간격으로 운행되고 있다. 높은 교외화가 이루어진 북아메리카의 도시와 오스트레일리아의 저밀도 지역은 집중적인 철도 네트워크를 구축하거나 CBD 지역 밖으로 수익을 목적으로 하는 버스 서비스를 제공하는 것이 비경제적이다. 교외 철도 시스템이 부설되어 있는 곳에서는 일반적으로 저빈도 서비스가 이루어진다. 농촌지역에서 공공교통은 빈약하여 자주 방문객이 자동차를 렌트하거나 상업적 현지투어 또는 그 지역을 제외하는 등 다른 대안을 찾게 한다.
- 관광명소(유인성)의 위치: 그림 4.6과 4.7에 나타나있듯이 관광지내와 그 주변지역 가까이 있는 유인시설의 위치는 관광객이 기존 관광시스템을 활용하거나 전용 관광시스템을 요구할 지를 결정하도록 한다.
- 지역분산 패턴: 홍콩, 파리, 모스크바, 런던, 싱가포르와 도쿄로 특징지어지는 대도시에는 도심교통시스템이 공공교통 위주로 구성되어 있다. 이들 관광지를 방문하는 관광객은 그들이 자기 본국에서는 개인적인 차량을 소유하고 있음에도 공공교통 이용에 빠르게 익숙해진다. 미국 피닉스와 같은 다른 대도시 관광지에서는 자가용이 교통수단의 대부분을 담당하기 때문에 도심지역을 제외하고 공공교통은 비교적 빈약하다. 자가용 위주의 도시는 땅이 넓은 지역을 점유하는 반면 공공교통 위주의 도시는 비교적 콤팩트하다.
- 교통망의 소유구조: 소유권은 몇 가지이유 때문에 중요한 이슈가 된다. 공

> 공부문에 의해 운영되는 교통시스템은 수요변화에 덜 민감하게 반응하며 수요적 이유보다 차라리 정치적 이유 때문에 서비스를 운영할 수 있다. 효율성 또한 이슈가 될 수 있으며 비효율적 시스템은 가끔 실질적인 보조금을 요구한다. 다른 한편 민간시스템은 항상 투자자본에 대한 최대이익의 회수를 추구하고 정부가 비경제적인 서비스에 대한 보조를 지급할 준비가 없는 한 공공재를 서비스하여 손실을 보는 운영은 하지 않을 것이다.

종합적으로 이런 요소들은 관광지에서 교통망의 구조를 지배한다. 적정한 공공교통을 제공하는 도시 관광지의 능력은 국제교통 관할 규모와 방문객의 수요 패턴에 따른다. 만약 많은 유럽국가, 미국과 오스트레일리아 관광지의 경우처럼 그들의 자가용을 이용한다면 효율적인 도로망의 공급과 주차장의 지원이 필수적이다. 방문객이 여행의 기본적인 수단으로서 공공교통을 사용하는 다른 경우에서는 관광지는 방문객의 요구에 부응하는 공공교통 시스템의 수용능력을 개발할 것이 예상된다.

관광지까지의 기본적인 교통수단과 일단 관광지내에서 분산을 위한 교통수단들의 중요성은 도시간 그리고 도시내의 여행을 위하여 사용하는 자가용소유의 구성비가 분석될 때 명확해 질 수 있다. 켄워시와 라우베(2001)는 미국에서 미국도시의 총 여행객의 88%가 개인 자동차에 의존하여 오스트레일리아의 79%, 아시아의 비교적 수입이 높은 도시의 42%, 유럽 도시의 50%와 비교하여 높게 나타남을 지적하였다. CBD지역의 고용 1,000개당 주차공간의 수 또한 미국이 555, 오스트레일리아 505, 서유럽도시의 261, 그리고 수입이 높은 아시아 도시가 105개로 각국가간 자가용의 상대적 중요성을 나타내고 있다. 이런 수치는 자동차 위주의 관광도시는 자가용 사용을 지원하기 위한 전체 토지규모가 높게 구성되도록 할당할 필요가 있다.

도시 관광지의 관광교통 시스템

역사적으로 시와 그 외 시가지화된 지역은 상업으로부터 종교의식, 행정관리와 레크리에이션까지 이르는 다양한 범위의 목적으로 방문객을 유인해왔다. 현대 시대에서도 도시 및 마을 역시 중요한 관광목적지가 된다. 도시교통시스템은 관광산업의 수요를 지원하기 위하여 개발해야 하는 특정 수용능력뿐만 아니라 관광지의 주민들을 지원하기 위해 요구되는 수용능력을 분석하는 것이 필요하다. 다음의 논의는 교통시스템이 관광산업을 지원하기 위해 제공해야 하는 관광산업의 다양한 과제를 점검하기 위한 것이다.

도시에서 교통의 과제는 4개의 구성부분으로 세분할 수 있다

1. 도시지역으로 그리고 도시로부터 통행자의 여행
2. 시내에서 통행자의 교통(주민과 관광객을 포함한다.)
3. 도시로부터 배후의 관광명소까지 통행자 교통
4. 관광산업을 지원하는 경우의 화물운송

이런 작업에서 사용되는 특정한 교통수단의 혼용과 중요성은 다음 요소의 적용을 받는다.

- 발생지역과 목적지간의 거리: 만약 거리가 비교적 짧다면 자가용과 지역열차 서비스와 페리가 운영되는 곳에서는 페리 서비스가 일반적일 것이다. 그러나 거리가 증가함에 따라 모델의 수요는 자동차로부터 항공교통이나 어떤 경우에는 철도와 같은 대중교통 시스템으로 전환할 것이다. 예를 들어 유럽의 프랑스와 영국간의 여행은 항공, 페리와 채널터널을 경유하는 고속철도를 이용할 것이다.
- 도시내에서 여행에 가능한 교통수단: 시의 규모와 번영에 의존한 교통시스템은 일반적으로 시의 도로망을 이용하는 개인교통(자동차)과 하나 또는 그 이상의 버스, 철도와 어떤 경우에는 선박을 포함하는 대규모 공공교통수단으로 구성된다. 교통계획이 지정된 경로 네트워크로서 다중적 교통수단이 허용되는 곳이 아니라면 그림 4.4에서 보는 것처럼 자가용과 다른 교통수단간의 많은 교통 충돌이 있을 수 있다.
- 정보기술과 교통수단간의 통합수준: 특성별 공공교통시스템은 단일 수단이나 자가용의 도어-투-도어의 편리성을 거의 줄 수 없다. 따라서 선호되는 도시교통 수단으로 자가용이 인기를 가져왔다. 그러나 여행시간을 줄이고 편리함을 향상시킨 스마트 통합교통 시스템을 구축할 수 있는 정보기술의 활용은 공공 교통이 통행자에게 편의를 제고할 수 있게 되었다. 전자충전카드를 활용한 복합(멀티-모달) 환승 티켓이 통행자로 하여금 그들의 여행에 최적의 경로를 계획할 수 있도록 하는 정보접근과 보다 효율적인 네트워크의 전체 일정이 가능한 이런 형태의 기술의 중심에 있다. 예를 들어 홍콩에

서 옥토퍼스 충전카드로 전체 교통망의 모든 교통수단으로 여행을 할 수 있을 뿐만 아니라 급속하게 늘어나는 수많은 소매점에서 직불카드로서 통행자가 그 카드를 사용할 수 있게 하고 있다.

〈그림 4.4〉 본 사진은 보행자와 자동차를 위한 도로공간이 적정하지 않을 때 발생할 수 있는 갈등의 형태를 보여주고 있다. 이 사진은 일본 유후인의 관광마을에서 촬영된 것이다.
자료: 브루스 프리도 촬영

- 교통망: 많은 도시에서 복합교통 네트워크는 통행자가 여행중에 자주 교통수단이나 경로를 바꾸려고 하는 도심으로부터 방사상으로 퍼진다.
- 관광분야를 지원하기 위하여 수송되어야 하는 화물의 유형: 화물은 가끔 간과되지만 관광 소비를 위한 음식물 공급과 마실 음료수뿐만 아니라 관광산업을 지원하는데 있어서 소비되는 자동차 연료와 다른 상품 등을 매일 공급하는 작업은 매우 중요한 일이다. 적절한 계획이 없으면 공급 장애가 발생할 수 있다.
- 관광객이 보유하고 있는 특정한 관광여행 기금이 가능한 돈과 시간: 공공교통이 불편하거나 없는 관광지에서는 관광객은 택시와 투어버스를 포함한 다른 교통수단을 이용해야 한다. 발리에서는 효율적인 공공교통시스템의 부족으로 대규모 함대의 개인택시와 투어버스 성장을 가져왔다. 그림 4.5는 파푸아 뉴기니의 부적절한 공공교통과 빈약한 도로망에 대한 전형적인 행태를 보여주고 있다. 이 예에서 통행인, 농산물, 통행인의 화물을 수송할 수 있는

능력과 부실하게 관리된 도로를 통과해야 하기 때문에 개조된 개인소유 트럭이 공공교통으로 사용되고 있다.

〈그림 4.5〉 파푸아뉴기니에서 개인소유의 공공교통

- 관광객의 일정내에 도시의 위치: 여행구조와 일정상 장소의 수와 위치성은 중요하다. 예를 들어 유럽으로부터 비행기로 뉴욕에 도착하여 워싱톤까지 여행이 포함되기를 원하는 통행자는 뉴욕-워싱톤을 여행하는데 있어서 많은 선택권을 가지고 있다. 그들은 비행기로, 모터코치, 암트랙(철도) 혹은 자동차 렌트로 여행할 수 있다. 특정한 교통수단 혹은 여러 개의 교통수단의 선택은 비용, 안락함, 시간적 여유, 그리고 원하는 체험 형태를 포함하는 요소들에 달려있다. 만약 두 도시간의 교외를 체험하는 것이 중요하지 않다면 항공여행이 확실한 선택사항이 된다.

자동차 위주의 도시에서 관광교통 시스템의 구조는 자가용을 가지고서 목적지까지 운전하거나 도착지에서 자동차를 렌트하는 방문객의 구성비; 공공교통 요금; 시의 공공교통시스템의 구조와 운영의 특징; 도로 시스템의 질; 그리고 관광명소의 위치 등에 의해 좌우된다. 자가용으로 도착한 방문객은 지역주민들과 구분할 수 없지만 공공교통으로 도착한 방문객은 철도나 버스와 같은 대규모 교통망 형태나 코치, 택시에 의해 제공되는 공공교통에 접근이 필요하다.

교통시스템의 관광 구성의 구조는 시의 주요 관광시설의 위치에 의해 결정된다. 그림 4.6에서는 많은 관광명소가 도시 외곽에 있는데 만약 공공교통 서비스가 제공되지 않는다면 개인은 투어코치를 이용할 것이다. 유인시설이 공공교통 시스템으로 접근이 쉬운 곳에 위치해 있다면(그림 4.7) 투어코치의 수요는 줄어들 것이다.

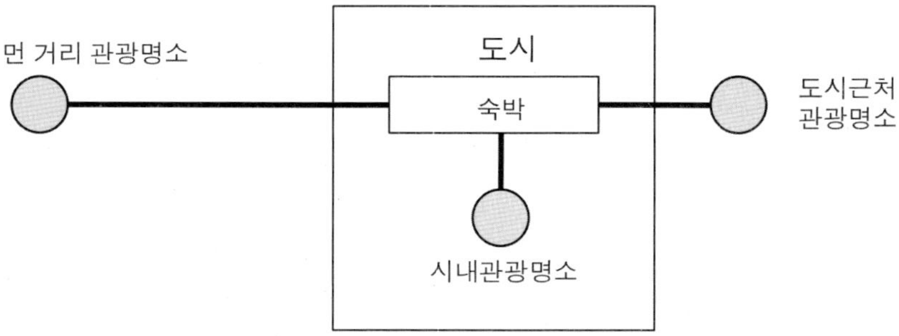

〈그림 4.6〉 주로 도시외곽지역에 위치한 관광명소

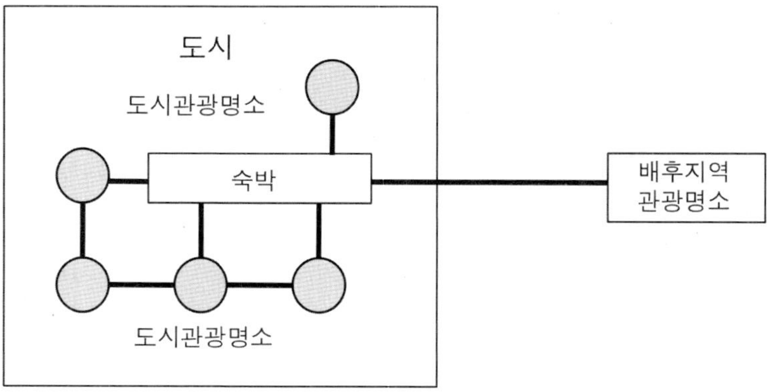

〈그림 4.7〉 주로 도시내와 공공교통망이 인접한 곳에 위치한 관광명소

관광교통에서 철도, 도로, 항공의 역할

본 단원은 관광산업에 의해 발생되는 특정한 수요에 각 교통수단들이 어떻게 대응하는지를 강조한다. 철도로 시작한 논의는 이어서 자가운전 관광과 저가항공의 영향을 분석한다.

철도관광

1841년 상업적 철도여객 운송서비스를 도입한 이래 철도는 국제관광산업의 발전에 핵심적인 역할을 하여왔다. 오늘날 철도는 도시공공교통에서 중요한 역할을 계속하고 있으며 많은 나라에서 도시내 통행교통의 주요형태로 남아있다. 과거 철도통행 서비스의 발달은 영국, 유럽과 미국 동부해안지역의 첫 해안 리조트의 발달의 기초가 되었다. 현대에도 철도는 많은 개발도상국과 유럽의 일부지역에서 국내여행객을 위한 가장 기본적인 교통형태를 지속하고 있다. 휴가여행을 위한 장거리 철도통행자의 중요성은 2008년에 생생하게 중국에서 보여주었는데, 중국의 황금여행주간에 예기치 못한 강추위가 발생하여 수천만명의 여행객의 발을 묶고, 발생할지도 모를 폭동에 대한 안전문제를 심각하게 고려하도록 했었다. 초고속철도 기술에서 가장 최신의 혁신은 자기부상열차다. 이 기술은 철로위의 객차를 자석으로 공중부양을 통해 추진시킨다. 현재 시험모델은 미래에 전망하는 스피드보다 빠른 시속 580km까지 도달하고 있다. 현재 자기부상기술을 사용하는 상업운전은 버밍햄 국제공항선의 저속형식과 중국 상하이의 고속 운영 및 일본 리니모 JR 라인이 있다.

철도여객교통의 기본적 목적은 출발지와 목적지에 대량의 여객수송이다. 도시철도의 경우에는 짧거나 관광지내일 수가 있으나 목적지간 여행일 경우는 훨씬 길어질 수 있다. 초고속철도가 구축된 국가에서 철도는 중간정도 거리의 여행에서 항공여행을 실질적으로 대신하고 있다. 한국에서 서울-부산간을 달리는 초고속철도망은 도심과 공항간 이동에 걸리는 시간과 공항검색에 걸리는 시간을 감안하면 항공보다 더 빠른 서비스를 제공하고 있다. 비슷한 사례는 고속철도로 접근이 용이한 유럽의 여러 곳에 존재한다.

지점과 지점을 연결하는 철도여행이 제공하는 본래의 기능과는 별도로, 철도의 전통적인 가치에 대한 관심이 점점 커지고 있다(프리도, 1999b). 아담스미스(1983)는 철도에 대해 다음과 같이 적고 있다. '기차와 기차를 움직였던 사람이 실제 삶보다 더 크게 보이게 되고, 전설이 된 증기시대에 철도는 낭만이 있었다.' 철도에 대한 매력은 중요한 교통유인 수단으로서 전통적 문화유산의 철도와 장거리 철도여행의 성장에 기초가 되었다. 아프리카의 로보스철도의 에드워디언은 여행자에게 다음과 같이 광고를 하면서 철도사파리를 운영하고 있다. '낭만과 개척정신의 모험, 노예무역, 상아 사냥꾼과 일세기전 그 지역을 정복하려고 했던 금 채굴업자들을 회상하면서 아프리카에서 가장 장대한 광경을 유일한 증기 사파리

열차로....'(로보스 철도 1996:2). 프리도가 지적한데로 '철도의 연계성과는 별도로 철도여행에 대한 관념은 판잣집과 덜컹거리는 철도소리와 증기기관차가 뿜어내는 연기 등 향수를 불러일으키는 과거의 이미지를 상기하게 한다.'

〈그림 4.8〉 문화유산 관광객에 대한 철도 서비스를 위해 준비중에 있는 증기기관차가 보여주듯이 문화유산 철도에 대한 관심이 증가하고 있다.
자료: 브루스 프리도 촬영

철도의 향수에 대한 가치는 그림 4.8에서 보여주고 있는 것처럼 소규모 자선단체가 운영하고 있는 전통철도를 통해 점차 증가하는 전통기차 여행이라는 틈새시장을 창조하고 있다. 그림 4.8은 전통철도 여객 객차에 연결하기 위하여 준비하고 있는 증기기관차 모습이다. 철도여행에 대하여 점증하는 관심을 깊이 숙고하면서 단(1994)은 철도향수에 대하여 관찰될 수 있는 많은 주제를 제시하고 있다.

- 희망과 영광의 땅: 제국의 탐색. 기차여행은 통행자가 과거 오랜 제국시대의 영광 속에 그들 자신이 빠지도록 해준다.
- 1등석 여행: 현실에 처한 상황보다 나은 인생. 오리엔트 특급과 같은 기차는 여행자로 하여금 하루 동안 왕이나 여왕이 되게 해준다.
- 열차의 고통: 철도의 여행. 여행(travel)이란 어원의 형성은 산고(travail)에서 나왔으며 열차여행은 탐험의 여행을 제공하지만 불편함으로 가득 차있는 일이다.

- 어린시절로의 탐험: 기차놀이. 모험적 과거를 되살리면서 기차여행은 어린 시절 기억을 회상하고 공상을 하게 한다.
- 유리창문: 엿보기의 여행. 기차여행은 객차안에서 비교적 편안하게 보호받으면서 황량한 환경의 다양함을 직접 얼굴을 맞대고 볼 수 있도록 해준다.

좀 더 실질적인 관점에서 테일러(1983)는 기차는 빠르고, 부드럽고, 편안하며 매력적인 쾌적함을 제공하고, 기차에서 제공되는 사교적이며 안전함, 그리고 저렴하기 때문에 매력적이라고 주장한다. 다른 측면에서 코스터(1992)는 기차가 여행의 흥미로운 대안적 여행수단이지만 대부분의 휴가 행락객을 위해서 적절하지 않다고 주장하고 있다.

미래에는 화석연료가격이 오르고 휴가여행으로 인한 개인적인 탄소발자국에 대한 관심이 증가함에 따라 도시내 그리고 도시간 철도의 인기가 올라갈 것이다. 장거리 여행에서 교통수단간의 대체는 자기부상과 같은 새로운 철도기술의 성공, 연료를 재사용하는 항공엔진을 개발하는 항공엔진 기술자의 능력, 개인적 여행자들의 직장 출퇴근과 휴가를 위한 여행의 환경적 비용에 대한 인식수준 등의 함수라고 볼 수 있다.

자가운전 관광

많은 선진국의 높은 자가용 보유수준이 대규모 공공교통에서부터 통행자가 교통을 위해 직접적 수고를 수반하는 자가용으로 이동하는 결과를 가져왔다. 휴가 동안 개인차량을 이용하거나 관광지에서 차량을 렌트하여 여행하는 자가운전여행이 선호되는 경향을 보인다. 다른 교통수단보다 선호하는 차량이용의 자가운전 관광이 미국, 영국, 캐나다 등 많은 국가에서 휴가관광의 주류가 되었으며 국내 휴가에서 이용하는 주요교통 형태가 되었다. 자가운전 관광은 3가지 형태로 세분된다: 여행에 숙박이 포함되지 않은 하루관광; 집에서 관광지까지 가는 여행에서 자가운전으로 지나는 통과지역; 카라반 여행의 경우처럼 운전 경유지가 관광지가 되는 것.

차를 이용하는 하루 관광은 관광의 통상적인 형태이며 주요도시와 접근이 가까운 곳에 위치한 많은 소규모 준관광지의 개발을 촉진시켰다. 제 8장에서는 블루마운틴을 시드니 서쪽에 위치한 하루 관광지로 소개하고 있다. 비슷한 사례들이 다른 관광지에서도 발견되고 있다. 중국의 만리장성은 많은 베이징의 자가용

소유자들의 하루여행 코스로 인기가 있으며, 마틴바로우의 와인생산지역은 요리관광에 종사하거나 와인구입을 원하는 뉴질랜드 웰링톤 주민들에게 인기있는 하루 여행지역이다.

통과지역은 자가운전 관광지에서 아마도 가장 중요한 구성요소이며 집에서 목적지까지 방문객을 이동시키는데 있어서 차량 사용의 이점을 보여준다. 이 분야에 대한 연구에서 제안된 많은 공간적 이동성의 모델과 이론으로 점차 관심이 증가하고 있다(질링거 2007의 관광객 경로에 대한 이론적 측면의 검토를 참조). 출발지와 도착지간의 주요 교통수단으로 차량을 이용하는 것은 방문객으로 하여금 전체적인 휴가경험에서 통과 경로상에 있는 관광명소를 방문지로 포함할 수 있도록 해준다(그림 4.9참조). 분산의 관점에서, 경유지 관광은 지역과 농촌지역에 경유하는 경로상에 여행객들의 관심을 끌 수 있는 관광명소를 개발할 수 있는 중요한 기회를 제공한다. 이런 형태의 교통에서 추가적인 매력은 방문객이 일단 관광지에서 공공교통에 의존할 필요가 없다는 것이다. 본장 후반에 논의할 늘어나는 저가항공의 인기는 자가운전 여행으로부터 방문객을 유인하고 있어서 결과적으로 경유지역의 많은 사업이 방문객수의 감소로 어려움을 겪게 하고 있다.

여행의 기본적 수단으로서 자가용 차량의 유연성은 드라이브 길 자체가 관광지 기능으로 드라이브 코스의 출현을 가지고 왔다. 미국에서 루트 66번은 그자체가 관광지로서 그리고 드라이브 관광객을 해안과 해안을 연결하는 경로로서 두가지 역할을 한다. 관광객은 그 길을 따라 고속도로, 마을, 도시, 관광지와 풍경 등이 복합적으로 구성된 여행이 가능하여 목적지보다 여행 도중의 경유지가 관광지를 형성한다. 경로 관광지는 루트 66번이나 관광객에 따라 차별화된 도로처럼 특별히 설계된 도로일 수 있다. 오스트레일리아에서 이런 형태의 여행은 한번에 몇 달동안 카라반을 끌고 전국을 여행하는 은퇴자들에게 인기가 있다. 그레이 노마드(Grey Nomads: 은퇴자로서 노년에 유목민처럼 떠다니면서 생활하는 사람을 뜻함-역자주)로 알려진 이 그룹은 지역관광기관으로부터 상당한 관심을 끄는 특정 관광분야로 부상하였다. 미국에서 유사한 현상은 가장 기본적인 장비에서부터 거대하고 다양한 캠핑카로 장거리여행을 자주하는 스노우 버더(Snow Birders: 추운겨울의 대부분을 따뜻한 지방에서 보내는 유랑객, 속어로 코카인 중독자를 뜻하기도 함-역자주)로 나타났다.

표 4.2는 운전경로의 형태가 국가 고속도로 수준에서부터 시작하는 하나의 계

층으로 표현하고 있다. 이 형태에서 국가고속도로는 출발지를 목적지와 연계하는 주요 통과도로를 형성할 뿐만 아니라 방문자들이 그들의 여행을 연장하여 지역을 방문하도록 유인하는데 강조점이 있는 테마도로로서의 부차적인 역할을 하고 있다. 관광도로는 교통량이 많지 않은 도로로서 일반적으로 여유가 있는 관광시간 동안에 지역과 농촌을 방문하는데 더 많은 관심을 가지는 관광객을 유인한다. 마지막으로 지역관광도로는 하루관광 여행자들이 자주 올 수 있는 주요 도시중심지와 근접한 지역을 연결한다.

자가운전 관광은 자주 복수의 관광지를 포함하여 여행한다. 루에 등(1993)은 여행패턴과 관광지에 기초한 다중목적지 여행모델을 제안했다. 그림 4.9에서 보여준 패턴은 단수관광지, 지역관광, 베이스캠프, 도중관광 패턴과 체인형태의 여행을 포함한다. 마지막 4개의 부류는 다양한 관광지에서 여러 정류장을 포함하고 있다. 예를 들어 관광의 베이스캠프 패턴은 집에서부터 베이스 관광지로 운전하여 움직이며 베이스 관광지로부터 다중여행이 시작되고 베이스 관광지에서 끝나게 된다. 실제여행 패턴은 이같이 다양한 여러 패턴을 포함할 것이다.

하디(2003)는 전통적인 관광루트를 따라 갈 때 관광객은 여행패턴에서 3개의 주요형식을 사용한다: A에서 B로; 중도에 정차하면서 A에서 B로; 그리고 관광을 하는 것. A에서 B로 가는 그룹은 도로를 따라 지역을 방문하는데 시간을 소비하지 않고 되도록 빨리 출발지와 목적지간의 여행을 선호한다. 일단 이 그룹은 한정된 일자를 관광지에서 쓸 수 있으며 관광지로부터 밤을 새면서 여행을 하기도 한다. 표 4.2에서 이 그룹은 다른 테마도로를 무시하고 고속국도를 이용하여 여행한다. 두 번째 그룹은 중도에 정차하면서 A에서 B로 여행하는 패턴으로 짧게 정차하면서 여행을 쉬어 가는데 더 관심이 많고 테마도로를 따라 여행경험을 하는 것을 더 찾는다. 그림 4.9에서 집에서 A2로 여행이 이런 형태의 여행사례라고 할 수 있다. 관광은 구불구불한 길을 따라 여행하는 패턴으로 설명되는데 여기서 관광객은 일반적으로 테마도로뿐만 아니라 관광도로를 따라 재미있는 지점을 찾아 즐기고 경험하기 위해 그곳에 머무른다. 관광형태를 지배하는 다른 요소로는 도로조건, 이용가능한 시설범위, 출발지와 목적지간 거리, 가족의 가처분 소득수준 그리고 연료의 경비 등을 포함한다(올슨, 2002). 날씨 또한 주요한 요소다. 자가운전 관광객은 비나 눈으로 지체되거나 기온이 극한적인 상황이 되는 시간이나 시즌을 피하는 경향이 있다.

〈표 4.2〉 관광운전 루트의 형태

루트 형태	특징	도전	사례
국가고속도로	▪주요 도시를 연결하는 주(도)간 고속도로 ▪전형적으로 질이 좋은 고속도로 인프라 ▪많은 통행량을 가짐 ▪대부분 지도에 주요이동 도로로서 표시됨	▪고속도로를 따라 가능한 상품과 체험에 대한 방문자의 인식에 초점을 맞출 필요 ▪만약 잘 판촉이 된다면 지역경제를 부흥시킬 체류자를 위한 매력적 기회를 제공함 ▪판촉을 위한 자원을 투입하기 위하여 이해관계자의 관심을 유지	미국 66번 루트
테마도로 (중요한 도중 관광명소를 포함하는 다양함을 가진 국가 고속도로에 기반할 수 있음)	▪일반적 테마 혹은 로고와 브랜드의 경험에 의해 연계됨 ▪주요 역사적 장소나 주요 국립공원과 같은 중요한 관심의 장소를 포함하도록 연계점을 가진 고속도로와 병렬함 ▪일반적으로 자주 국가 수준에서 공공자금으로 판촉이 이루어짐	▪관광산업에 대한 관심을 끌고 유지하기 위하여 많은 노력이 요구됨 ▪관광객을 유인하기 위해 결정적인 대량 상품을 제공하지만, 나쁜 경험의 하나가 전체 관광루트에 영향을 미칠 수 있음	서 오스트레일리아의 골드필드 고속도로
관광도로	▪국가고속도로망 밖에 전형적으로 덜 붐비는 고속도로 ▪테마도로에 의해 서비스되는 지역내에서 체류 기간을 늘리기 위해 매력적인 선택안을 방문자에게 제공	▪그들의 여행계획 단계에서 관광객으로부터 인식을 얻는 것 ▪매력적 관광경험을 개발하기 위한 충분한 상품과 체험장소를 가질 것 ▪인프라 공급과 유지를 위하여 지역의 지원을 유지하는 것	미국 플로리다의 주도. A1A는 경관과 역사적 해변 고속도로로 지정되어 있다.
지역관광 드라이브코스	▪대도시 지역 근교에 관심지역을 연결하는 도로망을 구성함 ▪도시에서 하루관광 장소 주변에 건설됨 ▪숙박 관광을 개발할 기회는 거의 없음	▪적정한 관심의 포인트를 규명하는 것 ▪신호, 홍보시설과 주차를 포함하는 인프라의 공급과 유지 ▪특히 자금과 마케팅 제고를 위해 지역 이해관계자의 지원을 얻는 것	오클라호마 남서부의 텔리미나 경과도로: 오스트레일리아 북 퀸스랜드의 그레이트 트로피칼 도로

자료: 관광 퀸즈랜드 (2004)에서 응용

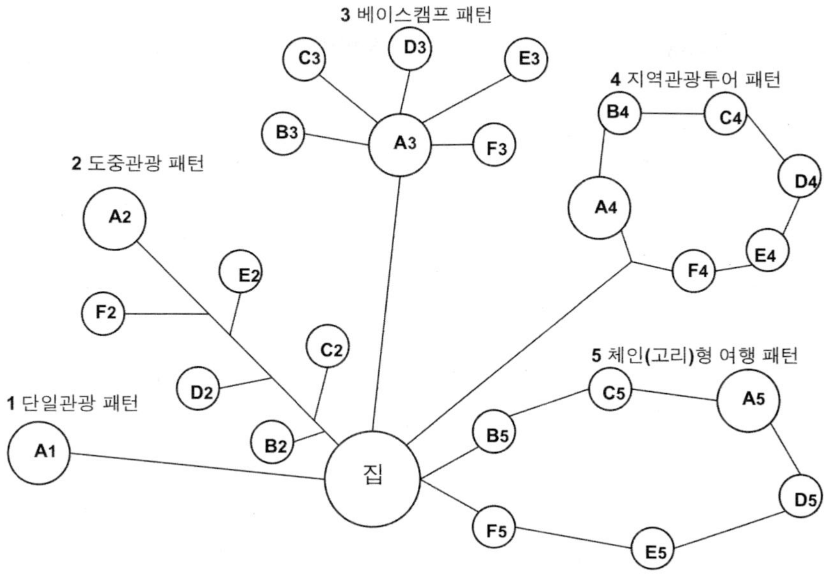

〈그림 4.9〉 다중관광루트의 형태
자료: 루에 등(1993)에서 응용

프리도 등(2001)에 의하면 자가운전 관광의 주요인자는 다음과 같다.

- 도로와 도로의 건설과 유지를 위해 요구되는 관련 행위
- 그림 4.9의 개념에서 채택하는 관광패턴
- 숙박시설
- 연료 재보급 시설
- 공급 - 식료 및 음료
- 정보 - 기호, 정보센터, 광고전단지
- 도로규칙과 경찰에 의한 규제강화
- 차량수리와 복구
- 매력
- 도로상의 관광유인의 개선증진

종합적으로 도로상의 관광지를 방문하는 기회, 도로를 따라 나타나는 풍경, 호텔 등 관광인프라, 서비스 센터 등은 자가운전 관광 경험을 형성하는 필수적인 것들이다.

자가용 보유율이 높은 나라에서는 자가운전 관광이 특히 주요도시를 둘러싼

주변지역에게 중요한 구성부분이다. 거리가 증가함에 따라 관광객이 그들의 차량 이용에서 대규모 공공교통으로 이동하는 경향이 있다. 중국과 같은 개발도상국에서 고속국도의 개량과 동시에 자가용 소유욕의 빠른 증가는 자가용 관광에서 중요한 성장을 보이고 있다. 세계에서 가장 값싼 차로 2,500달러가 될 것이라고 주장하는 나노(Nano)를 생산하기 시작한 인도의 타타 자동차의 최신 발표는 인도에서 자가운전 관광을 촉진시킬 뿐만 아니라 환경적 경비와 같은 실질적인 경비부담, 인프라의 개발과 탄소배출을 발생할 것이다. 비싼 연료가격과 탄소발자국에 대한 관심의 결과로 만약 자가용 보유에서 공공교통으로 이동한다면 자가운전 관광의 유행은 감소할 수 있다.

미래에 값싼 오일의 시대가 끝나고 탄소거래가 연료가격을 더 상승시킴에 따라 도시내와 도시간 철도가 보다 더 중요해질 것 같다. 실용가능한 연료전지의 도입은 높은 인구밀도와 자동차를 대신할 대규모 도시교통 네트워크를 수용하기 위해 구축되는 새로운 도시공간을 방지하기에는 아직 충분하지 않을 수 있다.

저가항공

저가항공사(LCC)는 저렴한 항공운임을 제공하기 위해 비용의 모든 부분을 최소화하도록 설계된 경제적 모델로 개발된 항공회사를 말한다. 1978년 미국에서 항공기 규제완화법의 도입으로 시작된 저가항공 모델은 처음 유럽에서 시작하여 아시아와 오스트레일리아로 확산되었다(장 외, 2008). 표 4.3은 경비를 감소한 저가항공에 의해 채택된 전략을 요약한 것이다. 통행자의 입장에서 가장 명확한 전략은 인터넷만을 통한 티켓판매, 풀 서비스 항공기에 의해 제공되는 비행기내에서 대부분의 서비스 생략과 각도조절이 가능한 좌석의 축소 등이다(휘트와 프리도, 2008). 저가항공사는 더 많은 운항횟수를 가질 수 있고 대부분 풀 서비스 항공이 하루에 달성할 수 있는 것보다 더 많은 비행시간을 달성하는 단거리비행 운항을 더 선호 한다(프롤리, 2004).

저가항공은 레저와 풀 서비스 항공에서 제공하는 기내에서의 서비스, 빈번한 비행지점 그리고 공항 라운지의 이점을 향유하기 좋아하는 많은 비즈니스 여행자들 중에서 다른 비용에 민감한 시장을 타깃으로 하여 대체적인 성공을 거두고 있다. 유럽에서 라이언에어는 저가항공 여행의 표준을 세웠으며 짧은 휴가를 즐기려는 관심이 늘어남에 따라 많은 관광지가 그 수혜를 입도록 하였다. 아시아에서도 많은 저가항공사들이 생겨났으며 역시 짧은 국제여행에서 상당한 성장을 실현하였다. 이런 새로운 흐름속에서 아시아의 많은 저가항공사는 아시아 공항과 오스트레일리아간에 아시아엑스, 제트스타, 타이거 플라잉 등 중거리 항로로 전환을 꾀하고 있다. 오스트레일리아의 케언스를 방문하는 관광객에 대한 저가항공사의 영향 분석은 항공으로 휴가여행을 하려는 수요가 저렴한 항공운임의 결과로 늘어났다는 것을 발견하였다(휘트와 프리도, 2008). 동 연구에서는 또한 증가부분이 자가운전 방문객이 저가항공 이용으로 전환에 의해 발생되었다는 것을 발견하였다.

〈표 4.3〉 저가 항공사가 채택한 경쟁력있는 전략의 예

시장/루트	저가에 기초한 시장진입전략이 적용될 수 있는 용량이 있는 노선을 높게 선호. 대안적으로 2차 공항을 사용하는 레저 시장을 목표로 함으로써 틈새시장을 개발한다.
시설 구비	일반적으로 재고, 예비부품 및 훈련에서 비용절감을 위하여 한 형태의 항공기를 운영함
공항 터미널	기본적인 여객시설과 빠른 항공기 왕복을 선호, 예를 들어 사우스웨스트 항공은 도착 20분 만에 되돌아오도록 목표 설정
이용	목표는 하루에 항공기당 11시간 비행이상을 달성하는 것
기내 서비스	기내서비스 보충이 없음. 여행자는 항상 스낵식품과 한정된 음료수를 구매 가능하다. 이것이 기내 식당과 관련된 간접비를 제거한다.
임금	고용된 비행사와 객실 승무원은 일반항공기의 승무원보다 낮은 임금 승무원의 체류 숙박을 피하려는 노력 많은 계약과 임시 고용인의 사용 소규모 본사 유지와 공항근처 혹은 저렴한 임대지역에 위치
유통	직접 비즈니스와 웹 예약을 사용하여 여행대리 기관에게 수수료 지불 없음
가격전략	일반항공사보다 낮은 임금 유지 임금구조의 단순화 수요 진작을 위해 특별 제공을 선전하여 고객의 관심을 유지 동일 등급의 여행 화물에 추가적인 요금이 있을 수 있음

자료: 휘트와 프리도(2008)에서 응용

미래교통 흐름

본장은 국제관광산업을 지원하는 교통공급과 관련된 많은 과제를 분석하였다. 미래에는 기후변화에 대한 관심, 오일가격의 상승추세, 커지는 소비자의 수요와 도시디자인에서 미래흐름이 교통시스템의 구조와 운영에 심대한 영향을 끼칠 것

이다. 탄소배출을 감소하고 효율성을 증가하기 위한 새로운 기술과 전략을 통한 교통시스템의 대응은 중요하다. 얼마나 빨리 그리고 어떤 형태의 변화가 발생할지 확실치 않고, 이런 변화가 관광산업에 주는 영향 또한 확실하지 않다. 그러나 확실한 것은 미래에 관광을 포함한 모든 산업이 탄소배출을 줄여 생태 발자국을 감소하도록 압력을 받을 것이다.

기후변화에 대한 소비자의 대응과 정부에 의해 채택될 적응 및 완화 의제 또한 중요할 것이다. 만약 개인적 탄소배출에 관해 소비자의 관심이 관광지 선정에 주요인자가 된다면 장거리 비행에 따른 탄소비용은 장거리 여행에서 단거리 여행으로 수요가 전환되는 결과를 가져올 수 있을 것이다. 탄소거래 체제가 당분간 현재 화석연료 자원의 수요에 계속 의존할 것 같은 항공여행에 비용상승 압력으로 작용할 것이다. 기후변화에 대한 보다 구체적인 논의는 제 10장에서 보기로 한다.

관광수요에 관한 연료가격 상승의 영향은(변화된 국제수요 및 공급상황과 탄소거래 체제의 결과로서) 미래 관광수요 흐름의 형태에 중요한 역할을 할 것이다(예맨 외, 2007). 교통은 에너지 다소비이며(고슬링 외 2005) 국제석유 생산의 50%를 사용한다(베켄, 2008). 수잔베켄(2008)은 석유채굴이 국제석유매장량의 50%에 도달하는 시점으로 정의한 피크오일에 대한 시의적절한 논문에서 현행 관광전망은 미래 석유사용 가능량에 대한 지나친 낙관적 전망의 문제점을 간과하고 있다고 지적하였다. 모든 예측자들이 읽어야하는 피크오일에 대한 토론서에서 비즈비(2006)는 만약 피크오일이 2007년에 도달한다면 2030년까지 예측통행량의 60%만이 충분히 만족할 수있는 제트연료가 있다고 하였다. 베켄이 지적하였듯이 관광부문에서는 피크오일과 그것이 미래여행패턴에 어떤 시사점을 던지는지에 대한 인식이 거의 없다. 가까운 미래의 어떤 시점에 석유공급이 피크에 이를 것이라는 것을 인정한다면 대체 에너지자원과 추진시스템이 규명되고 개발되고 상업화되어야 할 것이다. 비약적 발명을 이루는 연구자에 의해 요구되는 선도 연구의 시간과 발명된 과학이 상업적 생산으로 전환하는데 걸리는 시간을 인정한다면 혼란은 피할 수 없는 것이다.

정부나 석유회사에 의해 발표된 잔존 석유매장량에 대한 추정의 불명확성에 의해 피크오일은 복합적이고 심각한 과제가 되고 있다. 석유매장량은 앞의 50%와 비교할 때 나머지 50% 매장량은 채굴이 어렵고 생산에 더 많은 비용이 소요될 것이며 늘어나는 수요에 대응해야 한다. 수요와 공급법칙하에서 잔존 공급에 대하여 늘어나는 수요는 국제석유가격의 상승을 가져오고, 이미 원유가격이 2003년 배럴당 23달러에서 2008년-2009년 세계금융위기의 결과로 그해 후반부에 급격하게 떨어지기 전인 2008년에 배럴당 110달러로 급상승한 것을 목도하였다. 모든 시장에서 발생하는 단기간의 감소를 제외하고, 만약 인도와 중국을 포함한 신흥개발경제국으로부터 관광산업에 의해 발생되는 수요를 포함한 교통수요증가에 따른 석유수요가 계속 증가한다면 석유가격 상승의 한계는 없을 것 같다. 아마도 과거 국제관광흐름에서 석유기준의 수요증가 지속은 대규모 장거리 관광의 종말을 가져오는 장본인이 될 것이다.

피크오일 시점에 대해서는 2008년에서 2020년 심지어는 2030년대까지 그 범위를 추정하는 논쟁이 벌어지고 있다(벤틀리, 2002). 오일샌드, 오일세일, 액화석탄, 액화가스 등의 비전통적 생산의 잠재력은 얼마동안 피크오일의 시점을 늦출 것이지만 이런 과정에서 요구되는 추출방법에 있어서 발생되는 온실가스의 배출로 인해 더 큰 추가적 비용이 발생할 수 있다. 수요가 높아짐에 따라 석유가격은 연료전지와 기존의 유전에서 얻기가 힘든 잔존매장량의 발견을 가능하게 하는 석유채굴방법을 포함한 새로운 기술의 발달을 촉진할 것이다. 많은 현존 유전은 과거에는 기술적 문제 때문에 재발견하기가 힘들었던 상당한 매장량을 아직 가지고 있다. 자동차 산업에서 저비용연료전지나 다른 저탄소 동력자원의 도입은 자가운전 관광시장의 지속적인 건강성을 지탱해 줄 것이다.

석유가격 상승의 영향은 2008년에 나타났는데 그때 많은 항공사가 항공취항노선을 정리하고 오래된 연료효율성이 낮은 항공기를 퇴역시켰다. 항공기와 항공기 엔진제조업은 보잉 787 드림라인너와 에어버스 380을 포함한 새로운 항공기 설계로 이 문제를 해결하기 위해 전력을 쏟고 있다. 한편 연료가격이 올라가는 시기에 미래수요는 일반적인 관광수요의 탄력성과 특정한 대표관광지를 방문하려는 욕구에 의해 결정된다. 만약 대안적 추진시스템이 실행가능해 진다면 관광패턴에 대한 영향은 이 토론의 초기에서 지적한 만큼 크지 않을 수도 있다.

어려운 문제에 대한 쉬운 해결을 찾으려는 급격한 흐름속에서 유럽연합(교통을 위한 바이오연료와 다른 재생연료의 사용촉진에 대한 지시, 2003/30/EC)은 2010년까지 바이오 연료를 유럽에서 사용하는 교통연료의 5.75%를 공급하고, 2020년까지는 10%까지 증가시키도록 명령하고 있다. 계획가들이 장기간에 걸쳐 조류(藻類)를 사용하는 제3 생산자원을 포함하는 대안적 바이오 연료의 자원에 대한 정책이나 기금연구를 고려하는데 실패하였기 때문에 예기치 못한 결과를 초래했고 정책이 현재 재검토 중에 있다. 유럽과 세계 다른 곳에서 농업용 토지가 농작물 생산에서 바이오 연료 생산으로 전환됨에 따라 유채와 옥수수와 같은 많은 곡물 공급이 감소하여 유럽뿐만 아니라 아프리카와 중동지역에서 식품가격을 상승시키는 작용을 하였다. 영향에 있어서 이 정책은 곡물과 채소 오일을 구입하려는 오일회사와 적어도 경쟁을 감당할 수 없는 사람들에게 상당한 어려움을 주었다. 또 다른 예기치 못한 결과는 인도네시아와 다른 나라에서 유럽연합 수요의 증가에 대한 바이오 연료의 현금화를 위해 애초 산림에서 기름야자 농장으로 빠른 변화가 이루어졌다. 이 정책의 응용프로그램의 교훈은 다음을 포함한다: 화석연료를 대체할 쉬운 방법이 없다; 예기치 못한 결과는 크고 비용이 들고 정책 수행에 대한 전반적인 사전 분석이 필요하다; 제 3생산 바이오 연료의 경우에 있어서 새로운 해결을 규명하기 위한 과학의 잠재력이 정책이 수행되기 전에 고려되어야 한다; 그리고 만약 손해를 보는 어떤 그룹이 규명된다면 이들을 지원하는 고려가 있어야 한다.

피크오일의 영향은 더 적은 사람이 장거리 관광지로 비행하게 되고, 단거리 관광여행이 필요한 대안이 되는 낮은 석유의존 관광으로 전환을 포함한다. 섬 관광은 불균형적으로 영향을 받을 것이다(톨, 2007). 관광지에 대한 주요 시사점은 관광지의 시장, 상품의 혼합과 관광지를 서비스하는 교통시스템의 구조를 재평가하는 것이 필요할 것이다. 가장 최악의 시나리오는 필수적 교통과 생활지원 산업을 위해서만 석유공급이 보장되는 것을 보는 것이다(킬스비, 2004). 피크오일과 기후변화의 시사점을 인정한다면 관광지는 미래의 새로운 시나리오를 만들고 이로부터 도전에 대응할 새로운 시장과 인프라를 개발하기 위한 연구에 투자를 하여야 할 것이다. 많은 관광지가 이런 준비를 하는데 실패하고 현존의 시장을 지키기 위한 방어적 작업의 싸움을 할 것이 명약관화하다.

대규모 관광에 대한 문제

기대하건데 미래교통시스템은 현재의 대규모 관광수준을 지속적으로 유지할 것인가? 간단히 말해 더 효율적인 엔진과 다른 효율적 설계가 모든 형태의 교통의 연료효율성을 개선할 것임은 분명하다. 자가용이나 코치를 위한 수소연료전지 기술이 필요한 혁신적인 기술을 성취할 것이라는 가능성은 높으며 미래에 자가용과 코치는 점차 이 수소 연료전지에 의존하게 될 것이다. 연료전지는 전기를 생산하는 수소와 산소를 포함하는 외부연로로 변환하고 있다. 기초 물리학과 화학은 수십년 동안 잘 알려져 왔지만 관련된 엔지니어링과 화학공정은 아직 화석연료와 상업적 경쟁력을 갖기까지에는 많은 발전이 요구된다(듀발, 2007). 최근 바다조류식물, 나무넝쿨, 동물 부산물을 포함하는 유기체로부터 추출한 자원으로 설명되는 바이오매스의 사용 또한 만약 이것이 탄소중립적인 에너지 생산으로 변환이 가능하다면 대안적인 재생연료자원을 위한 기회를 제공할 것이다. 바다조류로부터 얻는 제 3의 바이오 연료 생산은 바이오 연료 제조에 이용될 수 있는 적은 투입에도 높은 수율의 원료를 생산할 수 있는 잠재성을 가지고 있다. 바이오연료의 이 같은 형태의 생산성은 포도와 옥수수와 같은 땅에서 생산하는 바이오연료 식물보다 헥타르 당 더 많은 횟수와 에너지를 생산한다는 것이다. 가까운 장래에 배터리 기술의 진전에 따라 전기자동차의 폭 넓은 생산이 있을 것이다.

철도분야는 점차 디젤에서 전력으로 이동하고 있으며 환경적으로 청정한 전기가 생산되면서 아마 철도가 점차 단거리 및 장거리 여행의 모두에서 인기가 있을 것이다. 선진국의 대규모 교외화가 이루어진 도시에서 철도는 연료전지 기술이 기대하는 혁신적 기술을 달성하지 못하거나 이런 도시들을 재건하는 움직임이 있지 않다면 전체 교통 수요에서 늘어나는 시장의 확보가 쉽지 않을 것이다. 후자의 경우에는 인구밀도의 증가는 현재의 도로와 주차구조를 유지하기 보다는 좀 더 경제적인 대규모 공공교통을 공급할 것이다. 미래에 바다수위의 상승이 많은 해안도시들이 적어도 그 지역 인구의 일부라도 더 높은 곳으로 이주를 해야 할 가능성을 인정한다면 이들 저밀도 도시는 대규모 대중교통 시스템을 필요로 하는 고밀도 도시로 재건설하는 강력한 사례가 될 수 있다. 도시재생이건 대규모의 도시재건이건 도시재건의 한 부분으로서 녹색교통 시스템을 포함하는 잠재력이 평가될 필요가 있다. 녹색교통은 자전거와 도보가 포함된다.

미래에 확실하게 보다 효율적인 연료와 저오염 교통시스템에 대한 개발의 압력이 증가할 것이다. 현재의 기술상황과 예상되는 진행을 감안할 때 요구되는 규모의 효율성은 한 가지를 예외로 하고 달성될 수 있을 것이다. 예측하지 않은 기술이 개발되지 못한다면 항공은 가까운 장래에까지 석유의존에 머물러 있을 것이다. 국제 석유매장량이 감소하면서 항공기 엔진 제작자와 항공기 생산자들이 추가적인 효율성을 달성하는 것이 불가능하게 되고 항공여행은 연료가격의 상승과 동일하게 여행비용이 상승하게 되는 시점이 올 것이다. 장거리 국제여행의 의미는 명확하여 호주나 뉴질랜드와 같은 장거리 관광지는 유럽, 아시아와 미국의 대규모 관광시장과 연계되어 고통을 받는 첫 지역이 될 것이다. 이런 현상의 변화 시점은 지금 상황에서는 예상할 수 없지만 장거리여행 수요의 탄력성과 새로운 청정에너지 엔진기술의 도입능력, 각 개인이 가지고 있는 탄소발자국에 대한 인식의 수준에 달려있다.

결론

본장의 논의에서 교통이 관광시스템에서 중요한 요소이며 관광지에서 장기적으로 경제적인 지속가능성의 본질적인 요소임이 명확해졌다. 본장에서 보았듯이 관광지는 출발지와 목적지간의 효율적이고 비용 효과적인 교통을 제공하는 교통네트워크가 필요하다. 만약 이것이 성취되지 못한다면 관광객은 그들의 휴가관광을 위해 다른 지역을 찾을 것이다. 미래에 일반적인 교통시스템은 점차 연료 효율적이고 저탄소 배출이 되도록 압력을 받을 것이다. 본장에서 주장했듯이 이런 현상은 확실하지만 비용과 시간과 규모는 불확실하게 남아있다.

핵심과제

- 교통은 관광지 개발에서 가끔 간과되고 있지만 핵심적인 요소이다.
- 어떻게 그리고 어느 정도로 관광지를 개발하고 결정하는데 있어서 교통의 역할과 기능에 대하여 수행된 연구가 상대적으로 빈약하다.
- 교통시스템의 핵심적 특성은 관광발전을 위한 새로운 기회를 혁신하고 창조하는 교통의 능력이다.
- 저가항공사의 출현은 많은 관광지에 중대한 성장의 기회를 창출하였다.
- 가까운 장래에 기후변화와 오일 가격의 상승에 대응한 교통산업의 능력은 관광수요 패턴에 심대한 영향을 줄 것이다.
- 기후변화와 연료가격 상승의 도전에 성공적인 대응에 있어서 이 분야에 도움을 줄 수 있는 많은 유망한 교통기술이 있다.
- 과거처럼 미래에도 많은 관광지를 유지시킬 교통시스템의 능력은 여행을 위한 소비자수요의 탄력성, 여행의 교통부분을 위해 지불할 가격, 국제 탄소배출 수준에 대한 개인여행의 영향에 관한 관심을 포함한 비화폐적 이슈에 대한 가능한 관심 등에 달려있다.

제5장

위기에 대응 - 관광지의 관점

위협을 줄임으로써 미래의 위기에 대비한다

머리말

위기와 재난은 자주 충돌하고 때로는 간섭하는 그러나 진행의 여정에서 결코 중단할 수 없는 인간사회에서 함께하는 여행자다. 재난의 두려움은 재난이 사회에 발생하였듯이 항상 개인에게도 몰래 다가온다. 적어도 전반적인 재난 상황의 시점이나 혹은 재난이 임박한 기간에 개인적으로 우리는 소유물의 상실, 개인적인 부상, 사랑하는 사람의 죽음을 초래할 혼란스러움을 두려워한다. 문학이나 미디어는 이 같은 인간의 천부적인 두려움 속에서 테마놀이터, 영화를 위한 이미지나 이야기 줄거리, 시와 소설 등을 찾는다. TV를 켰을 때 우리는 거의 살인, 병원 응급구조 혹은 개인적인 카타르시스를 보지 않을 수 없다. 개별적으로 우리는 재난을 두려워하지만 재난은 인간경험의 중심에 놓여있고 죽음, 상처 그리고 다양한 모습의 형태로 찾아오고 있다. 그러나 이런 두려움에 대한 굴종보다는 오히려 인간은 일관되게 도전하고 앞으로 전진하여 왔다. 관광지의 견지에서 위기와 재난은 일상구조의 한부분이며 먼 곳에서 바라보는 것이 아니다. 위기의 도전에 대응은 장기적 경제의 지속성을 담보하는 핵심이며 본장 논의의 주제가 된다.

최근 몇 년간의 위기는 모든 대륙의 관광휴양지에 영향을 미치고 있다. 각각의 위기는 특수하지만 그러나 그 핵심에는 세단계인 위기의 전시기; 위기의 시기; 위기 이후의 시기의 시간적인 구분이 있다. 관광지가 위기상황의 각 시기에 어떻게 대응하는가는 관광지의 대비수준, 위기의 중대성과 위기가 지속되는 시간적 기간에 따라 다양하다. 위기이후에 수행되어야하는 행동은 관광지를 어떻게 복구할 것인지를 결정하는 반면, 관광지의 복구정도를 궁극적으로 결정하는 것은 위기전 단계에서 수행되는 정책이라는 것이 점점 더 명확해지고 있다. 본장에서는 관광지의 측면에서 위기와 관련하여 민간 및 공공부문이 대응하는 다양한 이슈를 점검해본다. 태평양 섬을 강타한 사이클론의 다음 시나리오는 실제사건에 기초하고 있으며 3개로 구분되는 개략적인 위기의 시간적 시기/단계를 보여준다. 본장 후반부에 본 논의의 특성을 강조하기 위해 사례연구가 활용된다.

사례연구 5.1. 위기 시나리오: 사이클론의 강타

급박한 위기전 단계

배경: 태평양에 위치한 조그만 독립된 개발도상국, 그 섬은 멀리 떨어져 있고 관광에 전적으로 의존하고 있으며 높은 실업률에 시달리고 있다.

시간: 0200시. 첫째 날

기상청은 풍속 240km가 넘는 강풍을 동반한 심각한 열대 사이클론 재난이 임박했음을 알리고 있다. 강풍은 20시간 이내에 그 나라의 기간 해안 관광리조트가 밀집해있는 근처 해안을 몇 번 가로질러 지나갈 것으로 예상된다. 관광 피크 때이기 때문에 리조트 시설은 거의 모든 시설이 만원이고 사이클론이 지나가는 경로상에 약 2,000명의 관광손님이 있다. 기상청은 사이클론이 엄청난 폭풍과 파도를 동반한 높은 해일이 해안을 덮칠 것이며 사이클론에 앞서 폭우가 해안인근 지역에 홍수를 일으킬 것이라고 예보한다. 더욱이 홍수로 인해 섬에 있는 국제공항이 폐쇄될 것으로 예상된다.

위기단계

시간: 1400시. 첫째 날

공항은 폐쇄되고 해안홍수가 해안리조트 센터내 대부분 관광객의 대피를 막고 있다. 열려있는 도로는 통제되지 않고 계획적인 탈출이 이루어지지 않는 탓에 사이클론을 피하려는 지역주민들로 혼잡하다. 새롭게 구성된 국가재난위원회의 장은 은퇴한 정치인으로 해안지역의 현지시찰을 하던 도중 고속도로상에서 차량과 함께 폭우에 휩쓸려 익사하였다. 지역경찰은 이런 상황을 다룰 지휘명령/관리와 통신체계를 구축하는데 실패하고 남아있는 관광객을 구출할 시도조차 못하고 있다.

시간: 0200시. 둘째 날

엄청난 열대 사이클론 재난은 대부분의 건물을 파괴하고 심각한 피해를 입히면서 주요 리조트지역을 관통하였다. 수백명의 관광객과 지역주민은 사이클론에 앞서온 해일파도를 피하려다 익사한 것으로 추정된다. 국제공항은 공항관제소의 피해로 약 1주일 이상 폐쇄 상태로 있을 것이며 국가 주요 병원시설은 사이클론으로 파괴되었다. 정부의 지휘명령/관리와 통신체계는 아직 복구되지 못하고 있다.

위기후 단계

시간: 1400시. 금요일 10일째

외국군대의 지원으로 살아남은 외국관광객은 지역을 탈출하고 사망자가 대부분이 확인되었다. 국가의 관광인프라는 황폐화되고 집중적인 외국원조에도 적어도 18개월 동안 제기능을 못할 것이다. 국제통신에 따르면 그 같은 대규모 인명피해를 막지 못한 정부의 실패에 신랄한 비판을 가하였다. 중앙정부와 관광산업 지도자들은 관광산업에 미친 피해를 어떻게 복구하고, 곧 어떤 형태의 관광시장을 형성해야 할 것인지를 토의하기 위하여 머리를 맞댔다. 위기 이후 미디어 회복에 대해서는 제대로 되지 않고 있다.

시간: 1400시. 30일째

사건의 교훈

국가위기대응체계의 분석은 다음과 같은 여러 가지 심각한 미비점을 발견하였다.

- 위기전 계획은 비효과적이었다.
- 핵심인물의 사망이나 부상에 대비한 탄력있는 명령/지휘체계와 통신구조가 위기기간 동안 구축되어 있지 않았다.
- 탈출로가 세워져있지 않았으며 해안으로부터 피난민의 이동은 통제관리가 되지 않았다. 대부분의 사망은 탈출로의 개발이나 관리의 실패에 기인하였다고 볼 수 있다.
- 공항운영을 유지하기 위해 후속 수습책이 마련되지 못했다.
- 위기후 복구계획이 마련되지 않았다.
- 미디어 계획이 부족했다.
- 위기후 복구와 재정비를 지원하기 위한 외국군대와 지원 인력에 의해 발생되는 방문객으로부터 수입만 있기 때문에 관광은 중지되고 있다.

관광에 대한 위기의 충격

위기의 사건에 성공적인 대응은 관광산업의 장기적인 활성화에 필수적이다. 국가적 관광산업과 개별적 관광지에 영향을 미치는 최근의 많은 위기의 경우에서 일어났던 것처럼 위의 개략적인 시나리오 사례에서 엄청난 인명피해와 심각한 인프라에 대한 손실의 결과를 가져온 것은 사전계획의 부실에 있다. 2004년 아시아의 쓰나미와 같이 어떤 위기상황에서 재난규모와 수준에 대한 예측불가를 인정한다면 목숨을 잃는 것은 피할 수 없다. 그러나 효과적인 계획이 준비되어 있다면 위기사건의 충격을 실질적으로 완화시킬 수 있을 것이다. 만약 위기전에 사전경고 시스템이 구축되어 있고 해안지역의 대피계획이 수립되어 있었다면 2004년 쓰나미로부터 사망자를 크게 줄일 수 있었을 것이다. 많은 위기에서 큰 인명피해는 성공적인 위기후 복구를 가로막는 주요요인이 된다. 다음 토론은 위기란 관광지에 늘 있을 수 있는 것으로 이런 위기의 측면을 분석한다.

최근까지 관광위기계획은 우선적으로 고려되고 있지 않고 있지만 수십년 동안 관광지에 영향을 미치는 계속된 많은 대형위기가 뒤따르면서 이런 상황이 변화되기 시작하고 있다(프리도와 로스, 2007). 관광산업에 대한 위기사건의 충격은 사건의 규모, 사건의 비용, 복구기금, 복구를 위한 피해자의 능력과 복구 및 재구축 단계의 기간 등을 포함하는 많은 요인에 달려있다. 관광흐름에 실질적인 충격은 방문객감소로 나타난다. 2004년 쓰나미와 같은 사건에서 타일랜드 푸켓 관광지역은 재빠른 재건과 효과적인 재난후의 복구로 방문객수의 빠른 회복을 가져왔다. 그러나 다른 형태의 위기에서 충격은 다를 수 있다. 2007년 5월 본장의 초안이 쓰여졌을 때 국제경제의 대부분이 성장을 10년 이상 향유하고, 경제전망은 중국과 최근 인도 경제의 빠른 성장과 더불어 많은 국가에서 강력한 소비수요에 의해 생성된 자원호황에 기초한 경제적 번영이 계속될 것으로 예측되었다. 그때 또한 미국의 가난한 집들의 대출관행 결과로 국제금융 위기가 올 수 있다는 초기 증상이 있었다. 기후변화가 하나의 이슈로 대두되었으며 피크오일과 국제 조류독감유행의 가능성에 대한 관심이 고조되고 있었다. 석유가격은 배럴당 70달러 수준의 근처에 도달할 것으로 보였다.

2008년 7월까지 겨우 1년 후에 석유가격은 1배럴에 145달러로 상승한 후 120달러로 하락하였으며 미국의 다우존스 평균지수가 2007년 6월 13,700수준에서 2008년 7월에는 11,000포인트로 떨어졌다. 미국 서브프라임 주택대출 위기의 직접적인 결과로 국제신용긴축이 일어났고 미국은 경기후퇴가 나타났다. 석유가격의 타격으로 많은 항공사가 노선서비스를 줄이고 오래된 항공기의 폐기, 종업원 해고, 급속하게 증가된 연료가격의 추가부담과 이에 따라 이익의 큰 폭 감소가 예상되었다. 2007년 7월에 비관적인 예측조사조차도 2006년 6월-2008년 7월 기간 동안에 발생된 중대한 변화를 예측하지 못했다. 2008년 말까지 미국의 신용긴축은 1929년의 대공황 이래 가장 심각한 국제경제의 불황을 가져오게 되었다.

국제금융 위기는 물리적 손해를 발생한 위기로부터 발산된 것들에 대하여 다른 충격을 주었다. 대부분의 국가에서 소비자들에게 미친 가장 심각한 충격은 주택자산가치의 감소로 개인적인 부에 있어서 실질적인 감소였다. 많은 소비자는 휴가여행을 포함한 다른 분야에서 소비를 줄임으로써 이에 대응했다. 2009년 초기까지 2009년의 여행에 대한 국제전망이 불확실하게 보였다. 관광지와 회사의 사업에 이같은 위기가 있을 수 있다는 위기를 인식하는데 실패한 관광지와 기업은 위기에 봉착하게 되었다. 최근 관광지에 불리하게 영향을 주었던 주요 위기의 목록이 표 5.1에 약술되어 있다.

21세기 첫 10년간 관광에 충격을 준 수많은 위기가 있었다. 새로운 세기는 YK2 버그로 촉발된 세계경제 몰락에 대한 국제적 공포로 시작되었다(프리도,

1999a). 다행히 그 문제에 대한 문제제거를 위한 초기 대처로 컴퓨터 네트워크 개선에 많은 투자를 하였다. 그 후 10년동안 미국의 9.11 테러, 사스(SARS)의 출현, 2004년 스페인의 마드리드 열차폭발(191명 사망과 2050명 부상), 여러해 동안 유럽지역에 집중적인 홍수와 소규모의 수많은 항공기 충돌, 페리재난, 열차 충돌, 나이트클럽 화재, 영국의 수족구병, 미국 유럽의 산림화재 등을 포함한 다양한 위기가 관광산업에 영향을 미쳤다. 또한 관광시스템에 이처럼 짧고 예리한 쇼크에 더하여 국제관광 산업에 영향을 현재 미치기 시작하고 있거나 조만간 줄 수 있는 약하지만 오래 지속되는 수많은 위기가 존재하고 있음이 명확하다.

이런 형태에 상승하고 있는 석유가격과 기후변화가 포함된다. 표 5.1에 의하면 발생된 각 위기는 지역의 관광산업에 충격을 주었고 충격의 물결이 주변지역, 국가, 심지어 국제적으로 확산됨에 따라 많은 경우 보다 넓게 영향을 미쳤다. 예를 들어 2002년과 2005년의 발리 폭발이 인도네시아의 유입관광객의 심각한 위축을 가져왔지만 더 넓은 국제적 지역의 관광산업은 어려움이 없었다. 그러나 규모면에서 또 다른 하나의 예로 미국의 9월 11일 공격은 국가와 국제적 충격이 공격의 물리적 피해를 말끔히 제거한 후 몇 년 동안 지속되었다.

만약에 역사가 사실적으로 얘기해주는 것처럼, 만약에 위험의 경고를 경청하는데 시간이 걸린다면 재난과 위기는 인류 성장에 있어서 많은 조건의 한부분이다. 실제로 인류역사의 리듬은 성장물결의 하나이며 번영, 쇠퇴 재난이 뒤따르며 결국 새로운 성장과 번영의 단계가 또 뒤따르게 된다. 20세기는 이 같은 패턴의 훌륭한 예가 될 수 있다. 1890년대 후반기 세계경제공황으로 시작된 세계는 1차 세계대전(1914-1918)으로 휩쓸려 들어갔으며, 1920년대의 초기에는 번영을 구가했고, 1929년부터 1930년대 중반까지 경제공황에 시달렸으며 1939년과 1945년간에는 2차 세계대전을 견뎌야 했다. 1946년에서 1991년까지 냉전시대에 의한 그림자가 드리워져 있었지만 국제경제는 빠르게 성장했고 탈제국주의가 활발하게 진행되면서 세계화가 국제사회의 우선적인 주제가 되었다. 1997년 아시아 금융위기, 2000-2001년의 닷컴(Dot.com) 증권시장의 붕괴와 2001년의 9월 11일 테러사건 등을 포함하는 수많은 지역적인 위기와는 별개로 세계경제는 2008년-2009년의 예기치 않은 국제금융위기가 출현하기 전까지는 빠르게 성장하여 왔다. 위기는 성장만큼이나 관광지의 생애에 많은 한 부분이며 관광지역 사회내에 있는 모든 이해관계들이 이를 이해하는 것이 필요하다는 것이 명백해지고 있다. 이 같은 이슈가 관광계획 및 위기에 대한 대응과 관계되므로 본장은 본 이슈에 대하여 탐구한다.

〈표 5.1〉 지역에서 국제적 영향에 따른 2000-2008년 기간 주요위기의 예

날짜	사건	영향지역	관광에 영향
2001. 2-9	영국 구족병	영국	국가적 영향: 질병의 확산을 막기 위하여 전국 대부분을 차단하고 해당 지역내에서 관광에 주름발생. 스코틀랜드에서 관광산업의 손실이 200에서 250 백만 파운드로 추산됨
2001. 9. 11	9월 11일	처음 뉴욕에서 전세계로 영향	세계적 영향: 단기간에 항공여행의 국제적 붕괴. 장기적으로 공항에서 안전수준의 급격한 상승은 실질적인 항공요금의 인상을 가져옴(리트빈과 크로트, 2007)
2002. 11 -2003. 7	급성 호흡기 증후군(SARS)	중국에서 시작하여 홍콩, 싱가포르, 캐나다, 타일랜드 및 타이완	국제적 영향: 774명의 사망자 발생(사망률 9.6%). 스페인 독감 유행병과 같은 두려움이 단기간에 홍콩을 고립시켰고 영향을 받은 나라로 여행을 심각하게 붕괴시킴
2002. 10. 12과 2005. 10. 1	발리 폭발	발리 인도네시아	국가적 영향: 젬마 이슬람 테러에 의해 나이트 클럽의 첫 폭발로 방문객의 급격한 감소. 202명이 사망하고 209명이 부상. 2005년 동일 단체에 의한 두 번째 테러 공격은 적은사람을 사망케 하였지만(테러리스트를 포함하여 23명 사망) 발리의 안전문제에 대한 부정적인 이미지를 강화시킴(거트너, 2007)
2004. 3. 11	마드리드 철도 폭발	마드리드	국가적 영향: 단기간의 방문객의 감소(루이스 외, 2007)
2004. 12. 26	쓰나미	영향을 받은 주요 나라는 인도네시아(수마트라), 타일랜드(푸켓), 이도, 스리랑카	국제적 영향: 환인도양에 걸쳐 230,000명의 이재민이 발생. 관광인프라에 심각한 손상을 입혔으며 관광의 즉각적인 감소가 있었음. 2007년 까지 영향을 받은 많은 지역이 쓰나미 전의 수준을 회복하였다고 보고됨(가트너, 2007).
2005. 8. 29	허리케인 카프리나	뉴올리안즈와 루이지애나	지역적 영향: 허리케인 카트리나는 뉴올리안즈의 80%에 홍수피해를 입었으며 1836명이 사망하고 900억달러를 초과하는 손실을 입었음. 관광객수는 느리게 회복되고 있으며 2007년까지 그 수는 허리케인 전수준을 회복하지 못함(프리도와 루이스, 2007)
2008	세계 오일 가격 충격	세계	특히 항공의 교통비용 상승
2008-2009?	세계 금융위기	세계	본책을 쓰는 시기에 세계금융위기는 전세계로 확산되었음

〈그림 5.1〉 2006년에 찍은 이 사진은 1994년에 화산 폭발이 어떻게 라바울의 원래 타운의 많은 지역을 화산재로 묻혀버렸는 지를 보여주고 있다. 사진의 중앙 안개는 화산연기에 의한 것이다.
자료: 브루스 프리도 촬영

전반적으로 인류는 위기를 극복하고 과거 재난의 잿더미 위에서 다시 복구하는 경이로운 능력을 보여주었다. 2차 세계대전(1939-1945)의 파괴에서 승전국이나 패전국 모두 보다 강력하고 부유한 국가로 부상하였고 지금은 중요한 관광 발생국이자 수용국이 되었다. 그 후 1991년의 구소련(USSR)의 예기치 않은 붕괴는 더 강하고 부유한 러시아연방 출현의 길을 닦았고, 관광에서 하나의 중요한 성장은 과거 바르샤바조약기구를 형성했던 국가들간의 유출입이었다. 관광지 역시 쇠퇴와 재탄생의 비슷한 패턴을 경험하지만(버틀러와 프리도, 2000a) 국가 경제 성장에 따라 이 같은 과정이 자동적으로 이루어지는 것은 아니며 관광지내에 있는 모든 부문에서 신중한 관리가 수반되어야 한다. 이 같은 관리가 이루어지지 않는 관광지는 성장이 뒷걸음을 치고 쇠퇴한다. 2004년 쓰나미에 대한 각성으로 타일랜드는 공공과 민간 그리고 국제구호단체간의 협력을 통해 관광산업을 재건할 수 있었다. 그러나 파푸아 뉴기니에 있는 다이빙 관광지인 라바울에서는 공공과 민간부문이 마을의 대부분을 파괴한(그림 5.1 참조) 1994년 화산폭발의 사후대처에 실패하였고 2007년까지 관광지역 해안의 높은 질적 자원에도 불구하고 지역경제의 한분야로서 관광은 실질적이고 중요한 위치를 갖지 못하고 있다.

위기는 반갑지는 않지만 일상적인 현상이고 그렇기 때문에 관광지 관리, 마케팅과 향후계획의 총합적 부분이 되는 위기계획이 필요하다(프리도, 2003). 위기는 일어날 가능성이 있고 혹은 일어날 수도 있다는 사실을 인지하는데 실패한다는 것은 위기사건에 대비하여 사전에 위기단계를 활용하고 인프라의 보수와 확충, 마케팅에 기초한 장기적인 복구계획을 수행함으로써 빠르고 효과적인 관광지의 대응능력을 감소시킨다. 본장에서는 관광지의 위기와 복구에 대한 점차 늘어나는 연구를 간략하게 검토한 후에 재난계획을 위한 전략을 논의할 것이다. 독자들은 위기관리에 대한 보다 구체적인 토론을 위하여 로스 외(2007), 로스와 프리도(2005), 베이르만(2003)과 산타나(2007)의 위기대응에 대한 구체적 평가와 같은 사례연구의 문헌들을 참고할 수 있다. 미래 위기의 가능한 충격에 대한 논의 후에 관광지가 어떻게 위기에 성공적으로 대응하였는지에 초점을 맞추어 몇 개의 사례연구로 결론을 맺는다.

앞에서 논의한 것처럼 위기는 성장과 같이 관광지 생애의 많은 한부분이며 관리 및 개발계획에서 중요한 요소로서 고려되어야 할 필요가 있다. 문헌조사에서 간략하게 지적하였듯이 변화하기 시작하고 있지만 놀랍게도 대부분의 관광과 관광지계획 보고서가 위기계획의 필요성을 인식하지 못하고 있다. 위기계획의 필요성을 알린 진정한 첫 시도는 빌 폴크너까지 거슬러 올라가게 되는데 자주 인용되는 그의 재난모델은 학술적 연구를 위한 기본적 모델을 관광분야의 위기계획으로 전환한 것이다(폴크너, 2001). 국제관광기구(WTO. 1996, 1998)와 아시아 태평양 관광협회(PATA. 1991)는 산업계획을 지원하고 위기에 대처하기 위하여 채택할 수 있는 수단을 개발하는데 기여한 초기의 조직이었다. 9월 11일 테러공격의 국제적 충격은 점증하는 많은 특정이슈잡지(관광여행 마케팅 저널, 2005, 2007), 보고서(글라서, 2003)와 논문(프리도 외, 2003; 블래이크와 싱클레어, 2003; 홀 외, 2003; 맥커처, 1999; 피터와 피케마트, 2005; 메커처와 파인 2005; 손메즈 외 1999; 드라벡, 1995; 바톤, 1994; 지와 게인, 1986; 스틴, 1999; 후안 외, 2004; 맨스필드 1999; 폴크너, 2001; 폴크너와 비클로프, 2001; 피잠과 피레이쳐, 2002; 피잠 외, 1997; 릿치, 2004) 등에 반영되면서 위기연구에 대한 필요성에 큰 관심을 불러 일으켰다. 많은 문헌속에서 위기에 대한 관광지의 대응을 논의 하는 사례연구가 늘어나고 있다.

위기의 이해

위기와 재난의 용어는 일반적으로 외부의 충격에 의해 생성되는 다양한 사건을 설명하기 위하여 사용된다. 국가적 위기, 개인적 위기, 사업상 위기, 정치위기, 군사위기, 마케팅위기 등을 포함한다. 다음 논의에서 관광 시스템에 충격을 주는 모든 사건은 위기와 관련된다. 그러나 이런 형태의 위기용어의 사용은 정확성을 결여한 것이며 이것이 일반적으로 사용되는 측면에서는 많은 사람들에게 많은 의미를 뜻할 수 있는 용어로 사용되고 있다. 산타나(2003)에 의하면 위기(crisis)의 단어는 그리스어인 'Krisis'로부터 왔으며 이는 결정이나 전환점을 뜻한다. 산타나(2003)는 위기의 원인에 대하여 모두가 인정하는 합의가 없었다는 것을 발견하였다. 학자의 한 그룹(미트로프 외, 1992)은 위기를 일상적인 사건으로 보는 반면에 다른 학자는 위기를 잘못된 결정의 결과로 보고 있다. 정확성의 결여에도 불구하고 이 용어는 우발적인 일이나 혼란에 빠진 사건을 설명하는데 넓게 이용되고 있으며 본 논의에서 사용되는 위기의 용어는 이같이 넓은 의미의 측면에서 사용된다. 이런 맥락에서 이 용어는 관광산업의 질서있는 운영을 혼란에 빠뜨리는 중대한 사건을 의미하는데 사용될 수 있다(프리도와 로스, 2006).

위기는 개인적 사업에서부터 관광지, 지역, 국가 그리고 어떤 경우는 국제적 수준까지 전체를 아우르는 관광운영과 관련된 모든 단계에서 발생할 수 있다. 관광지에서 위기는 항상 방문객수가 감소하는 결과를 초래하는 사건이나 사건들의 연속으로 특징지어 질 수 있다. 유입관광객의 감소에 따라 관광지는 민간부문의 이익이 감소하고 이에 비례하여 고용감소를 경험하게 될 것이다. 그 외에도 공공부문의 투자를 좌우하는 정부예산의 감소; 사업활동과 추가투자를 지연시키고 어떤 사업을 접게 하는 원인으로 사업재원의 감소; 여행배분 시스템으로서 관광지에서 신뢰의 상실 등을 포함할 수 있다. 위기 사건의 근원은 기업내부의 빈약한 사업수행능력처럼 내부적 요인에서부터 자연적 재난이나 정치적 동요를 포함한 외부적 범위까지 다양하다. 더구나 위기는 예측이 불가하거나 가능할 수도 있으며 사전적 행위(좀 더 높은 방파제의 구축 같은)에 의해 충격을 완화할 수 있거나 최악의 경우 지진이 일어났을 때처럼 완전히 관리 통제가 불가능할 수도 있다.

대규모 위기는 관광지내의 종전 사업관계에서 기업과 관광지 모든 이해관계자간의 안정과 균형상태를 불안정과 불균형으로 이동을 가져오는 종합적인 변화를 발생시킨다. 제 2장 RDS(프리도, 2000a)에서 약술한 균형의 특성은 관광지 안정을 위한 필수적 요소이며 지속적인 성장을 위한 기본토대이다. 위기에서 새로운 균형상태가 빠르게 성취되지 못하면 다중의 사건을 불러올 수 있으며 불균형의 기간을 늘어나게 하는 후속효과를 가져 올 수 있다. 러셀과 폴크너(1999), 맥커처(1999)는 혼돈(Chaos)이론이 다중의 영향이 불균형 시스템에 충격을 주는 종합적 상황의 변화를 검토하기 위한 하나의 패러다임을 제공할 수 있다고 주장한다. 이 같은 불확실성의 상황에서 전략개발과 관광지 관리는 예기치 못한 사건발생의 사태를 포함할 수 있어야 한다. 관광설정에서 위기관리에 대한 카오스 이론의 적용은 시스템 작용의 요소들이 본질적으로 불안정하며 따라서 그들은 공식적인 예측에서 다루기 쉽지 않다는 것을 보여준다. 이런 특징의 환경에서는 예측을 위한 새로운 접근방법이 요구된다. 그 같은 하나의 접근법으로 시나리오에 기초한 방법을 제 3장에서 논의하였다.

폴크너의 2001년 논문에서 그는 위기와 관련된 다양한 핵심요소를 규명하기 위한 핑크(1986), 권-맥밀란(1987)과 와이너와 칸(1972)의 연구를 종합하였다.

- 촉발사건은 매우 중요하며 이것은 기존의 구조, 일상적 운영 혹은 조직의 생존에 도전한다. 촉발사건은 경제후퇴, 테러활동, 정치적 위기, 종교 혹은 인종간의 긴장, 그리고 최근의 기후변화 등을 포함한다.
- 위기는 유동적, 불안정, 역동적 상활별로 각 특징을 나타낸다(핑크, 1986).
- 위기는 높은 수준의 위협, 짧은 결정시간, 놀람과 긴급을 요하는 요소가 포함된 상황을 생성한다.
- 직접적인 영향에 대한 대처에 무능함을 인식한다.
- 긍정적, 부정적 모두를 암시하는 전환점은 결정적 변화가 임박한 곳에서 발생하는데 권-맥밀란은 조직과 관광지는 위기상황이 성공적으로 관리 되었을 때조차도 중대한 변화를 겪을 수 있음을 관찰하였다.

앞의 토론으로부터 위기의 많은 요소를 설명하기 위해 사용되는 용어를 확실히 이해하는 것이 혼란을 줄이고 추가적인 토론과 특히 다중적인 학문적 이슈가 포함되어 있는 계획의 기초를 세우기 위해 바람직하다. 프리도와 로스(2005)는 그러한 기능을 형성할 수 있도록 제시하는 개념군을 개발하였으며 표 5.2에 요약되어 있다.

〈표 5.2〉 위기의 사건 연구와 관련된 용어의 정의

용어	의미
위기	조직, 분야 혹은 국가의 기능에 심각한 붕괴를 가져오는 예측하지 않은 문제: 그런 문제에 대한 일반적인 용어
트렌드(경향)	현재에 규명될 수 있는 이벤트의 연속이며 수정적 행동이 가해지지 않으면 미래에 어떤 거대한 붕괴현상을 가져오는 것
재난	지역에 이미 비상사태를 선포하거나 혹은 반응성 대응을 통하여 통상 이벤트 이후에만 대응 가능한 예측할 수 없는 치명적인 변화
이벤트 촉발	위기의 근원. 인재, 자연 힘의 결과 혹은 두 가지의 결합일 수 있음
위기 에피소드	위기가 발생하는 동안의 기간
위기 사전계획	훈련, 역할놀이 그리고 적정한 자원의 획득과 저장을 포함하는 위기에 대한 가능한 최선의 대응을 보장하는 관리계획
위기 관리	사전 위기계획으로 시작하는 관리 전략은 위기로부터 회복을 위하여 전략이 공개되고 실행됨에 따라 위기에 대한 대응이 활성화 됨
위기 보고	위기 사전계획을 더욱 개선하기 위하여 위기 에피소드로부터 학습을 촉진하는 체계
지식공유	관련된 개인과 기관과 지식을 분석하고 공유하기 위한 기관, 산업 혹은 지역적 체계
전환점	결정이 변경될 때, 이것은 긍정적 부정적인 것을 내포할 수 있으며 급박함.
위기 시나리오	실제 위기기간동안 보다 나은 대응을 가져올 수 있는 계획에 기초한 시나리오
조직학습	조직은 새로운 관리 전략과 위기를 다룰 시스템을 취득
리스크	바람직하지 않은 이벤트나 사건발생의 개연성의 수준
이벤트	포함하지 않을 경우 위기로 이어질 수 있는 상황
사건	포함되지 않을 경우 위기로 이어질 수 있는 상황과도 비슷함
위기 정보교환	소통전략의 개발과 수행: 위기 이전; 위기기간; 그리고 위기후의 회복기간
명령, 제어 및 소통	위기기간동안에 인적 그리고 시설 손실에 대해 견딜 수 있는 능력과, 그러나 명령구조를 통해 제어를 지속적으로 행사하기 위해 충분히 탄력적인 명령 구조
충격	위기가 발생하도록 하는 특정 이벤트나 여러 이벤트를 뜻함
회복	물리적 손실을 정비하고 방문객 수준이 위기 이전수준으로 회복하는 과정

자료: 프리도와 루이스(2005)에서 수정

위기사건의 영향은 출발지와 목적지간 방문객의 흐름을 혼란하게 하는 충격을 발생시킨다. 그림 5.2는 출발지와 목적지의 흐름을 방해하는 요소를 나타내기 위하여 그림 2.5에서 논의하였던 압출-견인(push-pull)모델위에 구축되며 억제요인과 기피하는 요인으로 구분된다. 소비자의 자유시간과 저축에 관심을 가지는 다른 관광지와 활동과 같은 경쟁요소들 또한 관광지와 발생지역간에 작동하는 견인과 압출요인에 중대한 영향을 미칠 수 있다. 특정한 출발지와 목적지의 한쌍간에 흐름이 위기로 인해 방해를 받게 될 때 관광객은 그 특정한 관광지로부터 막히면 경쟁관광지에서 작동하는 유인요소로 인해 경쟁관광지로 가는 대체효과가 일어날 수 있다. 만약 관광지가 나중에 시장을 다시 공유하기 위해서는 관광지의 유인력을 제고시킬 필요가 있다. 이 유인력 제고의 첫 단계로 위기 후의 마케팅과 새로운 유인시설의 투자, 새로운 시장개척을 통해 달성할 수 있다.

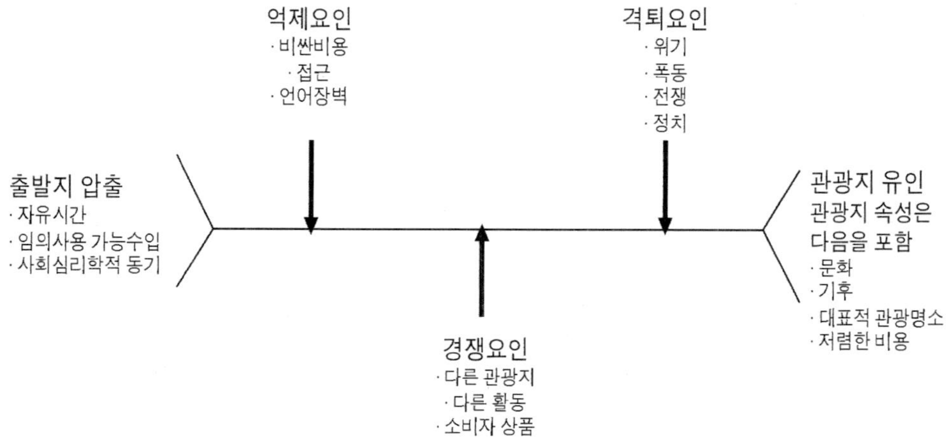

〈그림 5.2〉 목적지-출발지 압출-유인력에 대한 제어요소, 방어와 경쟁요소의 영향
자료: 루이스(1995)

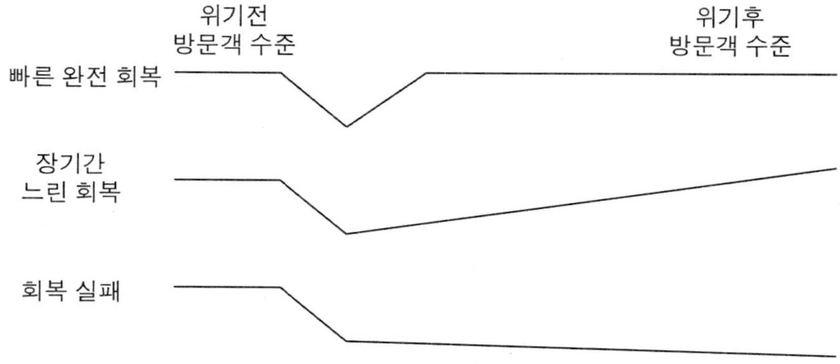

〈그림 5.3〉 위기 사건이후 회복 곡선

위기 발생의 형태와 이것이 어떻게 정책형성에 영향을 주는지, 투자자의 대응과 소비자의 수요 등은 중요하다. 그림 5.3은 다양한 형태의 대응이 어떻게 관광지 개발의 진로를 형성하여 가는지를 보여준다. 먼저 회복이 빠른 곳에서 성장은 이전의 궤적을 재현하게 되고, 회복이 늦은 곳에서는 이전의 궤적을 재현하기 위해서는 시간이 소요된다. 마지막으로 라바울에서 관광 쇠퇴가 보여준 것처럼 성장진로의 회복이 일어나지 않게 된다(그림 5.1 참조).

충격의 규모

위기의 충격은 직접, 간접 그리고 누적적으로 분류할 수 있다. 이들 충격이 발생하는 규모는 다음과 같이 분류할 수 있다.

- 크기. 피해의 범위, 피해액, 역사적 장소와 생태시스템의 손실, 방문객의 손실을 포함하는 측면에서 산정
- 회복(종전의 방문객수로 돌아가는 것으로 규정)되기 위해 걸리는 시간
- 지리적 범위. 위기의 사건에 의해 영향을 받은 지역의 크기
- 위험인식의 수준. 이 규모는 증거는 있지만 아직 관광의 흐름에 실제 영향을 주지 않는 위기와 관련

시간은 단기, 중기, 장기를 포함하는 특정 기간으로 세분할 수 있다. 2002년 발리 폭발의 경우에 위기의 충격은 사상자의 수, 건축물 보수비용, 희생자를 위한 의료지원 비용 그리고 방문객 수의 감소 등을 포함한 다양한 지표를 사용하여 단기간의 분석이 가능하다. 장기간의 주요지표는 사건 전 수준으로 방문객수가 되돌아가는데 걸리는 시간적 길이와 시장점유에서 변화를 포함한다.

프리도와 로스(2007)에 기초한 그림 5.4는 2개의 저울을 이용한 다중위기의 충격을 비교하는 한 방법을 보여주고 있다. 수직 등급은 지리적 규모에 대한 충격을 측정하고 수평축은 사업적 충격의 측정이다. 최근위기의 특정한 사례를 대상으로 분석한 것이다.

시간적 범위는 가끔 무시되고 있지만 위기이후 관광지가 평시수준으로 회복하는데 걸리는 기간은 성공에 대한 필수적인 지표다. 성공적 지표는 회사이익의 회복과 정부재정의 회복을 포함한다. 관광지가 발생한 위기에 대응하는 것의 필요성을 이해하고 있지만 미래 어느 시점에 문제를 야기할 것으로 예상되는 잠재적

위기에 대한 대응의 필요성은 잘 인식하지 못하고 있다. 기후변화는 이와 같은 시간적 범위를 나타낸다. 세계기후 패턴이 변화하고 있으며 아마도 그로인한 결과는 해수면의 변화, 생태공간의 변화와 기후패턴의 변화를 포함하는 것으로 얼마기간 동안 분명할 것이다(IPCC, 2007, 스턴, 2006).

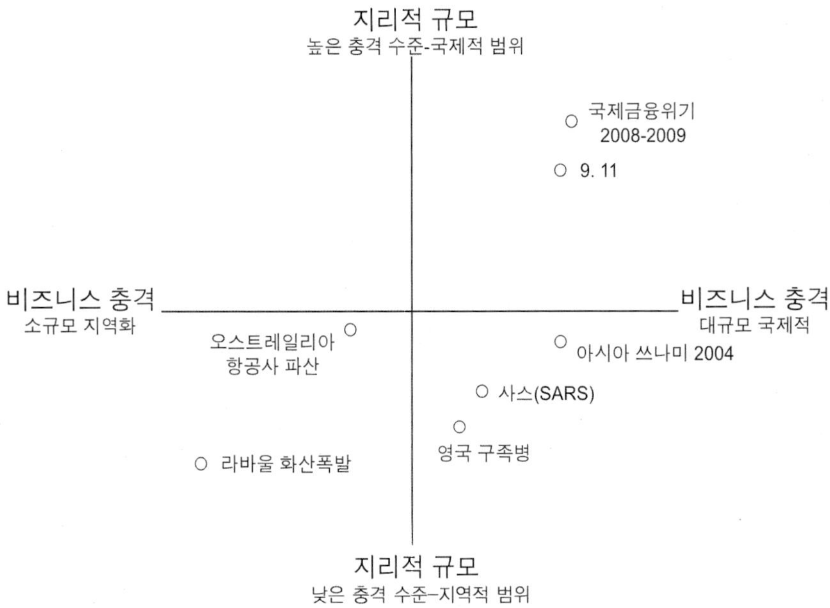

〈그림 5.4〉 비즈니스 영향과 지리적 범위에 따른 위기영향의 규모 추정
자료: 프리도와 로스(2007)

이 같은 자연적인 변화가 발생되기 시작하고 있다는 인식이 커지고 있지만 미래에 상승하는 해수면이 주는 충격을 거의 생각하지 않는다는 것을 증명이라도 하듯이 부적절한 해안개발이 지속되고 있다. 약 1만1천년 전에 시작된 충적세 시대인 가장 최근의 간빙기 동안 해수면의 상승이 보여주듯이 최근 지리학적으로 기존의 해수면은 크게 변화하고 있다.

이런 관점에서 해수면 변화의 중기, 장기, 초장기적 영향을 고려하는 것은 타당하지 않다. 2007년 IPCC의 기후변화에 대한 리포트는 해수면에 대한 현재 가장 긍정적 측면에서 추정한 것이 21세기의 남은 기간에 0.18에서 0.59m의 범위로 오르지만 미래에 빙하의 흐름이 매우 빠르고 역정적인 변화에 대해서는 도외시하고 있음을 지적하고 있다. 만약 극지방의 만년설이 지속적으로 녹는 속도가 증가한다면 해수면의 변화는 더욱 증가할 것이다. 이런 현상의 증가는 해안관광지에 중대한 영향을 미칠 것이며 제 10장에서 보다 심층적으로 논의할 것이다. 가장 비관적인 시나리오에서 인도양의 몰디브와 태평양의 키리바시를 포함한 낮은 지역에 놓여있는 산호섬이 잠수될 것이며 주민은 다른 곳으로 이주를 해야 할 것이다.

해안계획에 해수면의 가능성이 있는 변화를 포함하지 못할 경우 관광산업의 위험성은 2005년 9월 허리케인 카트리나가 뉴올리안즈의 방파제와 제방을 파손하고 시내의 넓은 지역을 침수시킨 홍수가 발생했을 때 부분적으로 그 위험성을 보았다. 이 같은 사건속에는 기존의 제방의 유지관리 실패, 닥쳐올 수도 있는 폭풍으로 인한 파도에 대응한 새로운 제방 구축 실패와 허리케인 충격의 일부를 흡수할 수 있는 보존습지를 없애는 계획을 허용한 실패 등을 포함한 전반적인 시스템에 문제가 있었다. 더구나 긴급 구조기관간의 협조가 거의 없었으며 피난계획이 실제로 인명 손실을 가져온 부적절한 것이었다. 그러나 놀랍게도 IPCC(2007)의 경고와 허리케인 카트리나에 의해 발생한 명백한 피해에도 불구하고 예측되는 해수면 상승을 포함하는 명백한 위기속에서도 마리나와 같은 해안개발이 계속적으로 추진되었다. 그림 5.5는 해수면 상승에 대비한 확실한 대책도 없이 해안마리나 건설이 이루어지고 있음을 보여주고 있다.

〈그림 5.5〉 21세기에 만약 해수면이 상승한다면 홍수에 노출될 수 있는 마리나 개발의 사례
자료: 브루스 프리도 촬영

지리적 영향 범위는 위기의 범위를 분석하기 위해 중요한 척도가 된다. 2005년 허리케인 카트리나의 영향은 지역적으로 주(州)단위에 미치는 것이었다. 그러나 그전의 2011년 미국에 대한 9.11 공격은 특징상 충격이 국제적이었고 단기간에 국제항공여행의 급격한 감소를 초래하였다. 9.11위기에서 빌딩과 항공기에 대한 대체 및 보수와 관련된 직접적인 경비와 희생자를 위한 의료 서비스 경비는 공격이 발생했던 미국으로부터 멀리 떨어진 국가까지 포함하는 국제적으로 부딪치게 된 계속된 보안관련 경비가 더해지면서 훨씬 부담이 많아졌다.

위험인식수준. 현재 규명될 수 있는 지속되는 많은 문제가 있지만 이 같은 문제가 관광지에 거의 영향을 주지 않는 것으로 인식하기 때문에 주로 무시되고 있다. 이런 사례는 2006년에 1백만명으로 추정되는 사람이 사망한 말라리아와(www.who.int/entily/mediacentre/factsheet/Fs094/en/ 2007. 8. 20) 2006년 백오십만 명으로 추정되는 사람이 사망한 결핵(www.who.int/entily/mediacentre/factsheet/Fs104en/index 2007. 8. 20) 등에서 볼 수 있다. 이 같은 질병과 그 외의 질병은 많은 열대 국가에서 중요 건강보건 문제로 알려져 있지만 대부분의 관광시장에 거의 영향을 주지 않거나 또는 질병이 발생하고 있는 주요 지역으로부터 멀리 떨어진 지역적 위치 때문에 이런 문제가 무시되고 있다. 기후변화로 인한 하나의 가능한 영향은 말라리아모기(anopheles)가 현재 말라리아가 없는 관광지로 옮겨감으로써 다양한 말라리아가 확산될 것이다. 미래에 위험지역으로 분류되는 지역의 계획은 위험을 최소화하고, 일단 발생한 위기에 대응할 수 있도록 설계된 완화정책을 포함하는 것이 필요하다. 해안지역이 해수면 상승으로 위험에 처한 곳에서 건설기준은 예상되는 해수면 상승의 영향을 방어할 수 있는 설계방법을 포함해야 한다. 일본, 뉴질랜드, 미국 등 지진이 상습적으로 발생하거나 예상되는 지진의 영향이 있는 지역의 많은 계획관련 기관은 이미 지진피해로부터 보호되도록 건축물의 내진설계를 포함하고 있다. 이런 측면에서 계획을 하지 않거나 계획이 부적절한 곳에서는 실제의 비용이 엄청날 수가 있다(예: 2008년 5월 12일 중국의 쓰촨 지진에서 18,000명의 실종자를 포함해 69,000명으로 추산되는 인명손실을 가져옴). 자연의 또 다른 가능한 위기는 피크 오일, 청정 수자원의 확보와 세계식량생산 등에 대한 관심이다.

위기관리

위기에 성공적으로 대응하기 위한 필수적인 첫 단계로서 위기전후 모두를 다루기 위한 성공적인 전략 개발의 필요성이 폴크너(2001)에 의해 인식되었다. 그의 모델은 많은 학자들에 의해 보완 수정이 되었지만 그 기본적 틀은 많은 시장에서 검증을 이겨내고 유용한 위기계획의 틀을 제공하고 있다. 폴크너(2001)는 위기관리를 위해 6단계를 구축했는데(그림 5.6 참조) 이 책에서는 위기전, 위기, 위기후 등 3개 단계로 압축했다.

위기계획에서 중요한 요소는 국가의 문화가 위기 대응에 대한 하나의 틀로서 간주되는 것이 연구가 되어야 한다는 인식이 필요하다. 슈미트와 베렐(2007)에 따르면 국가문화가 어떻게 인간행위에 영향을 미치는가에 대한 연구가 이제는 이론 이후단계에 있으며 즉 이 분야의 연구가 상당한 발전이 이루어져 이론으로서보다 실질적으로 수용되고 있다. 서구나라에서는 사회가 낮은 상황(low-context)으로 분류되는 반면 아시아 국가들은 높은 상황(high-context)으로 분류된다. 즉 여기서 상황이란 가치, 장기적 상호관계의 관점과 내부를 다루는 행태와 관계가 있다. 높은 상황의 국가에서는 중요한 가치를 장기간의 상호관계에 두는 반면에 낮은 상황배경국가는 보다 큰 가치를 보편적 원칙과 단기 상호관계에 두고 있다. 각 형태의 사회구성원은 인과관계, 공간 그리고 우주철학에 관해 다르게 생각하며 따라서 위기에 다르게 대응할 것이라는 것을 예상할 수 있다. 높은 상황의 국가에서 결정은 늘 계급적이며, 어떤 분야에서 중간 공무원은 빠르게 독립적 대응을 하는데 장애가 되는 선임자의 존재에 의존하고 있다. 낮은 상황의 국가에서는 처음 선임자의 권위로부터 방향을 찾지 않고 중간계층이 보다 많은 재량권을 가지고 대응의 기회를 가지는 특별한 유연성을 보인다.

본장에서는 폴크너 체제를 단순화한 형태가 위기대응과 관리의 측면을 보여주기 위해 사용된다. 위기전 단계는 폴크너의 단계 1에 해당되며 위기단계는 2와 3단계와 연결되고 위기의 회복단계는 단계 4에서 6을 포함한다. 그림 5.6에서 나타난 폴크너의 모델은 많은 논쟁이 있었지만 위기전 시기로부터 회복시기까지 움직임을 보여주는 모델의 본질은 그대로 유지되고 있다.

재해 진행 단계	재해관리 대응의 요소	재해관리전략의 기본적 성분
1. 사건 전 잠재적 재난의 영향을 방지하거나 완화하기 위한 행동이 취해질 수 있을 때	전조 활동 • 재해관리팀(DMT) 책임자 임명과 DMT 구성 • 관련 공공/민간분야, 정부기관/조직의 식별 • 협력적 협의 틀과 정보 소통 시스템의 구축 • 재난관리 전략의 개발, 문서화, 전파 • 산업이해관계자, 고용자, 소비자와 지역사회의 교육 • 행동계획안에 대한 동의, 수행	위험 평가 • 잠재적 재난에 대한 평가와 발생 가능성 • 잠재적 재난의 기원과 충격에 대한 시나리오 개발 • 재난비상계획 개발
2. 사건 전 재난이 임박했음이 명확할 때	동원 • 경고 시스템(일반적인 대중미디어 포함) • 재난관리 통제센터 설립 • 시설 확보	재난비상계획 • 위험이 있을 법한 영향과 그룹의 규명 • 영향에 대처할 지역사회와 방문객의 능력에 대한 평가 • 개별적(특정재난) 비상 계획 목적의 명확화 • 각 상황에서 충격을 회피하거나 최소화하기 위해 필요한 행동 규명 • 각 단계에서 전략적 우선 윤곽의 고안 □ 증상 □ 비상사태 □ 중간단계 □ 장기적 회복 • 다음에 따라 지속적 재검토와 수정 □ 경험 □ 조직구조와 개인적인 변화 □ 환경에서의 변화
3. 비상사태 재난의 영향이 느껴지고 인명과 재산을 보호할 행동이 필요할 때	활동 • 구조/대피 순서진행 • 긴급숙소 및 비상식량 공급 • 의료/건강 서비스 • 모니터 및 정보소통 시스템	
4. 중간단계 단기적으로 사람의 요구가 제기되고 행동의 주초점이 서비스와 지역사회가 평상 상태의 재건에 있는 시점	복구 • 손실 심사와 모니터링 시스템 • 청소 및 복구 • 미디어 소통 전략	
5. 장기적 단계(회복) 일상적 복구와 새로 개선된 상황 구축	재건과 재평가 • 손상된 인프라 정비 • 환경적 손상지역의 복권 • 희생자 상담 • 비즈니스/소비자 신뢰 복구와 투자계획의 개발 • 재난전략에 대한 수정을 위한 투입의 개선 추진의 복명	
6. 해결	재검토	

〈그림 5.6〉 관광관리의 틀

자료: 폴크너(2001)

위기전 단계

본장의 처음 시나리오에서 본 것처럼 위기는 빠르게 발생할 수 있으며 대부분의 환경에서 예측되지 않는다. 위기에 대한 예비계획이 없는 상태에서는 공공과 민간분야의 대응은 정보소통이 없고 협력도 되지 않을 것이다. 2004년 휴일의 쓰나미나 허리케인 카트리나에서 나타난 것처럼 이 경우에는 높은 인과관계 수준을 보여준다. 적절한 계획이 있는 곳에서는 사건과 인과관계의 가능성이 크게 줄어든다. 2006년 4월 시속 240km의 강풍을 동반한 심각한 사이클론 레리가 오스트레일리아 북 퀸즈랜드의 해안을 강타하여 진로상의 건물 70% 이상에 피해를 주거나 파괴하였다(팔코-마농 외 2006). 민방위국은 그런 사건에 대한 대응계획 및 시행을 통하여 위험에서 모든 주민을 대피시킬 수 있었으며 결과적으로 10억 달러(AUS)를 넘는 피해액에도 불구하고 사망자는 없었다. 사이클론 레리를 다루는데 있어서 긴급구조 서비스의 성공은 폴크너 모델의 후기해결 단계에서 기관의 학습경험의 중요성을 보여준다. 20년전 같은 지역을 엄습했던 사이클론 위니프레드로 부터 교훈이 구체적인 대응계획을 개발하고 지방정부 재난계획을 전달하는데 활용되었다.

지진 위험지역으로 알려진 웰링톤, 도쿄와 샌프란시스코을 포함한 관광지에서는 빌딩설계, 피난로, 인과처리와 위기후의 사건관리에 상당한 중점이 두어져 왔다. 그러나 다음의 많은 관광지에서 위기에 대한 준비수준은 매우 낮으며 만약 모든 것이 실제화 되면 위기의 영향에 이들 관광지와 방문자가 취약함에 노출될 것이다. 그러므로 모든 관광지와 관광지의 각 사업자가 위기계획과 그 계획을 능동적으로 지원하는 것이 필요함을 인식하여야 한다. 이런 행동을 수행하는 것은 위기가 발생했을 때 위기의 충격을 최소화하기 위한 중요한 첫 걸음이 된다. 라이온과 와튼(2007)이 적용한 다음 다이어그램(그림 5.7)은 위기전 기간에 수행되어야 할 일련의 단계적 제안을 보여주고 있다.

이 과정의 성공은 효과적이고 실질적인 지시, 통제, 소통과 위기계획과 조정에 대한 전반적인 임무를 수행할 수 있는 복구구조에 의해 결정된다. 지시, 동제, 소통은 잘 설계된 군사개념이지만 민간기관에서는 넓게 활용되지 않고 있다. 군사적 적용에 있어서 3CI(command, control, communication과 intelligence)조직은 위험속에서 효과적인 지시를 수행하고 정보를 수집하는 동안 개인과 자원의 손실을 방어하는 능력을 가지고 있다. 민간의 적용에서 3CR(command, control, communication과 recovery)조직은 위기단계에서 그리고 위기이후의 회복단계로 전환하는 동안 지시와 통제를 수행할 수 있는 적합한 모델이다.

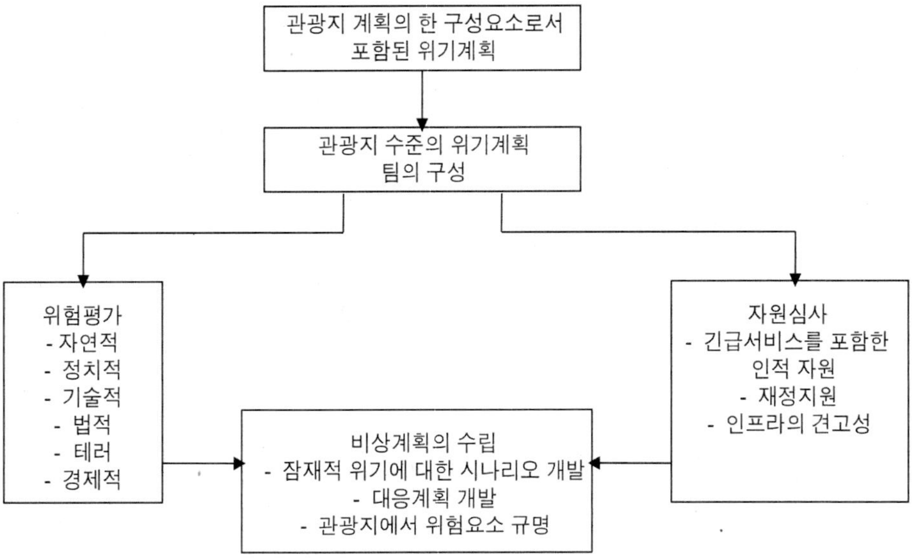

〈그림 5.7〉 위기전 단계를 위한 위기관리 계획의 틀
자료: 리옹과 와튼(2007)

만약 지시 통제의 계선조직이 모호하거나 조직간에 분리되어 있다면 실수가 일어날 여지가 많다. 이 같은 예는 허리케인 카트리나 발생기간 동안에 나타났는데 그 당시 공군예비사령부의 920호 비행단 지휘관이 구조비행을 시작할 수 있는 권한을 얻기 위한 노력에 허리케인이 발생한 후 24시간을 허비하였다(프리도와 로스 2007). 미국 연방비상관리국은 군대를 통솔할 권한이 없기 때문에 민간기관에서 군대의 지원 요구에 누가 대응 권한을 가지고 있는지에 대하여 시민과 군대 모두 명령체계에 혼란이 일어났다. 이런 혼란이 수습되는 동안 수백명이 다치거나 사망하였다.

재난계획은 목적과 목표의 설정에서 거치게 되는 토론을 시작으로 계획과정부분이 통합되어야 한다. 단기에서 장기전망까지 보다 넓은 의미에서 위기계획의 포함은 관광지가 중요한 위기 후의 복구기간을 포함한 위기대응에 있어서 적절한 기준을 개발하는데 도움을 줄 것이다.

위기단계

위기사건은 이것이 가끔 예측불가능하고 많은 경우 관리와 커뮤니케이션에 있어서 평상시 구조가 혼란에 빠지기 때문에 대응하기가 어려워 질 수 있다. 위기사건 이후 즉시 요구되는 관리 임무에 대한 토론에서 로스 등(2006)은 4가지 임무를 규명하고 있다.

- 위기자체에 대한 대처. 이것은 아마도 대피를 통하여 방문객과 주민의 안전과 안녕을 제고하는 수단을 포함할 수 있다. 그 외의 수단들은 보다 안전한 곳으로 장비를 움직이고 미술작품의 재배치와 만약 손상이 있으면 환경적인 문제를 야기할 수 있는 인프라에 대한 폐쇄와 같이 재산과 인프라를 보호하는 행위를 포함할 수 있다.
- 직접적으로 영향을 받는 사람의 관심사항과 요구에 대한 대응. 부상자의 처리, 가족 및 친구와 연락이 가능하도록 통신망의 회복, 기관으로부터 적절한 정보의 흐름 확보, 안전한 숙박지의 배정과 부상자를 위한 보호 등을 포함하는 행동이 필요하다.
- 공공의 비판으로부터 직접적으로 발생될 수 있는 손실의 최소화. 여기서 취해지는 행위는 손해의 정도에 주로 의존할 것이다. 만약 손해가 상대적으로 중요하지 않다면 관광지는 아직 기능을 하고 있는 장래의 방문객에게 정보를 제공하기 위한 홍보 캠페인을 수행할 수 있다.
- 공급자와 다른 사업 파트너의 어려움 해소. 이것은 중요한 고려사항인데 이는 조직들을 위한 잠재력이 예산에서 실질적인 감소에 처해지기 때문이다. 이 책략은 과거 피지에 의해 성공적으로 활용된 바 있다. 사이클론 내습이후 국가관광 당국은 재빨리 리조트 시설이 개점하고 있음을 국제관광 유통시스템에 알렸었다.

손해는 그림 5.8에 나타나 있듯이 환경에도 발생할 수 있으며 그림 5.9에서 보이는 것처럼 건물에도 발생할 수 있다. 건물을 복구할 필요가 분명하지만 또한 집중적인 회복 작업은 자연 환경이 복구되는데 요구되는 도움일 수 있다. 빌딩과 달리(그림 5.9) 자연환경을 회복하는 것은 오랜 시간이 소요되는 과업이며 민감한 환경의 경우에는 수십년 혹은 몇 세기가 걸릴 수도 있다.

위기기간에 수행해야 하는 행위는 본장에서 간단하게 논의 하지만 관광지가 위기기간동안에 대응해야 하는 방식은 중요한 것이며 미래의 복구를 위해 중요한 시사점을 준다.

〈그림 5.8〉 사이클론 레리에 의해 뿌리가 드러난 나무가 자연환경에 대한 사이클론의 영향을 보여주고 있다.
자료: 브루스 프리도 촬영

〈그림 5.9〉 호텔에 대한 사이클론 레리의 충격
자료: 브루스 프리도 촬영

위기복구단계

증가하는 국제관광지와 국경을 넘어 여행하는 것이 손쉬워지면서 경쟁적이 되었고, 위기에 의해 영향을 받는 관광지를 대신할 다른 관광지를 바로 제공할 수 있으며 그리고 전에 방문했던 관광지에 충성도가 낮은 관광객을 상대해야하는 국제관광산업이 형성되었다. 재난에 의해 영향을 받는 관광지의 위험은 잘 설정된 지략과 관리된 위기 후의 전략이 없다면 관광수요는 축소될 것이며 위기 전의 수준으로 돌아가는데 긴 시간이 소요될 것이다. 이 같은 경우는 발리에서 2007년까지도 국제관광시장은 2002년에 첫 화산폭발이 일어나기 전에 기록했던 수준으로 회복하지 못하였다. 낮아진 가격과 증가된 평판에도 불구하고 많은 관광객이 주로 지속적으로 관심을 가지는 개인의 안전에 대한 불확실성 때문에 다른 저렴한 비치 관광지로 발길을 돌렸다. 위기 후 기간 동안에 관광지가 영업을 위해 개장하고 안전하며 지속적으로 매력적일 수 있다는 확신을 주는 것이 보다 짧은 기간 동안에 방문객의 감소가 적은 결과를 가져 올 것이다. 2006년 사이클론 레리의 내습을 받은 후 북 퀸즈랜드에서 수행된 마케팅에 관한 성공적 후속 복구과정은 사건 후 2달 동안 약간의 관광객의 감소를 가져왔고 그해 말에는 완전히 회복하였다.

사례연구 5.2 2002/2003년의 사스유행에 대한 싱가포르의 대응

예기치 못한 위기를 다루는 어려움은 2002/2003년의 사스 위기에 대한 싱가포르 관광산업의 대응을 추적한 다음사례 연구에서 논의 된다. 헨더슨(2007)은 싱가포르에 대한 사스의 영향에 대한 해설에서 질병이 어떻게 국제관광을 심각한 혼란에 빠뜨리는 힘을 가지고 있는지를 지적하였다. 2002년 늦게 중국의 광뚱에서 처음 나타난 사스는 홍콩과 다른 아시아 지역으로 확산되었다. 2003년 5월에 싱가포르로 향하는 국제항공이 전년도와 비교하여 70%나 떨어졌고 2003년 1년 기준으로는 19.1%까지 떨어졌다.

사스위기는 정부로 하여금 감염과 손해의 억제 전략을 활용하여 위기관리를 하도록 사전 위기경보를 개발하였다. 국제보건기구(WHO)는 영향을 받은 국가들에게 유행병을 억제하고 전국적으로 유행하는 것을 방지하기 위해 설계된 다양한 수단을 마련하도록 권고하였다. WHO에 의해 제안된 하나의 방안은 국제 방문객이 오염된 지역으로 여행을 취소할 것과 오염된 국가는 여행을 하고 있는 방문자들을 위해 건강검진을 실시하도록 경고했다. 관광산업은 아시아태평양관광협회(PATA), 아시아태평양경제협력(APEC), 관광워킹그룹과 국제여행관광회의(WTTC) 등과 정기적인 미팅을 통하여 위기 후의 복구전략에 대한 정보를 교환하고 함께 작업을 하였다.
관광산업을 지원하기 위하여 긴급계획 책임자와 'Cool team'이 임명되었다(헨더슨, 2007). 정부의 임명기관인 싱가포르 관광부가 가장 심각하게 영향을 받은 사업에 배분할 수 있도록 이용 가능한 2억3천만 달러(싱가포르 달러)의 구조기금을 싱가포르 정부의 지원에 의해 마련하여 지원하였다. 관광산업의 회복이 중요한 우선순위였지만 사스를 통제권내에서 관리할 수 있도록 하는 것이 최우선순위였다. 호텔산업에서 고려해야 할 주안점은 질병이 더 이상 확산이 되지 않도록 하는 감염 통제에 두어졌다.
WHO에 의해 질병 감염이 종료되었음을 선언한 후 싱가포르 관광산업은 방어적 방식에서 공세적인 적극적 방식으로 전환했다. 싱가포르 관광부는 신뢰를 회복하고 국가유입 관광부문에 시동을 걸기 위하여 폭넓고 다양한 수단의 마케팅을 개시하였다. 여기에는 국제마케팅, 개선된 패키지, 무역과 미디어 종사자들에 대한 접대 등을 포함했다. 싱가포르 관광부는 또한 미래 위기에 대한 긴급계획을 수행할 새로운 비상계획국을 설치하였다. 2003년 6월까지 회복이 가시화되고 있다는 첫 신호가 분명하게 나타났다.

관광명소로서 위기

위기의 여파는 언젠가는 격변, 매혹 혹은 호기심의 감탄을 가져오는 관관명소가 될 수 있는 장소로 남을 수 있다. 이탈리아의 폼페이시는 기원전 79년 8월에 심각한 화산 폭발로 매몰되었다. 하와이에서 1941년 12월 24일에 일본제국 해군의 진주만 공격에 의해 침몰된 미국 USS 아리조나호가 '미국 공원 서비스'에 의해 관리되는 주요관광명소가 되었다. 어두운 관광개념 측면에 대한 편집 모음집에서 에쉬워스와 하트만(2005)은 잔악한 위기가 패키지화 될 수 있고 관광목적을 위해 개선될 수 있는 매력적 명소가 될 수 있다고 지적하고 있다. 이런 방식으로 기억될 만한 심각한 사건은 관광의 즐거움으로 소개되고 때로는 진부함을 가져오기도 한다. 독일 나치시대의 죽음의 감옥인 홀로코스트(아우슈비츠, 트레비카와 벨제크 등), 미국의 수많은 남북전쟁터, 소비에트시대의 집단시설, 폴포트 시대(1975-1978)의 캄보디아 킬링필드와 1994년 르완다에서의 투시 종족 집단학살을 포함하는 재앙으로 기억할만한 여러 지역이 있다.

미래위기

앞서 논의한 것처럼 민간과 공공분야에서 관광지 관리자들이 미래위기를 촉진시키는 다양한 요소에 주의를 기울이는 것이 필요하다. 가능성 있는 기후변화의 충격은 그와 같은 미래위기의 하나로서 구체적인 조사가 진행되고 있다. 유엔 WTO(2003)에 의해 예측된 성장과 관련하여 국제관광의 현재 수준을 지속적으로 유지하기 위한 교통시스템의 능력에 대한 피크오일 영향 또한 미래에 점점 더 중요한 이슈가 될 것이다. 다음 논의에서 나열되어 있는 것 이외에 다른 잠재적 후보 이슈들이 많이 있다. 관광지 측면에서 어떤 예비계획이 수행될 수 있도록 미래위기에 대비한 잠재후보를 규명하는 것이 필요하다. 물론 모든 잠재 위협이 모두 규명되거나 적절하게 준비된다는 확실성이 있는 것은 아니지만 그러나 사전 계획의 수준이 위기가 발생했을 때 관계자들이 행동할 수 있도록 한다는 것은 확실하다. 이 같은 행위의 수행이 이루어지지 않으면 그림 3.5에서 논의하는 바람직하지 않은 미래의 형태로 갈수도 있다.

기후변화가 강우와 기온패턴의 변화를 포함하여 다양하게 관련된 위기를 초래할 것이 명백하다. 기후 패턴의 변화와 직접적으로 관련된 사건의 징후는 이미 나타나기 시작하고 있으며 정부와 기업은 이에 대처하기 시작하였다. 어떤 회사는 그들의 탄소발자국을 상쇄할 기회를 소비자에게 제공함으로써 기후변화의 두려움을 긍정적 사고로 전환하기 위하여 그들 자신의 위치를 재설정하고 있다. 예를 들어 버진 블루(오스트레일리아)는 많은 다른 항공사의 증가와 함께 탑승자들에게 그들 여행으로부터 발생되는 탄소를 상쇄할 기회를 제공하고 있다. 기후변화의 위협에 대해 긍정적인 대응으로 볼 수 있는 상업적 이득이 있다는 것을 의식하고 리차드 브렌슨 경의 버진항공그룹은 청정연료를 개발하기 위한 지시로 '버진퓨얼'을 설립했다. 회사가 수행한 첫 프로젝트의 하나는 보잉사와 항공엔진 제작사인 GE 항공과 협력으로 항공기용 바이오 연료를 개발하는 것이었다.

기후변화는 미래 관광흐름에 큰 영향을 미칠 것이며 이영향의 대부분은 현재와 예측된 트렌드에 기초한 시나리오 기법을 사용하여 모델화할 수 있다. 이 같은 몇 개의 위협에 대해서는 본장과 다른 장에서 논의되고 있다. 2007년 IPCC 리포트나 2006년 스턴 보고서에 담겨있는 불길한 전망을 인정한다면 관광지 당국은 관리자나 계획가들이 사용하는 일반적인 시간적 틀을 훨씬 뛰어넘는 정도의 틀 속에서 관광지에 대해 있을 지도 모를 기후변화의 영향을 고려하는 것이 필수적이다. 이 같은 권고의 중요성은 오스트레일리아의 케언스를 방문하는 배낭여행객의 40%가 만약 그 지역의 관광명소인 그레이트 베리어 리프가 IPCC에서 예측한 향후 30년 이내에 발생할 기후변화에 의해 심각한 손상을 입는다면 다른 대체 관광지를 찾을 것이라는 연구(프리도, 2006)에 의해 증명되고 있다. 그와 같은 위기를 완화하기 위하여 관광지는 암초(리프)를 보존할 수 있는 도움과 더불어 새로운 대안으로 대표적인 관광명소를 개발하는 전략을 고려할 필요가 있을 것이다.

기후변화와 연계되어 있는 맑은 물에 대한 수요가 늘어나고 있으며 특히 중동과 아시아 일부지역에서 중요한 정치적 긴장을 초래하고 있고 동시에 기존에 구축된 도시정주 패턴을 혼란에 빠지게 할 잠재적 위험을 가지고 있다. 농업 관개와 방목을 위한 아프리카 차드 호의 남용에서 증명되듯이 변화는 빠르게 일어날 수 있다. 40년이 조금지난 기간 동안에 약 70%까지 호수의 면적이 줄어들면서 그 호수에 의존하고 있는 지역과 국가경제에 심각한 혼란을 야기시켰다(피어스, 2006). 특히 정치적 긴장이 발생한다면 맑은 물의 호수는 미래 관광지의 주요이슈가 될 수 있다.

역사를 통하여 전염병(페스트)과 그 외 다른 유행병은 인류에게 끔찍함을 몰고왔다. 홀리스터와 베네트(2006)는 서(腺)페스트와 다른 질병으로 1347-1351년의 흑사병 유행기간동안 2천만명으로 추산되는 유럽인의 3분의 1이 죽었다. 전염병은 초기에 여러번 덮쳤고 후기에 다시 한번 엄습하였다. 예를 들어 런던 대흑사병(1665-1666)때 10만여명이 죽은 것으로 추산되었다. 1918년 유행성 독감(스페인 독감)이 나타났으며 1919년까지 유행하여 4-5천만 명으로 추산되는 인구가 죽었다. 2002-2003년의 사스의 전염은 스페인 독감과 같은 형태의 질병 유행이 국제관광에 손해를 끼치는 잠재적 영향을 가지고 있음을 보여주었다. 아시아 개발은행은 조류독감 유행이 아시아에 전체적으로 약 2,820억 달러, 지역 총생산의 6.5%로 추산되는 비용을 발생시켰다(맥도날드, 2005). 세계은행은 국제경제에 8,000억 달러 주문의 손실을 일으킬 수 있다고 추산했다. 인플루엔자는 관광산업에 큰 위기를 가져올 수 있는 많은 질병중의 하나다. 그 외에 가능성이 있는 질병은 기후패턴의 변화에 따라 새로운 지역으로 말라리아의 확산과 에이즈/인간면역결핍 바이러스(HIV)와 결핵이 포함된다.

미래위기를 일으킬 잠재력을 가지고 있는 많은 흐름이 있을 수 있다. 본장은 많은 이런 흐름을 검증해 보았지만 여기에 테러, 기술적 변화, 지역에서부터 국제적인 규모에 이르는 전쟁, 후퇴와 침체에 이르는 금융위기, 임박한 국제석유 매장량의 고갈, 많은 인구 고령화 그룹, 국제곡물제고에 대한 질병으로부터의 위협 등이 추가되어야 한다. 관광지가 넓고 다양한 종류의 위험과 병행하여 발전을 유지한다는 것은 분명히 어렵지만 이것은 정부나 혹은 산업연합체의 책무다. 그러나 관광지에 위험과 위기가 짧거나 경고의 시간적 여유가 없이 발생할 수 있으며 사전에 예상하지 못한 형태로 나타날 수 있다는 것을 인지하는 것이 중요하다. 예측하지 못한 것을 다루기 위한 관리 능력을 개발하기 위해서는 관광지를 종합적으로 구성하는 회사, 개인, 정부기관이 각자 관광지 관리와 계획에 필수적으로 참여하여야 한다. 본장의 시작부분의 시나리오에서 설명된 사건들의 형태들을 피하거나 완화하기 위해서는 위기에 대한 계획이 관광지계획의 모든 측면에서 포함되는 것이 필요하고 정기적으로 갱신, 보완될 필요가 있다. 계획의 실패는 위기가 발생했을 때 회복을 방해하게 된다. 인간사회는 위기를 맞았었고 흑사병 규모와 같은 새로운 위기를 계속 맞을 것이다. 과학과 지역사회의 자원을 통해 지원되는 계획은 장기간에 생존할 관광지가 세워질 수 있는 튼튼한 기초 역할을 한다.

핵심 이슈

- 위기와 재난은 때로는 약간 또는 경고도 없이 정기적으로 발생한다.
- 관광지 계획은 핵심요소로서 위기계획과 복구계획을 포함해야 한다.
- 미래위기는 기후변화, 피크오일의 충격과 경제적 혼란을 포함할 수 있다.
- 규모는 가능한 위기사건의 충격을 평가하기 위한 유용한 기제다.

제6장

도시관광지 – 관광활동의 새로운 초점

도시의 축하 –도시형태, 모양과 라이프 스타일의 태피스트리의 탐구

최근 항공 잡지가 '맨해튼 도심중앙부는 다시 한번 영광을 되찾기 위하여 명품점의 권위를 이용한다'는 것을 독자들에게 광고하였다(피슬리, 2008). 홍콩, 말레이시아와 싱가포르가 아시아 지역 최고의 쇼핑 관광지의 타이틀을 차지하기 위해 경쟁하고 있다. 말레시안 항공의 최근 광고는 '싫증날 때까지 쿠알라룸푸르에서 쇼핑'이라고 선언하였다(휴가와 여행: Vacations and Travel, 2008). 도시생활의 광고는 황홀하고 방종을 묘사하는 포괄적 이미지를 사용하게 한다. 가끔 유명한 공원을 일견해보는 것 외에 자연은 거의 없다. 자연의 장소에는 후기 현대생활의 사원, 화려한 쇼핑 아케이드, 온천, 오락장소와 고급식당이 있다. 도시는 다양한 수준의 사람들에게 매력이 있다: 탈출을 위한 수단으로, 이국적이고 관능적인 참여의 기회, 관용, 그리고 부의 과시를 위한 전시장 등이다. 어떤 사람에게는 도시는 일상적인 세계에서 다른 세계로 탈출하는 곳으로 그 곳에서는 덜 엄격하고, 무비판적이며 경계지역으로 대체되는 얼마동안 일상생활의 경계가 사라진다. 또 어떤 사람에게는 잠시 동안 다른 세계에 빠져있게 하고, 권력과 결합하고, 금전적으로 허용되는 한 도시속의 환상에서 또 다른 사람이 되려는 욕구가 있다: 모나코의 도박 테이블의 하이–롤러일 수 있으며; 런던의 웨스트엔드의 피요트르 차이코프스키 백조의 호수의 최신작품을 감상하는 상류사회의 일원이 될 수도 있고; 파리의 최신패션에 탐닉한 스타일 수도 있다. 그들의 이유가 무엇이든간에 사람들은 도시의 매력을 찾고 그들의 그런 부분을 위한 도시는 방문객을 고용과 부의 창출의 자원으로서 그들을 찾는다.

사회가 21세기로 들어오면서 우리는 점차 세계는 도시에 의해 지배되는 것을 발견한다. 과거에는 지구에 인간이 영향을 미치지 못하는 곳이 수없이 많았다. 오늘날에는 그 반대가 된 것이 사실이다. 도시가 경관을 지배하고 계속 증가하는

자원을 시용한다. 지구의 야생지는 줄어들고 기후변화, 자원부족, 청정수자원의 감소, 환경오염과 도시화가 도시와 그 도시에서의 인간정주의 행복에 새로운 위협으로 나타나고 있다. 미래 경관에 대한 도시의 지배현상은 도시의 규모와 그 수가 증가함에 따라 점차 커갈 것이다.

〈표 6.1〉 세계 20대 도시의 인구규모

순위	도시	인구	년도
1	뭄바이(봄베이), 인도	11,914,398	2001
2	상파울로, 브라질	11,016,703	2006
3	상해, 중국	10,928,800	2006
4	모스크바, 러시아	10,126,424	2006
5	서울, 한국	9,820,171	2005
6	델리, 인도	9,817,439	2001
7	카리치, 파키스탄	9,339,023	1998
8	이스탄불, 터키	8,831,805	2000
9	자카르타, 인도네시아	8,699,600	2005
10	베이징, 중국	8,689,000	2001
11	멕시코시티, 멕시코	8,591,309	2000
12	도쿄, 일본	8,483,050	2005
13	센젠, 중국	8,277,500	2005
14	뉴욕, 미국	8,143,197	2005
15	테헤란, 이란	7,796,257	2004
16	카이로, 이집트	7,786,640	2006
17	런던, 영국	7,429,200	2004
18	보고타, 콜롬비아	7,050,133	2007
19	리마, 페루	6,954,517	2005
20	다카, 방글라데시	6,479,751	2006

자료: Fact Monster/Information Please* © Database, 2007

관광측면에서 도시는 관광발생지와 관광목적지로서 매우 중요한 역할을 하고 있다. 도시는 방문객, 상업과 국가의 부와 권력의 저장소, 문화와 패션의 창조자이며 리더, 그리고 지적 배양의 인큐베이터를 위한 매력적인 장소다. 도시는 또한 국가의 기원과 동시대의 정치적, 경제적 힘을 나타내는 공공 및 민간 건물의 배치와 조합을 통하여 국가정신을 구체적으로 표출한다. 도시는 교회나 다른 종교적 기구, 박물관, 미술관과 극장 등과 같은 시설을 통하여 국가의 역사와 문화의 보호, 관찰자로서 역할을 수행한다. 대중문화는 도시생활의 창조적 구역내에서 발현되며 전자미디어를 통하여 전세계로 전파되어 나간다. 패션이 만들어지고,

알려지고, 발전하고 마침내 다음 트렌드에 의해 바뀌어 간다. 이런 특징을 갖는 도시는 관광경험에서 중심적 역할을 점하고 그리고 로(1993)가 말한 것처럼 '세상에서 가장 중요한 관공목적지의 형태다'.

본장은 도시관광지의 개발과 유지관리에 관련된 다양한 이슈를 논의한다. 과거의 도시 역할에 대해 간단한 검토로 시작하여 관광객의 관심지역으로서 당시대의 도시경관에 대한 논의가 뒤따른다. 그다음에 도시관광의 수요와 공급양태를 살펴본다. 도시에 대한 위협을 논의하고 미래도전에 어떻게 미래도시들이 대응할 수 있는지에 대한 제언을 제시하면서 결론을 맺는다.

도시관광 연구의 검토에서 페이지와 홀(2003)은 어느 정도 진전은 있지만 관광탐구의 뛰어난 형태로서 도시관광이 존재한다는 것을 강력하게 제시하는 경우는 아직 없다고 기술하고 있다. 이 같은 연구는 관광명소이며 관광발생지역으로서 도시의 역할을 인정하는 놀라운 일이다. 이에 관한 연구는 도시계획과 관리에서 관광 관심의 표현에 따라 임시적 결과를 가져오는 미완성인체로 남아있다. 로(2002)는 이것을 산업으로서 관광이 '눈에 보이지 않는 것'과 관광객에 의해 도시경제에 가해지는 기여도를 무시하려는 경향을 가지는 과거 접근방법의 탓으로 돌리고 있다. 도시관광에서 최근의 관심사는 페이지와 홀(2003), 로(2002), 에쉬워스와 턴브리지(2000)을 포함한 도시관광 형태를 분석한 몇 권의 책에서 반영되고 있다. 도시관광 연구자들이 당면한 문제중의 하나는 표준적 사회인구 통계학 특성을 뛰어 넘는 범위가 넓은 통계적 데이터에 접근하는 것이다(로, 2002), 쇼와 윌리암스, 2002). 많은 정부의 통계집합은 방문객의 의사결정에 영향을 줄 수 있는 요소에 대한 보다 구체화된 분석을 방해하는 특수하고 배타적인 카테고리로 분류되어 있다. 예를 들어 여행동기는 공식적 데이터 도구속에서 쉽게 파악되지 않는다. 결과적으로 정성적 방법으로 접근하게 된다. 정성적 연구는 도시관광 연구에서 특별하고 복잡한 어떤 것을 검토하는데 도움을 줄 수 있는 다양한 방법을 제공한다. 사례연구는 자주 이용되는 정성적 연구방법중의 하나인데 이는 복잡하고 다중적 훈련 과제를 검사하기 위한 다양한 데이터를 작성할 수 있기 때문이다. 이런 사례는 가나의 케이프 코스트(아기에이-멘사, 2006), 아일랜드의 더블린(던 외 2007), 미국의 뉴올리안즈(디맨쉬와 레패틱, 1999) 그리고 핀란드의 바싸(라아크소넨 외 2006)를 포함한다.

내용분석 또한 유용한 수단으로 이용된다. 여행잡지와 작가들은 유행을 만드는 주체로서 행동하며 유행 출현의 유용한 지표를 제공한다. 예를 들어 선데이 타임즈의 여행잡지판(2008년 4월)에서 편집자들이 세계에서 가장 세련된 18대 도시를 선정한 내용이 있다. 그 글에서 나타난 주제는 잡지가 목적으로 하는 인구통계학적 측면에서 가장 흥미있는 행위와 매력의 형태를 보여주는 쇼핑, 패션, 밤의 생활과 건축을 포함하고 있다. 이 글에서 발렌시아는 '이 세상에서 뛰어난 고딕과 은하의 융합, 섹시한 도시개조의 결과를 감탄하라'(더 타임즈, 2008)라고 말하고, 부에노스아이레스는 '빛나는 새로운 빌딩, 최신패션과 부띠끄 호텔, 멋진 박자에 맞춘 부에노스아이레스의 탱고'(더 타임즈, 2008), 그리고 시카고는 '주말에 체크 아웃할 때까지 잠을 자지않는 퇴폐적인 밤문화 활동에서 시카고는 뉴욕과 LA를 크게 앞서고 있다'(더 타임즈, 2008)라고 묘사하고 있다. 도시의 시대적 측면과 관광지로서 도시의 매력을 점검하기 전에 과거에 있어서 도시의 역할과 방문자들을 분석하는 것은 유용한 일이다.

도시의 역사 – 과거에서 현재까지

처음으로 정착지의 도시화는 아마 신석기시대 동안에 중동지방에서 나타났다. 오늘날 아직까지 남아있는 요르단강 서안의 옛도시 제리코는 기원전 9000년을 거슬러 올라가는 역사를 가진 도시들 중에 가장 초기에 속하는 도시다(게이츠, 2003). 한편 우르와 에리두와 같은 다른 도시는 티그리스와 유프라테스 강의 기름진 강 평야지대에 나타났다. 이런 초기 도시들의 출현을 가져온 일련의 사건은 고대에 사라졌지만 무역과 외적침입 방어(오플레터리와 브렌든, 2005)의 필요성이 도시발전을 촉진하는 조건의 요소들이는 것은 확실하다. 잉여 곡물과 다른 농산물을 생산하기 위하여 기름진 강 평야에 살게 된 농부의 노력은 도시인구의 증가를 떠받쳤다. 도시인은 그들의 옷, 그릇과 그 외 생활용품과 같은 공산품을 농부의 곡물, 가축의 생산물 및 다른 음식원료와 거래를 하였다(번스타인, 2008).

초기도시들의 특성으로 도시들은 항상 주변의 농촌배후지역이 농산물을 생산하지 않는 도시인구를 유지할 수 있는 충분한 식품원료를 생산할 수 있는 곳에 발생하였다. 이 도시들은 무역을 통하여 커져갔다. 도시는 처음으로 중동지역에서 나타났지만(예: 우르, 바빌론과 우루크), 곧 인도(인더스 계곡의 모헨조다로 문명), 중국(지금의 시안인 창아우)과 그 후에 아프리카(가나의 와다구스트와 쿰비살레), 유럽(로마, 아테네와 코린트)과 멕시코의 테오티후아카닌 등이 나타났다. 이런 많은 도시들은 그 당시 기준으로는 매우 규모가 컸으며 기원전 1세기말에

로마는 1백만명을 넘는 인구를 가진 것으로 추정되었다. 모든 경우에 도시와 그 배후지역간, 도시와 다른 도시간, 그리고 국가경계를 넘어 다른 지역과의 무역이 도시생활을 지속시켜주는 핵심이었다.

도시들은 현재의 수행기능을 지속하고 미래에도 이행을 지속할 다양한 기능적 장소로서 시작되었다. 과거에는 일반적인 사람들의 도시나 마을 방문은 물품거래, 종교적 참관, 축제나 혹은 군복역의 의무를 수행하기 위한 것이 실질적인 목적이었다. 매일 생활의 압박과 농업의 빈약한 잉여물(조직화된 사회가 처음 출현한 이래 인간조건의 한부분이 된 세금과 다른 명목의 지불을 한 후)은 매우 중요한 경우와 한정된 시간을 제외하고는 다른 마을이나 도시로 이동을 하지 못하게 하였다. 실제로 초기 마을이나 도시는 그 당시 관광객이 필수적이라고 생각했던 숙박, 음식, 음료, 예배장소, 경외로움으로 바라보는 장소, 오락과 홍등가 등 많은 서비스를 제공했다. 오늘날 많은 고대도시는 파괴되었으나(예: 에페소스, 우르와 바빌론) 아직 지속적으로 방문객을 끌어들이고 있다. 많은 관광객은 우리선조들이 성취한 과거의 위대함에 경외감을 갖고 단지 그 앞에 서서 보기 위하여 간다.

몇 천년후 암흑시대(약 기원후 500-1000년으로 초기 중세시대에 속함)로부터 유럽이 출현함에 따라 도시에서 무역이 국가경제에 에너지를 주고 도시는 문화, 과학의 발견, 상업과 교육의 중심지로서 새로운 책무를 맡았다(번스타인, 2008). 그 후에 전쟁이 국가의 급선무가 아니었으며 국경이 비상업적인 여행을 위해 개방되었다. 그 시대에 영국 엘리트들의 자녀를 위해 여행이 하나의 교육적 의식으로 묘사되는 여행으로서 '그랜드 투어(Grand tour)'의 유행으로 나타났다. 한편 딸들은 그들의 덕행을 보전하고 사회에서 그들 가족의 사회적, 경제적 지위를 제고하는 올바른 가족을 형성하는 결혼을 준비하기 위하여 집에 머물렀다. 유럽의 문화적 중심은 '육체의 즐거움'속에서 도시는 시간의 소비에서부터(카슨, 1994) 예술, 상업, 종교를 공부하는 부유층의 자녀들의 특별한 지역이 되었다. 여행부문에서 이익을 얻을 기회와 여행에서 국내적 관심의 출현은 국가문화와 관광객을 위한 관광명소로서 중요한 장소의 상품화를 촉진시켰다. 쥬디와 페인스타인(1997)은 오늘날 배낭객과 대규모 관광객에게 아직 인기있는 곳으로 남아있는 것을 '제국도시' 순회로 명명하고 있다. 영국과 다른 나라에서 성별에 관계없이 3학년 공부를 시작하기에 앞서 한해를 쉬면서(gap year) 외국을 여행하는 현시대의 트렌드는 과거의 '그랜드 투어'와 유사하다.

산업혁명에 의해 구축되고 유지되었던 대규모 도시화 물결로 19세기 유럽과 미국 도시들의 점차 커진 힘과 부(富)는 무역박람회 운동으로 나타났으며(로, 1993) 주최도시는 거대한 빌딩, 기념물 및 공원의 구축과 오락 및 도시생산품을 광고하기 위한 장소의 제공을 통해 도시의 위대함과 진취성을 과시하였다. 1851년 대박람회의 중심물로 구축된 런던의 크리스탈 궁전(Crystal Palace)은 19세기 건축물의 좋은 본보기였던 이 건물은 아쉽게도 1933년 화재에 의해 파괴되었지만 그 당시 건축물의 최첨단을 달린 대표적인 건축 방식이었다. 미국독립 100주년을 기념하기 위해 개최되었던 1876년 필라델피아 박람회는 천만명의 방문객을 유치하였고 벨 전화, 레밍톤 타자기를 세계에 소개하였다. 1889년 파리 세계 박람회가 바스티유 폭동 100주년을 기념하기 위해 열렸으며 그 시대의 엔지니어들이 놀랄만한 에펠탑을 건설하여 오늘날 계속해서 방문객을 유혹하고 있다. 이상 3개의 박람회를 통해 4천4백만명의 방문객을 유치하였다. 20세기에서도 무역박람회는 주최도시를 소개하고 쇠퇴하는 도시지역에 활력을 불어넣으며 주최도시가 방문객에게 개방적이라는 것을 제시하기 위해 비슷한 목적으로 이용되었다. 규모면에서 좀 더 큰 올림픽운동이 국제 스포츠에서 가장 높은 수준의 경쟁을 위한 장소를 제공하는 기본적인 역할에 더하여 주최도시와 국가를 소개하는데 활용되고 있다. 첫 근대 올림픽이 1896년 아테네에서 시작되면서 올림픽 게임은 점차적으로 국가적 성취도를 보여주고 관광객을 환영하는 장소와 주최도시를 소개하는 무대로 활용되고 있다. 2008년 베이징 올림픽은 현존하는 가장 현대적이고 장대한 스포츠 장소를 필요에 따라 제공하고 '와서 우리를 방문하라'라면서 사업에 개방적이라는 것을 국제산업사회에 알림으로써 이 같은 이중적 목적을 추구하는 형태를 따랐다.

시대적 도시경관

기성 시가지의 경관은 어떤 나라의 경제적, 사회적, 문화적 그리고 정치적 생활속에서 특정도시의 역할을 반영한다. 산업도시의 스카이라인은 국가적 기업이나 금융기관의 특징을 나타내는 본사에 의해 지배되는 반면 수도 도시의 스카이라인(그림 7.8 참조)은 정부의 권위를 상징하는 빌딩으로 가득 차있다. 가끔 오래된 도시는 과거와 현재를 비춰주는 경제적, 사회적 권위의 중심지가 혼합된 도시경관을 보여준다. 중국의 1420년에서 1912년까지 왕조시대 권위의 장소였던 베이징의 자금성은 2008년 새로운 올림픽 대표건축물인 새둥지(Bird's nest) 올림픽 스타디움 및 워터 큐브 수영장과 함께 오늘날 탁월함을 자랑하고 있다. 두 빌딩은 미시적에서 거시적 규모까지 그 보편성을 크게 넓힌 건축물이다. 버드네스트 스타디움은 지역차원에서 세계적으로 유명한 중국전통의 새집 수프요리에서 착안했으며 반면 워터 큐브는 비누방울(거품)의 형태를 크게 확대한 것이다(알리친, 2008). 한때 경제적 침체를 겪었던 두바이는 7성급 호텔인 버즈 알 아랍호텔, 팜 아일랜드, 버즈 두바이(세계에서 가장 높은 빌딩)와 세계지도를 나타내기 위해 구축한 300개 섬의 인공군도인 월드를 포함한 놀랄만한 건축물로 국제적 명성을 올렸다. 다른 도시에서도 도시경관은 새로운 형태, 모양과 공간을 창조하여 변화와 회생을 하거나 또는 오래된 구역을 보존하고 관광을 포함한 새로운 용도로 개발되고 있다. 바르샤바의 구시가지는 시드니의 록 수변지역과 같은 사례다.

산업혁명(영국에서 시작하여 18세기 중반까지 지속됨)과 동시에 유럽식민제국의 발전은 대규모 국제무역의 성장을 촉진하고 비즈니스 여행의 출현에 바로 뒤이어 호텔, 레스토랑 등이 결합된 지원시스템의 구축을 장려하였다. 관광을 위한 여행이 점차 생활의 중요한 부분이 되기 시작했으며 18세기 후반에 영국에서 첫 번째 해변 리조트의 출현과 이어서 산악지역에 겨울 리조트가 건설되었다. 20세기 초에 보다 효율적이고 저렴한 교통수단과 통신 시스템의 발달은 제조업과 유통에 새로운 흐름을 촉진시켰다. 세기 후반부에 원자재와 항구 그리고 화물 유통망에 이르는 접근에 전통적으로 요구사항이 부과되었던 과거의 장애요소로부터 자유로워진 새로운 서비스정보기반 경제의 출현을 촉진시켰다. 21세기 도시는 e 상업과 비즈니스 여행을 위한 새로운 수요를 창출하는 정보분야와 친지를 방문하고 기회가 있는 곳에서는 즐거움을 위한 여행을 포함하는 서비스 분야에서 특화하는데 선택의 폭이 더 넓다.

아마존 강 입구 근처에 위치한 브라질의 벨렘 도시는 신 구도시의 경관이 혼합된 대표적인 도시다. 그림 6.1에서 도시의 해양 역사를 나타내는 수세기의 오래된 빌딩이 보다 최근의 빌딩보다 훨씬 덜 우아하고 현재의 구조물 옆에서 그림자를 드리우고 있다. 에쉬워스와 턴브리지(2000)가 관찰한 것처럼 도시는 잘 계획된 것 보다는 차라리 우연한 행운의 기회로 존재하는 과거역사를 보존함으로써 신구가 혼재되어 있다. 보존으로 남겨진 많은 것은 화재, 전쟁, 지진과 재개발로부터 벗어난 결과이다. 남아있는 것의 보존은 빌딩의 활용역사, 보존, 자금과 특출성에 들어맞는 회복에 관한 가치판단에 달려있다. 이 경우에 있어서 진실성은 변화하는 대상이다.

새로운 도시형태로서 후기형태 도시 출현에 대한 연구가 다른 분야의 보고서에서는 점차 연구의 중요부문을 형성하고 있다. 맨스필드에 의하면 약 1970년대 이후 앞으로 지속되는 후기 현대도시형태에 대한 그들의 분석속에서 페이지와 홀(2003)은 후기 현대도시란 동일형태에서 '상징물의 잡동사니와 소비를 위한 기회로서' 묘사된 새로운 빌딩의 이종형태로 전환한 하나의 건축 스타일로 설명하고 있다. 디어와 플루스티(1998)는 도시를 위한 4개의 폭 넓고 때로는 중첩되는 주제를 제안하였다.

- 세계화로부터 출현된 세계도시 개념
- 사회적 분극화가 우월적 요소인 이중도시
- 시가지 변화와 지역사회의 구조변경 그리고 새로운 문화공간이 도시내에 나타나는 개조된 공간
- 사이버 도시

〈그림 6.1〉 벨렘 해안가

본장 후반부의 에코시티 개념은 위에서 언급한 것에 더하여 다섯 번째 주제로서 간단하게 논의되고 제안된다.

1900년에 도시부 인구는 세계인구의 13%를 차지하였다. 1950년까지 29%까지 증가하였다. 2008년까지 세계인구의 50% 이상이 도시지역에 살고 있었다(코헨, 1995). 이런 흐름으로 미국 인구센서스국에서 발표한 예측에 따르면 2030년까지

도시인구는 83억명으로 팽창할 것이라는 전망을 부인할만한 아무런 증거도 없다(http//www.factmonster.com/ipka/A076218.htm, 2008. 8. 8). 농촌으로부터 도시주민으로 세계인구 전환은 20세기의 특징이었고 오늘날의 거대도시로 성장을 가져왔다. 이 같은 도시형태는 너무나 규모가 크기 때문에 학자들은(고트만, 1961) 이를 설명하기 위하여 메갈로 폴리스와 메가시티 같은 새로운 개념을 창안하였다. 전형적으로 이런 거대 도시지역은 경우에 따라서는 이전의 꽤 특별한 도시특성을 구별하는 열린공간이 거의 없이 수백km까지 퍼져있는 교외화된 하나의 지역으로 뭉쳐있다. 미국의 보스톤에서 뉴욕과 워싱톤 DC까지 동부 해안변을 따라 펼쳐지며 연계된 긴 도시의 띠를 형성하면서 1961년에 진 고트만에 의해 처음 제안된 용어로 메갈로 폴리스의 개념을 보여주고 있다. 보스워쉬(BosWash)의 용어는 보스톤-뉴욕-워싱톤 DC의 메갈로 폴리스를 설명하기 위해 사용되고 있다. 이런 특징의 또 다른 형태는 퀘백시-윈저 회랑, 일본에 타이해이요 벨트(남부의 후쿠오카부에서 북부의 이바라키부까지 이르며 8천290만명의 인구를 보유), 중국의 베이징-텐진-탕쉬안 회랑(2천3백만명) 등이 포함된다. 이런 거대도시내에는 상호 연계된 육상교통회랑, 효율적인 배송시스템과 초고속 대용량 통신망이 이 같은 도시구조를 운영하는 기반을 제공한다.

가난, 슬럼, 사회적 부조화가 가끔 대규모 도시화와 관련되지만 거대 도시화로의 이동은 경제성장을 위한 필수적 조건이 되었다. 중국과 인도에서 시골로부터 도시로 인구이동은 빠르고 이는 경제성장 과정의 한 부분이다. 맥켄지 국제연구소(2008)에 의한 최근보고서는 단위당 생산성을 높이고 에너지 효율성을 개선하며 도시화에 대한 경작토지의 손실을 감소하기 위하여 중국은 평균 2천5백만 인구를 가진 15개 거대도시나 혹은 대안적으로 6천만명의 인구가 결합된 11개 도시 클러스터의 구축을 제안하였다. 추가적으로 2억4천만명의 농촌주민이 유입될 것으로 보는 전망에 의하면 중국의 도시화율이 2005년 44%에서 2025년에는 66%로 상승할 것으로 예상된다. 현재의 도시화율의 상태에서 2008년 1백만명 이상도시가 유럽지역이 35개인데 비교하여 2025년까지 중국은 1백만명 이상 도시가 219개로 예상된다.

어떤 국가에서 도시들(예: 카불과 콜롬보)은 정치적 당파간 경쟁사이에서 농촌지역에서 발생되는 투쟁이나 폭동사태로부터 도피처로 인식되고 있다. 다른 경우에는 도시가 특히 농촌인구를 위하여 보다 좋은 생활의 희망을 제공하는 기회의 중심지로 간주된다. 뭄바이(인도), 자카르타(인도네시아). 멕시코시티(멕시코) 그리고 중국, 아프리카, 중동의 많은 지역에서 그 도시가 커가는 힘을 주고 있는 배후지역에서는 불가능한 기회와 서비스를 찾아 농촌의 가난한 이들이 도시로 몰려드는 물결은 예외적인 현상이 아니다. 남아메리카의 최대도시인 상파울로(그림 6.2)는 새로운 빈민지역을 벗어나는 이주자를 끌어들이는 대도시의 수용능력을 보여준다.

〈그림 6.2〉 시내의 한 지점에서 본 상파울로의 스카이라인
자료: 브루스 프리도 촬영

세계적 규모에서 도시화의 움직임이 진전됨에 따라 소규모 소도읍이나 도시 또한 커질 것이며 많은 경우에 도시의 경제기반으로서 관광에 주목할 것이다. 이런 흐름은 홍콩과 경계로 맞닿아 있는 중국도시 센젠에서 이를 보여준다. 1980년 경제특구(SEZ)로 지정되기 전에 이 도시는 4층 이상의 빌딩이 없는 조용한 어촌에 불과하였다. 그 시가 경제특구로 지정되면서 중국은 대규모 소비중심주의의 전개로 도시발전이 추진되었으며 2007년의 연구에 의하면 8백만명을 넘게 증가하였으며 세계 13번째 대도시가 되었다. 고독한 혹성인 '홍콩과 마카오시의 가이드'에서 센젠은 확장된 쇼핑몰이며 마사지(합법적 혹은 비합법적)와 음침한 모든 것을 위한 장소로 묘사하고 있다. 도시의 서부에는 테마파크의 집적으로 세계 유명 기념물을 복제하여 모아놓아 상업화한 테마파크를 방문하여 '잠깐의 재미를

즐기는 중국 관광객들로 넘쳐나고 있다.' 센젠과 펄델타(삼각주)에 연접한 광뚱성의 다른 도시의 빠른 성장은 홍콩과 마카오를 포함한 새로운 메갈로폴리스를 형성하고 있다.

도시의 기능

세계경제의 중심이 농업에서부터 제조업으로 이동하고 최근에는 서비스와 정보산업으로 이동하면서 도시의 기능이 변모하였다. 그림 6.3은 최근 수세기 동안 국제경쟁력의 변화하는 특징을 강조하고 있다. 많은 도시와 소도읍은 금융, 비즈니스 본사, 정부기관 등과 최근에는 새로운 e-상업과 e-오락산업을 포함하는 서비스 분야에서 재구조화하고 위상을 재설정하는 것은 이제 놀라운 일이 아니다(미탄, 1996).

10년	요소	위협받는 국가산업
1960년대	노동집약적	섬유, 신발, 간단한 조립
1970년대	자본집약적	자동차, 기계, 화학
1980년대	기술	가전제품, 통신
1990년대	정보	금융사비스, 미디어, '시스템'비즈니스
2000년대	오락,e-쇼핑과 e-비즈니스	전통쇼핑공간, 전통오락공간

〈그림 6.3〉 국제경쟁에서 변화하는 특성
자료: 스톱포드와 스트레인지(1991)

국제적으로 경쟁적 후기산업인 e-산업의 빠른 출현은 풍부하고 값싼 에너지의 개발, 효율적인 교통과 대규모 대용량 통신에 그 기반을 두고 있다. 이런 세계적인 흐름인 도시화의 진전에서 도시관광을 위한 시사점은 중요하다. 도시는 많은 관광객을 발생할 뿐만 아니라 관광객을 끌어들인다. 따라서 숙박시설, 음식물의 공급과 교통을 포함하여 방문객의 수요에 서비스하기 위한 추가적인 도시 인프라를 구축해야 한다. 새로운 시장에 대한 낙관적인 관측과는 다르게 성장하는 도시는 상당한 쓰레기와 오염을 발생할 뿐만 아니라 많은 지역에서 양호한 농업지로 구성되어 있었던 주변의 땅을 흡수하였다. 관광객의 입장에서 도시와 방문자간의 상호작용과 이것이 환경에 미치는 영향을 이해하는 것은 효율적이고 효과적인 계획을 보증하고 경제적 성장을 성취하며 다른 도시로부터의 도전에 경쟁력을 갖추기 위해 필수적인 것이다. 에쉬워스와 턴브리지(2000)가 관찰한 것처럼 도시관광은 휴가경험의 다양성에 기초하고 있는데 이는 총체적으로 도시매력의 핵심요소다. 게다가 관광객은 다양한 동기의 이용자들에게 서비스를 제공하는 다중기능 도시로 진행하도록 주도하는 지역주민과 이런 활동을 함께 공유한다.

도시관광을 정의하는 것은 얼마동안 학자들의 관심을 사로잡았으며 토론의 이슈로 남아있다. 가끔 대도시 배후지역에 위치한 소도읍은 형태, 기능, 서비스의 풍부함에서 대규모 메트로폴리탄과는 거의 공통되는 부분이 없다(로, 2002). 기능에 기초한 도시의 몇 가지 유형은 연구보고서에서 제안되고 있다. 주드와 페인스타인(1999)은 기본적 관광도시를 세 가지로 분류하였다.

- 리조트 도시 - 방문객의 소비를 위해 명백하게 형성된 곳
- 관광 역사도시 - 역사적, 문화적 정체성(보존된 것이거나 건설된 것)이 핵심인 곳
- 개조된 도시 - 방문객을 유치하는 목적을 위해 인프라가 구축된 곳. 버려지거나 쇠퇴해가는 지점은 개조와 관광구역으로 전환을 추진

사례연구 6.1. 요크, 영국의 문화유산도시

1911년에 다음과 같은 글로 요크시의 문화유산 관광경험을 설명하고 있다. '만약 영국내의 다른 어느 곳보다 좋은 것을 요크에서 할 수 있는 것 중의 하나가 있다면 그것은 역사의 깨달음이다. 이곳에서는 무엇보다도 그 매력이 있다.' 다음 페이지에 관광객의 감탄의 정도가 다음글로 묘사되고 있다. '관광객이 철도역에서 나왔을 때 방문객은 그가 주목하는 것은 곧바로 나타나는 옛 성체를 발견하는 것으로 이는 기분좋은 놀라움을 가져온다. 그 광경의 아름다움에 사로잡혀 요크의 수많은 감탄에 또 하나를 추가한다'. 나중에 그 책속에서 벤슨은 쉠블스(Shambles)는 좁고 중세풍의 특징을 간직한 유일한 거리로 다른 많은 건물은 부수어져 버렸다는 사실에 슬퍼하고 있다. 오늘날 그 쉠블스 거리는 요크의 주요 관광명소중의 하나가 되었다.

1세기 후에 요크는 1968년 보존지구로서 설계되어 역사적 핵심지역으로 주요 관광센터가 되었다. 2007년에 도시는 유럽 도시마케팅에 의해 올해의 유럽 관광도시로 선정되었다.

도시의 관광적 기능의 보다 구체적인 분류에서 페이지(1995)는 목적에 기초한(그림 6.4) 유형을 제안하였다. 다른 시각에서 홀(2000)은 도시별로 형성된 행정기능에 기초한(그림 6.5) 형태로 분류하였다.

앞의 분류는 목적에 초점을 맞추었지만 매력의 중요성은 무시되었다. 이런 간

극을 제거하기 위하여 더 세분하여 구분된 유형(그림 6.6)이 제안되었는데 매력도의 크기와 도시가 제공하는 활동이나 체험의 다양성 등을 포함하고 있다. 다음 활동 중심의 유형은 배타적인 것이 아니며 그림 6.7에서 나타난 다기능 형태를 형성하는 도시 기능성과 매력도의 풍부한 설명을 하기 위하여 앞의 분류 형태에 병렬적으로 활용할 수 있다. 도시가 유인하는 기회가 매우 다양하기 때문에 어떤 목록도 완전하지 않은 것 같으며 겹칠 수 있고 또한 항상 보완이 필요하다.

- 수도(예: 런던, 파리, 뉴욕)와 문화수도(예: 로마)
- 대도시 중심지와 유서 깊은 성곽도시(예: 캔터베리와 요크)
- 큰 역사적 도시(옥스퍼드, 비엔나)
- 시내지역(예: 맨체스터)
- 활기찬 해안지역(예: 시드니 달링하버)
- 산업도시(예: 브레드포드)
- 해안리조트와 겨울스포츠 중심지(예: 릴레함메르)
- 통합리조트 건립 목적(예: 칸쿤)
- 종합관광 오락(예: 라스베가스, 디즈니랜드)
- 특화된 관광서비스 센터(예: 스파와 순례목적지)
- 문화예술도시(예: 플로랜스)

〈그림 6.4〉 목적에 따른 도시분류
자료: 페이지(1995)

• 복합기능수도	대부분의 가장 높은 국가적 수준의 기능이 결합됨(런던, 스톡홀름)
• 국제 수도	정치적 또는 상업적 측면에서 초국가적 역할을 대표함(뉴욕, 도쿄)
• 정치 수도	정치적 기능이 우선적 목적인 정부가 입지한 도시(캔버라, 오타와, 브라질리아)
• 이전 수도	더 이상 정부수도로서 역할을 하지 않지만 역사적으로 중요한 도시(상페테스브르그, 필라델피아)
• 옛 제국 수도	제국이 없어진 도시지만 국가수도로 혹은 다른 기능을 하고 있는 도시(마드리드, 비엔나, 부다페스트)
• 도/주 수도	피닉스, 벤쿠버, 카디프
• 슈퍼 수도	국제기구의 중심지로서 도시(뷔르셀, 뉴욕)
• 문화 수도	특히 유럽에서 EU를 통해 문화수도로 선언이 공식화 된 도시(크라쿠프)
• 브랜드 수도	특별한 생산품의 측면에서 수도로서 스스로 일컫는 도시(디트로이트)

〈그림 6.5〉 기능에 따른 도시 분류
자료: 홀(2000)

형태	기능
친지방문	이동성의 제고로 가족이 산재하게 되었고 이런 형태의 여행수요가 늘어남
활동	이런 종류는 조직될 수 있고 그룹으로 참여하거나 사진촬영과 같이 개인적 활동을 포함하는 다양한 활동과 관련이 있음. 활동의 범위는 크고, 늘어나고 있음
스포츠	주요도시에서 개최지를 찾는 올림픽과 월드시리즈 스포츠를 포함한 다양한 범위의 대표적 이벤트와 한편 작은 읍규모에서도 개최하는 지방체육 이벤트
오락	음악, 콘서트, 무대쇼, 페스티발, 밤문화와 그 외 이벤트에 있어서 체험활동
건강	현대 건강운동의 많은 부분의 기초가 되고, 당일 온천, 체육, 미용 시술과 일본 벳부처럼 온천관광지에서 출구를 찾는 건강추구
비즈니스	금융가(월스트리트와 런던시)와 성공 및 부를 상징하는 마천루의 힘에 대한 황홀함(예: 이제는 두바이의 버즈두바이가 능가하였지만 한때 세계 최고 높은 빌딩이었던 쿠알라룸푸르의 페트로나스 쌍둥이 빌딩)
능동적 학습	개인적, 국가적 부의 필요조건으로서 교육의 인식이 주요관광 유인력임
암시적 학습	비공식적 학습은 '와서, 보고 그리고 이해하라'는 것으로 설명됨
순례	로마, 예루살렘과 메카는 매년 수백만명의 순례자를 끌어들이는 종교의 대도시임
상징성	수도와 그들의 거대한 빌딩은 예를 들어 미얀마 공화국의의 네피도와 브라질의 브라질리아 같은 권력의 상징
자연	자연은 도시내(동물원)와 배후지역(국립공원)의 관광상품으로서 묶음으로 팔림
유산과 문화	과거와 연결되는 기회는 오래된 빌딩과 국립박물관을 방문하는 것뿐만 아니라 댄스, 페스티발과 전통문화의 축제장에 참여자나 관람자로서 참여하는 형태를 가질 수 있음
쇼핑	도시의 규모는 야시장을 통한 농산물 시장과 슈퍼 몰로부터 뉴욕의 금지구와 같은 쇼핑지구까지 훌륭한 쇼핑체험의 기회를 마련해줌
요리기회	특정한 지역에 유일한 맛과 향을 경험하게 함
도시경관의 형태와 구조	특별한 빌딩 형태나 도시현장의 체험
성욕자극	참여 또는 구경꾼으로서 엿보기
이국적	겉보기에 집의 평범성과 대조되는 형상, 형태, 활동의 체험
도박	위험에 참여하여 획득할 기회를 얻는 것. 예를 들어 아틀랜틱 시와 모나코를 포함하는 카지노 관광지의 스포츠 클럽에 다양한 포커 기계가 있음

〈그림 6.6〉 활동에 따른 도시의 관광명소 분류

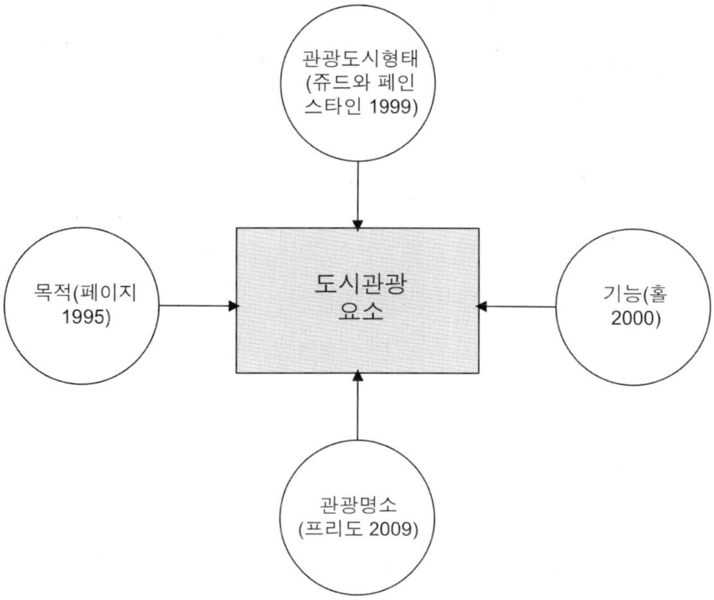

〈그림 6.7〉 관광공간으로서 도시의 유형

독립된 분류 형태는 연구를 위한 체계적인 접근법을 가능하게 하는 반면 도시의 독특한 속성과 결합하여 도시별로 형성된 기능의 다양성은 변함없는 도전을 불러일으킬 것이며 아마 어떤 유형을 손상시키기까지 할 것이다. 피어스(2007)는 수도도시관광의 연구를 통해 도시에서 관광의 측면으로부터 수도라는 요소를 분리하는 어려움을 지적하였다. 이것은 다른 분류 형태를 통해 잘 설명될 수 있을 것이다.

한편 앞의 분류형태의 아무것도 도시를 방문하는 관광객이 추구하는 경험을 요약하지 못한다. 이런 비효율성을 교정하기 위하여 그림 6.7은 앞에서 논의했던 유형에서 규명된 각 요소가 어떻게 관광객의 관심을 끌기위해 관광공간으로서 도시에서 결합되는 지를 나타내고 있다.

도시관광의 성장

점차 여행의 용이성은 소도읍과 도시를 종교적 관습을 위해 세속적인 것과 멀리하게 하는 곳에서 비즈니스, 관광, 친지방문과 다른 개인적인 필요성을 포함하는 목적으로 도시내뿐만 아니라 도시간, 도시와 농촌간 여행의 성장을 촉진하는 많은 접근로를 만들었다. 최근에 비용과 더불어 더욱 중요시되는 시간에서 현대 교통망의 적절한 특징은 새로운 관광형태의 유형으로서 짧은 도시휴식의 출현을 가져왔다. 베를린 주민은 금요일 저녁에 비행기를 타고 스페인 남쪽지역에서 2일 동안 골프를 치고 일요일 저녁에 집으로 돌아올 수 있다. 대신에 마드리드 주민은 주말에 베를린으로 날아가서 토요일에 콘서트에 참석하고 일요일 저녁에 집에 돌아올 수 있다. 이런 여행의 패턴은 '현실 도피'와 '부유하게 하는 것'으로 짝을 이루는 주제로 특징지어 지는 여행으로 이 같은 여행이 가능해질 수 있음을 보여준다(에쉬워스와 턴브리지, 2000). 던 외(2007)는 유럽 도시에서 최근 흐름에 대한 논평에서 2005년에 도착기준으로 태양과 비치의 휴가가 3%의 성장을 가져왔음에 비하여 도시관광은 20%까지 성장하였음을 발견하였다.

도시관광에서 관심을 이끄는 요소는 사람들이 도시에 대해 항상 가져왔던 매력만큼 경제성장의 반영, 힘, 창조를 위한 중심지로서 도시의 기능 그리고 패션의 표현과 같은 것이다.

이것은 다음을 포함한다.

집으로서의 도시. 세계 도시화율이 50% 수준을 넘어서고 도시 주거민이 고용, 교육과 오락을 찾아서 점차 기동력이 있게 되면서 도시거주자로 하여금 보다 일상이 되어있는 따분한 라이프스타일에서 시골에 남아있는 친지와 다시 연계되는 도시와 농촌간을 여행하면서 눈으로 보는 분절된 여행이 늘어나고 있다.

도시는 즐거운 곳. 도시는 다양한 활동과 즐거움에 참여할 수 있는 기회를 제공한다. 그림 7.7은 식당, 쇼핑, 카지노, 오락과 밤새 즐길 수 있는 구역, 문화구역, 배회에 대한 사람들의 짝찾기와 도시생활의 음란함을 포함하는 도시의 많은 매력을 포함하고 있다.

늘어나는 휴가와 사회적 지위를 벗어나는 것. 특히 선진국에서 유급휴가의 점증과 주말에 공휴일을 연계하여 연휴가 되게 하여 자주 짧은 여행이 가능하도록 한다. 이런 발전에 발맞추어 도시는 비교적 짧은 기간 동안 다양한 체험을 맛볼 수 있는 기회를 제공한다.

개인 가처분 소득의 증가. 일반적인 가처분소득의 증가는 관광객의 경비(특히 숙박과 식사)가 과거에는 단념하게 했을 수도 있는 도시관광을 고려할 수 있도록 한다. 늘어나는 맞벌이 부부의 트렌드와 더 큰 가처분 소득은 즐거움을 감당할 수 있는 능력을 가져왔다. 던 등(2007)은 더블린 도시연구에서 대부분 방문객은 짝을 이루었으며 드물게 아이와 함께 가족으로 이루어졌다는 것을 알았다. 그들

연구의 결과로서 DINKs(맞벌이 부부로 아이가 없음)가 많은 짧은 휴가여행을 주도하고 있음은 높은 가처분소득 개념의 이론을 뒷받침하고 있다.

교통인프라와 교통기술의 발달. 교통인프라의 중요한 발전은 일반적인 관광과 특히 도시관광의 성장을 지원했다. 도시는 교통과 산업의 허브로부터 관광의 즐거움이 있는 장소로 변형될 수 있다. 접근의 용이함은 도시를 매력있는 관광지로 만들었다. 유럽, 일본, 한국(그리고 가까운 장래에 중국)에서는 초고속철도(일본 신간센, 독일의 ICE)는 원거리를 매우 빠르게 대량으로 관광객 수송이 가능하도록 했다. 유럽에서 저가항공은 이런 형태의 휴가에서 점차 중요한 역할을 하고 있다. 던 등(2007)은 더블린까지 가는 글라스고 관광객의 말을 인용하고 있다. '일터로 가는 것 보다 여기 오는 것이 더 싸고 빠르다. 직장까지 가는데 1시간 반이 걸리지만 여기까지 오는데 50분이다. 믿을 수 없다. 우리는 아침 7시에 집을 떠나서 여기에 7시 52분에 도착했다. 나는 편도 70펜스라는 것이 믿기지 않는다. 직장에 갈 때 지불하는 교통비보다 훨씬 싸다'.

향상된 통신기술의 접근. 통신기술은 전세계의 수요자들에게 문화유산과 관광체험 기회에 대한 인식을 증가시켰다. 1990년대 중반에 시작된 인터넷은 점차적으로 여행계획과 구매를 민주적으로 할 수 있게 하였다. 관광제공자는 낮은 가격에 상품 배분수단으로서 인터넷을 사용하고 소비자는 여행정보, 여행할인과 다른 도시에서의 오락기회를 찾아 웹을 검색한다. 온라인으로 도시휴가의 중요부분(숙박과 교통)을 예약하는 간편함이 관광상품의 구매와 관련된 많은 위험성을 제거한다. 관광객은 여가시간에 숍을 둘러볼 수 있고 조사를 수행하고 원한다면 매우 빠른 시간에 결정을 할 수 있다.

증가하는 마케팅 행위와 도시관광지 간의 경쟁. 요즈음 대부분의 도시는 관광의 가치를 인식하고 능동적으로 관광지로서의 도시를 개선하고 있다. 스포츠 이벤트, 회의와 축제를 포함한 주요 이벤트가 열리고 이런 것들이 도시의 판매 촉진에 활용된다. 전체적으로 활동의 범위와 총량은 비치 리조트, 산악 및 섬과 같은 다른 형태의 관광지 대신에 관광지로서 도시에 새로운 관심을 불러 일으키고 있다.

도시에서 가능한 서비스. 규모에 따라 도시는 규모의 경제를 형성할 수 있으며 따라서 의료관리, 제 3의 교육과 엘리트학교, 금융분야에서 제공되는 상업서비스, 사법, 그리고 고전과 현대를 표현하는 오락을 포함하는 등 소규모 지역에서는 가능하지 않은 다양하고 특화된 서비스를 제공한다.

지성의 열기. 도시는 오랫동안 생활과 문화의 예술적 표현, 학생들의 젊은 열정, 지성적 토론에 몰두하는 학자의 지혜와 때로는 정치적 입장차이의 치열함 등의 집합점을 제공하여 왔다.

권력의 매력. 도시는 기업군의 거대한 빌딩과 정부 권력의 상징으로서 거대한 구조물을 이용한 도시경관을 통하여 우월권을 과시하는 힘의 장소다.

도시관광객의 유형

마케팅의 관점에서 관광상품과 관광명소가 현존하는 도시 관광자원의 기초를 자본화하는 특화된 시장분야로 개발되기 위하여 도시방문자의 특성을 분석하는 것이 중요하다. 페이지(1995)는 도시방문객을 9가지 형식으로 구분할 것을 제안하고 있다. 그러나 오늘날 변화의 속도는 확장된 최신의 구분을 필요로 하지만 이 목록은 관광객의 타입을 완전히 포함하지는 못한 것 같다. 다음의 예는 도시관광의 변화하는 특성을 보여주고 있다. 최근 몇 년간 많은 지역에서 긴장의 고조에 따라 보스니아, 코소보, 이라크, 아프카니스탄, 레바논과 동티모르 등을 포함한 분쟁중에 있는 국가에 대하여 많은 군대와 UN 지원부대, 다른 국제그룹과 비정부기구(NGO)의 배치가 이루어지고 있다. 이런 국가에서 지원이 이루어지는 동안 군병력과 봉사대원은 또 다른 방문객 형태의 지역관광객으로서 휴식기간을 보낸다. 그림 6.8에서 보여주는 구분은 배타적이 아니며 많은 경우에 있어서 방

페이지의 원래의 유형학	추가된 방문객 형태
• 친지방문	• 쇼핑 방문자
• 비즈니스 여행	• 오락 탐구자
• 회의 및 전시 방문	• UN 평화유지군
• 교육 여행	• 정부업무를 위한 방문자
• 문화유산 여행	• 주둔군
• 종교 여행(예 순례)	• MICE
• 품질보증 이벤트 방문	• 요양 방문자
• 레저 쇼핑	• 플라이 플롭-체류연장 관광객
• 일일 여행	• 스포츠 방문자
	• 긴급구조 종사자
	• 좋은 기후 탐구자
	• 짧은 휴식

〈그림 6.8〉 수정된 도시관광객의 유형

문객은 2개 혹은 그 이상의 유형 활동을 나타낼 것이다. 하루 저녁은 연극을 보러가고, 그 다음날은 쇼핑을 하며, 집으로 돌아가기 전에 종교제단을 방문하는 비즈니스 여행자가 하나의 예다.

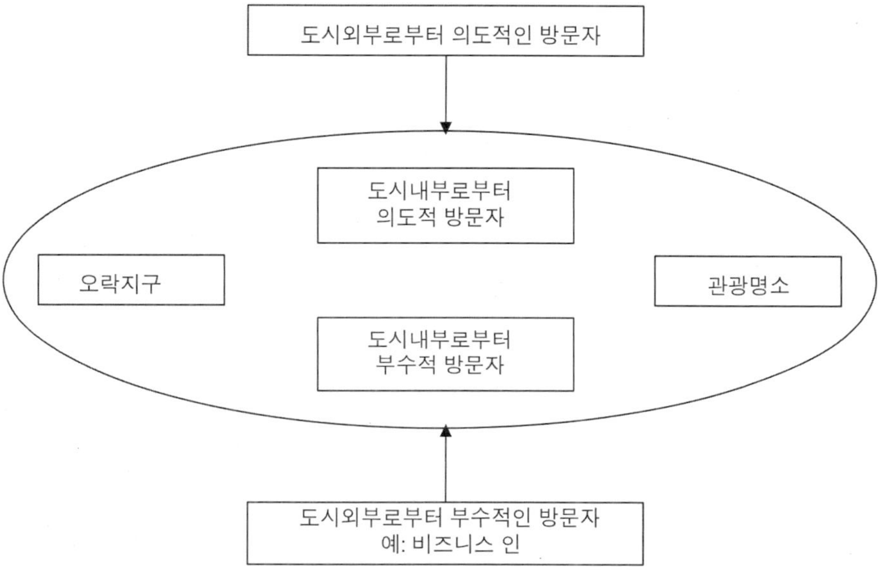

〈그림 6.9〉 도시방문객의 분류: 도시 관광명소의 관광객과 주민활동의 분류
자료: 에쉬워스와 턴브리지(2000)에 기초하여 재구성

다른 시각에서 에쉬워스와 턴브리지(2000)는 다음 기준에 의해 도시자원의 관광객 이용과 주민의 이용을 구분하고 있다.

- 여행을 위해 도시를 이용하면서 도시내외부에 머물며 휴가를 즐기는 사람으로서 해당 도시지역 외부로부터 유입된 계획적인 이용자(관광객)
- 도시의 레크리에이션/오락시설을 이용하거나 다른 사람과 접촉하는 동안 도시의 특징을 즐기는 도시지역내부로부터 계획적인 이용자(휴식하는 주민)
- 도시외부로부터 부수적 이용자로 비즈니스나 회의를 위한 방문자와 가족방문자들을 포함(휴양 목적이 아닌 방문자)
- 도시지역내부로부터 부수적 이용자로 일상적 업무를 수행하는 일반주민으로 가장 많은 그룹(휴양 목적이 아닌 주민)

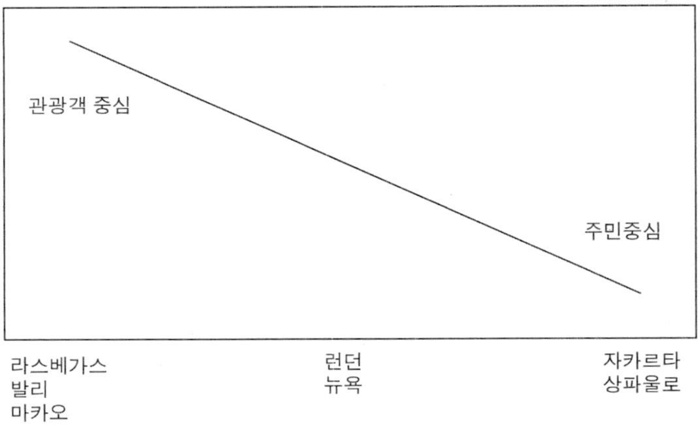

〈그림 6.10〉 주민 중심에서 관광객 중심의 목적까지 도시지역의 연속변화선

이런 방문객 그룹과 오락지역 및 관광명소에 대한 상호 관계는 그림 6.9에 나타나있다. 에쉬워스와 턴브리지(2000)는 주민과 방문객의 도시시설 이용의 복잡한 패턴과 여행수요를 창출하는 다차원의 동기를 분석하였다. 도시관광을 설명하는 추가적인 방법은 그림 6.10에서 보여주고 있는데 주민중심적이고 경제부문으로서 관광을 특별히 추진하지 않는 지역과 관광을 진흥시키는 관광중심적 도시간에 변화를 나타내고 있다. 일반적으로 레저관광도시로 진흥되지 않는 도시는 방문객을 유인할 수 있지만 레저를 포함하지 않는 여러 가지 이유가 있다. 변화 곡선의 양끝 사이에는 경제적 행위의 전체적인 측면의 하나로서 관광을 포함하는 수많은 도시가 분포해 있다.

관광상품으로서 도시개발

도시화는 도시의 모양, 형태와 활동에 있어서 실질적인 변화를 가져왔다. 이에 따라 많은 도시는 그 초점을 비즈니스와 시민을 유인하는 것으로 전환하였다. 콜브(2006)는 오래된 산업이나 비즈니스가 다른 지역으로 옮겨가기 때문에 쇠퇴상태에 있는 어떤 도시는 대안적 산업으로 관광을 주목한다고 지적하였다. 관광 자본화의 흐름은 미탄(1996), 콜브(2006), 그리고 그리핀과 테일러(2007)를 포함하는 많은 연구자들이 인정하고 있다. 예를 들어 쥬드(1999)는 관광산업으로 진입에는 장애가 거의 없기 때문에 가능성이 없는 곳조차도 관광산업에 투자를 부추기게 되는 것 같다고 주장했다.

변화의 과정은 적어도 6개 과정을 거쳐 달성될 수 있다.

1. 도시재생 - 수변지역, 폐철도 조차장과 특수지역
2. 기존 상품의 개발 - 인종지구, 쇼핑, 문화유산
3. 집회, 엑스포와 쇼핑몰을 포함한 새로운 상품의 유치
4. 유산, 미래의 도시, 쇼핑도시, 문화도시를 포함한 도시의 주제화
5. 테마파크를 포함한 유희오락 지역 형성
6. 도시관광지의 각 구성원은 각개인의 부분적 합보다는 더 큰 관광경험을 창출하는 순회지역에서 또 다른 구성원을 지원하는 순회지역내의 도시를 포함하는 통합성을 통하여 달성

도시가 도시재생을 추진하고 재개발이 이루어짐에 따라 새로운 주안점은 레저공간, 오락지역, 공원과 오픈스페이스, 그리고 도심지에 위치한 거주지역의 새로운 형태에 두고 있다. 이런 특징의 재개발은 도시주거민과 방문자를 유치하여 도시에 경제생활의 활기를 불어넣고 있다. 회생은 도시가 사회적, 경제적 갱신에 착수함에 따라 성장동기를 주지만 관광객의 입장에서는 문화센터, 박물관과 마케팅이 포화상태가 되기 전에 구축되어야 하는 다른 인프라의 수는 한정될 수밖에 없다. 도시경관을 성공적인 관광중심지로 변화시키는 핵심은 경쟁자를 따돌릴 수 있는 특별한 유일성을 창조하는 혁신적 도시능력에 달려있다. 이런 의미에서 유일성은 경쟁자와 차별화할 수 있는 공간, 스타일, 구역, 활동과 다른 형태를 창안하는 도시의 능력에 속한다고 볼 수 있다. 두바이의 버즈알아랍 호텔과 팜아일랜드는 도시의 유일성을 창조하는 전략의 사례다. 유일성은 규모별로 지역적, 국가적 혹은 국제적으로 구분할 수 있다.

서부 오스트레일리아에 있는 프리맨틀은 지역적, 국제적 규모에서 성공적인 경쟁을 하기 위해 유일성의 요소를 활용한 사례로 확인할 수 있는 곳이다. 그리핀과 헤일러(2007)에 따르면 프리맨틀은 '관광이 중첩된 그러나 과거의 상업적 해양 건축물을 대체하는 것이 아닌 풍부한 역사와 다양한 문화가 혼재하는 지역'이다. 오랜 쇠퇴기를 거친 후에 그 항구도시는 1987년 아메리카컵 요트대회의 개최도시로 회생되었다. 이후 해양유산에 중점을 둔 관광중심지로서 위치를 유지하고 있다. 지역적 규모에서 그 도시는 경쟁할 도시가 없지만 국가적 규모에서는 지롱(빅토리아주)과 시드니(뉴사우스 웨일즈주)와 경쟁한다. 국제적으로는 웰링턴과 세인트 피츠버그 등 많은 경쟁지역이 있다. 그림 6.11은 재개발로부터 보존되

고 지금은 대학캠퍼스로 사용되는 프리맨틀의 해변지역을 보여주고 있다.

변화의 과정이 성공되기 위해서는 특정도시의 정체성으로서 매력과 유일성을 줄 수 있도록 창조되어야 한다. 이미지는 장소, 기회, 형태나 사용에 기초를 두는 정체성을 창출한다. 정체성은 모든 관광지의 필수불가결한 요소이며 도시에서 관광지가 제공할 수 있는 관광체험을 구체화한다. 정체성은 다음과 같이 분류될 수 있다.

- 광의의 개념. 도시는 활기찬 것에서부터 희미하고 따분한 것까지 범위를 가지는 인식속에서 일반적으로 외부로 나타나는 방법이나 태도에 속함
- 특정적 개념. 참여자를 위하여 부정적 혹은 긍정적일 수 있는 특정한 도시의 이해

〈그림 6.11〉 프리맨틀의 해안지역에 복구된 건물
자료: 브루스 프리도 촬영

넓은 의미에서 도시는 다양성을, 어떤 경우에는 유일성을 제공하는 장소로서 규명된다. 라스베가스는 쾌락을 위한 천국인 미국에서 유혹에 빠지기 쉬운 환락의 도시인 반면 더 남쪽의 리오데자네이로는 카니발의 도시로 명성을 지니고 있다. 디트로이트는 세계의 자동차 수도로서 명성을 가지고 있으며 유럽의 바질은

매년 시계박람회로 시계와 관련이 있고 밀라노는 세계패션 중심지로 성장하였다. 다양한 방문객이 보는 부정적, 긍정적 개념은 넓은 의미의 이미지 용어속에 포함되어 있다.

도시의 보통 이미지를 특정한 도시를 위한 특정 이미지로 변모하는 것은 그 도시가 지향하는 특별한 시장에서 경쟁력이 있는 이미지를 창출하기 위해 긍정적인 요소의 매력을 구축하고 규명하는 것이 요구된다. 앞의 프리맨틀의 예에서 이 도시는 해양역사를 강조함으로써 달성되었다. 마이애미는 성공적으로 그곳의 기후와 백사장과 쾌락의 생활 스타일을 강조하고 있다. 카이로와 로마는 비슷하게 인류역사문화유산을 강조한다. 이미지형성 과정의 부분으로서 부정적인 개념을 인정할 필요가 있으며 그 문제를 풀기위해서는 교활한 광고를 위해 신문을 찾는 것보다는 차라리 꾸준한 노력이 요구된다. 이 작업은 어려울 수 있는데 이는 부정적인 이미지가 더럽고, 혼잡과 밀집, 추하고, 시끄럽고, 오염된 곳, 건강에 해롭고, 불안한 곳; 부도덕하고, 익명성과 고독하고, 바쁜 일로 가득 찬 곳, 경멸적인 주민; 그리고 뮬스 등(2007)이 지적했듯이 도시는 단순하고, 따분하며, 답답함과, 권태로움의 도시에 대한 시각이 포함되어 있기 때문이다.

다른 관광지를 뛰어넘는 특정한 도시관광지의 선정은 첫 단계로 도시선정의 단계이며, 방문객이 추구하는 특정한 속성에 대한 순위도시를 매기는 선정과정이 뒤따른다. 예를 들어 라스베가스를 방문한 방문객은 일반적인 수준에서 도시의 황홀함에 관심이 있고 특별한 수준에서 도박을 할 수 있는 기회에 관심을 가질 수도 있다. 비슷하게 일반적인 주제로서 역사유산에 관심이 있는 관광객은 파리의 매력을 발견할 것이며 반면에 특수한 주제나 수준에서 루브르 박물관을 방문하는 기회가 매력적이다.

공급측면 – 관광객이 경험하는 것

그림 6.6에서 제안된 행위의 총합과 그림 6.5에서 명시한 기능은 전반적인 도시 이미지를 형성한다. 호텔, 통신, 정부서비스, 공공안전, 교통과 다른 서비스의 기본에 따른 이런 이미지는 도시의 관광 공급의 중심을 구성한다. 관광행위의 압출-유인 이론(그림 2.2 참조)의 측면에서 도시의 유인요소는 앞의 부분에서 논의된 2개 단계에서 작동된다. 광의의 수준에서는 도시가 창조하려고 하는 긍정적 이미지는 기존의 관광지구의 하나이다. 특정한 수준에서 유인요소는 일반적으로 도시의 긍정적인 이미지를 관광객의 방문으로 전환하기 위한 특정도시의 능력과

관련이 있다.

또 다른 측면에서 볼 때 체험의 공급은 2개의 주요요소를 가지고 있는데, 첫번째의 구조는 명백하고 실체가 있는 가능한 것을 보여주는 것이며, 두 번째의 개인적 체험은 도시가 개별적 방문객을 위해 창조할 수 있는 체험의 유일성을 나타내는 의미에서만 존재하며 실체가 명백하지 않다. 체험의 양쪽 형태에 대한 욕구, 그들간의 차이점과 일반적인 관심에서부터 특정한 도시의 방문으로 이어지는 변화의 과정을 이해하는 것이 도시가 어떻게 그들의 관광지를 개발해야 하는지에 대한 핵심고려사항이다. 다음 논의는 도시체험의 구조를 형성하는 많은 요소들의 역할과 어떻게 이들이 유일한 개인적 체험을 창조하기 위해 사용될 수 있는지에 대하여 간단히 개관하고 있다.

유산과 문화

문화와 유산의 요소는 매우 강하게 연계되어 있고 관광의 흥미를 유발하는 도시구조에서 가장 중요한 요소로서 많은 학자들(에쉬워스와 턴브리지, 2000)에 의해 알려졌다. 과거의 형태와 가치가 현대로 전달되는 것은 유산관광을 받쳐주는 과정이다. 오래된 도시들은 이런 것을 합리적으로 잘 관리하고 있다. 로마, 카이로, 런던과 아테네는 과거에 세워진 세계적으로 인정받는 많은 상징물을 보유하고 있는 반면 어떤 오래된 지역에서는 도시재생의 불도저식 사고방식에 고통을 받고 있다. 다른 도시에서는 문화유산이 현대식 건물속에 이따끔씩 있다. 급속한 현대화 과정에서 홍콩과 싱가포르와 어느 정도까지는 2008년 올림픽 이전의 베이징을 포함하는 도시들은 관광자원으로서 과거의 가치를 가끔 경시하면서 도시기능의 다음단계를 위한 방안을 만들기 위해 오래된 것을 파괴하였다. 그러나 재생산의 과정이 도시중심기능의 걱정거리가 되고 있음을 알아야 한다. 그러므로 과거의 사용이 미래의 사용에 길을 내주면서 언젠가는 미래 도시의 문화유산에 새로운 추가물이 되기 때문에 재생과정은 도시기능의 중심에 놓여있음을 알아야 한다. 아무 생각없이 그 자체를 위해 과거를 보존하는 것은 도시 공간, 형태와 기능의 변화수요를 인식하는데 실패하기 때문에 과거의 보존과 현재의 수요간의 균형을 성취하는 과정은 도시행정의 계속된 긴장을 조성한다. 관광은 과거를 상업적 가치로 제공함으로써 적어도 과거의 가장 대표적인 요소를 보존하기 위한 유용한 변명거리를 제공한다.

창조의 표현은 오랜 도시형태와 관련을 맺고 있다. 도시의 부와 대규모 국내참여자를 유인하는 도시의 능력은 콘서트 홀, 아트 갤러리(미술관)와 고전음악에서 팝까지, 오페라에서 랩과 거대한 그래피티까지의 문화를 표현할 여러 장소를 지원하기 위한 필수적 요소다. 관광객은 주민에게 '가득 채움'을 제공하고 그렇게 함으로써 문화를 유지하도록 돕는다. 문화의 역할을 언급하면서 페이지와 홀(2003)은 유행과 고전간에 겹치는 부분이 있고 제안할 수 있는 문화는 다음처럼 분류될 수 있음을 제안했다.

- 고급문화(예술 공연, 갤러리와 같은 문화유산 관광명소)
- 시민과 대중문화(요리, 스포츠, 건축, 록, 팝, 랩 등)
- 다중문화(문화와 언어의 인종적 다양성)

집단적으로 문화의 이런 요소는 도시의 매력과 '분위기'의 의미에서 도시의 매력에 기여한다.

타인종집단 지구

타인종집단 거주지나 혹은 소수민족 거주지는 때로는 미심쩍고 어느 정도 의심의 눈초리를 받고 있으며 이는 많은 도시에서 소수인종의 과거 이민과 이방인으로서 취급받는 실제 현존하는 증거이기도 하다(콜린스, 2007). 예루살렘의 구도시 4개 구역중의 하나인 아르메니아인 거주지 설립은 기존에 있던 교회로부터 아르메니아 교회가 분리된 때인 AD 451년까지 거슬러 올라간다. 아르메니아 거주지는 팔레스타인을 통한 일소과정 등 수많은 정치적 변화에도 불구하고 견디어 내었으며 현재 예루살렘에서 분리된 구역으로 남아있다.

현재 관광도시에서 타인종 거주지의 포함은 특별한 음식과 음료경험, 쇼핑, 각 인종 페스티발의 참여와 일반적으로 관광객의 관심에 맞는 수준에서 이런 지역들과 만남을 통하여 다른 문화를 긴밀하게 접할 수 있는 기회를 제공함으로써 도시체험의 풍부함을 더해준다. 소수인종의 인구와 그들의 문화, 종교의식, 관습, 의상과 요리법의 특출한 표현은 관광객들에게 소비될 수 있는 국제도시 이미지를 구축하는데 도움을 준다(고담, 2007). 샌프란시스코의 차이나타운은 일단 슬럼가로 보이지만 그러나 동시에 "다른 것"에 대한 참여의 매력과 친밀함을 보여줌으로써 외국에 대한 엿보기의 기회를 방문객에게 제공하고 있다. 최근 수십년 동안 동양의 풍경, 소리, 맛과 냄새는 미국각지의 차이나타운을 중요한 관광명소로 재개발하는데 활용되고 있다(산토스 외, 2008). 다른 관광지에서처럼 소수인종지구는 관광객에게 '다른 것'을 팔기위해 상품화되고 있다. 도시의 특출한 환경으로서 빈민지구의 인식은 리오데자네이로의 빈민 판자촌을 포함한 다른 빈민지역을 관광명소가 되도록 한다.

이벤트

도시는 관광객을 유치하고 브랜드화하여 일반적으로 도시의 매력을 제고하는 수단으로서 이벤트를 활용한다. 마케팅 측면에서 이벤트는 다음과 같이 이용될 수 있다.

- 긍정적 이미지의 형성
- 비수기에 있어서 빈공간을 채우는 것
- 정치적 목적을 위하여 도시행정의 괴리를 개선
- 마케팅 전략의 기초를 형성

이벤트는 동일한 지방에서 정기적으로 열릴 수 있으며(예: 에딘버러의 타투와 뮌헨의 옥토버페스트 맥주페스티벌); 도시간을 이동하며 열리는 특별 이벤트(예: 컴먼웰스 게임); 여러도시에 걸쳐 동시적으로 행하여지는 이벤트(신년 맞이 행사, 월드컵 축구); 혹은 1회성 이벤트(200주년 기념, 왕이나 여왕의 취임식) 등이 있다. 이벤트는 한정된 구역내에 방문객을 유치하는 소규모(에디워홀의 이동전시회, 록 콘서트 혹은 지역 스포츠 카니발)에서 도시의 인식과 매력을 제고하는 대규모의 보증된 이벤트일 수도 있다. 도쿄와 서울에서 올림픽 게임의 영향은 국제적 인식측면에서 중요하였으며 베이징은 2008년 올림픽 게임이 방문객을 유치하였을 뿐만 아니라 국제시장에서 도시 이미지를 제고시킨 것으로 보고 있다.

퀸(2005)의 예술 페스티발의 논의는 넓은 의미에서 이벤트에 포함될 수 있다. 그녀에 의하면 많은 도시는 도시 이미지 문제에 '빠른 설정'의 수단으로 페스티발을 추가하면서 '도시에 사교성, 쾌활성, 명랑성과 공동사회의 포함은 완전한 도시이미지에는 미치지 못하지만 재건의 기초를 위한 긍정적 이미지의 표본을 제공한다'고 주장한다. 다른 도시들 예를 들어 뉴욕의 브로드웨이나 런던의 웨스트엔드처럼 다른 도시들은 관광명소를 창조하기 위해 그들의 문화지구를 유치하기도 한다.

쇼핑

쇼핑은 관광객들에게 중요한 매력이며 유일성, 독립성, 우수한 질과 저렴한 비용을 위한 기회제공이 쇼핑광고를 포함하는 마케팅에서 자주 이용된다. 도시는 독자적인 쇼핑지구(일본 긴자)와 문화쇼핑 경험(이스탐불의 그랜드 바자르의 터키 카펫, 암스테르담의 델프트 차이나 도자기, 방콕의 실크)을 제공할 수도 있다. 관광객에 의한 많은 소비 형태에서 소매풍경은 그림 6.12에서 나타난 것처럼 그 자체가 매력을 보여준다.

놀이 장소

도시는 발레, 오페라와 심포니오케스트라 같은 높은 문화 홀에서부터 나이트 클럽지구, 게임지구와 홍등가에 이르는 밤 문화생활을 위한 놀이 장소를 제공하는 오랜 전통을 가지고 있다. 소수인종지구처럼 밤 문화와 오락은 가끔 특정한 지역지구에 여러가지 이유로 집단적으로 형성된다. 이런 지역은 레스토랑, 바, 나이트클럽, 기타 클럽장소를 포함하고 때로는 카지노나 성인오락장소를 포함한다. 밤 문화와 오락지구의 예는 방콕의 파트퐁 지구, 시드니의 킹크로스, 뉴욕의 브로드웨이와 런던의 소호지역이 포함된다.

규모	소매 쇼핑		형태
대	지구	긴자	집적
	메가-몰	웨스트 이모션 몰(캐나다 알버타)	
	거리	로데오 거리(로스엔젤리스) 옥스포드 스트리트(시드니)	산재
	시장	스탠리 마켓(홍콩)	
	공항	대부분의 국제공항의 면세점	
	백화점	해롯(런던) 블루밍데일(뉴욕)	
소	특수소매점	밀라노의 여성 패션	분리

〈그림 6.12〉 규모와 형태에 따른 쇼핑체험의 인자

도시마케팅

마케팅은 성공적인 관광산업을 방전시키는데 필수적 요소이며 신중하게 수행될 필요가 있다. 콜브(2006)는 성공적 도시 마케팅의 주요요소로서 희귀성을 지적한 반면 그리핀과 해일러(2007)는 특별한 지점이나 특정하게 동기화된 방문객보다는 차라리 일반적 환경이라는 것을 발견하였다. 앞에서 논의된 이미지는 마케팅광고에 중요한 요소로서 기여한다. 듑 등(2007)은 '최신유행'의 관광지로서 도시이미지를 위한 기초요소로 작용하는 더블린의 젊음으로부터 발산되는 분위기 및 주위환경을 중요하게 언급하면서 도시의 '분위기'를 규명하였다. 다른 연구자들은 소비자에게 사고파는 상품으로서 도시환경을 보고 있지만(쥬드와 페인스타인, 1999, 미탄, 1996, 쇼우와 윌리암스, 2002), 그러나 이런 시각은 앞에서 논의한 만져질 수 없는 구조적인 측면으로서 고려되고 조정이 될 필요가 있다. 실제에 있어서 홀콤(쥬디와 페인스타인, 1999)이 주장하였듯이 앞의 견해는 도시가 기후, 지리, 지세, 역사, 문화, 종교와 전통으로서 포함된 본래의 특성의 결과물로서 그들의 특성과 본래의 속성에 대하여 제한된 측면을 가지고 있다.

미래도시관광에 대한 핵심으로서 혁신

오늘날의 도시가 과거의 도시와 다른 것과 같이 미래의 도시도 오늘날의 도시와 다를 것이라는 것이 앞의 논의에서 명백하게 밝혀졌다. 이 책의 곳곳에 미래도시를 형성하는데 영향을 주며 나타날 많은 도전이 논의되고 있다. 도시들이 어떻게 이런 도전에 반응할 것인지는 도시의 기능, 시민의 견해, 방문객의 수요, 민간의 리더십, 조세의 기초, 정책, 엔지니어링의 수용력과 중요한 것으로 혁신을 수행할 도시의 능력에 달려 있다. 도시가 과거에 그랬던 것처럼 미래도시는 물리적 환경, 사회와 생산 시스템에 있어서 변화에 계속적으로 적응하면서 새로운 매력을 개발하여 나갈 것이라는 것은 명백하다. 이 같은 과정의 핵심에 혁신이 자리잡고 있다.

도시에 대한 미래의 도전

과거에서처럼 현재의 도시는 많은 심각한 도전에 직면해 있다. 다음 논의는 현재의 도시의 형태에서 먼 미래 22세기 같이 멀거나 21세기 중반 가까이에 있는

면 미래의 어느 시기에는 지속가능하지 않을 것이라는 맥락하에서 구성되었다. 이런 견해의 측면은 새로운 기술이 과거에 도시형태를 형성하였듯이 기후변화의 완화와 더불어 이에 적응하고, 줄어드는 화석연료 매장량에 대한 대응과, 2050년까지 28억명으로 추산되는 인구를 위한 추가적인 음식을 찾는데 있어서 미래도시를 지원하기 위해서는 새로운 기술과 도시형태가 개발될 필요가 있다(크렙스, 2008).

미래에 도시는 현재의 후기현대 패턴을 뛰어 넘는 새로운 형태로 발전하게 될 것이며 이 과정에서 자연과 공존정책을 채택할 것인지, 기후변화를 통해 변화되는 자연에 적응하거나 혹은 대안적으로 자연의 정복을 추구할 것인지를 결정할 것이다. 도시정주를 지탱하기 위한 수용능력을 계속보유하기 위해 도시는 주변을 둘러싸고 있는 자연체계속에서 지속적으로 유지되는 것이 필요할 것이다. 이것은 엄청난 도전이며 이를 달성하기 위해서는 수십년이 소요되고 막대한 경제적 비용이 포함되는데 이는 변화의 속도, 방향과 강도가 불확실하기 때문이다. 미래에 조화로운 미래도시를 개발하는데 있어서 가능한 해결책으로서 나타난 개념의 하나가 에코시티(생태도시)다. 생태도시 개념이 비교적 새롭고 아직 도시계획에서 철학적 지침의 역할로서 폭넓게 수용되는 것은 아니지만 모든 도시들이 당면할 중요한 환경적 문제에 적응을 위한 어떤 기대를 갖게 하는 하나의 개념이기 때문에 다음 토론의 기초로서 활용된다.

환경적 도시 형성의 아이디어는 1980년에 시작되었으며 이는 환경적 책임에 관한 1960년대의 초기 토론에 기반을 두고 있다. 처음 환경적 개념은 도시변이 혹은 에너지 순환, 물, 쓰레기, 폐기물과 도시구조내에서 환경보존에 초점을 맞추었다. 최근에는 전세계적으로 생태도시운동으로 발전하였으며 도시형성에서 지속가능성을 창조하는데 중점이 두어지고 있다.

생태도시 개념

에코시티 개념은 도시생태에 기초하고 있는데 이는 도시와 자연체계간 관계를 연구하는 것으로 도시는 '자연적' 환경으로부터 분리되어 있는 것이 아니라 하나의 부분이라는 현실에 바탕을 두고 있다(다운톤, 1997). 이런 견해는 생태도시의 다음토론에 기본적 관념을 형성한다. 1975년 버클리에서 설립된 도시생태는 생태도시형성자(Ecocity builders)로 전환되었는데 이들의 임무는 자연과 균형을 이루는 도시를 재건하는 것이다. 생태도시는 짧은 거리에 모든 것이 있는 쾌적한 환경속에서 주민이 살 수 있고 일하며 쇼핑과 즐기는 장소로 간주된다. 이런 관념에 따르면 도시는 사람이 원하는 곳에 함께 집적되어 있고 모든 것이 쾌적한 상태로 형성되어야 한다. 따라서 교통은 걷거나 자전거 대중교통 혹은 마지막으로 자동차 등으로 원하는 곳에 갈 수 있는 것이 되어야 한다. 도시생태의 개념을 구축하는데 있어서 레지스터(1997)는 생태법칙에 순응하는 자연환경부분이 되는 도시자체의 건전성 속에서 삶의 시스템이나 구조로 생태도시를 개념화하고 있다.

현실은 미래도시가 현재 수행되고 있는 동일한 범위의 기능을 수행할 것이라는 것이다. 이 같은 기능은 고용, 안전제공, 삶에 필요한 것의 제공, 레크리에이션과 오락을 위한 기회의 제공, 젊은이를 교육하는 것 등을 포함한다. 이런 기능들이 어떻게 수행될 것인지가 미래 토론의 중심적 이슈이다. 생태도시의 견지에서 미래도시는 그들의 환경적 성과와 장기적 지속가능성을 개선하기 위하여 보완될 필요가 있다.

- 도시는 장기적으로 지속가능하여야 한다.
- 도시디자인은 도시가 성장하고 변화됨에 따라 품위있게 발전시키기 위해 충분히 유연적일 필요가 있다.
- 생태도시의 오픈 스페이스는 다기능을 서비스해야 한다.
- 도시는 지역적, 국제적 경제의 부분이어야 한다.
- 도시는 매력적이고 실행가능해야 한다.

유럽연합(2004)은 지속적인 인간정주를 위한 핵심요소를 규명하도록 디자인된 유사한 원칙 일람표를 공표하였다.

- 지원예산 배분
- 에너지 보존과 효율화
- 재생에너지 기술
- 오래 지속되는 건설 구조물
- 집과 일터간의 접근성
- 효율적 공공교통 시스템
- 쓰레기 감소와 재활용
- 유기질 쓰레기의 퇴비화
- 순환도시의 신진대사
- 지역자원의 주요식품 공급

놀랍게도 이 두 개념(그라델, 1999; EU, 2004)속에서 관광은 무시되고 있다. 도시가 발생하는 교통수요를 인정한다면 관광기능은 미래생태도시 디자인에서 핵심요소로 포함되어야 한다. 양(2004)은 생태도시를 나타내는데 이용되는 4개의 가장 공통적인 조건은 도시는 녹색과 환경친화적이며, 지속가능하고, 자연생태에 기반을 둔 것이라고 언급하였다. 또한 양은 생태도시의 구축방향을 적용하고 있는 6개의 한국도시를 구분하였지만 이 도시들은 아직 전체적인 생태시스템과 기능을 채용하여야 하기 때문에 진정한 생태도시로 규정할 수가 없다.

프리도(2005)가 인용한 바에 의하면 다운타운(1977)은 생태도시란 인간사회에서 뿐만 아니라 인간과 자연간에도 균형을 형성하고 유지되어야 한다고 역설하고 있다. 그의 견해에 따르면 '생태도시는 생태회복의 장소인 도시를 만들기 위한 하나의 브랜드, 윤리 그리고 프로그램이다. 치명적 질병에 걸린 환자를 연명하는 것과 같은 유지의 차원 즉 지속가능성을 뛰어넘는 것이다. 생태도시는 치유에 관한 것이다'. 생태도시의 이같은 이상적인 견해는 매력적이지만 현실적이지 않다. 과거에서처럼 미래의 도시도 비즈니스의 패러다임내에서 조화를 이루고 시민의 요구에 경제적 행위를 창출하는 수요정도에서 구조화될 것이다. 경제적 조직의 시장모델이 지배적이겠지만 도시경제의 수요는 점차 감소하는 자원 측면에서 도시형태와 기능이 지속적으로 관리될 것이다.

생태도시를 건설하려는 첫 시도중의 하나는 2007년 중국 상해근처에 있는 동탄신도시다. 동탄신도시는 자전거와 전기차만 허용하여 오염을 최소화하고 폐수를 포함하여 가능한한 자원을 재활용하며, 태양, 풍력을 포함한 재생에너지 자원의 활용과 환경적으로 민감한 농장에서는 지역의 음식을 자족하는 생산에 목표를 두고 있다. 그러나 안타깝게도 그 지점이 전에 소규모 농업지로 사용되었고 물새들이 몰려와 이용하였던 습지였다. 중국의 공해와 쓰레기의 오명을 인정한다면 동탄신도시의 개발은 의욕적인 프로젝트다. 도시관광의 의미에서 이 프로젝트는 도시미래의 청사진을 제시하는 것이라 할 수 있으며 이것까지는 아니라 할지라도 지속가능성과 도시생활의 균형에 대해 점차 관심을 가지는 방문객을 확실히 유인할 것이다.

생태도시를 창조하고 지속시키는 실질적인 능력은 좀 더 미래를 기다려야 할 것이다. 비관적인 전망자는 이익이 모든 결정을 좌우하고 이익이 없다면 생태도시라는 개념은 희미해질 것이라는 견해가 서구자본주의의 중심에 있다는 것을 지적하고 있다. 좀 더 현실적인 견해는 지속가능한 도시개념으로 향하는 움직임이 없으면 인류는 생태계 파괴로부터 심각한 위험에 직면할 것이며 가격체계에 기반을 한 생태도시는 지속가능한 생태계내에서 생활의 높은 기준을 지속할 수 있는 다양한 서비스를 제공할 수 있어야 한다는 것이다.

이런 맥락속에서 관광은 자원 이용이 현대세계에서보다 제한된 미래에는 새로운 접근방법을 채택할 필요가 있다. 새로운 경제모델로 자본주의를 대체할만한 새로운 경제시스템이 부족하다 할지라도 도시에서 관광경험의 수요는 남아있을 것이며 도시는 지속적으로 관광객을 구할 것이다. 적응은 미래 세계의 제한에 대하여 순응하도록 만들어져야 할 것이며, 이런 것들의 예는 대기에 온실가스 수준을 줄이기 위한 국제적 완화 전략의 성공이 미래의 저탄소 경제를 지탱하기 위하여 개발될 새로운 기술과 어쩌면 생태도시 개념에 기초한 새로운 도시형태의 출현에 달려있을 수도 있다.

결론

본장은 도시관광과 관련된 많은 이슈를 점검해 보았다. 이슈의 많은 부분은 복합적이고 중첩적 규율 때문에 지면의 한계상 구체적으로 검토하지 않았다. 분명한 것은 도시는 관광체험에서 중심적 역할을 하고 있다는 것이다.

본장은 관광목적지로서 도시의 핵심적 요소를 요약하려고 노력하였다. 이를 위하여 2개의 형식이 개발되었으며(그림 6.6과 6.7) 기존형식은 보완되었지만(그림 6.8) 물론 이들 형식은 아직 검증의 단계가 남아있다. 도시는 관광객의 중요한 관심지역으로서 역할을 지속할 것이며 도시의 핵심산업이 발전함에 따라 도시는 계속 발전하거나 새로운 기능으로 변화할 것이다. 혁신을 기꺼이 따를 것이며 과거에서처럼 미래의 도시는 새로운 압력에 직면할 것이다. 모든 압력중에서 앞에서 논의했던 증가하는 도시화와 기후변화가 가까운 미래에 있어서 도시관광지가 직면하는 가장 큰 도전이 될 것이 명확하다.

도시관광에 관계되는 가장 큰 도전의 하나는 주민의 욕구와 방문객의 수요로 다른 산업이나 서비스분야와 균형을 맞추는 것이다. 에쉬워스와 턴브리지(2000)가 상기하였듯이 도시는 다기능적이고 다양한 동기의 이용자에게 서비스해야 한다.

핵심 이슈

- 도시화율은 국제적으로 증가하고 있다. 이런 흐름의 결과로서 과거의 역사가 없는 신도시가 나타나고 있으며 반면 기존도시는 너무 빠르게 성장하기 때문에 도시의 과거는 사라져 버릴 위험에 있다.
- 도시는 새로운 도전에 반응하고 새로운 책임을 맡으면서 발전하고 있다.
- 도시는 방문객을 위한 매력적인 장소지만 이 같은 시장의 잠재력을 최대화하기 위해 도시는 유일한 이미지를 창조하고 증진시킬 수 있는 경험과 특별한 브랜드의 정체성을 확립할 필요가 있다.
- 미래도시는 기후변화를 포함한 다양한 새로운 도전에 직면할 것이며 그들이 기대하는 자원의 이용과 자원의 지속가능성간의 균형을 찾는 것이 필요하다. 하나의 해답은 생태도시의 개발이 될 수 있다.
- 도시가 완화와 적응을 통해 도전에 대응책을 구함에 따라 관련 학문은 예상될 수 있는 변화를 극복하려는 노력을 하여야 한다. 이런 도전의 하나는 해수면의 상승이 될 수 있다.

제7장

해안관광지

모래와 물의 심미성과 도시생활의 화려함과 역동성이
새로운 관광형태로 결합하는 곳

해안관광은 연구의 지속적인 주제이다; 탁월한 위치의 휴가리조트의 영향은 과거나 현재의 휴가에 있어서 관광 패턴의 형성을 좌우하는 것으로 여겨지고 있다. 관광체험의 측면을 설명하기 위해 개발된 모든 모델과 유형중에서 해변휴가와 관련된 모델이 가장 많다. 그럼에도 불구하고 이런 특성의 연구는 비치와 물 중심의 해변관광활동의 전통적 행태에 거의 초점을 맞춘 연구에 머물러 있는 반면 경제활동의 중심이며 관광행위의 새로운 동력원으로서 요즈음 빠르게 커가면서 나타나는 해변 또는 가까이 있는 해변도시는 경시하고 있다. 이 같은 행위는 연구자들이 변화의 시사점을 빨리 파악하고 해변지역에서 발전을 가져오는 동력분석에서 앞서가고 있는 다른 학문분야의 경우에는 해당되지 않는다. 보다 넓은 문헌에서 강조하는 부분은 직접 인접한 지역으로부터 해안지역에 속하는 보다 포괄적 의미를 갖는 해안선으로 이동하고 있으며, 여기서 해안선은 해안경계지로부터 육지의 가장자리의 외부 끝자락까지와 육지쪽으로 인접한 유역으로 확장된 상호연계되어 있는 생태적, 경제적, 인문적, 물리적 체계로 설명된다.

해안지역에서 행해지는 관광활동의 범위는 해안관광 리조트 개발에 대한 보고서가 제안하는 것보다 훨씬 넓다. 해안지역의 빠른 도시화와 이 도시화가 원인이 된 문제점은 해안구역에서 관광연구를 위한 새로운 정황을 만들고 있다. 해변도시는 이제 전통적인 바닷가 리조트보다는 관광활동을 위해 더 넓고 더욱 중요한 중심지로 부상하고 있다. 본장은 해안지역에 위치하는 많은 경쟁적 산업중의 하나로서 관광산업적 측면에서 해안지역에 대한 관광의 구조와 운영과 관련하여 논의한다. 넓은 학술적 의미에서 해변지역연구의 변수를 확인하는 이슈검증에 이어서, 해안지역에서 관광측면을 검증하기 전에 주로 관광객의 독점적 공간인 전통적 의미에서 해안리조트에 대하여 잘 연구된 분야를 검토해본다. 본장은 장기적 관점에서 해안지역 관광에 대한 위협요인을 검증, 토론하는 것으로 결론을 맺는다.

해안지역

해안지구관리(coastal zone management: CZM)에서 학문적 관심은 여러 가지 이유로 1970년대에 나타났다. 인공위성을 통해 처음 생산되어 제공된 데이터가 해안지역에서 육지지역을 밀어버리려는 개발압력이 해안생태계에 부정적인 영향을 미치기 시작하고 있다는 징후를 보여주고 있다; 똑같은 현상이 해안지역에 발생하는 광범위의 생물지구화학 순환에 영향을 미칠 수 있는 기후변화에 암시를 주었고(발레가, 2003); 1970년대 초에 미국에서 해안지구관리(CZM)의 채택; 해안지역에서 도시인구증가 등이다. 미국에서만 해안지역이 전국면적의 17%를 차지하고 여기에 전체인구 53%의 주거지가 입지해 있다(NOAA Economics, 2008년 5월12일 추산. www.ncdc.gov). 미국 해안관리제는 각국이 어떻게 해안관리에 일치된 접근법을 형성할 수 있는지를 보여주고 있다. 그후 10년 동안 해안지역보호의 관심은 해안계획과 관련된 많은 이슈를 선언한 1992년 리오데자네이로 지구정상회의에서 '아젠다 21'의 17장을 이끌어냈다. 결국 '아젠다 21'은 2002년 지속가능개발에 대한 세계정상회의(WSSD) 준비에 중대한 영향을 미친 문서가 되었다. 이에 따라 해안지역은 바다쪽으로 최고수위로부터 시작하여 육지쪽으로는 분수령에 의해 구분지어지는 공간경계나 혹은 자의적인 거리에 기초를 둔 경계까지 점차 확대된 공간체계로 확대되었다(발레가, 2003). 최근 수십년 동안 경제활동의 중심지로서 해안지역의 중요성이 커지는 것과 비례하여 해안도시는 도시가 위치하는 지역과 국가의 문화적, 경제적, 공간적 및 사회적 구조의 형성과 표현에 점차 주도적인 영향을 발휘하고 있다. 이런 이유 때문에 통합해안지구관리(ICZM)로서 관련된 통합해안관리(ICM)의 필요성이 정부의 핵심적인 책무로 인식되고 있다. 해안지역에서 개발이 예측하지 못할 정도로 일어나고 있음을 인정하면서 유럽연합(EU)은 유럽에서 통합해안지구관리(ICZM)에 대한 광범위한 평가가 진행되었다. 1996년에 발표된 보고서는 해안지역에 대한 국가 ICZM 전략을 개발하도록 권고하였다. 추가적인 검증작업과 협의에 뒤이어 EU는 2006년까지 국가 통합해안지구관리(ICZM) 개발을 요구하였다(해안지역정책, http//ec.europa.eu/environment/iczm/home.htm, 2008년 6월5일). 관광은 권고된 ICZM 구조에 대한 EU 정책형성에서 고려된 많은 사례연구 사업중의 하나였다. 관광산업과 관련하여 유럽의회(2001a)는 적절하게 계획이 되면 관광은 해안지역의 경제재건에 주요한 동력이 될 수 있지만 임기웅변식으로 무계획적인 관광개발은 유럽에서 주요한 사회적, 환경적 문제를 야기하였음을 지적하였다. 계획에 대한 좀 더 통합된 접근을 지원하기 위하여 추가적인 EU 보고서(2001b)는 유럽 관광목적지의 계획수단으로서 관광수행능력(TCC)채택을 위한 방법론의 프레임 워크를 제시하였다. EU의 통합해안지구관리 정책개발의 결과로 두 개의 지표를 구축하였다. 그 하나는 통합해안 지역관리의 진행을 측정하기 위한 것이며 다른 하나는 해안지역의 지속가능성을 측정하기 위하여 설계된 것이다.

해안지역은 해양정책, 해안지역관리, 보존, 생태와 문화유적을 포함하는 많은 분야에서 학자들로부터 관심을 끄는 지역중의 하나이다. 놀랍게도 관광연구에서는 해안지역의 중요성에 대하여 인식을 거의하지 못하고 있다. 보다 넓은 의미의 해변지역 관리에서 광범위한 분야에 걸쳐 관광의 영향이 고려된 사례는 홍해에 대한 지속가능한 관광개발의 검증(샤알란, 2005); 중국의 시아멘의 통합연안관리의 사회경제적 이익 측정(펭 외 2006); 이집트에서 해안지역관리의 분석(압드-알라, 1999; 샤알란, 2005); 필리핀의 통합연안관리(크리스티, 2005); 인도의 해안관광개발(노론하, 2004); 브라질의 통합연안관리(초, 2005); 북서아프리카의 통합연안관리(스누시 외, 2000); 동남아시아의 해안관광에서 해안지역관리(옹, 1986); 중국의 통합연안관리의 사회경제적 이익의 측정(펭 외, 2006); 멕시코의 해안지역에서 관광개발의 문제점(오리츠-로자노 외, 2005); 인도의 해안자원의 지속가능한 관리(데몬다란, 2006); 터키 연안관광과 도시화(뷰락 외, 2004); 영국 서남해안지역의 문화유산(칼레가리, 2003); 이탈리아 해안문화유산(하워드와 핀더, 2003); 해안문화유산(발레가, 2003); 그리고 해양 및 해안관광의 흐름(홀, 2001) 등을 포함한다.

해안지역관리

많은 기준이 해안지역의 범위를 정하기 위하여 활용된다.

- 물리적 기준: 지리적 측면에서 해안지역은 육지쪽으로 습지까지이며 바다쪽으로는 대륙의 가장자리의 바깥 끝자락까지 확장된다. 이 광의의 범위는 정책수립자나 계획가에게 강유역과 해안환경의 관리를 통합할 근거를 제공한다.

- 생태적 기준: 해안지역의 생태적 구성부분은 육지쪽 부분, 염기와 연안하위 체계, 해양쪽과 마지막으로 해저 200m까지 확장된 얕은 해역을 포함한다.
- 행정 및 관할 기준: 계획가나 행정가가 물리적, 생물학적 과정을 서술하는 것보다 다른 목적을 위한 경계를 설정한다는 것을 인정한다면 이 같은 측면에서 지구지정의 개념정의는 국가 및 국제적 합의와 법제화를 반영하는 지침내에서 이루어진다. 예를 들어 바다쪽으로 해안지역은 대륙붕의 범위를 규정할 때 사용되는 200m 해저 등고선에 의해 규정될 수 있고, 국토해양공간의 범위로 규정하는 12해리, 바다쪽으로 인접지역의 범위로 규정된 24해리선, 그리고 국가의 배타적 경제수역(EEZ)의 범위를 정하는 해안으로부터 200해리선 등으로 정의된다.
- 경제적 기준: 발레가(2003)은 '기존의 해안자원과 구조 및 시설의 위치에서....바다쪽으로 지역경제체제와 연관된 바다조업활동, 그리고 육지쪽으로 모든 해안 거주지, 산업과 농업을 포함하는' 것으로서 경제적 기준을 정의했다.

해안지역의 포괄적 특성과 배후지역과의 연계는 지구지정, 인프라개발, 산업정책, 사회정책과 지속가능성 이슈를 포함하는 측면에서 국가적, 지역적 수준에서 포괄적인 조화를 요구한다. 국가가 다른 주권국가와 육지나 바다로 경계를 공유하는 곳에서는 해안지역의 국제적 협력 및 조화와 관리가 요구된다. 앞에서 인용한 EU의 사례가 ICM에 대한 다각적 접근이 어떻게 보다 효과적인 정책결과를 달성할 수 있는지를 보여준다. 결론적으로 중앙정부는 해안지역의 계획과 관리에 점차적으로 관여하고 있다.

관광이 해안지역의 특정분야에서 중대한 요인이 될 수도 있고 아닐 수도 있다는 것을 인정한다면 해안 지역과 지역 기능, 운영 및 도전의 전체적인 관점에서 관광은 해안지역 경제와 해안통합관리의 새로운 현실에 맞는 것이라는 것을 이해하려는 시도의 출발점이 되어야 한다는 것이 핵심이다. 그림 7.1은 해안리조트의 전통적 설정형태로서 관광이 산업의 최고 위치 지역으로부터 시대에 뒤떨어진 지역부근까지 움직이는 해안관광지역내에서 관광이 점유할 수 있는 위치의 범위를 나타내기 위한 것이다. 해안지역에서 도시화의 빠른 속도 때문에 정책 아젠다는 해안지역경제에서 이해관계자들의 입지를 세워주기 위해 관광을 포함한 산업분야를 아직 허용하는 유동적인 상태에 있다. 점차 한정되어 가는 해안지역 공간확보를 위해 정당한 주장을 요구하는 곳에서 정치적, 산업적, 행정적, 계획적 포럼을 통해 관광분야의 목소리가 청취된다는 것이 확인되어야 한다. 이런 것이 이루어지기 위해서는 공간에 대한 경쟁적인 다른 산업의 핵심적인 관계자와 협의가 필요하며 가능한 상호 동맹이 형성되는 것이 필요하다. 한정된 공간과 유망한 지구지정을 위해 우열을 다투는 경쟁의 장소에서는 계획이 특히 민감한 이슈가 된다. 관광의 핵심 이해관계자로서 승인은 아젠다에서 다른 산업의 필요성이 관광의 필요성보다 높은 위치에 있다는 상황을 탈피하는데 있어서 매우 중요하다. 홍콩에서 도시를 금융 비즈니스 허브로 전환하려는 노력은 도시의 식민지 문화유산을 잃어버리는 많은 비용이 지불되었다. 도시의 문화유산 보존의 관광명소 조차도 금융, 상업과 유사한 부문의 이용 경쟁에서 가치가 떨어지는 것으로 여겨졌다. 반대로 마카오는 점차 빠른 경제발전속에서도 세계문화유산지역으로서 보호되고 있는 마카오 식민지 유산을 희생하지 않았다.

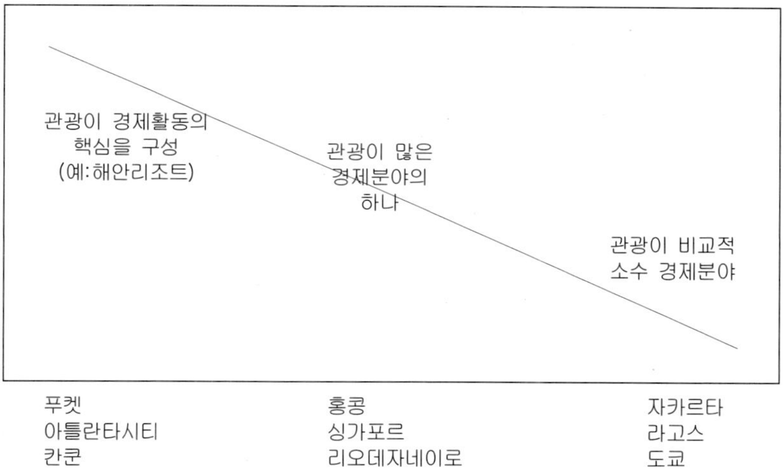

〈그림 7.1〉 해안지역의 경제활동으로서 관광의 위치

해안지역이 전체육지면적의 약 30%를 차지하고 전체인구의 51%의 주거지가 있는 터키에서 해안도시는 산업적, 상업적, 관광중심지로서 개발되었다. 핵심계획 포럼을 통해 많은 해안지역에서 관광, 해양문화, 보존, 도시화, 산업개발, 농업, 항해와 관광산업의 대표적인 중요성을 강조하는 교통간에 토지사용 갈등이 나타났다. 터키의 관광과 관련해서 토지이용 갈등은 1980년대 초에 관심이 높아진 세컨드 하우스 협동조합의 유행과 해변호텔 건설로 시작되었다. 해안지역의 다양한 이해관계자간의 분쟁을 해소할 필요성의 인식은 해안지역계획제도의 도입을 가져왔다.

해안지역관리는 넓고 다양한 행정기관간의 조화를 요구한다. GESAMP(1996)에 의하면 ICM은 이해관계 공공기관과 해안자원이 어떻게 배분되고 갈등이 조정되는지에 관심을 가진 많은 이해당사자의 능동적이고 지속적인 참여를 요구하는 광범위하고 역동적인 과정이다. ICM 과정은 지구, 지역, 국가적 수준의 관심이 논의되고 미래방향이 협의되는 수단을 제공한다. 추가적으로 효과적인 통합적 방법을 위해 정치적, 지리적 경계뿐만 아니라 사회적, 경제적, 생태적 요소를 포함한 해안지역의 모든 측면이 계획과정속에 포함되어야 한다. 이런 형태의 계획과정은 어려운 과정이며 각 단계마다 잠재적 갈등을 내포하고 있다. 다양한 이해관계자간의 갈등을 유발할 수 있는 이슈는 법적, 기관별, 사회문화적, 생태물리적 그리고 경제적 요소를 포함한다.

인구밀도가 높은 해안지역에서 ICM은 일반적으로 다음을 포함하는 많은 요소에 초점을 맞추고 있다.

- 현재에도 일어나고 있으며 미래에도 일어날 경제적 행위의 기능과 규모. 이런 예는 항구기능으로서 해안지역의 지역적 잠재력, 산업생산을 위한 현장, 재생 불가능한 자원의 입지지역, 농업, 양식업과 관광을 위한 현장을 포함한다.
- 해안지역의 국가적 역할. 특정구역의 지역이 보호지역으로서 보존되어야하는 면적, 구역이 농업 및 양식행위 이용의 한도까지 보호 또는 변화되는 곳, 구역이 도시화되는 정도, 군사적 목적으로 사용, 관광목적으로 지역의 배분, 산업목적과 복합산업 개발과 공간배분, 그리고 다기능지역을 포함한다. 만약 해안구역이 위치해 있는 지역이 국가의 생활중심지역이라면 보스턴, 도쿄와 앤트워프를 포함하는 해안도시의 경우처럼 정부로부터 많은 관심을 받을 수 있다. 만약 해안구역이 변방에(물리적, 사회적 혹은 경제적) 있다면 개발의제를 제안하고 지속시키는데 있어서 겪는 어려움을 수반하는 외부의 관심을 덜 받을 것이다.
- 관광의 역할과 해안구역 경제의 전반적인 체제내에서 요구하는 공간과 자원
- 생태의 유일성, 취약성, 복잡성, 변화에 대한 지속가능성과 감수성, 그리고 이용의 정도
- 중수도 및 폐수방류, 쓰레기 처리와 농업 및 공장유출수를 포함하는 폐기물 관리
- 현재와 미래에 구역 주민의 사회적, 경제적 포부와 목표. 이런 것은 수질, 교통, 고용, 오염과 사회적 서비스 접근성 등이 포함될 수 있다.

- 보호개상지역으로서 보존지역의 배분
- ICM 정책의 정치적 및 현장 운영협력을 포함하는 거버넌스
- 기후변화, 점증하는 물 기근, 피트오일, 소비패턴 변화, 대분의 선진국가에서의 출산율 하락, 한정된 공간의 종료 등을 포함하는 미래의 이슈

이런 요소는 계획가, 행정가와 민간부문에 의해 발의, 검토되기 전에 정치적 수준에서 고려될 필요가 있으며 해변정책관련 문제를 8개 영역으로 그룹화할 수 있다.

1. 자원사용에 대한 갈등과 관련된 영역(노로나, 2004)
2. 자원고갈과 관련된 문제(노로나, 2004)
3. 오염과 자원침식을 통해 나타나는 문제(노로나, 2004)
4. 자연재해, 수자원확보와 정치적 안정을 포함한 안정 이슈
5. 해안구역 주민생활의 질
6. 산업과 생태계의 장기적 지속가능성
7. 다양한 수준의 정부간 그리고 다양한 공공과 민간조직과 시설간에 구분될 수 있는 행정적 책임
8. 도시화, 세계화, 기후변화를 포함한 미래의 도전

최근 해안구역에서 도시인구의 성장은 빠르지만 관광연구자들에 의해 간과되고 있다. 리(2003)에 따르면 8백만명 이상의 인구를 가진 것으로 정의되는 거대(메가)도시의 성장은 극적이다. 1980년과 2000년 사이에 거대도시의 수는 3개에서 20개로 증가하였으며 이들의 많은 도시가 해안지역에 위치하고 있다. 이런 도시형태의 성장은 경제성장의 엔진으로서; 무역, 투지와 금융의 중심지로서; 생산의 장소로서; 상품의 시장장소로서; 소비를 위한 장소로서; 농촌지역으로부터 이주자를 매혹하는 지역으로서; 행정 및 문화적 매력지로서; 도시생활의 매력지로서 역할을 하는 해안도시가 탄생되었다. 새로운 거대도시는 꼭 선진국에만 국한되지 않으며 나이지리아(라고스), 인도(뭄바이와 마드라스)와 인도네시아(자카르타)를 포함한 개발도상국에도 출현한다. 해안 거대도시의 다른 예는 오사카(일본), 메트로 마닐라(필리핀), 이스탄불(터키), 리오데자네이로(브리질), 상하이와 텐진(중국), 방콕(타일랜드), 뉴욕과 로스엔젤리스(미국), 부에노스아이레스(아르헨티나), 와 카라치(파키스탄)를 포함한다. 리(2003)에 따르면 2002년에 일백만명이 넘는 인구를 가진 해안도시가 54개 있다. 미래에 거대도시의 수는 2015년까지 아시아

에 위치한 22개 도시를 포함해 36개로 늘어날 것으로 예상된다.

해안지역에서 도시의 성장은 증가하는 도시인구와 농업 및 자연지역 그리고 잠식하는 도시에 의해 압도당하는 소규모 농촌지역사회간에 갈등을 고조시키고 있다. 중국, 인도와 미국을 포함하는 많은 국가에서 해안지역의 도시화에 따른 성장은 농업지역이 도시의 침입으로 상실되거나 새로운 교통회랑으로 이용되거나 다른 비농업용도로 사용되면서 식량공급을 위협하고 있다. 그 외에 나타나는 다른 갈등은 대수층과 강물의 염수화, 해안침식, 열린공간의 손실, 육지와 해양 생육환경의 악화, 지하수 추출 공급으로 인한 육지면의 침하, 연안어업의 생산저하, 오염, 쓰나미와 폭풍을 포함하는 늘어나는 자연재해로부터 심각한 손실, 전통적 사회 및 문화행위의 붕괴, 가까운 장래에 해수면의 상승을 초래할 기후변화를 포함한다. 상당한 규모의 도시로부터 제공되는 주거환경의 풍부함, 고용을 위한 넓은 기회, 특수한 의료 및 건강관리 능력, 오락의 다양성이 새로운 물결의 이주자를 지속적으로 끌어들인다. 이 같은 많은 이슈는 1999년 중국 항조우에서 열린 해양과 해안에 대한 '리오+10 국제회의'와 같은 회의를 통해 목소리를 내기 시작했다. 본 회의에서는 해안 거대도시와 관련된 이슈의 인식을 요구한 항조우 선언을 발표했다(리, 2003).

많은 경우에 있어서 이런 이슈에 대한 결정은 압력단체와 개발이용과 관련된 다른 긴급한 수요와 주택이나 다른 용도의 건설을 위한 새로운 토지를 개발하려는 요구에 대한 대응차원에서 계속 만들어진다. 따라서 장기적 목표가 적절하고 분명하지 않을 수가 있으며 이런 목표를 달성하기 위한 계획이 부족하거나 계획이 되었다하더라도 여러가지 이유로 회피하는 경우가 있다. 바람직한 정책의 결과는 일반적으로 정부의 특정한 행위를 요구하는데 이는 규칙과 인센티브 제공이나 처벌의 적용 등을 포함한다. 다양한 수단은 다음을 포함한다(홀, 2000).

- 규제장치. 법적 기반과 권리를 보유하게 하는 규정, 인가 및 허가권을 포함한다.
- 자발적 동의. 운영자와 방문객을 위한 행동의 자발적 규약개발을 포함한다.
- 소비. 공원에 대한 직접적 자금공급은 해안환경을 보존하는 정책목표를 달성하는 하나의 방안이다.
- 금융 인센티브. 긍정적(보조금, 저리대출), 부정적(세금, 부과금, 특정수수료) 인센티브가 원하는 정책결과를 달성하기 위해 활용될 수 있다.
- 무간섭. 시장은 가장 적절한 대응을 결정하기 위하여 사용될 수 있다.

해안지역에서 앞의 이유로도 계획은 복잡하고 갈등의 잠재력이 있으나 통합과 협력을 촉진하기 위해서는 체제내에서 이해관계자의 이해를 인식하여야 한다.

이런 정책 환경속에서 운영되는 많은 산업중의 하나인 해안관광이 자원고갈을 초래하는 자원과잉사용의 문제를 야기할 수 있다. 예를 들어 해안관광은 지역생태계와 수자원공급에 영향을 미치고 충분한 토지와 교통회랑의 추가공급을 요구하며 또한 관광시설이 구축되어 있는 지역사회구조에 영향을 미칠 수 있다. 만역 영향이 관광분야를 넘어서 다른 분야까지 확산된다면 이런 이슈는 격화될 수 있다.

해안지역에서 빠른 도시화는 또한 다양한 수준의 정부뿐만 아니라 같은 수준의 정부간에도 긴장을 발생할 잠재성이 있다. 덴마크에서 이런 종류의 긴장이 2004년에 지방정부의 통합을 불러와 지방정부의 수를 274개에서 100개로 축소하였으며 이와 동시에 지역의 기관수를 축소하여 재구성하였다(안케르 외, 2004).

관광의 견지에서 해안지역관리의 전반적인 이슈가 인식되고 해안관광 이슈 연구에 포함되는 것이 필수적이다. 미래에 해안지역에서 토지수요가 심화되고 해안지역 도시의 수와 규모가 계속 증가함에 따라 관광 목적으로 요구되는 공간은 다른 용도의 사용으로부터 압력을 받을 것이다.

해안관광에 대한 전통적 견해

지금까지 해안리조트에 대한 많은 논의는 관광용도로 해안지역의 전환, 그이후의 성장, 관리, 계획과 최근에는 해안지역의 지속가능성에 대하여 초점을 맞추어 왔다. 쇼와 애가월(2007)은 영국의 뿌리로부터 시작하여 유럽에 '수출'되고 후에 북아메라카를 통하여 19세기 중반부터 20세기기간에 대규모 리조트의 출현까지 해안리조트의 발전을 추적하였다. 성장의 이 같은 패턴은 경제번영의 성장과 궤를 같이하며 레저의 민주화에 의해 크게 주도되었다(쇼와 에가월, 2007). 대규모 관광에서 성장의 일환으로서 우리(2002)는 전자시대 전에 뉴욕의 코니아일랜드와 영국의 브라이튼 피어로 유형화되는 새로운 오락형태의 발전을 관찰하였다. 킹(2001)은 리조트의 특성과 특화형태를 기초로 성장하는 리조트의 다양성을 구분하였다.

- 스포츠와 비치에 중심을 둔 리조트
- 테마공원과 골프장 리조트

- 대규모 워터파크 리조트
- 메가 리조트
- 부티끄 리조트

이것에 다른 특화된 다양한 리조트가 포함될 수 있다.

- 자연 기초의 리조트(케언스, 오스레일리아)
- 문화유산 리조트(두브로프니크 크로아티아)
- 스파 리조트(벳부, 일본)

길버트(1939)는 리조트의 현상을 검토한 첫 학자중의 한사람이었으며 바다와 신선한 공기의 치료특성에 대한 19세기의 믿음이 엘리트들의 건강에 대한 욕구를 수용한 해안리조트 도시의 출현을 어떻게 촉진시켰는지 관찰했다. 우선 엘리트들에 의해 확산되고 후에 늘어난 중산층과 노동계급에 의해 증폭되었다. 비치와 바다(sea), 모래(sand), 햇빛(sun)의 3가지 S와 최근에는 섹스(sex)로 추가된 S와 어떤 경우에는 파도(surf)의 다섯 번째 S의 매력이 이들로 하여금 지금은 해안의 쾌락지역으로 형성된 곳에 휴가의 한 형태로서 혹은 터너와 에쉬(1975)가 얘기했듯이 즐거움의 교외지역으로서 해안리조트를 성장시킨 버팀목이 되었다.

길버트(1939)와 바렛(1958)의 선구적인 연구는 영국에서 해안지역에 자주 관찰되는 개발형태에 관심을 갖게 하였다. 그 후에 크리스탈러(1963)는 처음으로 작동되는 힘에 대한 제한된 이론적 설명 모형을 제안하면서 관광지역에서 적용될 것으로 보이는 진화주기를 규명하였다. 발전의 과정은 다양한 모델(예: 길버트, 1939; 레이버리, 1974; 마이오섹, 1976; 버틀러, 1980; 곰센, 1981; 영, 1983; 켈러, 1987; 스미스, 1992; 커매스와 토마스, 1992; 버톤, 1994; 러셀과 폴크너, 1998; 위버, 2000; 프리도, 2000)과 성장과정을 설명하기 위한 유형(예: 플로그, 1973; 펙과 라이파이, 1977; 스미스, 1977; 소안, 1993)을 제안했던 학자들로부터 많은 관심을 끌었다. 발전모델에 대한 더 구체적인 논의는 제 2장을 참조하라. 기존의 유형과 모델은 일반적으로 관광객의 동기 측면에서 혹은 발전과정에 영향을 미치는 요인 분석으로부터 해안지역에서 관광발전의 이슈를 검토하고 있으며 대부분 해안지역에서 발달된 다른 산업이 많이 존재하고 있음을 무시하고 기본적 발전분야를 전적으로 관광에만 초점을 맞추고 있다.

많은 학자그룹에서 다양한 설정의 리조트개발 모델과 유형에 대한 검증을 해왔다. 예를 들어 아이오니드(1992)는 사이프러스의 어촌이 호텔과 쇼핑지구의 발전으로 관광이 촉진됨에 따라 어떻게 구조 변화를 겪었는지를 조사하였다. 에가월(1997)은 영국에서 해변리조트의 발전의 목록을 작성하고 후에 논문에서(에가월, 2002) 버틀러(1980)의 생애주기 모델과 발전을 이해하기 위하여 이론적 상호 연계를 통하여 뼈대를 구축하고 재구조화된 논문(하비, 1989; 소자, 1989; 우리, 1987)들을 결합하여 해변 관광에 대한 그녀의 연구범위를 넓혔다. 다른 지역에서 녹색광장 지점은 관광구역으로서 설계되었고 리조트 단지로 전환되었다. 인스킵(1991)은 발리의 누사 두아의 사례연구를 제공하였는데 여기의 해변 녹색광장의 장소는 정부에 의해 제공되었고 호텔기업의 많은 투자를 통해 관광단지로 재개발 되었다. 리조트 성장 과정의 또 다른 예로 프리도(2000a)는 비치에서 휴가를 즐기려는 욕구가 어떻게 흩어져있는 작은 비치의 촌락을 오스트레일리아의 주요국제적 리조트의 하나인 골드 코스트로 진화시킨 연속적인 이벤트의 자극이 제공되었는지 이야기하고 있다. 해안리조트 발전의 형성은 별장(seond house)으로 형성된 조그마한 해변 주거지역으로부터 국제 관광객일 수도 있는 많은 방문객을 유인하는 해변리조트까지 다양한 범위를 가진다. 해안 리조트 발전의 최신단계로서 쇼와 에가월(2007)은 해변리조트란 국제화의 한 구성부분이며 관광 국제화의 상호과정과 해안 리조트의 발전에 대한 국제화 영향의 대상이 된다는 것을 관찰하였다.

해안 리조트 발전과 관련된 많은 이슈가 각종 문헌(킹, 1994; 에가월, 1994; 고든과 굿올, 1992; 쿠퍼, 1992; 쿠퍼와 젝슨, 1989)에서 계속되는 토론의 주제이며, 더욱 최근에는 아길로 외(2005), 브람웰(2004) 그리고 에가월과 쇼(2007) 등의 일반적인 논의에서는 명확하게 규명된 비치 중심의 해안 휴가 경험을 제공하는 마을, 도시와 지역의 구조, 성장, 마케팅 그리고 영향에 초점을 맞추고 있다. 이런 사례는 사이프러스(어이오니드, 1992), 동남아시아(옹, 1998), 파타야(스미스, 1992), 영국 해안 리조트(쿠퍼, 1997; 에가월, 1997, 2202; 소안, 1993), 말타(오글레소프, 2984), 코스타 브라바크(프리스틀리와 문데, 1998), 발레아레스 제도(아길로, 2005), 카리브 제도(윌킨슨, 1987; 디베이지, 2990), 남태평양 제도(위버, 1990, 1998), 아일오브 만(쿠퍼와 잭슨, 1989), 미노르카(윌리암스, 1993), 오스트레일리아 코스타리카(프리도, 2000), 오스트레일리아 케언스(프리도, 2004) 등을 포함한다. 검토된 많은 이슈는 개발(버틀러, 1980), 계획(인스킵, 1991; 건, 1994), 경제적 지속가능성(브람웰, 2004), 시간(모이섹, 1974), 지역성(라베리, 1974), 쇠퇴(에가월, 2002; 게일, 2007), 성장경로 모델링(버틀러, 1980), 방문객

형태(코헨, 1972; 플로그, 1973) 등이다.

많은 연구자들이 또한 경제성장의 포드주의와 현대적 모델 측면에서 해안 관광 성장을 논의하고 있다(길과 월크, 2007; 토레스, 2002; 프리도, 2004; 아귈로 외, 2005; 우릴리 외, 2002; 우리, 1990). 포드주의의 관점에서 현대 대규모 관광의 발전은 2차 세계대전 이후 거대한 성장을 경험한 생산과 소비의 새로운 패턴의 결과물로서 설명되고 있다(토레스, 2002). 포드주의 전시대에 관광은 해변지역의 리조트 휴가지에 갈 수 있는 시간과 돈을 가진 주로 부유한 중산층과 상위층에 한정되었다. 제조업에 기반을 둔 포드주의로부터 후기 포드주의 혹은 신포드주의기반 시대로 산업생산 체제의 전환은 새로운 형태의 개인주의, 소규모화, 전문적 틈새관광 경험의 수요 증가를 초래하게 되었다(스머랄, 1998; 토레스, 2002). 다른 시각의 측면에서는 우리(1990)가 설명한 현대주의에서 후기현대주의로 이동으로서 이러한 힘은 관광객이 표준화되지 않은 관광체험을 찾게 됨에 따라 최근 해안 리조트 개발에 영향을 미치고 있다. 푼(1989, 1993)은 이런 현상을 포드주의 스타일인 대규모 관광에 빠져있던 '전통적 관광'의 접근법에서 좀 더 차별화된 후기 포드주의나 후기현대주의 관광체험을 추구하는 '새로운 관광'으로 전환이라고 설명한다. 최근 연구는 후기 포드주의나 후기 현대주의 모델속에 구현되어있는 형태의 차별화된 관광체험에 대한 수요는 리조트의 물리적 구조에도 영향을 미치고 있음을 지적하고 있다(아귈로 외, 2005; 레이첼과 우릴리, 2002).

시장에서 먼 주변지역에 오락을 즐길 수 있는 많은 해안리조트가 개발되었다. 현대 관광객의 이동성, 새로운 초고속 및 비행기에 의한 대량 교통수송 체계, 빠른 철도, 어떤 지역에서는 크루즈 선박과 자동차는 주변지역이 전에 겪었던 거리의 불편을 줄여주었고 해안지역에서 햇빛을 즐기고 방랑벽을 즐기는 관광을 촉진시켰다(파파세오도루, 2004). 결과적으로 카리브해, 동남아시아의 일부와 지중해지역이 햇빛과 유랑관광을 즐기는 성장 중심지로 출현하였다. 파파세오드루(2004)에 의하면 햇빛과 유랑을 즐기는 리조트가 예산 패키지 여행으로 대표되는 대규모 관광의 초점이 되는 반면에 또한 후기 현대주의로서 좀 더 정확하게 구분된 체험을 조장하는 시설구축과 자연환경의 특이한 요소를 개선하는 이중적 개발패턴을 발전시켰다. 사례연구 7.1은 하나의 리조트가 어떻게 두 가지 타입의 관광객 요구사항을 충족시키는 체험과 숙박시설을 개발할 수 있는지를 보여주고 있다. 이 같은 발전은 그림 7.1에서 대규모 산업적 규모의 관광이 연속선상의 한 끝을 점하고 개별적 체험을 하는 관광이 다른 한 끝을 점하는 연속적인 그래프에 나타나있다. 포드주의 형태의 대규모 관광이 오른쪽에 있고 후기 포드주의의 개별적 관광은 연속선상의 왼쪽에 위치하는 이런 특성의 관광형태 연속선을 그리는 것이 가능하다. 실제 산업규모에 대한 대규모 관광은 관광행위의 주요형태로서 지속되고 있으며, 그림 7.2에서 표현된 개별적 형태의 관광행위는 전체관광수요에서 적은 비율을 차지하고 있는 개별적 관광행위가 관광수요의 규모가 일정하게 주어져 있다면 구성비가 더 클 것 같지는 않다. 사례연구 7.1에서 논의된 것처럼 현실은 두 극단적인 연속선상의 사이에 많은 리조트의 형태가 자리잡을 것이다.

개별관광	단체관광
생산시스템 - 후기포드주의 - 후기현대주의 - 새로운 관광 **특징** - 소규모 환경친화적 숙박시설 - 개별적인 관광 - 전반적으로 적은 방문객수	**생산시스템** - 포드주의 - 현대주의 - 전통적 관광 **특징** - 대규모 리조트 호텔 - 상업화된 관광명소 - 대규모 관광 **사례** - 푸켓 - 칸쿤 - 호놀룰루

〈그림 7.2〉 관광활동의 연속

사례연구 7.1

북 오스트레일리아의 열대지역에 위치한 케언스는 대규모 관광리조트로서의 위치를 차지하는 년간 약 2백만명이 넘는 방문객을 유치하고 있다. 시의 바다쪽으로는 세계 문화유산으로 지정된 그레이트 배리어 리프(대산호초)는 본 시의 관광에서 주요상징의 하나로 기능하는 반면 육지쪽으로는 역시 세계문화유산으로 등재된 열대우림지역 또한 인기있는 주요관광지가 되고 있다. 대부분의 관광객은 고층 호텔에서 숙박하고 해안선이나 주변에 위치한 아파트에서 서비스를 받으며 대규모 관광경험 형식으로 지역의 주요관광자원을 탐방한다. 우림지역과 야생동물은 일반적으로 상업적 우림지역투어나 혹은 상업적 우림지역과 야생동물 관광명소 탐방을 통하여 상업화된 형태로 지역체험을 하는 한편 대보초(산호)는 산호초 크루즈 선박을 통하여 방문한다. 도심지역을 벗어나 열대우림지역에 위치한 생태관광 오두막집은 관광활동의 연속 그래프상의 끝에 있는 후기 포드주의나 후기 현대주의에 해당하는 숙박시설을 제공한다. 비슷하게 방문객은 관광활동 연속선상의 끝에 있는 후기 포드주의나 후기 현대주의를 향하는 지점에 위치한 대보초나 우림지역의 양쪽지역으로 늘어나는 많은 개인적 가이드 투어에 참여할 수 있다. 케언스의 산업구조는 현대주의나 후기현대주의 양쪽의 특징을 포함하는 파파세오오도루의 이중성 개념을 지지한다. 이런 형태의 리조트는 대규모 관광경험이 대부분의 관광목적지에서 관광체험의 중요한 부분을 계속 형성하는 동시에 좀 더 개인적이고 소규모 관광체험을 위한 기회도 제공한다.

계획

영국 해변리조트의 첫 물결속에서 해안개발은 현대적 계획에 대한 이해의 틀 속에서 발생하였으며 그 결과 아직도 지구지정의 위계가 존재하여 나타나있다. 이 같은 전통적인 계획은 많은 다른 후발지역에서 최근 더욱 발전하고 있지만 선진세계의 국가에서도 계속적으로 현존하고 있다. 1970-1980년대에 아시아와 다른 지역에서 개발된 많은 리조트의 발전은 빠르게 거의 동시적 이루어졌으며 때로는 계획체계의 안내도 없었다. 타일랜드의 파타야를 포함한 많은 지역에서 투자자의 이익 추구, 부패와 결탁한 정부의 늦은 대처, 잠재해 있는 물리적, 환경적 영향의 중요성에 대한 무시는 부적절한 일련의 리조트를 양산하였다(옹, 1998). 파타야의 경우 비치개발과 부적절한 인프라는 환경오염, 산호초 파괴, 어족자원의 고갈, 심각한 모래해변 침식의 결과를 초래하였다. 이런 패턴은 몇년 동안 되풀이 되었다. 이와 같은 형태의 리조트에서 공통된 주제는 리오데자네이로의 코파카바나 비치에서 아침 일찍 찍은 그림 7.4에서 보여주듯이 거의 비치앞까지 건축물이 건설되도록 허용함으로써 그림 7.3에서 나타난 자연완충지역의 필요성을 등한시한다는 것이다. 그림 7.3에서 지구지정법은 저층 호텔과 비치로부터 떨어진 곳에 건설할 것을 요구하고 있다. 사진 위쪽의 나무숲 뒤에 2km 길이의 호텔지구가 있다.

파타야로 대표되는 동시다발적이고 비계획적인 개발에 대비하여 최근 많은 리조트는 통합된 계획체계의 지침에 의해 건설되고 있다. 이 같은 예는 발리의 누사두바, 태국의 라구나 퓰레트와 멕시코의 칸쿤이 포함된다. 이런 리조트에서는 인프라 개발, 교통회랑, 폐기물 처리와 자연환경 친화적 개발에 많은 관심을 기울였다. 그러나 통합계획이 이루어지는 지역에서조차도 해안환경의 불충분한 이해로 오염, 생태계 상실, 침식과 리조트 원주민을 위한 사회적 이슈 등 많은 문제점이 나타나고 있다. 옹(1998)이 관찰한 바와 같이 엄격한 해안보존수단의 사용, 부적절한 건축선, 맹그로브 숲의 파괴는 개발자들이 개발의 부정적 결과를 충분히 이해하는데 실패했다는 것을 알려주고 있다.

많은 정부는 효과적인 해안계획은 모든 개발제안에 대한 종합 환경영향평가; 수행될 개발에 앞서 수용용량 수준의 검증; 정책과 규제의 강화; 그리고 점증하는 관심이 보전과 장기간의 경제적, 생물학적 지속가능성에 주어져야 한다는 것을 인식하고 있다. 부패는 지속적으로 그리고 특히 많은 지역에 개발이 넘치게 하며 그러나 꼭 그렇지는 않지만 개발도상국에서 부적절한 개발을 초래하고 있다. 그 외에도 부패의 특수한 예는 개발자와 공무원간의 결탁은 법적으로 부적절한 개발을 초래하는 그릇된 좀 더 비정상적인 형태이다. 바람직하지 않은 장소와 형태로 개발을 서둘러 추진하려는 개발자에게 지방정부가 이런 개발을 허용하도록 계획법을 임의적으로 운용한 것이 보통이었다. 그 후 개발자는 그 지역을 팔고 소유자에게 모든 책임을 떠넘기고 떠나갈 수 있으며 어떤 경우에는 승인을 한 지방정부가 이런 문제를 조정한다. 이런 형태의 개발 추진은 2004년 쓰나미에 의해 푸켓이 받았던 피해에도 어느 정도 책임이 있다.

〈그림 7.3〉 케언스의 케와라 비치. 이 사진은 나지막한 숙소가 나무숲 앞의 비치 뒤에 건설되어 있음을 보여주고 있다.
자료: 브루스 프리도 촬영

〈그림 7.4〉 리오데자네이로 코파카바나의 비치 앞까지 침입한 개발상황
자료: 브루스 프리도 촬영

브람스웰(2004)은 남부유럽의 대규모 해안관광에 대한 최근보고서에서 '놀랍게도 해안관광의 개발과 계획에 초점을 맞춘 보고서는 거의 없고, 오직 전략에 대한 한정된 비판적 평가 보고서가 있었음'을 알리고 있다. 브람스웰의 언급 외에도 해안지역에서 특정한 비관광해안도시와 다른 형태의 관광행위를 아우르는 해안지역관광의 보다 넓은 이슈는 관광관련 학자들에 의해 거의 완전히 무시되고 있다는 것은 더욱 놀랍다. 만약 이런 시각에서 벗어난다면, 가까운 미래에 해안지역내에서 관광이 어떻게 작용하는지를 이해하는 것이 점차 중요해질 것이다. 다음의 논의는 관광 리조트가 해안지역에서 작동되는 매우 넓은 관광 시스템의 오직 한 부분이라는 새로운 현실에 중점을 두고 있다.

해안지역관광의 새로운 형태

해안지역 리조트 분야의 중심인 전통적인 비치에서는 관광규모의 축소가 일어날 것 같지는 않지만 해변도시 출현속에서 해변도시관광은 방문객수나 경제적 중요도에서 비치 리조트를 빠르게 추월할 것이다. 초점의 전환은 몇 가지가 동시에 일어나는 힘에 의해 설명될 수 있다. 푼(1989, 1993)이 묘사한 '전통적 관광' 패러다임인 대규모 관광형태에서 '새로운 관광'으로 움직임, 혹은 또 다른 측면에서는 신 포드주의의 햇빛과 모래 관광의 패키지 관광으로부터 우리(2002)가 묘사한 후기 포드주의 관광으로 전환은 부분적으로 해안지역에 있는 도시에서 가능한 다른 많은 다양한 관광활동이 이루어질 수 있다. 규모는 또 다른 요소다. 국제적으로 해안지역의 도시는 빠르게 성장하고 있고 오락, 쇼핑과 레저 활동뿐만 아니라 비즈니스, 친지방문, MICE 시장과 건강, 교육과 같은 서비스를 포함하는 도시성장의 부산물인 활동에 관심을 갖는 방문객을 유치하고 있다. 해안지역에서 관광관심의 주요초점이 해안지역도시로 전환하는 것이 명백하다고 하지만 전통적 비치중심의 리조트 분야가 관심의 저하로 고통을 받을 것이라는 것을 알려주는 어떤 증거도 없다. 그림 7.5는 시드니 오페라하우스의 해변 위치를 보여주고 있다는데, 이는 상징적 건물이고 수많은 방문객이 찾아오는 곳이지만 기본적으로 관광명소로서 보다는 시드니 시민을 위한 다양한 오케스트라와 연극공연을 위한 장소로서 건축되었다. 해안지역의 도시내에서 관광활동은 좀 불명확하고 때로는 관광의 흐름이 레크리에이션, 레저, 쇼핑과 오락을 위한 도시내 통행의 일상적 패턴과 식별하는 것이 어렵다.

〈그림 7.5〉 시드니 오페라 하우스
자료: 브루스 프리도 촬영

지난 60년간 빠른 도시화의 중요한 결과의 하나는 해안에 거대도시의 성장이다. 리(2003)에 따르면 세계인구의 약 절반이 해안선 60km 이내에 거주하고 향후 30년 이내에 해안지역의 인구는 해안 거대도시와 제6장에서 설명한 메갈로폴리스와 같은 보다 큰 도시형태의 개발박차로 인해 두 배로 늘어 수 있다. 빠르게 성장하는 해안지역의 슈퍼 도시에서 방문객 관심의 중심적 초점으로서 나타나는 것은 해안지역이라는 도시의 위치보다는 차라리 도시에 의해 제공되는 매력이다. 홍콩, 센젠, 마카오, 종산, 광조우를 아우르는 남중국의 펄 삼각주 지역에 메갈로폴리스의 출현으로 관심의 주요초점이 되는 것은 해변비치보다는 도시의 공간과 재미있는 활동과 장소의 제공이다. 예를 들어 마카오에서 비치의 이용이 가능하지만 찾는 사람은 거의 없고 그들은 도시내에 있는 29개의 카지노(그림 7.6)와 쇼핑기회에 더 많은 관심이 있다. 이런 흐름은 다른 많은 해안도시에서도 반영되고 있다.

〈그림 7.6〉 현대 마카오를 대표하는 29개 카지노 중의 하나
자료: 브루스 프리도 촬영

새로운 해안 슈퍼 도시구조가 해안관광을 위한 주요중심으로서 출현할 것이며 한편 전통적 모래와 태양 중심의 리조트도 계속 성장하겠지만 전반적으로 방문객이 즐기는 밤 문화와 정부세입발생에 있어서 점차 중요성이 약해지고 있는 곳에

서 해안관광의 이중성이 빠르게 커가고 있다는 것은 명백하다. 어떤 지역에서 전통적 모래와 태양 중심의 관광명소는 해안지역의 토지를 찾는 다른 산업 침입의 압력하에 놓일 것이다. 이 같은 토지이용의 변화는 개발자가 리조트호텔을 주거용 아파트로 전환하는 것과 같은 것으로서 이런 흐름의 예는 미국 애틀란타시에 의해 시도되었으며 1920년대에 건설된 많은 대형 호텔을 아파트로 전환하였다. 이런 시각에서 새로운 해안도시의 역동성과 도시가 관광목적지와 관광발생 지역으로서 관광체계내에서 점유하고 있는 위치를 이해하는 것이 점차 중요해 질 것이다.

홀(2001)은 해안관광을 '해안지역과 앞바다의 물에서 참여하는 다양한 모든 관광레저와 레크레이션 활동을 아우르는 것으로 묘사하였다. 이것은 해안관광 개발(숙박시설, 레스토랑, 식품산업과 세컨드 하우스)과 해안개발을 지원하는 인프라(예: 소매사업, 마리나와 관광행위 공급자)를 포함한다. 동시에 레크리에이션 보트, 해안과 해양중심의 생태관광, 크루즈, 수영, 낚시, 스노클링과 다이빙 같은 관광활동을 포함한다'. 해안지역에서 일어나는 관광행위의 주요형태가 포함되지만 관광진흥에 있어서 제한된 관심을 가질 수 도 있는 해안지역도시의 아이디어를 도입하기 위해 그 개념을 확대할 필요가 있다. 이런 맥락에서 해안관광은 도시내 그리고 도시간, 하루 또는 숙박관광과 관련된 행위를 포괄하는 해안지역에서 일어나는 모든 형태의 관광활동을 포함하는 것으로 설명될 수 있다.

해안관광은 해변비치의 전통적 견해인 관광을 포함할 뿐만 아니라 오늘날에는 해안지역내의 휴가와 다른 형태의 여행을 포함하는데 특히 이 지역에 위치한 도시내에서 이런 행위가 이루어지고 있어서 해안지역의 도시성장은 해안관광에 대한 우리의 인식을 확대할 필요성을 주고 있다. 이 같은 광의의 의미에서 이제 비치를 방문하는 것은 많은 가능한 관광체험 기회의 하나일 뿐이다. 많은 기회들은 대부분 섹스의 S는 유지하지만 비치관광의 3개 S는 삭제되고 쇼핑의 S, 오락의 E 그리고 박물관, 문화유산지구, 스포츠 행위, 자연지역의 방문 등 다양한 행위의 P를 포함할 것이다. 따라서 4개의 글자를 SESP로 혹은 비슷한 두문자어로 변형할 수 있다. 이런 새로운 관광구역에서 운영자는 인정을 받기위해 더 열심히 일을 해야 하고 정부의 인식과 자원의 평등한 공유를 위하여 그들의 입장을 강화하는데 있어서 좀 더 적극적이 되어야 할 것이다. 해안지역에서 관광을 진흥할 프로그램과 개발을 감독할 책임이 있는 계획당국의 관리자간에 협력이 거의 또는 전혀 없다는 홀(2001)의 관찰에서 이러한 점이 특히 중요함을 알려주고 있다.

과거 해안리조트는 늘어나는 레저시간, 수입의 증가 그리고 주일의 작업기간의 노동명령으로 시간과 에너지를 편안하게 활용할 수 없었던 상황하에서 관광활동에 참여하려는 욕구에 대한 대응책으로서 개발되었다. 해안도시의 출현은 같은 요소가 계속 적용되지만 건강, 교육, 친지방문, 비즈니스, 쇼핑과 앞장 그림 6.6에서 설명한 활동형태에서 요약된 다른 많은 행위에 의해 보충되고 있다.

해안관광지가 비치로부터 전체적 관점의 중심으로 전환은 시드니에서 보여주고 있는데 시의 탁월한 파도비치의 매력이 방문객을 지속적으로 유인하고 있지만 점차 비치는 시내의 다른 관광명소와 경쟁해야하는 상황으로 가고 있다. 이런 흐름은 지난 20년 동안 모든 새로운 호텔 건설을 위한 위치가 비치지역을 벗어난 도심중앙 지역을 찾는 호텔업자에 의해 증명되고 있다. 이같은 전환은 공공 및 개인 교통의 발달로 향상된 이동성과 전자시스템을 통한 사전예약과 다양하고 빠른 여행정보 접근을 가능케 한 새로운 정보기술에 의해 도움을 받고 있다. 호텔입지는 다른 어떤 것보다 도시입지의 매력도에 있어서 좋은 지표가 된다. 과거에 교통환승지, 비즈니스지구 또는 비치 리조트의 경우에는 비치주변에 집적하였다. 새로운 해안지역 도시에서 호텔은 비치지구에서 비즈니스지구, 오락지구, 공항과 쇼핑지구를 포함하는 방문객이 유입되는 지역에 입지하기 위하여 움직이고 있다. 그림 7.7에 나타난 유형은 매력적인 관광 목적지로서 나타나는 해변도시의 형태를 포괄하고 있다. 해안지역에서 도시의 입지는 어떤 해상활동 뿐만 아니라 제조생산을 미리 가정하고 있으며 많은 경우 도시는 보다 정확하게 다기능의 실체로서 정의된다는 것을 주목해야 한다. 많은 도시가 지리적 이유로 비치가 없거나 혹은 그들이 존재하는 경우도 기후적 요소 때문에 사용이 제한되어 있다. 그러나 비치가 없다고 해서 해안도시가 관광을 개발하는 전략을 채택하는 것을 방해받지는 않으며 기존 산업구조 측면에서 가능하다. 홍콩은 애초에 중국남부의 영국 무역인의 이익을 위해 운영하는 항구로서 출현하였다. 그 후에 이 도시는 제조업, 교육, 서비스 그리고 더욱 최근에는 관광을 포함하는 다른 기능을 갖추었다. 홍콩은 적은수의 비치를 가지고 있지만 주요관광명소로서 발전하지 않았다. 그림 7.8은 홍콩의 아름다운 해안 전망을 보여주는데 보이는 거의 대부분의 빌딩이 시의 금융과 상업의 중심지 기능과 관련되고 있다. 표 7.7에서 기능별 목록에는 금융, 행정, 군사, 교육, 오락과 서비스 산업, 건강과 상품무역이 추가될 수 있다. 이런 형태의 각 도시에는 산업분야로서 관광의 중요성이 크고 작은 정도에 차이가 있을 수 있다.

기본적 도시기능	활동	사례
종합기능	항구, 제조업, 행정, 상업, 유통 등과 관광	홍콩, 뉴욕, 보스톤(미국), 런던, 싱가포르
항구	무역, 해양 활동과 연관된 제조업	로테르담(네덜란드), 앤트워프(벨기에), 오사카(일본)
행정수도	항구산업, 행정	포트모르즈비(파푸아뉴기니), 포트빌라(바누아투)
제조업중심	기본적으로 제조업과 유통과 관련됨	글래드스톤(오스트레일리아)
전통적 해안읍	쇼핑, 테마파크와 식사 등을 포함하는 다양한 활동으로 보완되는 비치중심의 활동	브라이톤(영국), 블랙풀(영국)
서비스도시	처음의 어촌에서 최근에 금융, 도매, 교육을 포함	중국 진주 삼각주의 센젠과 종산
역사도시	해양문화유산	드보르니치(크로아티아), 말라카(말레시아)
교통중심지	자주 해안지역내에 위치하지만 꼭 바다 옆에 있어야 하는 것은 아니며 교통결절지로서 기능	브리스톨(영국)
군사도시	방어 기능	지브롤터, 아덴
통합된 해안리조트	관광 리조트로서 특별하게 디자인된 곳	누사두에(인도네시아)
전환된 어촌/항구마을	낚시가 원래기능이며/혹은 관광의 관심에서 화물항으로 전환	카보산루카스(멕시코), 패츠토우(콘월, 영국)

〈그림 7.7〉 해양관광 목적지의 유형

새로운 주거민이 해안도시로 유입하는 것과 병행하여 관광객은 시간적으로 짧은 기간이지만 도시주민이 추구하는 많은 기회를 찾고 있다. 관광현상의 이런 부분이 해안관광에 대한 보고서에서 주로 간과되고 있다. 제 6장에서 논의한 것처럼 에쉬워스와 턴브리지(2000)는 방문객을 4개 등급으로 분류하면서 도시관광지에 대한 관광객의 사용과 주민의 사용간의 차별화를 시도하였다: 관광여행을 위해 도시지역을 방문한 외부로부터 국제적 이용자: 도시의 레크리에이션/오락 시설(주민 휴양)을 활용하는 도시지역 내부로부터 오는 국제적 이용자: 도시외부로부터 부수적 이용자로 비즈니스나 회의를 위한 방문자와 가족방문자들을 포함(휴양 목적이 아닌 방문자): 도시지역내부로부터 부수적 이용자로 일상적 업무를 수행하는 일반주민으로 가장 많은 그룹(휴양 목적이 아닌 주민). 한쪽 끝에서 다른

쪽 끝까지 수십km의 거리에 이르는 규모의 해안지역 도시 출현을 가정한다면 도심지역에 있는 주민이 당일여행이나 하루숙박여행으로서 도시외곽에 있는 관광지의 방문을 고려하는 상황을 상상하는 것은 어렵지 않다.

〈그림 7.8〉 스카이라인을 금융과 상업빌딩이 지배한 홍콩 섬
자료: 브루스 프리도 촬영

해안지역에서 관광활동은 4가지 주요부류로 그룹화할 수 있으며 각 범주내에서 많은 특수한 활동 형태로 세분류하는 것이 가능하다(홀, 2001). 분류된 각 부류는 다음과 같이 설명될 수 있다.

- 도시지역. 이것은 전세계적으로 지속적으로 나타나고 있는 거대한 해안지역 도시에서 관광활동과 관계된다. 이들 도시에서 관광활동은 해안리조트 관광의 개념과는 거의 관계가 없고 쇼핑, 오락, 레크리에이션, 건강, 웰빙과 문화유산을 포함하는 도시중심 활동과 관련이 깊다.
- 리조트. 모래, 태양, 바다 그리고 섹스 등 4개 S로 상징되는 일반적으로 전통적 리조트로 규명되고 있는 관광은 국제관광산업의 중요한 부분을 지속적으로 형성할 것이다. 새로운 해변 리조트는 개발도상국과 선진국 양쪽에서 지속적으로 출현할 것이며 대량관광 그리고 후기 포드주의 형태의 휴가체험을 제공할 것이다.

- 자연. 이 범주에 속하면서 점증하는 입지지역은 산호초, 지질공원, 경계지역, 생태적 중요지역, 우림지, 침엽수림, 해양공원과 자연공원 등이다. 관광활동은 매우 다양하여 걷기, 카누, 사냥, 캠핑, 낚시, 보트, 조류탐방 등을 포함한다. 레크리에이션을 위한 자연지역, 생태적 보호지로서 저수지역 그리고 이런 것들이 생태체계에 기여하는 가치에 대하여 점차 인식이 늘어나면서 추가적인 보호지역의 지정에 대한 압력과 기존보호지역의 규모를 확대시키려는 압력 또한 있을 것이다.
- 해양. 해양지역에서 활동은 산호초를 방문하고 낚시를 하는 것뿐만 아니라 바다낚시, 세일링, 보트, 다이빙, 스노클링, 바다크루즈를 포함하는 앞에서 언급한 범주와 겹쳐질 수 있다.

환경영향

해안지역에서 관광의 영향을 분석하는데 고려해야할 사항은 환경적 관심에 주어져야 할 필요가 있다. 새로운 기술은 해안지역이 더욱 접근이 쉽도록 하였고 특히 해양지역은 어족남획, 맹그로브 숲의 파괴, 해양건설, 해안지역 개발과 산호초의 부적절한 관리로 고통을 받고 있다. 특별히 관심을 가져야 하는 것은 해안지역에서 관광과 환경간의 상호작용에 대한 전반적인 이해부족이다. 너무나 자주 관광의 영향에 대한 모든 토론은 과학적 연구에 대한 결과보다는 일반적인 것을 다룬다.

산업이 활동하는 환경을 이해하기 위한 도구로서 관광연구자, 계획가와 투자자들이 보다 많이 과학적 방법을 활용하도록 압력을 가하는 경우가 있다. 계획과 관리의 모든 측면에 훌륭한 과학을 능동적으로 찾아서 접목하는데 실패할 경우 차선책의 개발과 빈약한 사업수익, 장기적 지속가능성의 상실과 미래에 수정보완이 요구되는 문제를 낳게 된다. 과학에 대한 수요는 관광행위가 자연지역에서 일어나는 곳에서 가장 명백하게 나타난다. 예를 들어 제 8장은 민감한 산악지역에서 스키 리조트를 계획하기 위하여 보다 엄밀한 과학에 기초한 접근법이 요구됨을 언급하고 있다. 산호초 지역에서 관광행위는 해안지역에서 과학의 필요성에 대한 유용한 사례를 제공하고 있다. 산호초는 매력적이지만 인간활동에 의해 손상될 수 있는 연약한 생태 시스템이다. 관광과 관련된 행위를 위해 이들의 활용을 규제하는데 관심을 소홀히 하면 산호초 생태계는 그들의 매력이 감소하는 고통을 겪을 것이다. 버크와 매이든(2004)은 전세계 산호초의 상태에 대한 보고서에서 그레이트 배리어 리프와 비교하여 카리브해 산호초는 어업과 관광관련 행위와 그리고 기본적인 관리 소홀 때문에 심각한 손상에 시달리고 있음을 지적하였다. 능동적 과학적 조사가 관리체계를 지원하는 곳에서는 산호초의 생물학적 무결성이 유지되고 그들의 매력이 제고된다.

오스트레일리아의 그레이트 배리어 리프(GBR)의 관리는 년간 200만명의 방문객이 찾아오지만 생물학적 무결성을 지속적으로 유지하는 자연자산의 결과를 가져온 과학에 의해 적극적으로 유도되고 있다. GBR에서 산호초 관광 운영자는 엄격한 면허조건을 받아야하며 전세계 약 40%를 차지하는 산호초는 압력하에 있는 종의 피난처로서 금지구역을 포함하는 많은 구역으로 구분되어 있다. 비슷한 사례로는 브라질에서 1982년부터 시작된 해양보호지역(MPA) 선언은 많은 위협으로부터 벨리제 배리어 리프를 보호하는데 괄목할만한 성공을 거두었다. 어업과 관광을 통하여 지역총생산의 30%에 기여하는 것으로 추정되면서(조, 2005) 벨리제 정부에 의해 도입된 MPA 시스템으로 제공되는 보호는 관리 기관의 재정적 지속가능성을 포함한 주요한 과제가 남아있지만 효과적으로 작용하고 있다.

남부 인도의 해안관광개발 분석에서 다모다란(2006)은 관광개발에 대한 관심의 증가는 경제개발로 인한 보존과 사회적 형평성의란 목적의 균형을 잡는 과제를 안고 있다고 지적하였다. 다모다란은 해변 개발은 전통적 해안지역공동체를 해체하여 결국 방목적이라는 대세에 의존하는 지역사회의 생활에 문제점을 야기하였음을 관찰하였다. 오리츠-로자노 등(2005)은 멕시코에서 해안지역은 국가경제의 가장 큰 기여자로서 석유화학 공업과 리조트 관광으로 국가를 위한 외환의 주요자원임을 밝혀냈다. 멕시코 정부가 아직 해안지역에 대한 데이터를 일관성있게 조직화하고 수집하고 있지 않지만 저자는 해안지역의 관광개발과 관련하여 많은 심각한 사회적, 생태적 문제점이 있음을 알았다. 여기에는 많은 해안리조트가 지역의 환경, 생태서식지의 파괴 그리고 수질에 대한 부정적인 문제 등에 대한 영향을 적절하게 고려하지 않고 건립되면서 발생되는 자연자원에 대한 부정적 압력을 포함한다.

버락 등(2004)은 터키에서 관리되지 않은 관광개발이 해안생태에 미치는 영향을 강조하였다. 해안수자원의 오염의 결과 생태계 균형의 파괴는 지역의 부영양화를 가져왔으며 한편 마리나의 건설은 해변 식물군과 동물군에 주요한 영향을 미쳤다. 육지에서는 과도한 지하수 저수지의 수요로 해안 대수층에 해수침입을 가져오는 원인인 해안 지하수면을 낮추었다.

관광활동으로 인해 발생되는 환경적, 생태적 영향을 요약하면 다음과 같다(홀 2011을 참조):

- 환경적 악화와 오염
- 서식지의 파괴와 생태계의 손상
- 종의 멸종
- 해안 및 해양자원의 손실
- 해안오염과
- 지하수와 지표수의 전환

이와 같은 환경적 이슈에 더하여 많은 사회적 도덕적 이슈가 추가될 수 있다:

- 인공 문화유산의 상실
- 생활의 상실
- 원주민의 이주
- 지역 공동체 탄력성의 감소
- 문화적 붕괴
- 범죄 증가

개발기회 모델

앞의 부정적인 영향의 목록은 길고 첫눈에도 너무 장벽이 있는 것 같아 해안 관광 개발은 바람직하지 않은 개발대안으로 보이지만 현실은 ICM 과정속에서 효과적인 계획을 통하여 많은 부정적인 것들이 완화될 수 있다. 더구나 관광개발은 고용을 창출하고 경제적 부를 가져오며, 해안주민 생활의 질을 향상시키기 위한 사회적 안정시스템과 정부 인프라 체계를 통하여 부가 재분배될 수 있는 정부재정수입의 방안을 찾을 수 있게 해준다. 관광산업이 긍정적인 기여를 할 수 있도록 관광산업이 능동적으로 ICM에 참여하는 것이 필수적이다. 그림 7.9는 수많은 해안지역의 경제체제내에서 관광산업의 위치를 요약한 것이다.

해안지역에서 개발에 영향을 미치는 주요요소는 기존의 지역사회의 구조(기술자료를 포함), 주요산업과 행정의 역할, 기존 생태계의 구조와 견고성/취약성과 자원이용가능성을 포함한다.

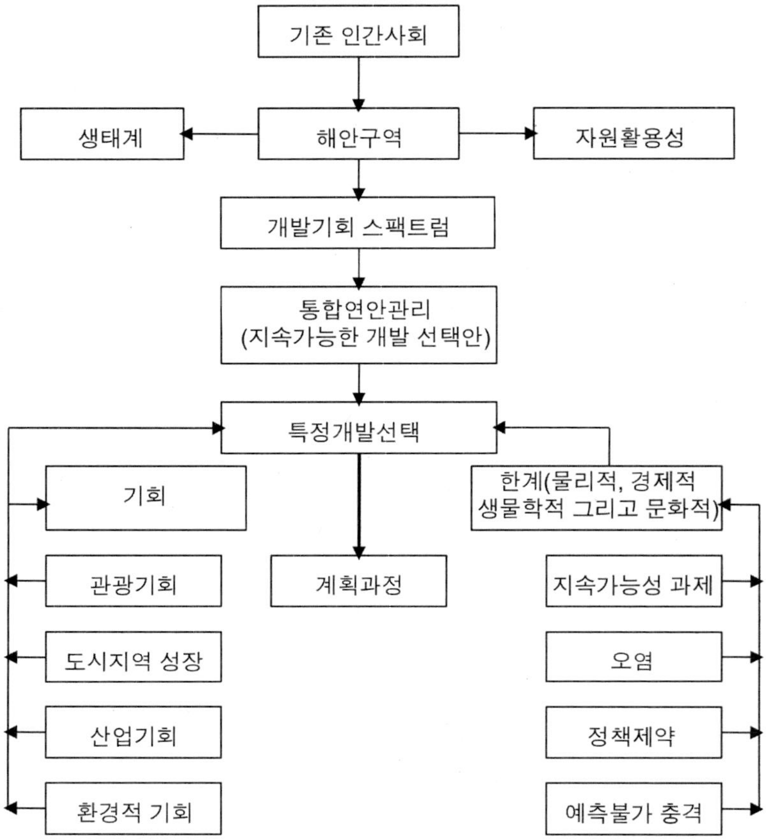

〈그림 7.9〉 해안구역에서 개발기회 모델

여기서 사용된 의미의 자원은 토지, 수자원, 광물, 생물자원(예: 산림), 투자자금과 기후(기온, 일광 시간, 강수량)가 포함된다. 종합적으로 이런 요소들은 개발할 특정한 지역의 용량을 보여주며 그림 7.9에서 개발기회의 모델로서 나타나고 있다. 개발기회의 개념은 개발의 어떤 형태는 찬사를 받는 반면에 다른 것은 배척될 수 있다는 것을 인정하는 것이다. 예를 들어 습지는 관광자원으로서나 배수지로서 보존될 수 있고 도시개발용도로 사용될 수 있다. 개발의 두 형태는 찬사를 받지 못한다. 그림 7.9에서 주요한계로 지속가능성의 이슈, 오염과 정책의 강제 등을 보여주고 있다. 전체적으로 이런 것들이 가능한 특정개발의 선택권을 정의해준다. 개발기회는 관광기회, 생활양식의 선택권, 공공분야의 선택권, 환경적 선택과 산업의 선택을 포함한다. 생활양식 선택은 권장되는 개발의 형태를 결정하는데 사용될 수 있으며 채택된 개발 형태의 결과일 수도 있다. 그림 7.9에서 나타난 형태속에서 개발기회모델은 해안지역에 위치하려고 할 수도 있는 다른 산업분야와의 경쟁을 통해 관광개발의 규모에 중대한 영향을 미치는 전반적인 요소들을 보여주는 유용한 개념적 모델을 제공한다. 지역내에서 가능한 자원과 그 지역의 생태계의 탄력성을 검토한 후 개발기회가 규명될 수 있으며 통합된 계획이 수행될 수 있다. 선택권은 명확해질 것이며 만약 모든 산업이 그들이 요구하는 공간을 줄 수 없을 때는 절충이 요구될 수 있을 것이다. 선택권은 물리적, 경제적, 환경생태적 그리고 문화적 한계에 의해 결정될 것이다.

개발기회모델에서 보여주는 이상적인 과정은 정책수립자와 계획가가 미래개발을 위한 선택권을 규명하도록 해주며 그때 이해관계자와 협상과 비용편익분석과 같은 평가도구의 활용을 통하여 이 선택권의 가치를 평가하게 된다. 일단 특정 정책방향이 설정되면 이상적으로 그림 3.2에서 제시한 구조를 따라 계획은 시작될 수 있다. 개발과정은 개방된 체제로서 제 5장에서 논의한 자연의 충격을 포함한 많은 영향하에 있다.

해안지역에 대한 미래 위협

본장은 해안지역에서 운영되는 관광산업이 직면하는 많은 위협을 강조하였다. 위협에 대한 관리는 과거에 특히 이익에 영향을 받는다면 이런 위협을 무시하는 것을 선호했던 경제적 성장의 힘에 의해 성장이 빠르게 추진되었기 때문에 어려움이 있었다. 최근 세 가지 재난이 해안개발에 있어서 현재의 추세가 직면한 문제의 심각성을 강조하고 있다. 각 경우에서 자연은 지배될 수 있다는 가정에 기초해 있으며 그래서 주로 자연의 힘을 저평가하고 있다. 즉 자연은 해안체계에서 수정될 수 있는 규모, 형태와 정도의 기본적 결정요소로서 고려할 필요가 있는 단지 하나의 힘으로 간주되고 있다. 2004년 쓰나미는 해저지진으로부터 직면하는 해안지역의 위험성을 강조하고 있다(로스 외, 2007). 태국의 푸켓 리조트는 이 쓰나미로 인해 심각한 손상을 입었다. 이 같은 자연의 사건에 대한 방어는 재산뿐만 아니라 심각한 인명피해를 방지하기 위한 주요전략으로서 초기 감지 및 경고를 체계를 구축하기 어렵다. 자연사건의 예측은 착각의 목표를 남긴다. 뉴올리안즈의 허리케인 카트리나(2005)에 의한 피해는 저지대에 위치한 도시지역을 거대한 폭풍우(사이클론, 허리케인, 타이푼)로부터 보호를 위한 해안방어책을 세우는 것이 어렵다는 또 하나의 사례일 뿐만 아니라 산호초와 맹글로브 숲을 포함하는 자연적 방어막의 파괴가 어떻게 피해의 심각성을 높일 수 있는지를 보여주는 사례가 된다(로스 외, 2007). 해안지역이 직면했던 가장 최근의 위험의 사례는 2008년 5월 2일에 버마 이라와디강의 삼각주지역을 강타한 사이클론 나르지스가 보여 주었다. 세 개의 사이클론으로 발생된 강력한 폭풍이 몰고 온 거대한 파도는 삼각주지역을 덮쳐 마을과 소도시를 파괴하고 10만명으로 추산되는 인명사망과 170만명으로 추산되는 이재민을 발생시켰다. 초기 피해평가에서 사이클론에 의해 촉발된 피해를 더욱 악화시키게 한 요소중의 하나는 해안지역의 맹글로브 숲의 제거라고 지적하였다.

만약 해수면의 상승을 야기하는 기후변화의 예측이 일어난다면 해안도시는 네덜란드가 제방으로 광대한 지역을 보호한 방식으로 해수면 상승에 대비하여 현재 낮은 지역을 방어하거나 혹은 패배를 인정하고 내륙지역으로 이주를 하거나 결정을 하여야 할 것이다. 해수면 상승에 대비해 도시지역의 광대한 지역의 방어전망은 뉴올리안즈의 경우처럼 방어실패의 비용에 대한 측정이 필요할 것이다.

발생할 수 있는 영향의 크기와 이에 대한 대응정책은 발굴되고 있다. 지난 빙하기동안 세계 해수면은 120m(혹은 그 이상)가 상승했지만 지금 수준보다는 낮았다(CSIRO: Sea Level Rises http://www.cmar.criro.au/sealevel/sl_hist_intro.html#140). 해수면과 관련하여 국제적 움직임에 대해 연구하는 몇 학교가 있다. 한 학교는 만년설로부터 해빙유입의 일정한 상태와 바다로의 유빙은 바다의 물을 일정하게 상승시키는 결과를 가져온다고 가정한다. 다른 학교는 과거의 바다수면 상승은 일시적인 것, 즉 짧은 순간에 중지될 빠른 상승의 기간이라고 변호한다. 지질학적 증거(CRIRO: Sea Level Rises http://www.cmar.criro. au/sealevel/sl_hist_intro .html#140)는 바다가 현재와 같은 수준이었던 과거시대는 약 12만년전 과거 간빙기 기간이었으며 그린란드가 오늘날보다 3도나 더 따뜻했다고 지적하고 있다.

최근 수십년 동안 해안지역은 도시성장의 각광받는 지역이었으며 점유된 지역은 때로는 낮고 해수면이 오르면 범람될 수 있는 지역이다. 만약 그린란드의 만년설이 완전히 녹는다면 해수면은 약 7m 정도 상승할 것이다(한센, 2007). 현재 IPCC(2007)의 예측은 CO_2 를 줄이려는 국제적 전략의 성공에 의하면 금세기에 18-59cm의 상승을 예상하고 있으나 그러나 한센이 지적한 것처럼 역동적 화석이용이나 다른 미지의 요소는 만년설의 용해를 가속시켜 미터의 단위로 해수면의 변화를 가져올 수도 있다.

위기의 목록에 점증하는 수자원 기근, 오일피크와 식량확보도 추가되어야 한다. 앞의 토론에서 해안지역에서 관광행위의 미래분석은 ICM의 견지에서 수행되어야 하며 관광을 위해 요구되는 자원의 경쟁수요를 인식하는 것이 필요할 것이다.

결론

해안관광에 대한 선행 연구는 기본적으로 리조트로서 개발된 해안마을과 도시에 초점이 맞추어져 있었다. 성장요인과 그 결과의 규명, 위협에 대한 규명과 분석 그리고 마케팅의 영향과 상황을 포함하고 있다. 해안지역에 위치한 도시 성장의 가속화와 후기 산업사회의 경관에서 이런 많은 도시의 새로운 역할을 인정한다면 연구가 시급히 재정립되어야 할 필요성이 있음이 명백하다. 본장에서 강조하였던 것처럼 관광이 해안지역에서 수행하고 있는 방향은 이지역안에서 전통적 해석의 관광활동과는 크게 다르다. 해안지역의 거대도시와 다른 주요도시의 새로운 현상의 현실은 이들 도시가 해안관광의 미래를 대표한다는 것이다. 해안지역에 위치한 관광과 다른 토지이용 및 산업분야와의 상호관계는 잘 조정되지 않지만 관광산업의 활동에 있어서 기본이 된다.

본장은 다른 관광보고서에서 대체로 간과하였던 많은 이슈를 제기하였다. 특히 중요한 것은 해안지역내에서 관광역할의 재평가의 필요성과 관광산업이 ICM의 내에서 역할을 수행해야 한다는 것이다. 미래연구 방향은 해안지역에 있는 도시에 대해 도시관광 원칙의 적용, ICM에 있어서 관광의 역할과 환경적 이슈 및 이런 이슈를 알려주는 과학에 대한 깊은 애정을 포함하여야 한다.

증가하는 관심은 장기적인 기후변화의 영향이다. 기후변화의 가능한 영향에 대한 많은 과학적 토론이 있지만 관광보고서는 대부분 침묵을 지키고 있다. 만약에 완화 및 적응 정책이 해안지역에서 관광의 규모와 운영에 대한 영향을 측정하는 것보다 더 큰 다른 이유가 없다면 관광관련 보고서에서 이 이슈에 대하여 더 많은 주의를 기울이는 것이 중요하다. IPCC(2007)에서 예측한 수준보다 높은 해수면 상승에 따른 가능한 영향도 고려될 필요가 있다. 만약 해수면 상승이 센티미터 수준을 넘어 미터수준이 된다면 해안 리조트는 심각한 위험에 봉착할 것이다. 연구과제는 기후변화의 영향에 대한 지역사회의 탄력성 분석, 관광운영이 어떻게 영향을 받고 어떻게 대응할 것인지에 대한 조사를 포함한다.

핵심 이슈

- 관광연구자들은 대부분 통합연안관리의 중요성을 간과하고 있다
- 해안도시 성장의 규모는 거대하며 이들 도시에서 관광이 수행하는 역할은 잘 이해되지 않고 있다.
- 전통적 해안 리조트는 중요하며 계속 관광유동인구를 유인할 것이지만, 기후변화의 충격을 견딜 수 없을 것이다.
- 대규모 관광은 관광수요의 후기 포드주의/후기 현대주의 형태와 함께 계속 번창할 것이다.
- 해안지역관광에 대한 주요위협은 도시화와 기후변의 압력이다.
- 만약 해수면이 상당한 수준으로 상승한다면 많은 해안 리조트는 범람의 위험에 직면할 것이다.

고립으로 만들어지고, 그들의 매력적인 고유성으로 찬탄을 받지만
그러나 위험한 곳

산악은 아시아 육지면적의 54%와 북아메리카 면적의 36%를 포함하여 지구 지표면의 약 4분의 1을 차지하고 경관을 지배하는 지형이다. 유럽의 전통에서는 산악은 고립되고, 매혹적이고 동굴거인과 용이 사는 경외스러운 장소로서 여겨졌다(번바움, 1997). 다른 문화권에서 산악은 신의 안식처로 생각했고 숭배의 대상이었다. 중국과 한국에서 산악은 유럽과는 다른 시각에서 보며 피정의 장소로 여겼는데 신의 예배의 장소로서 이상적 위치에 있는 한국의 금강산이 많은 사례중의 하나다. 위치성과 현대고속 열차교통망이 건설되기 전의 시대에 접근성이라는 양쪽 어려움의 결과로 산악의 원거리 및 고립성은 산악 공동체의 출현을 가져왔다. 이곳의 생활양식과 문화는 뒤처지고 회피하려는 곳으로서 산악지역사회를 보는 견해가 다수인 주변의 평지의 지역사회 생활상과는 다르다.

현대에서 산악은 다양화하는 관광행위의 매혹적인 장소로 지속되고 있다. 바람직한 장소로서 그들의 재발견은 대부분의 다른 관광지와는 확연히 다른 특성을 보이는 산악영역군의 출현을 촉진시켰다. 산악지역에서 출현하는 관광 형태는 생태관광, 자연기반 관광, 대안적 관광, 겨울관광, 농촌관광, 모험관광과 소규모 관광을 포함한다(위버, 1998; 페넬, 1999). 산악관광에서 최근의 관심은(고데 외, 2000) 인간활동에 의해 깨지기 쉽고 영향을 받는 것으로 여겨지는 생태체계에 대한 늘어나는 관심과 또한 연계되어 있다. 산악관광개발의 중요성은 UNCED(고데 외, 2000)와 유네스코의 세계문화유산 프로그램을 포함하는 많은 국제기구에 의해 인정되고 있다. 2006년 유네스코 문화유산으로 등재된 851개 유산중 약 25%가 산악지역이나 혹은 산악지역내에 위치한 시설물과 자연지점이다.

관광보고서의 안팎으로 산악의 관광활용에 대하여 아직은 적지만 연구 결과물

이 점차 늘어나고 있다. 관광보고서에서 연구는 지속가능성(마일즈와 쿠인, 2000), 활동(허드슨, 2000), 환경관리(허드슨과 마일러, 2005), 공동사화발전(그렁과 디 커시, 1999)과 산악문화(파이자, 2000) 등을 포함하는 이슈를 분석하고 있다. 다른 보고서에서 연구의 초점은 지역사회개발, 문화유산재난계획과 복원, 지속가능성(배리, 2003)과 계획을 포함하는 이슈에 맞추고 있다. 본장은 산악지역 내에서 관광지의 개발, 운영, 계획과 지속가능성과 관련된 많은 이슈를 개관하기 위하여 늘어나는 연구자료로 부터 구성된 것이다. 무척 많은 산악경관, 그들의 다양성과 산악관광지로서 개발에 영향을 미치는 다양한 이슈를 전제로 본장의 주제범위는 필연적으로 넓다.

산악은 나쁜 날씨, 극한의 기온, 울퉁불퉁한 지형, 눈사태와 피난처의 부족은 예기치 않은 부상이나 목숨을 잃을 수도 있는 가끔 위험한 곳이다. 아직 이지역 내에서 광범위한 관광과 연관된 행위가 산악지역에서 발견되는 특수한 자원에 따라 나타나고 있다. 관광지 활동은 지형, 기후, 생태계와 문화 그리고 산촌지역사회에 의해 발전되어 온 문화유산 자원에 의존하는 것들을 포함한다. 이런 지역에서 관광활동의 개발은 산악 생태계의 민감성, 지속가능성의 달성을 위한 바람직함, 접근성 이슈, 지역사회 이슈, 노동력 이슈, 정치적 이슈, 문화적 이슈와 가까운 미래에는 기후변화의 영향에 대한 인식이 요구된다. 그러므로 계획은 중요한 이슈이며 관리, 새로운 시설의 투자, 기존지역의 회복, 지역사회 발전, 환경적 관리와 마케팅을 포함하는 산악관광지 행위의 모든 측면이 계획에 있어야 한다. 불행하게도 많은 산악지역에서 요구되는 수준의 계획과 환경을 위한 주의가 아직 성취되지 않고 있다.

국제적 관점에서 산악관광지의 분포에 대한 논의에 뒤이어 본장은 산악관광지에서 일어나는 다양한 행위를 분석하고 계획 이슈에 대해 언급한다. 이것은 지속가능성, 평가, 계절성과 기후변화를 포함하는 산악관광지에 대하여 특별한 영향을 가지는 다양한 이슈를 분석한 다음에 나온다. 본장은 얼마나 많은 이런 이슈가 산악관광지의 운영에 영향을 미치는지를 나타내기 위하여 많은 사례연구를 활용하였다.

지형의 특성

산악지형은 주변지역보다 높은 고도를 가지고 있고 많은 경우 조산대와 산맥의 구성부분을 형성한다. 조산대의 예는 남아메리카의 안데스, 북아메리카의 로키와 아시아의 히말라야가 있다. 조산대와 산맥은 화산, 습곡과 융기를 포함하는 지각변동의 결과다. 침수된 사화산, 휴면 및 활화산의 거대한 해중 벨트의 보이는 부분을 형성하는 하와이 섬처럼 산맥은 육지 및 해양에 모두 위치한다. 긴 산마루와 계곡을 형성하기 위한 침전바위의 습곡은 화산 및 융기와 더불어 산을 형성하는 일반적인 형태다. 융기의 경우 조성되는 산악체계는 조산대, 연쇄산맥, 혹은 소수의 독립된 산맥으로 발전한다. 또 다른 조산의 형태는 고원 혹은 큰 융기지역이 침식되면서 잔류지역이 산을 형성할 때 발생한다. 이런 형태의 조산활동의 예는 1억년이 넘는 지난 시기동안 계속해서 일어난 러시아의 우랄과 미국의 애팔래치아가 해당된다.

분포

산악경관은 고지대/저지대, 고원과 해안산악/내륙산악 등을 포함하는 다양한 측면에서 분석해 볼 수 있다. 그들의 위치로 인해 산악지역은 주변의 낮은 지역과 다른 기후패턴을 가지고 있다. 서식 동식물군은 고유한 고도와 기후에 맞는 생태계를 형성하며 진화해 왔다. 유사하게 산악지역으로 이주한 인간 공동체는 극한 기후와 취약한 생태계에 적응하게 되고 이 과정을 통하여 주변 저지대와는 동떨어져 설정된 그들의 고유한 사회적, 문화적, 경제적 대응산물을 형성하였다. 산촌사회의 고유성은 가끔 물질문화, 춤, 축제와 건축으로 나타난다. 어떤 경우 육지의 높은 산과 깊은 계곡의 특징은 인근의 계곡의 조차도 서로 다른 지역화된 문화의 출현을 가지고 왔다. 뉴기니에서 그 나라의 많은 산악자연은 육지에서 통할 수 없는 특성 때문에 바로 옆의 종족으로부터 조차도 차단된 속에서 발전된 대부분의 문화로 거의 800여개의 다른 언어 그룹과 종족문화의 발전을 가져왔다.

대부분의 국가에 산악지역이 있으나 소수의 국가는 산악지역이나 고지대내에 거의 모든 지역이 위치하는 경우도 있다. 이런 그룹의 국가는 항상 내륙으로서 볼리비아, 네팔, 부탄, 스위스와 오스트리아(표 8.1을 참조)를 포함한다. 이들 국가는 기후, 생태계, 문화유산과 경제발전단계에서 많은 차이점을 보이고 있다. 스위스와 오스트리아는 오랜 인간정주의 역사와 레크리에이션을 위해 산악을 활용한 역사를 가지고 있으며 첫 번째로 세계경제로 진행한 세계경제 선진국의 예다.

이와 비교하여 네팔과 부탄 양국은 인간정주의 오랜 역사를 가지고 있지만 국내 레크리에이션과 최근에는 국제 관광을 위한 산악활용의 역사가 짧아서 제 3세계 경제의 전형을 보여주고 있다. 일본, 한국, 스웨덴과 노르웨이를 포함한 또 다른 그룹은 그들의 국토에서 산이 차지하는 비율이 매우 높다.

〈표 8.1〉 넓은 산악이나 고원지역을 가진 내륙국가

아프리카	아시아	유럽	남아메리카
스와질랜드	몽골리아	오스트리아	볼리비아
우간다	아프카니스탄	스위스	
레소토	카자흐스탄	조지아	
에티오피아	키르키즈스탄	안도라	
중앙아프리카공화국	투르크메니스탄	아르메니아	
르완다	라오스	마케도니아(F.Y.R.O.M)	
부룬디	네팔	슬로바키아	
차드	부탄	코소보	
말라위	아제르바이잔	리히텐슈타인	
잠비아	타지키스탄	산마르코	
	우즈베키스탄		

아시아, 아프리카, 남아메리카와 유럽조차 일부 지역 등 많은 산악국가는 최근에야 관광분야에서 개발을 시작하였다. 아프리카에서는 르완다(그로스피치, 2006), 우간다(렙프, 2007), 스와질랜드(해리슨, 1994)과 레소토(해리슨, 1995)등이 포함된다. 아시아에서는 몽고(유와 굴덴, 2006), 그리고 구소련 체제의 우즈베키스탄(에어리와 샤클리, 1997; 칸타르치, 2007), 아르메니아(칸타르치, 2007), 키르기즈스탄(칸타르치, 2007), 카자흐스탄(칸타르치, 2007), 투르크메니스탄(칸타르치, 2007) 등을 포함하는 많은 국가들이 최근 관광에 중점을 두기 시작하였다. 유럽에서는 전에 구소련과 유고슬라비아에 포함되었던 많은 국가들이 관광개발에 관심을 보이기 시작하고 있으나 몰다비아(구소련)와 마케도니아(구 유고슬라비아)를 포함하는 일부의 경우에는 최근 정정불안이 진행을 가로막고 있다.

실질적으로 산악지역을 가진 국가에서는 특히 국가의 중산층이 발전함에 따라 산악관광이 점차 강조되고 있다. 예를 들어 중국의 윈난성(프리도와 타오, 2005)은 1999년에 세계문화유산으로 지정된 낮은 티베트 고원과 리장지역에 위치한 종 디앤과 같은 새로운 관광지가 국내 및 국제관광의 버팀목으로서 빠른 성장을 보이고 있다. 최근에 빠르게 성장하는 국내시장에 관광을 서비스하기 위하여 나타난 다른 중국의 산악관광지는 장시성의 루산, 안휘성의 황산과 후지안성의 우지산 등이 있다.

20세기 중반부터 많은 국제적 흐름의 전환은 거의 대부분의 국가가 관광개 발에 대하여 문호를 열면서 부터다. 이런 흐름에는 20세기 중반부터 시작된 대규모 관광의 성장, 많은 국가에서 GDP의 증가, 2차 세계대전 종전이후 주요 국제적 분쟁의 부재, 새로운 여행 친화적인 기술의 도입; 그리고 더욱 최근에는 인터넷 혁명으로 가능한 새로운 기회 등이 포함된다. 1991년 소련의 붕괴에 따라 대체로 완성된 탈식민지화는 관광개발을 위한 새로운 지역을 개방하고 새로 발생되는 시장을 제공하여 관광산업에 중요한 영향을 미쳤다. 마지막으로 국가적 의미에서 보면 보다 국제적 측면의 경제활동을 형성하는 새로운 방안으로서 국제화의 출현은 여행과 발전을 위하여 엄청난 기회를 창출하였다. 이런 흐름의 결합은 여행이 더욱 접근이 쉽고, 저렴하고 그리고 먼지역으로의 장벽을 제거하였다. 먼지역로 장벽제거의 결과는 물질문화를 중심으로 표현됨에 따라 고유성의 축소를 동시에 가져왔다. 이런 트렌드가 관광개발에 새로운 기회를 제공하는 한편 금융수익이 지속가능성보다 높은 우선순위에 놓이는 상황을 형성하였다. 특히 산악지역은 빈약한 계획, 지속가능성을 도외시한 개발, 부패와 무지로 인해 지속가능하지 않은 개발이 의심된다.

고지대/저지대

대부분 나라는 산과 낮은 지역을 포함하는 토지경관을 가지고 있다. 해변지역을 가지고 있는 국가는 일반적으로 해안평원으로부터 내륙산맥이나 고지대로 변화를 볼 수 있다. 미국에서 주요 산맥은 동서 양쪽해안에서 볼 수 있는 해안 평원으로부터 내륙쪽에 위치하고 있다. 서쪽 해안의 로키산맥지역은 샌프란시스코, 로스엔젤리스, 시애틀과 그 외 미국의 다른 도시지역을 포함하는 해변도시의 도시인구 성장으로 인해 기본적으로 발생되는 국내관광에 기반을 둔 주목받는 관광지로 발전하여 왔다. 미국의 몬타나, 콜로라도, 유타와 와이오밍의 산악 주들은 스키관광지의 인기지역으로 출현하였으며 아스펜(콜로라도), 스노우버드(유타), 빅마운틴(몬타나)과 잭슨홀 스키 리조트(와이오밍)가 여기에 포함된다. 캐나다 로키지역에는 스키 리조트들이 패르니(브리티시 컬럼비아)와 알버타에 있는 선샤인빌리지가 포함된 많은 위치에 세워졌다. 동쪽 해안에도 비슷한 패턴이 나타나고 있는데 킬링톤 마운틴 리조트와 스토우는 양쪽 모두 버몬트에 위치하고 있으며 뉴욕, 보스톤과 몬트리얼을 포함하는 저지대 도시를 위한 산악 레크리에이션을 제공하고 있다. 비슷한 패턴이 아시아의 많은 국가와 오스트레일리아, 유럽의 일부지역 및 남아프리카지역에서도 발견된다.

일반적으로 저지대/고지대 혹은 평지/산지에서 나타나는 상호관계는 저지대 관광지의 상대쪽인 산악배후지역이 해안이나 저지대 관광지와 관련하여 다양한 보완적 관광명소를 제공하는 곳에서 발생한다. 이런 패턴은 섬, 산맥의 옆 측면에 위치한 해안 평지와 내륙지역도 포함된 많은 곳에서 발견되고 있으며 주요도시들이 관광목적지로 등장한 국가들의 관광지위를 높였다. 라틴아메리카에서 가장 잘 알려진 국제관광지인 브라질의 리오데자네이로는 그림 8.1에서 보여주듯이 주변 산악과 밀접한 상호관계를 유지하고 있다.

〈그림 8.1〉 리오데자네이로와 이를 둘러싼 산과의 상호관계
(주: 도시와 이를 둘러싼 산과 상호관계를 나타내는 사진에서 리오데자네이로에서 가장 유명한 랜드마크인 그리스도 조상이 가장 높은 곳에 위치하고 있다.)
자료: 브루스 프리도 촬영

오스트레일리아에서도 이런 상호관계의 많은 사례가 있다. 시드니 서쪽 블루마운틴은 인기있는 하루여행목적지로서 뿐만 아니라 숙박관광지로서 출현하였다.

더구나 북쪽에 세계문화유산으로 지정된 브로더 레인지스에 위치한 탬보린 산의 작은 산악마을은 주요국제 해안관광지인 골드코스트의 상대인 산악쪽 관광지로서 각광을 받고 있다. 일본에서 일본알프스의 갈라 유지와를 포함한 스키 리조트는 도쿄에서 스키와 스노우보딩을 즐기기 위한 하루여행이 가능한 가까운 거리에 위치하고 있다. 태국에서는 방콕의 서부 콰이강 유역과 2차 세계대전의 그 유명한 버마 죽음의 철도(Burma Death Railway) 지역은 젊은이의 관광시장을 유치하기 위해 설계된 모험행위에 기초하여 빠른 성장을 경험하고 있다.

보완적 개발의 이런 형태는 주요저지대 관광지로부터 하루관광이나 어떤 경우에는 숙박관광을 유치할 수 있는 산악관광지의 출현을 가져왔다(사례연구 8.1의 블루마운틴 참조). 일반적으로 보다 큰 저지대 시장의 그림자에 덮여있는 이런 유형의 보완적 관광지는 항상 그들이 제공하는 서비스가 주요관광지와 경쟁하기 보다는 보완적인 마케팅 전략에서 관광지를 개발한다. 보완적 접근법은 산악관광지가 주요관광지의 보다 큰 시장지배력을 지렛대로 공동활용을 허용하는 공동 브랜드 및 마케팅에 관여할 수 있도록 하며 동시에 더 포괄적인 마케팅과 단독적으로 관광지를 지원하기 위하여 요구되는 인프라 개발의 투자를 최소화할 수 있게 해준다. 이런 유형의 관광지에서 추가적 이익은 국내 일일관광이나 도시 자체의 방문시장에 속도를 맞추어 협력도시의 숙박시장까지도 확보할 수 있다는 것이다.

사례연구 8.1 블루마운틴 – 도시/산악 보완적 상호관계의 사례

오스트레일리아 시드니 서쪽 블루마운틴은 주요저지대 도시가까이에 위치한 많은 산악관광지에서 나타나는 보완적 상호관계의 한 예다. 블루마운틴은 최근 수십년간 증가하는 많은 국내 주(州)간 및 국제여행객이 유입되고 있는 시드니로부터 하루여행과 숙박 방문자를 유치한 긴 역사를 가지고 있다. 블루마운틴의 흡인력은 시드니 관광산업에 의해 인정되고 있으며 블루마운틴으로 하루여행은 시드니시의 관광개선자료와 마케팅 캠페인에 특징적 관광체험으로서 폭 넓게 활용되고 있다. 이런 의미에서 블루마운틴은 시드니 방문자뿐만 아니라 시드니 거주시민에 기반을 둔 방문자 시장을 개발할 수 있었다.

접근거리를 200km로 확대하면 블루마운틴은 동부해안선과 평행하게 달리는 그레이트 다이빙 산맥의 일부분을 형성한다. 2억 5천만년 전에 형성된 그 지역의 사암지층의 침식은 V자형의 깊은 계곡, 깎아지른 듯한 노출 절벽, 장대한 석회암 동굴과 깊고 좁은 협곡의 경관을 형성하였다. 비교적 고도가 낮은 지역은 아주 드문 강설로 인해 전통적인 겨울 스포츠를 위한 그 지역은 제한적으로 사용된다. 관광은 블루마운틴의 주요산업의 하나이며 매년 65만명이 넘는 숙박관광객을 유치하고 있다.

최근 이 산에 관한 가이드북에서 메르디스(2000)는 독특한 자연환경과 나란히 웅장한 올드 타운의 특별한 합성물로서 그 지역을 묘사했다. 초기의 정착은 농업에 초점이 맞추어져 있었으나 1868년에 시드니 근처로 철길이 개통되면서 이지역의 자연적 아름다움에 많은 관심을 불러일으켰고 많은 별장(second home)이 세워졌다. 예술가, 시드니 통근자 그리고 은퇴자들이 세련된 산촌지구를 형성하면서 뒤를 이었는데 가장 큰 곳이 카툼바다. 이런 개발과 병행하여 수많은 호텔, 게스트 하우스, 샬레(스위스 풍의 산장)와 자취 임대 집이 1880년대부터 건립되기 시작하였다. 1920년대 후반에는 매년 50만명의 방문객을 유치하였으며 카툼바에 가장 밀집하여 약 100개의 게스트 하우스가 있었다. 2차 세계대전 중에는 방문객수가 감소하였고, 산악관광에 대한 관심이 시들해지면서 전후 몇 년동안 지속적으로 감소하였다(데이비슨과 스피어릿, 2000).

1959년에 카툼바 폭포위로 관광객을 수송하기 위하여 케이블카 서비스의 시작은 그 지역 관광산업에 투자를 유인하는 기회를 제공하였다. 그 이후로 많은 관광명소가 문을 열었고 캐링톤과 하이드로 매제스틱(그림 8.2)을 포함한 그 지역의 상징적 호텔이 재정비되었다. 여름의 활동과 그리고 겨울에는 가벼운 정도의 주요 야외 행위는 걷기, 산림걷기, 캠핑, 산악자전거, 등반, 협곡타기, 현수하강, 사륜구동 차 드라이빙, 행글라이딩 그리고 말타기 등을 포함한다. 방문객수는 최근 수십년에 늘어났으며 2006년까지 연간 2백41만 8천명까지 상승하였다(http://corporate.tourism.nsw.gov.au/Sites/SiteID6/Lib18/Blue_Mountain _YE_Dec_06(1).pdf).

〈그림 8.2〉 최근에 복구된 카툼바의 하이드로 매제스틱 호텔. 19세기에 지어졌고 최근에 개조된 그랜드 호텔의 예

자료: 브루스 프리도 촬영

메르디스(2000)은 '만약 길들여지지 않은 자연이 블루마운틴의 주요 유인 수단이면, 길들여진 자연은 그 자체의 거대한 장관을 제공한다'는 것을 관찰하였다. 처음 많은 정착민은 유럽인출신으로 세워졌기 때문에 이국적인 관목, 나무와 꽃으로 이루어진 유럽스타일의 정원이 그 지역의 야생적 측면을 강조하는 주변에 만들어 졌다. 비슷하게 거대한 유럽풍의 호텔과 조심스럽게 다듬어진 유럽형 정원으로 둘러싸인 별장이 여유롭게 가장 아름다운 산 풍경을 전망할 수 있는 위치에 건립되었다. 1956년에 블루마운틴 국립공원의 창설로 지역의 자연경관의 고유성과 원시주민들 정착의 중요한 증거를 포함한 문화유산을 인정하였다. 후에 그 규모는 10,000㎢로 확장되었고 그 지역의 5개 국립공원은 26개 포유동물, 200종이 넘는 조류, 58종의 파충류와 32종의 양서류 그리고 많은 희귀종 식물의 서식처가 되었다. 가장 관심을 끄는 식물은 울레미 소나무로 고대 남양삼목 침엽수의 한 종으로서 이는 화석의 기록이 1억년 전까지 그 지역에 현존하였었다는 것을 알려주고 있다. 이 같은 중요성을 인식하여 블루마운틴은 2000년에 세계문화유산 등재에 추가되었다.

인근 저지대의 관광지를 보완하는 산악관광지의 출현을 보여주는 것과는 별도로 블루마운틴은 지속가능성을 위한 공공/민간 파트너십을 요구하는 이슈와 문화 및 자연유산 보유가 관광계획에 있어서 중요한 요소라는 것을 인정하고 있는 관광지 사례의 하나다. 최근 몇 년간 지방자치단체와 주정부(뉴사우스 웨일즈)의 많은 관련 부서가 도시공동체와 장기적인 지속가능성을 증진하는 관광인프라를 발전시키기 위해 공동노력을 하고 있다.

산악관광의 개발

현대 형태의 산악관광지가 출현하기 오래전에 산악에는 농업경작자뿐만 아니라 종교 지역사회가 정착하였다. 많은 농업지역공동체는 인근 저지대의 지역사회와 격리되어 발전하여 왔으며 예외로 거래가 지역경제의 중요한 구성부분이었다. 종교공동체는 자주 수도원이나 종교적 공동체의 다른 형태를 위한 장소로서 산악에 위치를 선정하였는데 이는 이런 장소가 사회의 일상적인 일로부터 주는 격리성 때문이다(번다움, 1997). 그러나 종교 공동체는 또한 순례와 교단의 회원을 포함하는 고지대와 저지대간의 인적 교류를 촉진한다. 어떤 종교에서 산은 종교적 건물을 건축하기 위한 장소를 제공할 뿐만 아니라 숭배의 목적도 있다.

산이 국토전체의 약 4분의 3을 차지하고 있는 한국에서 산 숭배는 수천년 전 고립된 농업과 원시문화속에서 발달하였다. 일부 고립된 지역에서 이런 믿음의 시스템이 미신의 정신적 선도하에 계속 수행되고 있다. '산신'이라는 한국적 의미(산의 정신, 산의 신 혹은 산의 정기)는 산의 유일한 특성을 상징하는 것이다. 각

산은 산과 거기에 사는 사람들을 수호하는 정기(신)에 의해 관장되는 것으로 믿어진다. 아시아의 많은 지역에서 산은 불교도, 숭배자와 다른 신앙인들이 설립한 사찰이나 수도원을 위한 장소를 제공하는 오랜 역사를 가지고 있다. 가장 잘 알려진 것 중의 하나가 라사에 위치하고 있는 티베트 불교사원이다. 일본, 한국, 인도, 네팔 그리고 중국일부에서 힌두교도, 불교도, 도사와 자연숭배신앙인들의 추종자들에 의해 건설된 사찰은 예배인들에게 아름다운 전망뿐만 아니라 명상에 도움을 주는 고립감과 정온을 제공하기 위하여 산의 높은 장소를 계속 점유하고 있다. 그림 8.3은 일본 큐슈에 불교신앙을 믿는 교인들에게 서비스를 계속하고 있는 많은 수도원중의 하나를 보여주고 있다. 이런 형태의 수도원으로서 가장 크게 집중되어 있는 곳 중의 하나는 그리스의 아토스 산으로 알려져 있으며 여기에는 20개 주요 수도원과 수백개의 소규모 수도원, 공동주거 수도단지 등이 그 지역안에 세워져있으며 그리스 정부와 호리 마운틴 정부 양쪽에서 인정된 특별 허가를 받은 사람만이 방문할 수 있다.

〈그림 8.3〉 일본큐슈 서북지역의 산악에 위치한 전형적인 일본식 불교사원
자료: 브루스 프리도 촬영

과거에서처럼 요즘도 이 지역을 방문하는 순례자는 그들의 여행기간 동안 음식과 숙소의 수요에 따라 주변을 둘러싼 마을에 서비스 분야의 성장을 보장하고

있다. 이 지역으로 여행목적이 과거의 종교적에서 비종교적으로 전환되었고 많은 방문객을 위해 예배장소가 이제는 호기심의 장소로, 어떤 경우에는 레저의 장소가 되었다. 한때 순례자의 영성을 지원했던 빌리지 중심 인프라는 호화로움으로, 자기중심적 즐거움의 추구와 물질주의의 개념으로 형성된 비종교주의의 중심지로 변형되었으며 이제는 이것이 지배적이다.

〈그림 8.4〉 도쿄 중심부로부터 철도로 90분 거리에 있는 갈라-유자와의 스노우 보더

유럽에서 형성된 산악관광의 개발은 작가, 시인, 예술인과 귀족들이 산을 방문하기 시작했던 18세기 중엽까지 거슬러 올라간다(고데트 외, 2000). 첫 방문 그룹중의 하나는 등산가들이었으며(비디와 허드슨, 2003) 그들은 아마도 관광객으로서 그들 자신을 보지 않았지만 이제는 이들은 모험여행으로 정의될 수 있는 관광과 관련이 있다. 안전하지 않은 금지된 장소로서 그러나 가장 열정적인 모험

가의 장소로서 초기개념의 탈피에 따라 19세기 유럽인들은 산의 낭만적인 관점에서 개발하였으며 그곳에서 탐험, 여행과 모험이 중요한 특성이 되었다. 1863년 토마스 쿡의 첫 패키지 여행으로 특징지어지는 스위스로 산악관광에 대한 늘어나는 지속적 관심에 대한 반응으로 1873년 리기에 케이블카가 건설되었으며 스위스내 많은 다른 지역에 산악리조트 설립의 기초를 놓았다. 20세기에 오스트리아의 2차 세계대전 전의 사건에 초점을 맞춘 '사우드 오브 뮤직'과 같은 영화(1965)는 레저 관광지로서 산의 매력에 매료된 관객에게 그와 비슷한 산의 낭만적인 감정을 전해주었다. 20세기 후반부에 철도교통의 속도증가를 통해 거리의 어려움을 극복하였으며 안락한 승용차가 도보와 마차로 여행하는 고생을 대체하였다. 그후로 많은 나라에서 산악지역에 산악관광지개발을 위해 도로를 포장하면서 더욱 접근이 수월하여졌다. 캐나다에서 수십년 전에 있었던 경우처럼 1880년 중반에 관광을 위하여 로키와 셀커크 마운틴에 철도를 건설하였다. 철도건설의 많은 투자에 대한 이익확보를위하여 캐나다 태평양 철도(CPR)는 관광의 열렬한 옹호자가 되었다. 조잡한 유럽형 산악건축 스타일에 기초한 회사 호텔을 여러 지역에 세우는 한편 회사 광고는 아메리카에서 새로운 알프스 스타일 관광지의 위상으로서 로키를 선전하였다(마쉬, 1985). 콜로라도 동쪽에 1891년 피케피크 정상까지 톱니바퀴 철도가 개통되면서 콜로라도가 겨울관광지로 출현하였음을 알렸다.

많은 나라에서 힐 스테이션(Hill Station)이 국외거주 공무원, 정착민과 군인들을 위한 여름 휴양지로서 식민지 당국에 의해 세워졌다. 인도대륙에서 영국식민지 기관과 영국의 인도군대는 그 지역에서 발견된 약 80개 힐 스테이션중 50개나 되는 많은 것을 세웠다. 이는 레저 휴양지 또는 어떤 경우에는 영국자산으로서 인도통치자에 의해 세워져 남아있는 유적이다. 영국 식민지기관에 의해 건설되었을 뿐만 아니라 인도 통치자에 의해 세워진 힐 스테이션은 최근 수십년 동안 늘어나는 국내 중류층의 여행수요에 기초하여 회생을 맞았다. 영국 힐 스테이션의 예는 방갈로르에서 160km 거리에 위치하고 있고 이제는 많은 볼리우드 영화산업의 장소인 호슬러 힐스(고도 1265m)와 서뱅갈주에 있는 다질링 힐 스테이션이 유명하다. 다질링 힐 스테이션은 힐 스테이션중 가장 잘 알려진 것 중의 하나로 1999년에 다질링 히말라야 철도는 세계 문화유산 장소로서 등재되었다. 증가하는 힐 스테이션의 인기는 새로운 지역이 관광지역 노동자의 집과 관광을 지원하는 서비스 산업을 위하여 개발됨에 따라 점차 늘어나는 방문객수와 도시화로

인하여 취약한 산악생태계에 악영향을 미치게 되었다. 다른 식민지의 힐 스테이션으로는 말레시아의 카메론 하이랜드, 프랑스가 세운 베트남의 사포(미차우드와 터너, 2006)와 캄보디아의 보코르가 있다. 최근 개발에서는 식민지 힐 스테이션의 현대판이라고 할 수 있는 것이 아시아 각지에 나타나고 있다. 말레시아, 싱가포르와 브루나이에 대한 가이드 '외로운 플랜트'에서 리치몬드 등(2004)은 말레시아에 있는 젠팅 하일랜드를 다음과 같이 묘사했다. '남쪽으로 50km 떨어진 쿨라 룸파(Kula Lumpa)는 부유한 시민을 위한 아시아 디즈니랜드의 한 종류로 설계된 지나치게 화려한 현대판 힐 스테이션이다. 다른 곳에 있는 옛 영국 스타일 힐 스테이션과는 대조적으로 젠팅의 경관은 높은 테마공원과 집중된 오락시설과 활동 프로그램......높게 솟은 블록의 숲으로 이루어져 있다.'

산악지역에서 관광지의 특정한 예는 산악리조트 개발의 가장 긴 역사를 가지고 있는 유럽에서 시작된다. 스위스와 오스트리아의 내륙국가에서 스위스의 다보스, 생 모리츠와 락스, 오스트리아의 생 안톤, 키츠뷰헬을 포함하는 알프스 리조트는 겨울 스키활동을 제공하는 개발형태를 대표한다. 독일에서 스키리조트는 유럽 알프스의 다른 지역과 비교하여 일반적으로 상당히 작다. 잘 알려 2곳은 독일에서 가장 높은 산인 저그피츠에서 접근하는 가르미쉬-파르텐키르첸과 2008년 스키 점프 월드컵이 개최된 오베르스토프이다. 전 바르샤바 조약국가에서는 한 개의 산악 리조트 건설된 반면 루마니아에 있는 포이아나 브라프를 포함한 다른 곳은 재생하였다(터녹, 1990). 아시아에서 경제적 발전은 북한의 금강산(김과 프리도,2003), 한국의 설악산, 일본의 삿포로 그리고 중국 운난 북쪽 지역의 상그릴라와 같은 산악관광지 개발을 선도하면서 겨울관광 활동수요를 창출하였다.

그 외에도 몇몇 요소들이 산악지역에서 관광지 개발에 영향을 미쳤다. 이런 요소로는 지역경계를 둘러싼 갈등과 안전문제가 포함된다. 1947년 인도와 파키스탄 간 캐시미르에 대한 자의적인 경계구분으로 이 같은 정치적 경계 설정이 어떻게 지역전체 계획의 어려움을 발생시키고 관광을 방해하기에 충분할 정도의 폭동이 발생하는 하나의 예가 된다. 이런 형태의 경계구분은 관광개발과 건전하고 지속가능한 계획의 실행을 방해하는 갈등을 발생시킬 수 있다. 만약 방문객이 물리적 위협으로부터 안전을 느낄 수 있다면 그때 관광은 번창할 것이다. 이 책을 쓸 당시에 정치적 경계가 갈등을 발생시키고 지속가능한 관광발전을 위한 잠재력을 감소시킨 지역은 여러해 동안 마오 반군이 인도 정부에 대항하여 소규모의 게릴라 운동을 벌인 아쌤지역, 탈레반 반군이 중앙정부에 지속적으로 저항하는 아프카니스탄, 북부 이라크의 쿠르드 지역, 동부 터키와 서부이란, 그리고 러시아 연방의 코카서스 산맥 지역의 체시아를 포함한다. 네팔에서 오랫동안 지속된 마오반란(1996-2006)으로 2004년 10차에서부터 27차까지 아이 익스플로어(iExplore) 목록에서 모험여행자를 위한 가장 인기있는 관광지에서 탈락한 네팔은 관광객 도착기준으로 가파른 감소를 가져왔다(http://www.iexplore.com/about/pr_2005-01-10.jhtml). 인도령 케시미르의 스리나가르 역시 인도로부터 독립을 포함한 다양한 목적을 위하여 반군전투에 의해 사주된 폭동 때문에 급격한 감소에 시달렸다. 평화와 협력이 있는 국경에서의 정전이 관광에 자극이 될 수 있다. 예를 들어 유럽 알프스의 접경지역에서는 아침에 국경의 프랑스 쪽에 있는 호텔에 예약을 하고 오후에는 산악의 스위스 쪽에서 스키를 타는 것이 가능하다.

산악관광에 대한 관심의 증가와 더불어 출현했던 활동은 여행기록가의 관찰을 통해서 추적할 수 있다. 1765년에 스코틀랜드의 하이랜드 여행자인 토마스 그레이(후퍼, 2002에 인용됨)는 '산은 희열에 넘쳤고, 1년에 한번씩 순례여행에서 방문해야 한다. 아무도 모르며 신의 그 거대한 탄생물만이 그 많은 공포에 그 많은 아름다움을 결합하는 방법을 안다'고 썼다. 그레이의 관찰에 대해 언급하면서 후퍼(2002)는 '...일반적으로 물리적 어려움은 미적 체험을 함께 할 것으로 예상하고 있었던 곳이 스코틀랜드의 하일랜드다...' 그레이가 스코틀랜드의 하이랜드에서 체험을 썼던 해인 1765년에는 런던에 주소가 있는 한 방문객은 에딘버러까지 10일간 코치 여행은 고행이 예상되었을 것이며 하이랜드까지는 또다시 일주일이 더 필요했을 것이다. 현대 여행 잡지에 가끔 발표하는 여행전기 작가는 산을 매혹과 레크리에이션의 탐닉을 위한 장소로 혹은 21세기 현대 도시거주자의 노동생활 압력으로부터 탈출하는 장소로서 본다. 부유한 중산층의 탐닉과 탈출을 위한 요구와 현대 여행의 용이함이 현대시대에 있어서 산은 매우 인기있는 관광지 이미지의 기초를 구축하게 하였다.

활동

활동과 관련된 관광은 광범위한 겨울 스포츠, 모험 스포츠, 스파, 산악등반, 하이킹, 낚시와 보는 관광을 포함한다. 모든 가능한 활동중에서 겨울 스포츠는 일본 알프스에서 스노우보딩을 표현하고 있는 그림 8.4에서 보여주는 것처럼 많은 지역에서 계속 관광활동의 지배적인 형태로 있다. 고대 노르웨이 신화에 스키는

눈의 여신인 스카디에 의해 발명되었으며 노르웨이 용어인 '스키'가 1890년에 처음으로 영어로 나타났다(크로슬리-홀랜드, 1980). 대규모 관광을 통한 스키의 대중화는 특화된 산악관광산업의 출현을 위한 기초를 놓았으며 다른 많은 산악활동이 추가되었다(허드슨, 2000). 최근 수십년 동안 겨울 스포츠는 스키를 타는 것을 넘어 스노우 보딩과 터보건 썰매를 포함하는 것으로 옮겨갔으며 콜로라도의 아스펜과 캐나다의 휘슬러 같은 대규모 복합 관광지의 수가 늘어나는 현상을 촉진시켰다. 관광수요의 성장을 지원하기 위한 산악 리조트의 도시화는 최근의 흐름으로 이는 본장 후반부에서 살펴볼 산악관광지에서 나타나는 몇 가지 위험성을 가지고 있다.

스키를 타는 것과 비슷한 방법으로 등산활동도 모험 등반 혹은 스포츠 등반과 같이 명칭이 다시 붙여진 등산으로 분류되고 상품화되었다. 현수하강(로프를 타고 하강하는 스포츠-역자주)은 협곡타기와 같이 그자체가 하나의 스포츠로서 등산으로부터 나타났다. 힐 하이킹은 트레킹이 되었으며 산악자전거는 비포장과 산속으로 옮겨 갔다(비디와 허드슨, 2003). 추가적인 분류 체제에 산악활동은 참여를 위해 요구되는 물리적 노력과 기술적 능력에 따라 하드와 소프트 모험활동으로 분류할 수 있다. 따라서 산악자전거와 물보라를 일으키는 래프팅과 함께 등산은 하드 모험활동으로 분류될 수 있는 반면 하이킹, 동물관찰, 카누잉과 캠핑은 소프트 모험활동으로 분류된다(비디와 허드슨, 2003; 버클리, 2006).

20세기 동안에 정복에 도전하는 인류의 오래된 충동은 지구상에서 가장 접근하기 어려운 산을 오르는데서 하나의 징표를 발견한다. 1953년 에드몬드 힐러리 경과 세르파 텐징노르게이에 의해 에베레스트 산이 정복된 이래, 2000년 초까지 그 산을 오른 2,000명이 넘는 사람의 약 10%가 사망하였지만 그러나 이 같은 높은 인명피해율이 에베레스트 산이나 다른 어려운 산을 계속 오르는 것을 제지하지 못하고 있다. 그러나 이 같은 체험조차도 등산가들이 등산을 하는 동안 휴대전화를 사용할 수 있고 2008년 올림픽 성화봉송 길에 포함되어 있는 산정상에까지 중국 텔레콤이 휴대폰 중계기를 건설하여 상품화되었다.

최근 수십년 동안 많은 활동이 산악관광에 증대하는 관심을 위한 추가적인 동기를 제공하여 빠르게 늘어나고 있다. 다음 리스트는 철저하지는 않지만 요즈음 가능한 다양한 활동을 조명하고 있다(표 8.2).

활동은 겨울/여름 활동; 소프트/하드 모험; 강한 영향/약한 영향; 비싼/싼 비용; 안전한/위험한; 고지대/저지대; 환경 친화적/비환경 친화적; 강/육지 활동;

단체/개인; 그리고 지속가능/비지속가능 등이 포함되는 다양한 규모에 따라 분류될 수 있다.

〈표 8.2〉 산악스포츠와 레크리에이션 활동의 확장 리스트

눈/얼음중심	하늘	물
스노우 보딩	패러글라이딩	카약
스키	절벽 점핑	스쿠버 다이빙
눈신발	그라이딩	수상스키
썰매	행글라이딩	수상 래프팅
언덕 활강 경주	마이크로 조명	계곡타기
아이스 스케이팅	패러슈팅	세일링
그로스 컨트리 스키	스카이다이빙	
스키 점프	번지점프	
아이스하키		
컬링		
자연중심	**자동화**	**등반**
야생화 탐방	모터사이클링	현수하강
조류 관찰	쿼드 자전거 타기	산악등산
캠핑	산악도로 운전	
야생조망	눈 자동썰매	
하이킹		
그 외 활동		
사냥		
동굴탐사		
개 썰매타기		
오리엔티어링		
페라타를 통한 광야의 체험		

참여자는 행락객 혹은 전문가일 수 있고 활동은 고도로 조직화되거나 비조직화, 무료 또는 상용일 수 있다. 대부분 스키관광지는 전문가와 아마추어뿐만 아니라 하드와 소프트한 것이 혼합된 활동을 모두 포함하는 스키를 타는 기회를 제공하고 있다.

첫 현대 동계올림픽 대회는 1924년 프랑스의 샤모니에서 개최되었으며 겨울 스포츠와 산악 관광에 대한 관심을 유도하는 핵심적 요소가 되었다. 준 프로 운동의 발전 육성, 겨울 스포츠의 개념의 홍보와 겨울 스포츠 장소의 특징화를 통

해 동계 올림픽은 겨울 스포츠와 이런 활동이 이루어졌던 지역의 인기가 올라가는 토대가 되었다. 예를 들어 미국 유타주의 솔트레이크시에서 개최된 2002년 겨울 올림픽은 25만명의 방문객을 유치하였을 뿐만 아니라 수백만이 넘는 텔레비전 시청자들이 그 이벤트를 지켜봤다.

산악 관광지의 개발

많은 요소가 산악 측면에서 성공적인 관광지를 건설하고 유지하는 능력에 영향을 미친다. 개발중에 있는 산악관광지에서 문제의 범위는 정책 수립자, 계획가, 투자자 그리고 주민에 의해 고려되어야 한다. 시각적 영향, 계획의 철학, 도시화, 지속가능성, 기후 변화, 접근성, 계절성, 지역사회 이슈, 정치적 이슈와 문화 그리고 문화유적 이슈가 산악 관광지의 측면을 비교하고 대조하기 위하여 활용될 수 있다. 본장의 나머지는 산악 관광지개발의 이런 요소들을 살펴볼 것이다.

시각적 영향

산은 시각적으로 멋진 체험을 제공하며 우리(1995)가 언급한 용어속에서는 소비되는 장소이다. 사진촬영이 그런 소비의 공유를 허용한다. 손탕(1977)에 따르면 사진이 사용자로 하여금 능동적인 참여자가 될 수 있도록 해준다, '카메라를 가지는 것이 사람을 무언가 활동적이고, 엿보기를 좋아하는 사람으로 전환하게 하는 한편 동시에 거리와 분리의 요소를 창조한다.' 과거에는 웅장하고, 독창성과 차별성의 이미지를 잡는 것이 예술가의 영역이었으나 20세기 영화 촬영법의 붐은 안개속의 고릴라(1988), 반지의 제왕 삼부작(2001-2003) 그리고 폭포의 전설(1994)을 포함하는 영화속에 산의 이미지를 포함하는 것이 유행이 되었다. 불행하게도 영화세트장으로 산의 활용은 환경적 측면에서 본다면 항상 성공적인 것은 아니었다. 2006년 중국 종디안에서 영화 촬영중에 경관적으로 민감한 지역의 파괴는 관계당국이 영화제작자에게 그 곳과 더불어 다른 민감한 장소로 접근을 제한하도록 하였다. 리오데자네이로의 예수상(그림 8.5)에서 관광객이 자신의 사진을 찍은 그림 8.2가 보여주듯이 사진의 유행은 특히 디지털 사진과 휴대폰의 커뮤니케이션 결합으로 다른 사람과 디지털 매체를 통하여 레크리에이션을 공유할 수 있는 장소로서 산악의 매력을 또한 높여주고 있다.

〈그림 8.5〉 리오데자네이로 그리스도조상 앞에서 휴대전화로 사진을 찍고 있는 관광객

계획

다른 장소에서와 같이 계획은 산악지역에서 지속적인 관광의 성공에 중요한 요소다. 자연에 의한 관광은 경관과 자원에 대하여 그리고 관광개발의 구역내에 살고 있는 사람들에 대하여 관입산업일 수 있다. 관광개발의 규모뿐만 아니라 허용된 활동은 관광산업이 환경과 산악지역공동체에 어떻게 영향을 미치는지에 대한 중요한 측정수단이며 이런 견지에서 계획의 필요성이 명백해진다. 과거에는 열광적 지지(Boosterism) 혹은 경제적 개발(Economic Development)의 전통을 따른 계획으로 관광개발자와 투자자의 요구가 자주 지속가능성보다 우선순위를 가졌다. 비지속가능적인 실행으로 인한 영향이 늘어나는 증거는 관광수익율의 감소와 유지관리 및 복구비용의 증가로 명백해져 감에 따라 이런 상황이 이제는 변화되어 가고 있다. 보다 많은 인식은 개발과 계획에 지속가능한 접근법을 채택하도록 하고 있다. 그림 3.2에서 제시한 계획모델은 지역사회, 투자자와 방문객의 욕구가 인정되는 것을 보장하기 위한 효과적인 틀을 제공한다. 장기적으로 계획의 효과성은 특히 개발경로를 따르기 위한 정치적 수준에서 결정되는 사전계획단

계에서 채택된 계획 접근방법의 결과에 달려있다. 계획의 접근법은 경제적 접근법, 지속가능한 접근법 그리고 공동체 개발 접근법을 포함할 수 있다.

산악관광지가 지속가능성을 달성하기 위하여 우선순위가 자원의 장기적 사용을 위한 계획에 두어져야 한다는 것은 명백하다. 지금까지 지속가능성 계획에 대한 대부분의 학술적 해설은 산악 생태시스템과 경관에 대해 그것이 필요한 곳에 대한 과학적 연구결과를 이끌어 낼 필요성을 무시하였다. 과학적 연구는 지리학적 그리고 생물학적 경계를 세우기 위하여, 인간 활동에 대한 생태계와 특정한 종의 민감성을 규명하기 위하여 그리고 인간정주와 레크리에이션 사용의 영향을 측정하기 위하여 필수적이다. 과거에는 공원계획 경계와 다른 계획경계, 민감한 생태시스템에 인프라의 구축, 그리고 국내 정원속에 비고유종의 도입 등 다양한 문제에 과학적 조사를 포함하는데 대하여 거의 관심을 주지 않았다. 과학적 접근에 대한 무시는 궁극적으로 방문객을 위한 편의시설의 저하와 계속되는 손실 그리고 어떤 경우에는 관광지 쇠퇴의 결과를 가져온다. 과학에 기초한 접근방법이 미래와 더 밀접한 계획을 위하여 그리고 현재 사용되는 패턴의 유형과 강도에 조정이 필요한 곳에서 요구된다. 기후변화의 증거가 늘어나면서 많은 산악관광지는 겨울눈의 일부 혹은 전부를 잃을 것이며 한편 다른 곳은 그들의 생물학적 구조에서 빠른 변화를 경험할 것이 명백하다. 두 경우 모두 영향을 받는 지역은 다양한 새로운 경험에 적응하고 대응하여야 하거나 빠른 쇠퇴에 직면할 것이다. 사례연구 8.2는 민감한 산악관광지 계획에 과학적 연구의 포함이 중요함을 보여준다.

지속가능성

이 책의 중심적 이슈이며 다른 곳에서처럼 산악지역에서 만약 성공적인 관광지개발이 지속되려면 지속가능성이 해결되어야 할 필요가 있는 주요한 과제이다. 더구나 지구 물순환에서 산악의 역할 때문에 그리고 모든 세계 주요 강 시스템의 상류의 장소로서 산의 개발과 그 개발이 물 순환에 미치는 영향은 저지대에 사는 주민에게 중요한 이슈이다. 고데 등(2000)은 산악관광에 대한 그들의 책에서 지속가능성과 관련된 전통적 3가지 요소(생태적, 경제적 그리고 사회문화적)에 정치적 측면이 추가되어야 한다고 언급했다. 자의적인 정치적 경계는 관리의 어려움을 발생시키고 본장 처음부분에 논의한 지리적, 문화적 그리고 생물학적 경계를 자주 무시하여 갈등의 잠재력을 증가시킨다.

많은 산악 생태 시스템의 취약성은 장기적인 지속가능성을 보장하는 개발정책에서 주요고려사항이라는 것은 명백하다(고데 외 2000). 허드슨과 밀러(2005)가 우리에게 상기했듯이, 지속가능한 관광은 환경관리의 중요성을 강조한다. 지속가능성은 환경보다 더 넓은 차원이며 또한 산악 리조트에서 견고한 운영의 경제적 지속가능성(길드너 외, 2000) 뿐만 아니라 산악지역에서 발전한 지역사회공동체의 지속가능성을 포함한다. 많은 저자들이 환경적 지속가능성과 경제적 지속가능성을 조화시킬 필요성 간에 나타나는 긴장에 대하여 언급하였다(허드슨과 릴러, 2005; 마일스와 코빈, 2000). 저자의 또 다른 그룹(윌리암스와 길, 1999; EU, 2001)은 민감한 환경의 수행능력을 결정하기 위한 메커니즘을 가정하였다. 환경적 지속가능성이 없으면 장기간 경제적 지속가능성이 문제된다. 불행하게도 경제적 지속가능성의 필요는 가끔 궁극적으로 생태적으로 지속가능하지 않은 개발을 초래하는 전례를 취하였다. 지속가능성의 중심적 역할은 산악지역에서 기후변화에 의해 발생되는 이슈에서 보다 더 명백한 것은 어디에도 없다. 지구온도 상승은 많은 스키 관광지를 위협한다.

스키리조트는 산악지역에서 관광개발의 가장 파괴적 침입 형태중의 하나이다(버클리 외, 2000). 숙박시설과 스키 슬로프뿐만 아니라 종업원과 기타 지원 노동력의 주택을 위한 도시지역, 산업과 교통 등을 지원하는 개발을 포함하는 인프라를 위해 넓은 지역을 요구하기 때문에 스키리조트의 건설과 운영은 환경적으로 주요한 영향을 미친다. 스코틀랜드에 있는 케언곰 스키 지역의 개발은 스키 관광지의 건설이 민감한 산악 환경에 대해 줄 수 있는 환경적 충격의 형태를 보여준다. 그 프로젝트의 건설단계 기간 동안 중장비에 의한 북극의 고산환경이 파괴되었고 도로건설 및 스키장 건설을 위한 식물제거로 큰 손상을 입었다(홀덴, 1998). 후에 식물제거는 순식간의 홍수를 가져왔다. 관광지 개장 이후에 스키어들이 남긴 잔재는 기존 생태계인 토착조류와 동물의 민감한 균형을 혼란에 빠뜨리는 다른 경쟁자의 종을 유입시켰다. 호주의 고산지역에 난쟁이 주머니 쥐(Burramys Parvus)는 산불보다 스키장 건설로부터 더 큰 위협에 직면하고 있다. 스키장 건설로 인한 서식지의 분리, 도로 그리고 겨울동안 그들이 동면했던 눈으로 덮인 지역의 계속된 손질로 인하여 개체수가 1,800정도로 감소한 것이 관찰되었다. 스키장의 영향과 더불어 겨울활동뿐만 아니라 여름활동까지 포함하여 시즌을 확대하려는 스키관광지가 늘어남을 볼 때 이런 추세는 장기적인 지속가능성에 잠재적으로 충격을 미치는 또 다른 유형의 활동이 불가피해 보인다.

생태적 측면에서 개발에 따른 다른 충격은 삼림파괴, 외래종의 침입, 서식지의 상실과 침식을 포함한다. 방문객의 입장에서 부정적 영향은 인간이 산을 점유함에 따라 밀집되지 않은 상태로 남겨진 산악경관과 원시야생과 같은 쾌적함이 상실되는 것을 포함한다. 높은 고도 산악지역에서 하이킹을 포함한 여름과 겨울 스포츠로 인하여 환경에 끼치는 손상은 상당할 수 있다. 높은 지역에서는 식물군이 희소하고 높은 미적 가치 그리고 생장 속도가 느리기 때문에 자주 손상되기 쉽다. 이러한 지역의 과도한 활용은 땅의 경화, 침식, 서식지의 분리, 비고유종의 침입과 화재 등을 초래할 수 있다. 이 같은 지역의 생태적 통합성을 유지하기 위한 모니터링과 규제의 강화가 필요하다. 강력한 관리기구를 가지고 있는 캐나다, 스위스, 미국과 뉴질랜드 같은 선진국에서는 가능하지만 비교적 관리기구가 취약한 개발도상국은 장기적인 생태적 지속가능성을 달성하는데 어려움을 경험할 것이다. 네팔의 트래킹 길을 따라 그리고 에베레스트 산과 그 외의 산을 오르는 등반가를 지원하는 베이스캠프에는 사람들이 버린 잔재와 쓰레기의 축적으로 개발도상국은 많은 관광객을 수용하는데 있어서 어려움에 직면하고 있음을 보여주고 있다. 문화적 풍경이 산악관광지 체험의 중요한 구성부분인 곳에서 무제한 개발은 전통적 건물의 철거와 본래 건물의 건축형태 및 규모와 어울리지 않는 구조로 대체되는 결과를 가져왔다. 다른 지역에서는 새로운 농업기술이나 전통적 농산물 시장의 상실 때문에 인구감소가 건물뿐만 아니라 어떤 경우에는 전체 정주지역의 포기를 초래하고 있다. 이런 현상은 일본, 한국과 그리스를 포함하는 많은 국가에서 점차 늘어나는 추세에 있다(발라오라스, 2000). 삼림파괴, 토양 침식, 전통농산물시장의 상실, 커지는 도시생활의 매력도와 이들 지역에서 가능한 서비스는 산악지역사회에 악영향을 주게 된다. 많은 경우 농부의 자녀들은 노년층을 남겨두고 어떤 경우에는 산촌마을 전체를 버리고 도시의 매력을 찾아 떠났다. 이런 흐름을 인식한 일본 정부는 농촌지역을 회복하기 위하여 관광을 이용할 목적으로 후루사토 정책(농촌에 있는 문화적 뿌리로 돌아가는)을 수립하였다. 큐슈에 있는 유후인 산악 온천 리조트 마을이 한 예로서 이런 정책이 성공적으로 수행되었고 실질적으로 관광에 투자가 이루어지는 결과를 가져왔다(그림 4.4 참조). 그러나 불행하게도 유후인의 진행과정에서 많은 전통적 건물이 철거되었고 가짜 농업 형태가 대신 들어왔다. 비슷하게 그 지역의 농업 풍경은 새로운 정착자가 이전 농장을 취득하고 주택건립을 위해 혹은 상업적 목적을 위한 재개발로 인해 서서히 파괴되었다.

중국 운난지역은 빠른 개발이 주는 충격과 그리고 원래의 문화적 풍경 부분이 어떻게 보존되고 보완되는지에 대한 사례를 제공한다. WTO에서 세계문화유산으로 등재된 리장시의 상당한 노력은 고도의 옛 거리풍경을 간직하도록 하였다. 이는 성공적이었지만 그러나 이런 빌딩의 이용이 주거용과 가벼운 서비스 산업에서 관광으로 전환함에 따라 적지 않은 변화가 각 개별 건물에 일어났다. 한때 가족의 주거용이었던 건물은 가게로 변하고 이전 가게는 본래의 내부 인테리어를 완전히 철거하고 새로운 현대 스타일로 대체하는 대규모 수리를 하였다. 더욱 중요한 것은 호텔이 건립되고 관광종사원을 위한 주택이 건축되면서 상당한 도시확산이 근처에 일어났다. 사회주의 이후 상업적 건축물인 이런 빌딩은 새로운 것과 오래된 건물의 병립으로 부조화된 전경을 탄생시키면서 리장도시에 있는 건물과는 완전히 다른 생뚱맞은 건물이다. 앞의 논의는 민감한 산악지역에서 지속가능성을 보장하기 위하여 효과적이고 능동적인 계획의 필요성을 강조하였다. 한정된 물리적 공간은 계획가에게 난제를 주고 있다. 성장은 새로운 구조와 서비스를 위한 공간을 요구하지만 그러나 성장은 또한 지역의 매력을 뒷받침하는 자원과 체험의 쾌적함을 파괴한다. 많은 산악지역은 개발에 관대하지 않다. 높은 수준의 생태적 지속가능성을 달성하기 위하여 그림 3.2에서 제시한 계획 틀의 첫 두 개의 단계에서 제안한 것처럼 수행될 계획의 정도와 형태가 심도있게 그리고 공개적으로 토론되어야 한다. 여기서 중요한 절차는 계획의 모든 측면이 과학적으로 뒷받침되어야 한다. 인간과 동물의 굶주림의 결과를 가져온 과도한 자원의 개발이 있는 곳에서 과거 자연의 자정능력체계는 글로벌 공급체인에 의해 대체되었는바 여기에서는 지속가능성을 진전시켜왔던 과거의 균형을 제거함으로써 자원결핍을 가져올 수 있다.

다음 사례연구는 기후변화의 결과로 일어날 수 있는 생태체계 변화에 대해 관리청과 계획가에게 정보를 줄 수 있는 과학적 연구 접근법이 가지는 것이 중요함을 보여주고 있다.

사례연구 8.2 기후변화의 가능한 영향

북 퀸스랜드에 위치한 세계문화유산에 등재된 열대우림지대는 좁은 해안 산맥에 900,000헥타르를 점유하고 있으며 기후변화에 매우 민감한 지역이다. 산악 우림지는 3,000여종의 식물을 포함하고 세계에 유일한 13종의 포유동물을 포함하여 오스트레일리아 315종 포유동물의 3분의 1을 간직하고 있다. 로켄버버, 킷칭과 튜톤(2004)에 의한 연구에서 단지 섭씨 1도의 극히 작은 온도변화에 따른 시나리오조차도 다양한 토종 개구리(8종), 토종 포유류(6종), 조류(3종)와 도마뱀(3종)의 50%까지 제한이 있을 것으로 보았다. 기온변화는 지구의 온도 상승에 따라 종 다양성의 상실을 보여주는 그림 8.6에서 나타난 것처럼 산림전체에 많은 종의 분포에 또한 영향을 미칠 것이다.

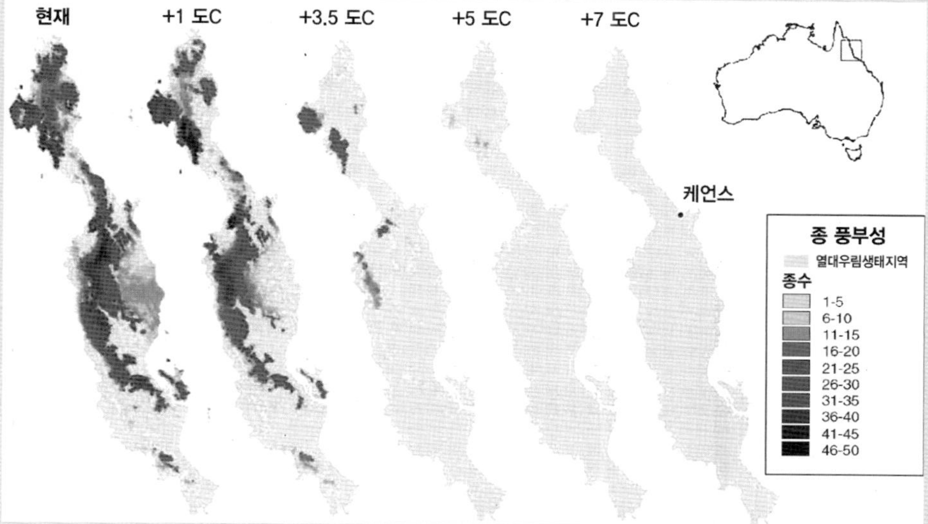

〈그림 8.6〉 기후 상승에 따른 지역토종 육상포유동물에 있어서 종 풍부성의 분포지역 감소
자료: 윌리엄스 외(2003)

열대우림지역을 간직한 산악체계의 특성 때문에 토착종은 더 높은 고도로 이주할 수 없을 것이며 많은 경우 산을 넘어 이주할 수 있는 종은 제한적이다. 생태계 측면에서 어떤 종의 재배치는 기존체제로부터 연유되지만 그러나 상이한 새로운 생태계의 결과를 발생시킬 것이다. 그 외의 영향은 생태계 서비스 측면에서 대기, 토양과 수질의 보존관리 문제가 발생될 것이며 외래종으로부터 커지는 위험과 또한 극심한 기후적 사건의 발생이 증가할 것이다. 프리도와 팔코-마몽(2007)은 열대습지가 2006년에 관광객의 직접소비로 인해 426호주 달러를 창출하였음을 밝혔다. 기후변화는 그 지역의 매력에 영향을 미칠 것이며 그 범위는 알 수 없지만 방문객에게 영향을 줄 것이다. 그 지역의 관광을 위한 핵심 판매장소로서 열대우림지의 활용은 관광목적을 위해 민감한 산림지역의 현재 사용에 대한 재검토가 또한 필요할 것이다. 미래에 관리청(열대습지 관리청)은 발생할 변화의 정도를 이해하기 위해 과학적 연구에 의존할 뿐만 아니라 이런 변화가 어떻게 방문객수에 영향을 주고, 지역경제에 대한 우림지의 경제적 기여도가 어떻게 작용하는지를 이해하기 위해 사회과학적 방법을 채용할 필요가 있을 것이다(프리도와 팔코-마몽, 2007).

기후변화

많은 산악 관광지는 지구기후변화에 심각한 영향을 받을 것이며 새로운 경험을 제공함으로써 적응하여 가거나 쇠퇴에 직면할 것이다. 지구 온도가 올라감에 따라(IPCC, 2007) 빙하는 높은 비율로 계속 녹을 것이며 눈의 경계선도 퇴각할 것이다. 이런 변화의 증거는 이미 뉴질랜드, 아이슬란드 그리고 미국의 빙하에서 나타나고 있다. 아프리카 케냐와 우간다 산의 빙하는 2020년대까지 완전히 사라질 것이다(테일러 외, 2006). 설선이 퇴각함에 따라 그 결과로 눈을 기반으로 하는 활동이 가능한 지역이 감소할 것이다(코에닉과 아베그, 1997; 엘라세와 버키, 2002; 스콧트 외, 2003; 베켄과 헤이, 2007). 낮은 고도의 산악에 위치한 설원은 우선적으로 스키 시즌의 길이에서 줄어들 것이고 그 다음에는 설원이 없어 질 것이다. 이런 상황에 직면한 관광지는 대안이 거의 없으며 다른 형태의 산악 체험장으로 전환하거나 쇠퇴하게 된다. 만약 충분히 높이 올라갈 수 있는 산악지역에 적당한 개발 가능지역이 있다면 산악의 위쪽으로 옮겨질 것이다. 이런 현상은 보다 높은 지역에 위치한 산악지역이 그들의 스키장을 확장하도록 하는 기회와 병행하여 발생할 것이다. 한 가지 가능한 영향은 많은 스키 체험기회의 감소로 스키장 이용가격은 상승할 것이다.

기후변화의 또 다른 충격은 앞의 열대우림지에 대한 사례연구에서 강조하였듯이 빠른 생태계의 변화일 것이다. 기온이 상승함에 따라 동식물의 외부 침입 종이 산악지역으로 이동할 것이며 이는 이미 쇠퇴와 적응과정에 있는 생태계에 중대한 압력으로 작용할 것이다. 화제와 침식은 생태계 변화에 따라 동반되는 위협이 될 것이다. 식물군의 변화와 어떤 식물 종의 손실에 따라 그런 종에 적응하여 왔던 동물이 사라질 수도 있다. 기후변화로 겨울 스포츠 참여의 기회가 줄어들 것이지만 겨울 스포츠 종말의 신호는 아닐 것이다. 장기적으로 겨울 올림픽과 같은 이벤트에 영향을 줄 것이다. 두바이에서 개발한 스노우 돔의 실내스키장은 점차로 탄소발자국과 재생 불가능한 에너지 자원의 고갈에 대한 인식이 점증하는 사회에서 그런 시설의 지속가능성이 의문스럽지만 이 같은 시설을 건립하는 새로운 추가적 시도가 출현할 가능성이 있다.

도시화

에덴서(1988)는 산악에 의해 상징되는 이질적 공간은 움직일 수 있는 자유와 자기표현을 위한 공간을 찾으려는 욕구와 관련이 있는 반면 도시화는 억제와 관습으로 얽매인 하나의 영역을 형성한다. 유럽과 미국에서 산악지역 관광개발의 초기 형태와 같은 의미였다. 자유와 모험의 상징적 가치는 보다 최근에 와서는 조화와 상업화로 대체되었다. 현대시대의 대규모 관광산업이 이국적이지만 친근하고 위협이 없는 장소내에서 5-7일간 패키지로 짜여져 있어서 해당 금액만큼의 즐거움과 가치의 확실성에 대한 수요 때문에 이런 현상이 예상되고 있다.

관광을 지원하는 도시화 된 공간은 방문객이 숙박하는 영역과 관광산업과 종업원을 지원하는 보다 넓은 영역을 포함한다. 도로는 도보 길을 대체하고, 교통표지판은 정보를 알려주고, 광고는 영역을 넘어 공간의 원시자연을 개선하고, 획일성은 자연의 혼란을 대신하게 되었다. 아마도 자연의 비적합성과 불확실성 때문에 매력적인 공간에 확실성을 보장하는 적합성의 병치는 대규모 관광의 충격과 기본적인 자연 그대로의 풍경에 표준화를 동반하려는 비유와 같다.

대규모 산악관광지의 개발과 병행하여 서서히 진전된 도시화속에서 산림경관이 완고하게 남겨져 있는 에덴서의 이질적 공간에 대한 수요가 있다. 많은 지역에서 이런 공간의 일부분이 주요판매 장소로서 독점적 시장을 형성하는 소수의 고가 숙박시설로 채워지고 있다. 따라서 이런 위치조차도 도시화 형태의 더 많은 개발 수요가 늘어남에 따라 변화에 직면하고 있다.

〈그림 8.7〉 브라질 포코스 데 칼다스를 둘러싼 산기슭의 도시화 진전
자료: 브루스 프리도 촬영사진

많은 국가에서 산악관광지의 성장은 주변지역으로부터 실질적인 유입인구의 이주로 인해 환경오염을 초래하고, 삼림 개간과 훼손을 통해 생태계의 손실과 본래 지역사회의 정체성 상실 등을 촉진시켰다. 네팔의 카투만두 계곡의 관광개발 영향분석에서 샤하와 나그팔(1997)은 계곡의 대기질이 도시화에 따라 어떻게 악화되어 갔는지에 대해 주목하였다. 그림 8.7에서 보여주듯이 이런 형태의 개발에 따른 한 영향은 언덕 비탈에까지 도시화의 진전이다.

아스펜(콜로라도)을 지원하는 도시화 지역으로 계곡 밑까지의 도시확장은 관광이 산악지역에 대하여 미칠 수 있는 영향의 한 예가 된다. 고속도로를 따라 상업적 개발과 주택건설의 난립은 겔른우드 스프링스와 카본데일에 발생하였으며 산악체험의 생활환경을 서서히 파괴할 수 있는 잠재성으로 인해 그 지역의 민감한 생태계에 압력을 증가하였다. 이런 상황하에서는 전체지역을 포함하고 특성상 다중의 지방자치단체가 관련되는 계획체계가 요구된다.

처음에는 인근 벤쿠버 시장을, 나중에는 국제시장에 서비스할 휘슬러의 개발은 스키리조트 개발이 산악지역에 대하여 미칠 수 있는 영향을 잘 보여준다. 1973년에 2,400에이커의 산림이 스키시설을 구축하기 위해 가리발디 국립공원 주변부터 사라졌으며 이어서 1978년에 추가로 780에이커, 1987년에 1,520에이커가 사라졌다. 만약 장기적인 지속가능성이 달성되어야 한다면 스키 슬로프의 계속된 확장과 민감한 생태계로 도시의 확산은 계획가에 의해 고려되어야 하는 문제였다. 도시확산 문제는 별장과 리조트 종업원을 위한 숙소건설의 탓이었다.

접근성

19세기와 20세기의 교통기술 발달은 국가적, 개인적 번영의 상승에 따라 특히 변방에 위치한 곳에 관광개발을 위해 산악지역 개발을 촉진했던 주요요소중의 하나였다. 19세기 철도의 발달은 새로운 산악리조트가 유럽, 특히 알프스지역에 개장하게 하였고 한편 북아메리카에도 비슷한 트렌드가 로키, 콜로라도와 그 외 지역에 동시에 개발을 촉진했다. 20세기 전반부에 넓은 저지대 도시중심지와 산악지역사회까지 모두 연결하는 기후전천후 도로가 더욱 개발을 촉진시켰다. 지구적 차원에서 안전하게 그리고 비교적 저렴한 비용으로 먼 거리에 관광객을 운송하는 항공교통의 능력은 방문객에게 산악을 제공할 수 있도록 하여 많은 관광발생지역의 큰 확대를 가져왔으며 동시에 산악과 비산악지역 모두에 많은 경쟁자의 확대를 가져왔다. 좁은 차원에서는 도로, 터널, 케이블카와 스키 리프트가 접근하기 힘든 산악지역을 관광지역으로 개발하게 하였다. 개선된 접근성의 개발로 인해 많은 산악지역을 개방한 반면 민감한 생태계의 파괴와 침식, 외래종 도입 통로의 제공과 도시확산을 촉진을 포함하는 많은 문제점을 노정하였다. 주요 관광명소로서 페루 막추픽추의 출현은 먼 산악지역을 관광지로 개발하는데 교통이 수행하는 역할을 잘 보여주고 있다. 장소의 원격성은 철도노선이 관광개발을 위해 그 지역에 구축될 수 있을 때 까지 그 지역의 관광 목적 개발을 가로 막았다.

계절성

계절성은 특히 겨울 관광에 의존하는 관광지를 위해 중요한 과제이다. 산악지역내에서 계절은 겨울과 여름으로 구분된다. 각 계절은 매우 다르게 분류되는 관광객을 유인하는 것으로 예상 할 수 있다. 겨울에는 겨울 스포츠에 대한 강조가 지배적인 반면 여름에는 상이하고 자주 덜 광범위한 활동이 가능하게 된다. 고용과 비수기 동안의 현금흐름을 발생하는 사업수요, 그리고 투자에 대한 회수가 주요이슈가 된다. 이런 과제의 근본은 잦은 변화의 대상이 되는 방문객 동기의 역할과 관광객을 수용하는 지역사회간에 자주 조화를 이루지 못하는 것이다. 고데 등(2000)이 지적하였듯이 관광객은 높은 수준의 서비스와 짧은 기간에 대하여 지불금액에 맞는 가치를 추구하는 단기간 방문객인 반면 관광객을 수용하는 지역사회는 장기간의 재원과 환경적 지속가능성을 추구하고 있다. 양쪽의 기대는 관광지가 제공하는 결과에 항상 충족되는 것은 아니다. 유럽에서 어떤 산악관광지는 산악관광지에 대한 관심이 감소하고 1차 및 2차 세계대전 기간 동안 다른 관광지와 경쟁이 심화되면서 농지로 복구되었고(쿠로에너, 1968 고데 외 2000에서 인용) 비슷하게 여름관광활동의 오랜 전통에도 불구하고 특히 최근 유럽의 많은 산악관광지가 이런 형태의 관광에 대한 관심저하를 경험하고 있다(고데 외 2000). 이 같은 관심 저하의 한 원인은 유럽지역외의 관광지로부터 점증하는 경쟁의 결과일 수 있다.

겨울 스포츠의 계절적 특성으로 인해 발생되는 여러 문제점을 극복하기 위해 많은 겨울 리조트는 트래킹, 등반, 모험과 같은 활동에 기초한 여름 프로그램의 개발을 장려하고 있다. 여름 프로그램이 구축되어 있는 곳에서는 다계절 고용을 종업원들에게 제공할 수 있고 단기간동안 종업원을 구직하는 문제점을 크게 줄이는 것이 가능해졌다. 또한 산악지역사회가 연중 고용을 확보함으로써 보다 큰 안정을 성취하는데 도움을 준다. 캐나다 휘슬러는 고용이 계절적일 때 발생하는 많은 문제점을 극복하는 4계절 관광지를 개발했다. 다계절 고용이 남기는 하나의 문제점은 관광지의 인력이 여름기간동안 여름 리조트로 옮겨가는 곳에서는 보충 인력의 이동형태가 나타났다. 스페인에서 관광과 호텔 종업원이 피레네의 겨울관광지와 해변가에 있는 여름관광지간을 옮겨 다닌다. 애초에 등산탐험을 위한 출발점으로서 뉴질랜드의 퀸스타운과 같은 산악관광지는 산악이 매력적인 배경을 제공하면서 넓고 다양한 관광객을 망라하는 성장을 가져왔지만 그러나 관광객이 방문하는 주요한 이유는 아니다. 쇼핑, 문화적 관광과 다른 비산악활동이 많은 산악관광지에서의 주요 매력이다. 계절성에 의해 발생되는 관광객 점유수준의 변동을 극복하기 위해 늘어나는 많은 관광지는 여름활동을 개발하였다. 겨울관광지에서 새로운 활동은 설선 밑에서 나타나고 여름동안에는 이런 활동이 관광의 중심이 되고 있다.

결론

앞의 논의로부터 그들이 지원하는 산악지역과 관광지의 장기적인 지속가능성은 중요한 이슈이며 시장에 맡겨둘 수 없다는 것이 명백하다. 강력한 지역사회에 의해 포함되고 지원되는 공공-민간분야의 공동 파트너십의 새로운 형태가 요구된다. 넓은 의미에서 계획은 산악관광지가 성공적으로 장기간 생존을 위한 핵심적 구성요소다. 산악환경의 취약성, 다양한 재난에 대한 민감성, 관광개발에 의한 압력과 미래에 세계기후변화로 인해 발생되는 변화는 각급 정부, 지역사회와 민간부문이 의미있는 계획과 지속적인 대화에 몰두할 것을 요구한다.

공공정책 측면에서 계획가가 직면하는 이슈는: 생태적 지속가능성의 유지; 산악을 대표하는 국가와 국제적 수준의 행정부내 또는 행정부간의 기관협력 달성; 관광과 다른 산업 성장이 지속가능하다는 보장; 필수적 서비스의 공급; 지속가능한 지역공동체의 유지; 그리고 정치적 안정의 보장 등을 포함한다. 때로는 상충하는 목적을 달성하는 것이 쉽지 않지만 그러나 실패는 경제적 쇠퇴의 결과를 가져올 것이다. 강력한 기구를 가지고 있는 많은 선진국은 요구되는 표준적인 계획을 제공할 수 있지만, 보건, 국가 인프라, 교육 등과 같은 매우 광범위한 이슈를 위해 공공자원이 실질적으로 요구되는 개발도상국에서는 이런 임무는 매우 어려운 것이다. 관광의 가치가 이해되고 있는 네팔과 같은 나라에서는 기술부족, 인프라를 위한 기금부족, 규제 시행의 허약, 부패와 규제가 되고 있지만 때로는 감독이 되지 않는 개발 때문에 계획가는 많은 어려움에 봉착하고 있다. 지역공동체가 빈약하거나 혹은 박탈된 나라와 관광이 아직 국가적 우선순위 리스트에서 상승되지 못한 나라에서 이같은 문제는 더 크다.

기후변화에 의한 그림자가 드리워짐에도 불구하고 특히 국제경제가 계속 팽창해 나간다면 산악관광의 미래는 밝다. 수요는 증가할 것이지만 본장 시작부분에서 지적한 것처럼 성장은 우선 지속가능성을 규명하고 두 번째로는 지속가능성을 달성하고 유지할 전략을 개발하도록 관리자와 계획가에게 새로운 압력을 가할 것이다. 새로운 관광지는 특히 관광이 막 개발되기 시작한 나라에서 출현할 것 같다. 중국, 인도에서 빠른 경제성장이 일어나고 부유한 새로운 중산층과 후발 노동자들이 새로운 국내관광의 기회를 찾게 됨에 따라 수요 역시 늘어날 것이다.

핵심 이슈

본장에서 논의는 관광 목적지의 한 분류로서 그리고 관광활동의 한 형태로서 산악에 대한 이해를 제고하기 위한 추가적인 연구가 요구되는 많은 중요한 이슈를 규명하였다. 이런 것에는 다음과 같은 것이 포함된다.

- 요구되는 계획의 형태. 많은 산의 생태시스템의 취약성을 인정한다면 열광적 지지나 경제적 계획의 전통에서 사용되는 계획방법은 적절하지 않으며 생태적 지속가능성에 기초한 좀 더 섬세하고 과학에 근거한 접근방법이 더 적절하다.
- 계절성은 중요한 이슈이며 많은 관광지에서 산악관광지에 사계절 시장을 확보하기 위하여 여름활동을 추가함으로써 대처한다.
- 가까운 장래에 기후변화는 점차 중요한 이슈가 될 것이다.
- 산악 생태계의 민감성을 전제로 산악관광지에서 발생하는 계획과 관리과정에 과학적 시각을 포함하는 것이 시급히 요청된다.

특별함에서 즐겁게, 환상으로 탈출

머리말

최근 섬 휴가 전문 여행잡지에서 독자들은 하와이 에어라인으로부터 '우리의 집이 당신을 자유롭게 할 것이다'(섬, 특별한 이슈: 낙원으로 탈출하는 방법, 2007: 21)라는 정보를 받는 반면 아루바를 위한 광고는 '항상 할 수 있는 완벽한 무언가를 발견하고, 혹은 할 것이 없는 것의 발견'(섬, 특별한 이슈: 낙원으로 탈출하는 방법, 2007: 15)을 약속한다. 하와이 기사에 대한 과거 몇 페이지는 하와이 관광지가 당신에게 궁극의 탈출을 경험할 수 있도록 해줄 것이라고 약속했고(수튜터만 로저스, 2007), '타이섬의 마지막 유목민, 그들이 수세기동안 살아왔던 것처럼 모켄 바다집시들이 산다'라고 한 머리기사는 타일랜드의 모켄 바다 집시의 생활상을 찬양했다. 그 기사는 다음과 같은 관측기사로 끝을 맺고 있다. '자신(바다 집시의 한사람)은 지구와 연결된 모습이며 지금순간에도 역시 나는 그것을 느낀다. 이것은 모켄에게 안녕이라는 단어가 없는 이유인 것 같다. 이것은 결코 끝나지 않을 것 같은 순간을 만든다.' 이 기사에서 연상되는 이미지는 독자들의 휴가에 대한 꿈을 직접적으로 겨냥하고 있다. 색다르고, 이국적이고 현대도시생활과 틀이 다른 세계 즉 시골풍의 보다 느리고 좀 더 유기질이 많은 세계로 전환될 수 있는 세상을 약속하는 그곳은 비록 짧은 시간이지만 시선의 대상이 새로운 현실이 된다. 이것을 생각하면 내가 노트북을 싸고 섬으로 향하는 다음 비행기를 타기위한 줄에 동참해야하는 지 잠시 방황하였다(그러나 나는 관광계획을 강의해야 한다는 것을 생각했다).

섬은 관광목적지로서 흥미를 끈다. 첫 번째 의미에서 섬의 위치는 때로는 경관, 문화유산, 기후, 동물, 식물 그리고 토착문화를 포함하는 그들의 다양한 매력도에 따라 부여된다. 다른 의미에서는 그들의 위치는 어떤 경우에는 주요매력이 될 수도 있는 고립된 특성이 방문객이나 화물의 접근비용을 상승시킴에 따라 그들의 개발에 주요 방해요인이 될 수도 있다. 섬을 홍보하기 위하여 사용되는 많은 이미지는 모래, 태양, 파도와 경우에 따라서는 섹스, 문화유산, 문화, 고립, 생활의 느린 속도, 경관 그리고 환경을 포함하는 주제에 초점을 맞추고 있다. 이런 이미지의 많은 것은 상품화되고 인공적으로 조직된 체험이 대규모 관광이나 혹은 개별적 상품으로서 조차 소비되는 형태로 후기 현대도시거주민 관광객의 '거품' 체험에 쉽게 어울린다. 다른 이미지는 확실성을 위한 맥카넬(1975)의 탐구에서 나타나는 문화와 문화유산 테마를 그리고 있다. 섬 체험은 늘어나는 관광객에 의해 소비되고 국제시장에서 판매되는 상품과 경험을 개발할 때 섬 관광지가 직면해야하는 많은 이슈들을 생각해 볼 시간이다.

섬 지역에서 관광개발을 둘러싼 이슈는 관광학자들 사이에서 많은 관심을 끌어 왔는데 이들은 섬 관광이 다른 형태의 관광과 색다른 특성에 대한 규명뿐만 아니라 관광의 발전을 제고하기 위한 전략 탐구를 추구하였다.(록하트와 드라카키스-스미스, 1997; 콘린과 바움, 1995; 브리구글리오 외, 1996 등의 섬에 대한 에세이에서 예로 취합함). 섬은 또한 많은 국제기구의 관심을 끌고 많은 국제회의에서 논의되는 주제로서 이 같은 회의는 리오의 정상회의(1992), 1994년 바베이도스에서 소규모 섬 개발상황에 대한 유엔국제정상회의(SIDS), 1998년 스페인의 소규모 섬개발상황과 다른 섬의 지속가능한 관광에 대한 국제회의, 2002년 요한네스버그의 지속가능한 개발에 대한 세계정상회의 등을 포함한다. 개발중인 많은 소규모 섬에서 관광의 중요성은 주민에 대한 방문객의 비율을 관찰할 때 명백해진다. WTO(2002)는 24개 SIDS에서 매년 관광객의 수가 지역주민의 수를 넘어서고 있음을 발견하였다. 예를 들어 태평양의 노퍽 아일랜드는 2007년에 각 주민에 대하여 18명의 관광객의 비율을 보였다.

섬은 규모, 단위당 지역총생산(GDP), 환경, 주요 관광발생 중심지역과의 상대적 위치(위버, 1998), 문화와 관광의 영향 등을 포함하는 여러 방법으로 분류할 수 있다. 한 개의 장속에 보고서에서 분석되었던 이슈의 전체범주 혹은 섬 관광지의 전체 범위를 담당하는 것은 불가능하다. 섬 관광지의 개발에 대하여 영향을 주는 주요이슈를 보여주기 위하여 본장은 보다 큰 섬과 관련되는 이슈도 물론 논의하지만 특히 개발중에 있는 소규모 섬을 강조함으로써 소규모 섬에 초점을 맞출 것이다.

본장의 핵심적 초점으로서 이런 섬의 선택은 부분적으로는 그들이 직면하고 있는 다양한 문제점, 그들의 다양성과 그들의 자연적 매력에 기초를 둔다.

〈표 9.1〉 소규모 섬 식민지, 신탁영토와 속령

영국
앵귈라, 어센션 섬, 케이만 섬, 포클랜드 섬, 버뮤다, 거언지, 아일오브만, 저지, 얼더니, 몬트세라트, 피케언 제도, 세인트 헬레나, 트리스탄 드 쿤하(세인트 헬레나 부속), 어센션 섬(세인트 헬레나 부속), 터크스 케이커스 섬, 버진 아일랜드, 영국 인도양 령.

프랑스
프랑스 남극대륙, 과들루프, 세인트 마틴(과들루프 부속), 세인트 바르텔레미(과들루프 부속), 마르티니크, 마요트, 뉴칼레도니아, 세인트 테, 피레 미켈론, 월리스 푸투나 섬, 레위니옹 섬

미국
아메리카 사모아, 구암, 북마리아나 제도, 푸에르토리코, 버진 아일랜드

노르웨이
코코스 킬링 섬, 크리스마스 섬, 노퍽 섬

오스레일리아
코코스 킬링, 크리스마스 섬, 노퍽 섬

뉴질랜드
쿡 섬, 니우에, 토켈라우

덴마크
그린란드, 페로 섬

놀랍게도 식민지 이후 시대에 이전 제국의 마지막 남아있는 자취는 아직 소규모의 많은 섬 식민지와 지구전체에 흩어져있는 부속 섬에서 발견된다. 아마도 그들의 경제적 발전의 결핍 혹은 과거 제국의 영광을 사모하는 향수 때문에, 섬 식민지와 부속 섬은 표 9.1에서 제시한 것과 같이 계속 세계 해양의 점으로 있다.

작은 섬은 대부분의 경우 섬 지역에 위치한 관광목적지 개발이 직면하는 모든 주요 문제를 보여준다. 본장에서는 각 소규모 섬이 단독 관광지로서 취급된다. 인도네시아나 필리핀을 포함하는 보다 큰 섬은 2개 혹은 더 많이 분리된 관광지가 있을 수 있다. 본장은 특히 SIDS에 초점을 맞출 것이지만 보다 큰 정치적 단위의 부분을 가지고 있는 하와이와 같은 다른 섬에 대하여도 참고로 토론될 것이다. 본장은 섬 관광지가 직면하고 있는 많은 어려움을 보여주는 사례연구로 결론을 맺는다.

관광은 많은 SIDS와 개발기관에 의해 경제성장 달성을 위한 잠재력을 제공할 수 있는 몇 개의 산업중의 하나로서 보여지고 있다. 대부분 SIDS는 자연자원이 제한되어 있으며 자원이 존재하는 곳에서도 그들은 벌목, 농업, 어업, 광산업에 한정되어 있고 그리고 어떤 경우에는 섬주민이 있는 다른 나라의 외부 노동자로부터 송금이 제한되고 있다. 고유한 생태계, 쾌적한 기후, 토착 문화와 매력적인 비치지역을 포함하는 관광에 매력을 주는 자원을 가진 섬을 위하여 관광은 상품수출과 수입의 대안적 흐름으로서 개발의 기회를 제공한다. 그러나 국제 관광시장에서 경쟁할 수 있는 관광산업을 개발하기 위해서는 SIDS 뿐만 아니라 보다 큰 섬들도 금융조달, 적절하게 숙련된 노동인력의 개발, 국제수준에 맞는 인프라의 구축과 국제시장 속으로 통합될 수 있는 법적 및 행정적 체계 등을 포함하는 많은 장애를 극복해야 한다. 많은 섬이 이런 장애물을 극복하기가 어렵다는 것을 인지하고 있지만, 피지, 아루바, 바하마, 괌, 버뮤다와 몰디브를 포함한 다른 섬은 성공적인 관광산업을 개발하였다. 국가의 주요 경제분야로 관광 개발을 추구해온 케이프베르데, 하이티, 쿠바, 키리바티, 사모아, 투발루와 카리브 해에서 볼 수 있는 많은 섬 국가를 포함하는 다른 섬들은 아직 저소득과 가장 저개발 국가로 분류되고 있다. 일본, 뉴질랜드와 아일랜드와 같이 규모가 큰 섬 국가는 그들의 규모와 비교적 큰 다른 자원의 보유 등으로 관광에 대한 의존도가 덜하다.

소규모 섬개발의 문제점은 1993년 2월 유엔총회에 의해 대두되었는데(유엔, 1993), 그것은 개발도상의 섬 국가를 돕기 위하여 특정한 수단이 필요한 것으로 보았다. 그 해결책은 개발도상국이 직면하는 일반적인 문제는 별문제로 하고, SIDS 역시 그들의 규모, 자연재해에 대한 민감성, 지리적 분산과 원거리로부터 발생하는 문제에 직면하고 있다는 것을 인식하였다. 자주 그들의 취약한 생태체계의 특성을 포함하며 총체적으로 이런 요소들은 경제적 성장을 제한하고 사회적 발전을 방해하는 것이 동시에 일어날 수 있다(에이비레튼, 1999). 해결책으로 이들 국가에 제공될 양허금융과 기술적 지원의 수준을 증가시키기 위하여 그리고 수출 증가에 따른 소득제고를 통한 경제적 성장을 달성하기 위하여 국제사회에 대한 호소가 이루어졌다. 다음해 '1994 SIDS의 지속가능한 개발에 대한 국제회의'(유엔, 1994)에서는 경제개발을 위해 소규모 섬 국가들이 가지고 있는 몇 가지 선택안중의 하나로 관광을 평가하였다. 메휴와 파커(2006)는 이 해결책에 대해 코멘트하면서 이런 인식은 관광개발을 지탱하는 자연의 아름다움, 온화한 기후와 비치의 자원 등을 활용하는 많은 SIDS의 능력제고와 관광의 잠재적 수입다

변화에 기여할 수 있다고 언급하고 있다. 많은 SIDS에서 관광의 중요성은 관광이 차지하는 GDP의 비율을 계산해보면 명확해진다. 쉬벤스와 몸센(2008)에 의하면 관광에 기초한 관광의존 국가의 대부분이 SIDS로 비중을 볼 때 10중 9를 차지하며, 카리브해에 위치하고 있는 6개 SIDS와 인도양에 2개 그리고 아프리카 서부해안에 떨어져있는 1개인 상투에 프란시페가 여기에 속한다.

관광보고서에서 섬 관광지 개발에 관련된 주요한 연구주제는 관리와 계획 문제, 마케팅, 변방에 있는 그들의 위치, 개발단계, 지속가능성 문제, 그들의 문화적 자원과 상품화에 대한 관심 등을 포함한다. 해리슨(2001), 밀네(1992), 크레이그-스미스 외(1994), 크레이그-스미스(1996), 윌커슨(1987), 파긴스(1997), 칼센(1999)과 티스델과 맥니(1997)를 포함하는 많은 연구자는 섬 국가들이 부딪히는 문제를 조사하였다. 예를 들어 파긴스(1987)는 남태평양에 위치한 작은 국가인 나우루는 관광을 포함하는 새로운 산업이 개발되지 않으면 불확실한 미래에 직면할 것이라고 언급하였다. 밀네(1992)는 키리바티, 쿡 아일랜드, 나우에, 통가 같은 태평양의 조그마한 많은 국가에서 관광은 경제성장에 실질적인 기여를 할 수 있는 아주 몇 안 되는 산업중의 하나임을 지적하였다. 관광의 환경적 영향은 칼슨(1991)에 의해 논의되었고, 킹과 맥베이(1997)는 주요문제로서 인프라 부족을 확인하였다. 티스델과 맥니(1997)는 관광종사자들에게 지불되는 임금의 불공평한 배분으로부터 발생하는 사회문제를 관찰하였고, 캐시디(2002)는 거기에 가끔 정치적, 행정적 리더십의 부재뿐만 아니라 잠재적 방문자의 관광지에 대한 지식부족이 있음을 지적하였다. 엘리어트와 나이로티(2008)는 쿠바의 최근 개발에 대한 분석에서 개발중인 섬 국가의 정부가 관광계획과 인프라 공급에서 떠맡는 역할을 강조하였다. 위버(1998)는 국내의 핵심 및 변방문제가 역시 관광개발을 억제할 수 있음을 관찰 하였다. 많은 저자들은 멀리 떨어진 섬국가들이 실질적인 관광산업을 건설할 수 있는 전략을 설명함으로써 이런 문제를 극복한 사례를 인용하고 있다. 예를 들어 미스틸리스와 톨라(2000)는 발리와 피지가 성공적인 관광산업을 개발하였음을 관찰하였다. 다른 사례는 하와이(크레이그-스미스, 1996), 물디브(사씨엔드라쿠마와 티스델, 1988)와 스페인(크레이그-스미스, 1996)이 포함된다.

소규모 섬의 매력

우리의 '관광을 보는 렌즈'(1990,1995)에 의하면 자주 관광체험의 소비는 많은 소규모 섬 관광지의 매력도가 그 중심에 놓여있다고 한다. 섬은 차별성과 일상생활의 무대로부터 멀리 탈출한 다른 세상을 제공한다. 연상용어로서 섬의 '넘쳐나는 매력의 폭포'는 섬으로 탈출을 홍보하기 위해 이용되는 창의적 마케팅 캠페인으로 풍부한 매력을 제공하는 섬 체험의 차별성, 고유성을 설명하고 있다.

섬은 수세기동안 여행자를 유인하는 강력한 이미지를 가지고 있다. 전통적으로 유럽을 벗어나 외부 섬으로 건너간 많은 초기 방문자는 탐험가, 과학자 그리고 항해가였다. 그들의 여행기는 후에 여행작가를 위한 기초를 놓았으며 이들 작가의 설명이 여행에 관심은 있지만 여행을 실행할 수 있는 위치에 있지 않은 사람들에게 폭 넓게 읽혀졌으며 동시에 텔레비전 여행 프로그램에 따라 편안한 의자에 앉아 여행을 하는 사람들은 마음에 드는 내셔날 지오그래픽 같은 TV 채널을 보기 위해 돈을 지불한다.

에드몬드(2002)는 그의 에세이에서 타히티 섬에 대한 이미지의 힘을 지적하였다. 1767년까지 유럽인들의 방문이 없었지만 환상적인 열대 섬에 대한 아이디어는 오래전에 창안되었었다. 이곳에서는 유럽의 유대교와 기독교의 범죄행위 금지가 적용되지 않았다. 많은 섬은 그 당시에 인기있는 소설속에서 폭 넓은 독자를 확보하였다. 만약 그때 알려진 섬이 적당한 소설의 무대로서 나타나지 않았다면 그 섬은 현재까지 전해 올 전통문화를 발명하였을 것이다. 처음 제임스 본드 영화에서 노 박사의 은신처인 그렙키는 대서양의 플라톤의 이야기까지 거슬러 올라가는 이 같은 전통을 만든 최근의 예라고 할 수 있다. 첫 유럽인 방문자에게 타히티는 이런 환상의 실행장소로 등장했다. 그가 탄 보트에 헤엄쳐온 타히티 여인과 부간빌의 만남은 다음과 같이 묘사되었다(에드몬드, 2002에서 인용). '비너스가 그녀 자신을 실제로 그들 천상의 신의 형태를 하고서 프리기안 목자에게 보여주었듯이 그녀는 스스럼없이 그녀를 가린 옷을 벗고, 모두 보고있는 사람의 눈앞에 나타났다.' 에드몬드에 따르면 자유로운 섹스에 대한 죄책감이 없는 이 같은 연상 이미지는 그 후로 타히티라는 용어 속에 이런 것이 자리 잡았다. 열대지방 휴양지의 활기찬 이미지는 현재까지도 계속되고 현대의 광고로 계속 강화되는 지배적인 이미지이다. 매혹적인 낙원의 이미지는 또한 영화제작자나 작가들의 묘사배경으로서 그들에 의해 활용되는 테마다. 1762년에 발간된 조나단 스위프트가 쓴 '걸리버 여행'에서 우리는 블레푸스쿠와 릴리풋의 허위의 섬에 대하여 읽고, 인기있는 해리포터 책과 영화 속에서는 아즈카반이란 신화적인 감옥의 섬이 그 책의 주요한 등장인물들의 삶에 어두운 그림자를 던져주고 있다.

섬의 타고난 매력을 관광상품으로 전환하는 것은 위의 보고서에서 제시한 많은 이유 때문에 어려운 과정이다. 이런 어려움은 카리브해의 많은 섬의 문화유산을 개발하기 위한 잠재력에 대한 카메론과 케이트우드(2008)의 토론에서 강조되고 있다. 어떤 섬은 500년이 넘게 이어져 오면서 성립된 문화유산을 가지고 있음에도 불구하고 많은 섬은 과거 모래, 파도와 태양의 이미지에서 벗어나는데 실패하였다. 섬 주민을 위하여 신중한 계획과 정책실행을 개발 아젠다의 으뜸가는 중요한 위치에 놓지 않는다면 관광의 이익은 잃게 될 것이다.

주요이슈

관광산업 개발을 원하는 섬 지역사회가 만나는 주요이슈는 다음을 포함한다.

- 규모를 포함하는 물리적 특성
- 경제구조
- 자원 가용성
- 정치적 구조와 거버넌스 문제
- 시장으로부터 거리
- 항공을 포함한 접근성
- 마케팅
- 인프라 개발의 수준
- 경제적, 생태적 차원을 포함한 지속가능성의 문제
- 지역사회 참여
- 지형, 동물, 식물과 인류의 문화유산의 결합으로 표현되는 고유요소
- 외국인 소유 및 정부의 소유 수준을 포함하는 투자문제

이런 요소 모두가 관광산업을 개발하기 위한 섬의 능력을 형성하고 제한하는 관광관련 구조를 만든다. 집합적으로 이런 요소는 섬의 분류, 분석과 비교를 위한 기초를 제공해 준다. 다음 논의에서는 이런 요소들이 일반적인 의미로 설명되며 향후 출판을 위해 작업할 때 비교를 위한 프레임워크로서 사용되지 않는다.

규모

규모 측면이 소규모 섬에 대해서는 주요한 문제인 한편 규모는 관광발생 시장까지의 거리, 보유하고 있는 자연자원과 정치적 구조와 같은 다른 관련된 요소와 분리될 수 없다. 규모는 광대한 토지, 인구와 경제적 크기를 포함한다. 정치적으로 뿐만 아니라 물리적으로 섬은 규모면에서 소규모에서 대규모로 범위가 넓다. 규모와 정치적 지위는 중요한 판별기준이다. 적은 수의 독립적이거나 자치적 관리 섬정 부가 있지만 대부분의 섬은 보다 큰 정치적 실체에 포함된다. 뒤에 섬의 분류에서 이 같은 소규모 섬에 속하는 예는 이리호의 미국쪽 부분에 있는 겔리 섬, 마우리티우스에 속하는 가브리엘 섬 그리고 오스트레일리아의 케언스 해변에 바로 인접한 곳에 위치한 더블 섬을 포함한다. 그림 9.1에서 보여주는 것처럼 더블 섬은 2㎢의 규모로 해안보호지역 가까이에 있으며 항상 축하기념을 위해 리조트 전체의 예약만 가능한 20개 아파트형 5성급 리조트 시설을 공급하고 있다.

〈그림 9.1〉 해안에서 조금 떨어진 더블 아일랜드는 섬 대부분이 보호지역이지만 작은 5성급호텔을 운영하고 있다.
자료: 브루스 프리도 촬영

자치령 또는 독립된 소규모 섬의 예는 다음과 같다.

- 태평양에 위치한 독립된 국가인 니우에는 1,490명(2001년 기준)의 인구와

260㎢의 국토 넓이를 가지고 있다. 관광이 주요 산업이다.

- 태평양에 위치한 영국령인 피트게언 섬은 47㎢ 넓이에 48명의 주민이 살고 있다(www.cia/library/publicatons, 2008).
- 상피에르와 미쿠엘론은 프랑스 해외영토로 242㎢의 지역에 약 7,000명의 주민이 살고 있으며 뉴펀들랜드 남쪽에 위치하고 있다(Timothy, 2000; www.cia/library/publicatons, 2008).
- 세인트 헬레나는 남대서양에 위치한 영국령이며 413㎢규모에 7,543명의 주민이 있다(www.cia/library/publicatons, 2008).
- 버뮤다는 북대서양에 위치하고 있으며 53㎢의 넓이를 가진 영국령으로 66,000명의 인구를 보유하고 있다. 관광이 섬의 주요산업이다 (www.cia/library/publicatons, 2008).

추가적인 섬의 그룹으로 중규모 섬이 있으며 다음과 같다.

- 몰타는 지중해에 위치한 독립국가로 316㎢의 넓이에 403,000명의 인구를 보유하고 있으며 관광이 주요 산업이다(www.cia/library/publicatons, 2008).
- 페로스는 대서양에 위치한 덴마크의 행정자치령으로 1,399㎢의 넓이에 약 49,000명의 인구를 갖고 있다(www.cia/library/publicatons, 2008).
- 포클랜드는 남대서양에 위치한 영국의 해외영토로 아르헨티나도 자국령을 주장하고 있으며 12,173㎢의 넓이에 3,140명의 인구를 보유하고 있다(www.cia/library/publicatons, 2008).
- 인도양에 위치한 코로로스는 2,173㎢넓이에 731,000 명의 인구를 갖고 있다(www.cia/library/publicatons, 2008).
- 태평양에 위치한 하와이는 미국의 한주이며 10,931㎢의 면적에 1백 28만명의 인구를 가지고 있다.

지리적 규모의 다른 측에는 타이완, 아일랜드, 아이슬랜드 그리고 마다카스카르를 포함하는 정치적으로 독립된 많은 큰 섬뿐만 아니라 국가의 한 부분을 형성하는 큰 섬이 있다. 후자의 그룹으로는 뉴펀들랜드(캐나다), 그린란드(덴마크), 타즈매니아(오스트레일리아) 그리고 시실리(이탈리아) 등을 포함한다. 아키펠라고스(다도해)는 섬의 다른 집합으로 일본, 필리핀, 인도네시아 등이 포함된다. 이 경우 섬의 그룹이 독립된 국가이며 SIDS가 직면하는 다양한 문제를 가지고 있지는 않지만 SIDS가 만나는 다양한 문제를 내포한 많은 작고 먼 섬이 군도(群島) 내에 가끔 있을 수 있다. 마지막으로 분류될 수 있는 섬은 독립된 다도해뿐만 아니라 규모, 경제적 위치와 인구면에서 다양한 식민지 섬으로 설명될 수 있는 카리브해의 섬이다.

규모의 또 다른 요소는 개발원조의 확정을 위해 섬을 분류할 때 개발지원기관에 의해 사용되는 단위당 GDP이다. 섬들이 보다 큰 정치적 단위를 형성하는 곳에서는 이 수치가 적절하지 않을 수가 있다. 예를 들어 지중해의 코르시카는 프랑스의 일부분이며 이 섬은 다른 섬과 다양한 개발에 공통된 어려움을 공유하고 있지만 단위당 GDP는 이 섬이 보다 크고 부유한 국가의 일부이기 때문에 매우 높다. 한편 몰타는 역시 같은 지중해에 위치하고 있지만 독립된 국가이며 자신의 자원과 경제적 부를 창출하는 능력에 의존해야 한다.

지질학적 구조

섬은 일반적으로 크게 대륙의 섬과 해양의 섬 두가지로 분류된다. 대륙의 섬은 대륙붕에 위치하며 그린란드, 영국, 아일랜드, 수마트라 그리고 타즈매니아 등이 포함된다. 작은 대륙의 섬은 대륙이 융기할 때 형성된 대륙 섬의 하위 분류로서 마다카스카르와 케르겔렌 제도(프랑스령 남부 및 남극대륙) 등이 그 예다. 해양 섬은 대륙붕에 위치하지 않고 발생연원이 화산이거나 지각변동에 의해 융기된 결과이다. 화산섬은 하와이 제도, 알류산 열도(미국)와 모리셔스 등이 포함된다. 지각의 융기에 의한 것은 대서양에 있는 아이슬란드와 얀 마옌(노르웨이)이 그 예다. 지리적으로 연관된 섬들을 다도해라고 이른다.

섬의 지질학적 구조 역시 크게 다르다. 하와이제도는 계속 활동중인 화산지대의 거대한 해양연결고리 중에서 눈에 보이는 부분이다. 태평양의 솔로몬 군도와 같은 다른 섬 역시 해중 산맥의 거대한 정산부분이 보이는 것이지만 그러나 그들의 경우에는 화산활동이 주로 가라앉은 상태다. 환초는 섬의 또 다른 형태이며 마셜 군도, 키리바시 군도, 투발루, 차고 다도해, 솔로몬 군도의 대부분의 섬과 몰디브가 포함된다. 환초섬은 지질학적으로 흥미있는 형태로 그들의 생성은 바다 밑 화산에 기인한다. 고대 어느 때 화산의 정상부분이 해수면위로 나타나고 섬 가장자리를 산호초가 둘러싸게 되었다(코글렌, 2008). 시간이 지나면서 그 화산은 밑으로 가라앉고 섬 주위를 환대보초가 형성되도록 산호초가 위로 자랐다. 화산의 침몰의 속도에 맞추어 산호의 성장속도가 지속적으로 제공되면서 환초는 한

동안 화산이 위치했던 곳인 중앙에 석호를 형성하게 되었다. 해수면 위의 낮은 지역 때문에 환초는 세계기후변화에 매우 민감하다. 만약 미래에 남극대륙과 그린란드 만년설이 실질적으로 녹고 날씨가 따뜻해지면서 해양의 부피가 팽창한 결과로 해수면이 상당 수준 올라가면 세계에 대규모의 해안지역 침수는 해안근처 대륙 섬의 새로운 그룹이 형성할 것이다.

섬의 다른 분류는 삼각주를 형성하는 큰 강의 어귀에서 형성된다. 이 같은 예는 라데마자로(아마존 강 하구), 아프리카 나일 강의 어구에 형성되어 있는 섬과 방글라데시의 갠지스 강 하구에 형성되어 있는 일단의 섬 집단이 포함된다. 이들 섬은 또한 지구 온난화의 범람으로부터 위험에 처해 있다.

위치

위치는 중요한 요소이며 몇 가지 측면에서 고려될 수 있다. 지리적으로 섬은 민물뿐만 아니라 해양에 위치를 점할 수 있다. 민물 섬은 호수에 위치한 섬(예를 들어 타나호수에 위치한 37개 섬중의 하나인 타나 체르콕은 에치오피아의 콥트 교회의 많은 문화유산 장소를 보유하고 있음)과 강에 위치한 섬이 포한된다. 바다 섬은 해변 가까운 곳에서부터 바다중간에까지 다양하게 위치한다. 예를 들어 싱가포르는 말레시아 반도까지 수상가교로도 충분히 연결될 수 있는 가까운 곳에 위치한 반면 사르디니아는 유럽 대륙까지 페리나 항공 서비스를 통하여 연결된다. 대서양에 있는 카나리아 제도는 페로스(대서양)와 코코스(인도양)만큼이나 해변에서 떨어진 섬이 이 같은 섬이다. 태평양의 피트케언과 하와이와 대서양의 어센션 섬은 해양 중간에 위치하고 있다.

물리적 위치와는 별도로 섬은 물리적 거리와 잠재적 관광발생지로부터 접근의 어려움의 결합에 기초해 볼 때 변방지역이라고 할 수 있다. 하와이는 태평양의 중앙에 위치한 덕택으로 가장 고립된 섬 그룹중의 하나로서 명성을 가지고 있다. 물리적 변방의 의미에서 하와이는 비교적 관광발생지역으로부터 매우 멀지만 하와이가 유치하는 항공여행의 규모와 미국에서 오스트레일리아로 가는 태평양 항공노선의 주요 통로 가까이에 위치하기 때문에 접근적인 위치에서 거의 어려움이 없다. 태평양의 피트케언 섬 또한 접근측면에서 시장으로부터 먼 변방의 위치에 있지만 섬이 물리적으로 작은 규모와 적은 인구를 가지고 있기 때문에 공항을 가질 것 같지는 않다

사례연구 9.1 세인트헬레나

나미비아 서쪽 2,000km 남대서양에 위치한 화산섬인 세인트헬레나는 영국의 두번째로 오래된 식민지이며 프랑스 황제 나폴레옹 보나파르트가 1815년에서 1821년간 추방되었던 지역으로 가장 잘 알려져 있다. 섬에는 비행장이 없고 마지막 우편선박 'RMS 세인트헬레나'에 의해 운영되는 정기 여객선 서비스에 의존하고 있다. 세인트헬레나에 1-3일간 머무는 사람들로 섬 기반 관광산업을 지탱하기에는 어려움이 있다. 섬의 경제는 취약하고 우편요금과 얼마간의 농업에 의해 발생하는 지역수입과는 별도로 경제는 영국으로부터 지원금에 의해 지탱되고 있다. 세인트헬레나는 보나파르트의 추방지역으로서 섬의 지위는 관광개발을 위한 어느 정도 동기를 제공하는 프랑스를 포함한 유럽시장까지 거리가 멀고 접근이 용이하지 않은 먼 변방에 위치하고 있다. 2012년 예정된 공항 개항은 세인트헬레나의 지위를 먼 변방으로부터 가까운 주변으로 급속하게 변화시킬 것이며 아마도 관광증가를 촉진시킬 것이다. 섬이 관광개발에 경험이 제한적이라는 것을 전제로 관광산업에 제공되어야 할 경험의 형태와 산업이 어떻게 금융과 시장 목표를 결정할 것인지와 관련하여 의사결정에서 지역사회의 참여를 포함하는 신중한 계획을 요구할 것이다.

많은 SIDS뿐만 아니라 좀 더 성숙된 섬 관광지에서도 확인된 주변성과 관련된 또 다른 사항은 국가적인 측면에서 볼 때에도 역시 변방이라는 것이다. 예를 들어 캐시디(2002)는 바누아투에서 에스피리투산토와 같은 보다 더 외곽에 있는 섬에 대한 관광개발의 부족은 주로 국가적 차원에서 주로 변방의 위치에 있기 때문이라는 것을 발견하였다. 사실상 이들 섬은 변방중의 변방이거나 혹은 다른 시각에서 국가적 변방이었다. 바누아투에서 과거 관광개발은 수도인 포트빌라에 집중되었는데 이는 공항을 통한 국제시장에 대한 접근성의 용이함과 국가수도로서 위치 때문이었다. 반면 에스피리투 산토를 비롯한 섬 외곽지역은 더 많은 흥미있는 문화적 자원을 가지고 있음에도 개발은 제한되어 왔다.

변방지역의 거리와 위치가 주는 어려움은 과거에는 '거리의 폭정'라고 하여 왔다. 이 같은 어려운 형태의 물리적 측면은 제트비행기의 도입과 저가항공 모델의 출현에 따라 극적으로 무너진 한편, 사이버 공간에 의해 거리가 밀접하게 됨에 따라 케언스크로스(1997)가 묘사한 '거리의 죽음'이 되었는데 이는 SIDS를 새로운 초고속 정보시스템을 통하여 핵심으로 더 가까이 옮겨 놓게 되었다. 나라에서 물리적 거리와 정보의 소외로 인한 변방이라는 원거리의 인식은 24시간 미디어 서비스의 접근성, 웹에 기초한 정보수단의 다양화와 제트항공의 서비스를 통한 강한 연계성의 인식으로 대체되어 가고 있다. 그러나 이 같은 거리 단축 기술의 진전을 취하는 것은 어려우며 많은 SIDS가 성취하기 위해 겪게 될 인프라와 인적자원에 어느 정도 투자를 요구한다.

다른 상황으로서 SIDS의 관광개발은 관광중심의 경제개발이 국가 전체적으로 불균형적인 사회경제발전을 초래할 수 있는 상황을 만들 수 있다. 성공적인 관광 모험에 의존한 경제적 중심 거점개발은 저개발지역으로 부터 국내 인구이주의 자극제로서 작용할 수 있다(카르카지스와 타나술리스, 1998; 나쉬와 마틴, 2003). 그레타 섬 해안지역과 배후지역간의 개발격차에 대한 연구에서 안드로이트(2006)는 해안 관광지와 산악 배후지역간에 심각한 지역적 불균형을 발생시켰다고 지적하였다. 비슷한 개발 격차는 쿠타, 누사두아 그리고 레기안과 같이 비치지역의 관광개발로부터 이익을 취할 수 있는 발리의 일부 해안지역사회에 존재한다. 이 섬의 내부에서 관광의 경제적 영향은 유덥(Udub)과 같은 아주 적은 위치에 한정되어 있다.

정치적 차원

관광산업을 개발하는 섬의 능력은 중요한 정치적 차원을 포함하고 있다. 앞에서 논의했듯이 정치적으로 자치나 혹은 독립이 되어 있지만 중앙정부의 기금과 보다 큰 국내 자본시장에 접근할 수 있는 이점을 가지고 있는 비슷한 규모의 섬들이 문제점에 직면하고 있는 것처럼 큰 국가로 분류된 곳의 섬도 많은 문제점을 공유하고 있다. 이탈리아의 자치지역인 사르디니아 섬은 규모와 위치로부터 발생하는 문제점을 보상하기위해 중앙정부로부터 보조금을 받고 있다. 더구나 중앙정부로부터 순조로운 지원금의 영향과 국내 투자자원 뿐만 아니라 국내 관광발생지역에 대한 접근의 용이성은 주로 섬이라는 위치로부터 발생되는 문제를 상쇄하고 있다. 태평양에 위치한 피지의 경우에 정부는 투자를 위한 외국 자본시장과 필수적인 사회적, 물리적 자본을 제공하는데 증가하는 국내재정의 부족을 보충하기 위하여 외국 원조를 찾아야만 했다. 많은 SIDS에서 정치적 안정과 거버넌스가 관광개발을 위한 주요문제점으로 제기된다. 관광객은 개인적 안정을 요구하고 투자자는 제도적, 경제적 안정을 요구한다. 관광객의 물리적 안정과 투자자금의 금융적 안정을 위협하는 위험이 발생하는 곳에서는 관광이 번창하지 않는다. 이런 형태의 위협은 쿠테타, 테러와 부패를 포함하는 정치적 안정과 같은 국내 정치적 문제를 통하여 자주 나타난다.

관광유입과 투자자금을 위해 오스트레일리아에 깊게 의존하고 있는 피지는 섬의 관광분야에 영향을 미친 불안한 정치적 역사를 가지고 있다. 관광객들이 물리적인 위협을 받고 있지 않지만 외국정부가 그들의 국민에게 피지로 여행하지 말 것을 권고하는 여행주의보를 발행하였던 영향은 여행객 유입에 결정적인 영향을 미쳤다. 또한 태평양에서 솔로몬 군도의 계속되는 국내 불안정은 그 섬의 관광산업 성장을 방해하였고 정치적 이유로 2006년 통가의 선동적 폭동은 관광객 도착에 급격한 감소의 원인이 되었다. 스리랑카와 필리핀과 같은 다른 섬 국가에서는 정치적 불안정이 재발되는 문제점이 있지만 테러리스트가 자주 출몰하는 지방으로부터 떨어진 특정한 지역에 대한 격리가 어느 정도 안정과 관련된 부정적 견해를 완화하여 유입관광객의 실질적인 감소의 원인으로 작용하지는 않는다.

경제적 요소

경제적 요소는 소규모 섬 관광지 개발의 어느 논의에서나 핵심적 요소다. 국제무역의 경제에서 소규모 섬은 자주 가격결정권자라기보다는 가격수용권자이다(크로즈, 2006). 이는 규모의 결과로서 신뢰할 만한 제도적 장치가 부족한 많은 SIDS는 거시경제의 쇼크에 대하여 울타리 역할을 할 선진 자본시장을 가지고 있지 않고, 폭풍이나 지진과 같은 자연재난에 영향을 받았을 때 많은 혼란을 겪을 경향이 있으며 미래 지구온난화에 의해 발생되는 심각한 문제에 직면할 것이다(쉐리프와 호티, 2005). 더구나 몇몇 경제학자(팔머와 리에라, 2003)는 특히 규모에서 대량 목적의 관광개발로 인한 환경적 충격은 부정적 외부효과가 있다고 생각한다. 어떤 경우에 환경의 과도한 악화는 너무 낮은 가격으로 책정된 관광서비스와 전체 비용(사회 및 환경적 제 3자 비용을 포함)이 들어오는 수익규모를 넘어서는 것이 원인이다. 구조적으로 많은 SIDS는 이주, 원조, 송금 그리고 공공부문을 지원하는 관료(MIRAB) 경제를 가지고 있으며 초청국가에서 초청 노동자로서 역외 노동을 하는 국민이나 혹은 해당국가에 유대교로 형성지역의 사람들부터 지원되는 원조와 송금에 의존한다. 반데르 벨데 등(2007)은 중요하지만 아직 개발되지 않은 관광잠재력을 가지고 있으며 원조와 송금에 의존하는 국가로 태평양의 통가를 설명하고 있다. 비슷한 언급이 사모아와 필리핀에도 적용될 수 있다.

쉐리프와 호티(2005)는 관광의존 소규모 섬의 경제적 성공에 중대한 영향을 미치는 많은 경제적 특성을 규명하였다. 핵심 수출산업으로서 소규모 경제체제와 과도한 관광의존 때문에 그들은 경제 성장에 있어서 높은 변동성을 경험할 위험에 직면한다. 변동성의 수준은 자주 그들의 자연재해에 대한 민감성, 그들 수출기반의 협소성과 국제경제의 변동의 영향의 결합에 달렸다. 두 번째로 대부분 소규모 섬은 우선적인 취급을 받지 못하고 그들의 관광산업을 지원하기 위해 폭넓은 상품과 서비스를 수출해야만 하기 때문에 GDP에 대한 상대적 무역 비율이 비교적 높아서 그들은 무역자유화로부터 부정적 영향에 노출되어 있을 가능성이 있다. 소규모 관광에 의존하는 섬이 직면한 주요 한계는 금융개발에 대한 그들의 능력이다. 이 같은 많은 섬은 원조에 의존적이고 해외 자본의 지속적 유입이 없다는 것이다. 이들 국가들이 직면한 다른 경제적 문제점은 전부는 아니지만 많은 섬에서 빈곤의 분포, 투자를 포함한 경제적 활동에서 자주 지배적 역할을 하는 공공분야의 거버넌스, 경제구조와 성숙 등이 포함된다.

정치적 성숙은 주요 요소이며 만약 정책의 불일치가 있다면 투자자의 신뢰와 부패의 수준 같은 문제가 중요한 이슈가 될 것이다. 이런 이슈와 더불어 많은 생산품이 효율적 제조생산을 유지하기 위하여 요구되는 최소한의 생산 이하로 떨어지는 국내 수요에 의해 성과가 방해를 받을 수 있다. 소규모 섬에 고유한 규모의 불경제는 세계화 경제로 빠르게 전환하는 국제무역환경에서 더 많은 영향을 받는다. 국제경제에서 수입보다 단위당 비용이 더 높은 국내생산의 요소는 잠재적으로 무역수지의 균형에 기여하는 역할에서 점차적으로 사라질 것이다.

크로즈(2006)에 의하면 관광은 소규모 섬이 그들이 직면하는 경제적 문제점을 극복하는데 도움을 줄 수 있다. 은행금융, 물, 통신과 같은 기본적 서비스와 건설을 포함하는 지역에서 필요로 하는 상품과 서비스를 위한 소비하는데 좀 더 큰 규모를 제공함으로써 수입, 지역제조생산과 배분에 있어서 단위당 비용 인하를 가능하게 하는 규모경제가 달성될 수 있다. 그런 다음에 이익은 재투자와 새로운 기술의 획득을 통한 개선으로 한정된 자본의 동원화가 가능하게 될 것이다(암스트롱과 리드, 1998). 관광은 가격을 줄이고 혹은 서비스나 질적 수준을 제고하여 그들의 시장배분 참여증가를 추구하는 새로운 참가자를 부추기도록 함으로써 경쟁력을 제고할 수 있다. 보다 큰 소비자 선택권을 제공할 뿐만 아니라 보다 큰 시장과 향상된 경쟁력을 제공함으로써 생활수준 또한 올라갈 수 있다. 예를 들어 말로니와 몬테로제(2001)는 카리브해에서 관광으로부터 들어오는 수입이 많은 경우 상품거래보다 변동성에 덜 민감하다는 것을 지적하면서 다른 수출로부터 들어오는 수입의 2-5배의 안정성이 있음을 발견하였다.

지역사회의 태도

많은 국가에서 관광지는 기업가, 회사 혹은 정부에 의해 개발된 아이디어의 생산품이며 관광지가 운영되는 시장에서 경쟁력이 있는 벤처사업을 세울 필요성이 대두되었다(미첼과 라이드, 2001). 지역사회주민에 의한 투자기회와 관련된 최초 반응은 사회적, 경제적 관심의 압력과 개인과 지역사회의 안녕을 개선하기 위한 욕망에 의해 자주 영향을 받는다. 독시(1975)는 행복감의 초기 물결 이후에 외부인들이 전통적 생활방식을 변경하도록 지역사회에 대하여 요구하기 시작함에 따라 지역사회의 반응은 변할 수 있다는 것을 가정한 이리덱스 모델을 제안하였다. 독시의 이리덱스 모델은 특히 주민의 태도에 대한 긍정적 혹은 부정적 영향을 미치는 복합적 요소를 고려하는데 실패한 것과 관련하여 몇몇 비판의 대상이 되었음에도 불구하고(랭크포드와 하워드, 1994) 계획당국 뿐만 아니라 투자자도 주목해야할 흥미있는 개념이다. 지금까지 증거는 소규모 섬 국가에서 결정적으로 독시의 모델을 뒷받침하지 못하고 있다.

관광은 양날의 칼과 같다는 증거가 있다: 지역사회의 사회적 그리고 물리적 자본에서 고용의 창출과 투자자금 조달이 있는 반면 관리권이 지역주민들로부터 멀리 떨어진 수도시의 정부 관리에게로 혹은 역외에 상주하는 투자자에게로 전환될 수 있다. 미첼과 라이드(2001)가 지적했듯이 이런 형태의 힘의 이동은 환경의 악화를 가져오고 지역사회를 상대적으로 형편이 더 나빠지게 한다. 이것은 지역사회가 그들의 자원에 대한 관리를 거듭 주장할 수 있는 정책을 요구하는 몇몇 주석자들(프리드만, 1992; 미첼, 1998; 미첼과 라이드, 2001)이 거론하고 있다. 그러나 이 같은 현상이 실제로는 현대 글로벌을 지향하는 개발이 일어날 수 있도록 요구되는 기술 숙련도, 관리 기술, 금융접근의 수준 때문에 어려울 수 있다. 선진국에서 조차도 많은 지역사회가 대규모 국제적 관광개발 중심의 효율적 관리를 위하여 요구되는 기술적, 금융 및 행정관리의 전문가가 부족하며 확보할 여유가 없다. SIDS에도 다른 선진국처럼 자주 중추관리는 필요한 범위의 기술과 지식이 위치하고 힘이 존재하는 곳에 집중화된다. 앞에서 논의한 바누아투의 외곽지역과 포트빌라의 수도지역간의 해안의 만지역 개발사례는 많은 SIDS에서 핵심지역과 변방지역간의 서비스 수준과 발전 가능성의 불균형이 악화되어 가고 있는 개발패턴을 보여주고 있다. 당연히 이런 현상은 긴장을 발생시키지만 지역사회에 기회와 그들의 의견을 표출할 능력과 그들로 하여금 명목적이 아닌 진정한 참여의 방법이 가능하도록 함으로써 관리할 수 있다.

조언자들이 요구하는 강력한 지역사회의 참여투입과 주인정신 조차도 지역사회가 기술기반이나 대규모 프로젝트의 동업자에게 성공적으로 마케팅을 할 네트워크를 가지고 있지 못하다는 사실에 따라 유연적으로 완화되어야 한다고 지적되고 있다. 대안적 전략으로 대규모의 외국자본투자를 허용할 수 있는 한편 시간이 흐름에 따라 기술과 새로운 개발에 투자할 자본을 쌓고 어떤 경우에는 처음에 해외투자자에 의해 투자되었던 인프라를 되 사는 지역사업가 계층을 육성하고 개발하는 것이다.

외부 기업에 의해 투자 개발된 관광지에서 나타나는 몇 가지 다른 이슈는 관광산업과 이와 관련된 지원서비스에 외부인이 고용되었을 때 발생하는 충격, 그들이 전통적으로 배타적 접근이 가능하였던 지역으로부터 지방의 재배치 그리고 관광개발을 위해 인구가 멀리 이동할 때의 사회적 재배치를 포함한다. 쉴드(1975)는 사회적 충격은 '그들 환경의 물리적 재구조화에 대한 사회적 시스템의 대응이라'고 주장한다. 쉴드(1975)는 사회적 영향을 변위, 재배치, 인구통계학적, 제도적, 경제적 충격과 지역사회의 결속력, 생활상의 붕괴 등 여섯 가지 형태로 분류하였다. 소규모 섬에서 만약 많은 외부인들이 관광산업에 고용된다면 이런 특징의 충격은 확대될 것이며 그들 자신의 문화적 욕구와 선호에 따라 그들이 덜 소외됨을 느끼는 상태까지 지역문화와 경제의 재구조화를 추구하게 된다. 최근 이런 형태의 문화적 수정의 예는 인도네시아의 지배와 독립의 전환기에(1999-2002) 동티모르에 평화유지군이 주둔한 후에 나타난 상업적 섹스산업에 종사하기 위해 많은 매춘부들이 동티모르로 흘러들어 왔을 때 발생했다. 이것은 독립후에는 제거하기가 어려웠을 전통적 사회에 새로운 요소가 투입되었다. 비슷하게 그린(2005)은 코사뮈의 타이섬 관광분야 성장은 매춘과 마사지 가게의 성장과 비례하여 이루어졌음을 관찰하였다. 그린(2005)은 코사뮈에서 관광의 사회적 영향에 대해 언급하면서 그 지역 주민들은 그들이 전통적으로 낚시, 장작수집, 사교와 다른 활동을 위해 활용하였던 해변지역으로 접근하던 길을 잃어버렸음을 관찰하였다. 지역 주민은 새로운 길과 호텔을 위해 만들어진 길로 이동하도록 강요당하였다. 직접적으로 영향을 받은 사람들은 보상을 받았을 수 있지만 많은 지역사회 주민은 지역의 가격상승과 같은 간접적인 영향을 받았지만 보상되지 않았다.

실행수준에서 계획의 능동적 참여는 지역사회가 관광개발에 대한 그들의 관심의 목소리를 내도록 허용하는 하나의 기제다. 이것이 이상적인 상황이지만 실제에서는 자주 그 반대의 현상이 있다. 정치적 구조가 정치 엘리트에 의해 관리되고 깊게 영향을 받는 섬 사회에서 지역사회의 목소리는 엘리트의 요구에 대하여 비굴해질 수 있다. 1999년 인도네시아의 수하르토 대통령의 사임이전에 수하르토 가족을 포함한 비선출직 엘리트들은 관광투자를 포함한 경제개발에 대하여 강력한 영향력을 행사하였다. 외국으로부터 수익을 창출하는 발리의 능력은 정부의 정책 결정자에게 이 섬의 관광산업에 접근하는 특권이 주어졌음은 자명하였다. 수하르토 이후시대에 참여적 민주주의와 정의의 지배 강화는 엘리트의 힘을 감소시켰으며 이제는 그들의 분별하는 식견과 행사할 능력이 있는 지역사회에 발언권을 주게 되었다. 그러나 다른 많은 나라에서 나타나는 상황을 감안해 볼 때 영향력을 행사하는 지역사회의 강화는 아직 한정되어 있다.

사회간접자본

인프라개발은 국제적으로 경쟁력있는 관광지 개발을 열망하는 섬들이 검토하여야 하는 주요한 과제다. 21세기의 점차 복잡해지는 생활의 특성은 관광객이 방문하는 관광지에서 높은 수준의 서비스를 요구하는 국제관광객 집단을 창출하였다. 현대의 제트 항공기를 지원할 항공서비스 개발의 필요성을 시작으로, 섬은 안전한 식수, 안정적인 전기공급, 높은 수준의 공중보건을 제공하고 관광객의 개인적인 보안과 안전을 확보해야 한다. 높은 수준의 서비스를 제공하며 국제관광 시스템에서 볼 수 있는 다양한 지원서비스를 운영할 수 있는 직원을 공급하고 점차 전세계에 연속된 웹과 이동통신기술 접근에 대한 제공이 가능한 환경에서 사실상 방문객을 감쌀 수 있는 다양한 인프라를 개발할 필요가 있다. 민간부문 역시 호텔, 쇼핑지구, 관광유인시설, 음식과 같은 투입물의 구입을 위한 투자 및 건설과 유지관리 서비스를 통하여 중요한 역할을 한다. 기준이 국제적 기준에 미치지 못하는 곳에서 관광산업은 어려움을 겪는다. 파푸아뉴기니에서 수도 포트 모리스비를 방문하는 관광객은 개인적 보안을 제외하고 일반적인 국제적 수준의 서비스를 받을 수 있다. 그러나 수도 포트 모리스비를 벗어난 곳에서는 많은 서비스의 수준이 관광성장의 잠재력을 방해할 정도로 낮다. 비슷하게 2002년과 2005년의 발리 폭파에 이어 발리에서 관광객을 향한 테러리스트의 추가적인 공격의 유령은 이 섬의 관광산업의 회복을 저해하였고 추가적인 성장 계획을 지연시켰다.

개발에 대하여 중요한 영향을 미치는 또 다른 과제는 그 나라 내에 발달되어 있는 교통시스템이다. 관광교통 시스템은 적어도 일곱 가지 요소를 가지고 있다: 집으로부터 관광지로 여행이 시작되는 터미널까지의 여행; 휴가기간 모든 단계에서 사용되는 교통수단의 조합; 관광지까지의 여행; 관광지내에서의 여행; 주변 배후지역의 관광명소까지 여행; 국가차원에서 뿐만 아니라 국제적 차원에서 교통의 관리와 거버넌스; 그리고 사용되는 다양한 기술 등이다. 국제항공 시스템의 빠른 발달은 많은 원거리 관광지가 국제 항공서비스에 접근이 가능하도록 하였으나 관광지 주변에 관광객을 배치하기 위한 적절한 교통시스템을 구축할 수 있는 섬의 능력은 문제점으로 남아있다. 많은 예에서 공공교통 시스템은 관광객이 사용하기에 적절하지 않아 방문객으로 하여금 자동차를 렌트하거나 관광버스를 이용할 수밖에 없도록 한다. 어떤 경우에는 섬간에 그리고 섬 해변을 따라 이루어지는 교통이 때로는 안전기준에 문제가 있는 보트에 의존하고 있다.

항공

항공은 관광개발을 위한 전략에서 중심적 역할을 하고 있지만 그러나 많은 SIDS는 국제항공 서비스를 개발하고 유지하는데 실질적인 어려움을 겪고 있다. 많은 국가들이 국가항공사를 설립하려고 했으나 실패했고 그 과정에서 실질적인 재정손실이 발생했으며 장비의 한계, 높은 간접비와 한정된 마케팅 예산 때문에 중요한 국제시장으로 접근성을 개발하는데 실패하였다. 태평양에서 소규모 국가 소유의 항공사는 수십년 동안 분투를 하고 있으며 그중 많은 항공사가 도산하였다. 나우루 공화국이 주소유 운영자로 서비스를 하고 있는 에어 나우루는 오직 B737 한 대만 있었으며 2005년에 대금 상환을 충족할 수 없어 휴항하고 있다. 이 항공사는 그 후 섬의 항공서비스를 다시하기 위하여 또 다른 B737 비행기를 리스할 수 있었다. 2005년 노퍽 섬, 오스트레일리아와 뉴질랜드간을 운항했던 노퍽 제트 엑스프레스의 도산은 섬 정부가 설립하여 소유한 항공회사 노퍽 에어에 의해 결국 해결되었지만 관광지의 중대한 문제점을 발생했다(그림 9.2 참조).

항공사의 국가소유는 대체로 비현실적인 것을 인정하면서 태평양의 많은 국가들은 그들의 항공시장을 오스트레일리아의 버진 퍼시픽과 같은 외국항공사에게 개방하였으며 대형항공사에게 가능한 규모의 경제를 통하여 달성할 수 있는 저렴한 항공권 가격의 혜택을 받았다. 많은 소규모 섬은 싱가포르(싱가포르 에어라인)와 바하마(바하마서)를 포함하는 다양한 성공적인 정부소유 항공사를 운영하고 있다. 많은 다른 섬 또한 안티구아와 바부다(LIAT), 홍콩(케세이), 케이만 섬(케이만 에어웨이), 도미니카 공화국(도미니카나)와 하이티(토르투그 에어) 등을 포함한 민간소유의 국적 항공사의 서비스를 제공하고 있다.

〈그림 9.2〉 노퍽 섬에서 노퍽에어 비행기에 승객이 타고 있다.
자료: 브루스 프리도 촬영

마케팅

어떤 의미에서 섬은 잠재적 관광지로서 그들 자신을 판매할 능력을 가지고 있지만 희망을 현실로 전환하는 것은 상인과 호텔소유자의 임무와 제공할 상품을 총체적으로 구성하는 매력이다. 본장은 작은 섬 상품에 대해 상인들이 사용하는 연상용어를 언급하며 시작하였다. 차코(1997)가 우리에게 상기시켰듯이 이미지는 사람들이 목적이나 장소에 대해 가지고 있는 정신적 아이디어와 인상의 한 집합이다. 이런 정신적 이미지의 관심과 선호를 판매로 전환하기 위해 상인들이 활용해야 한다. 이런 과정의 부분으로서 관광지는 정신적 이미지가 고양되거나 혹은 필요하다면 여행의 욕구를 창출하기 위하여 다시 재현하는 방식으로 위치가 정립되어야 한다. 마케팅의 임무는 중요하며 항상 공공과 민간부문간에 분배되어야 하는 역할이다. 많은 소규모 섬의 행정은 관광지 마케팅 투자가 어렵다는 것을 알고 이 임무의 주요부분을 수행하는데 민간부문에 의존한다. 민간부문이 주요호텔 체인망의 국제적 연계와 항공사 제휴와 같은 외부 연계망을 가지고 있는 곳에서는 이런 임무가 꽤 효과적으로 수행될 수 있다. 힐튼이나 쉐라톤과 같은 주요호텔 체인은 독립적 시설사용이 손쉽게 가능하지 않는 국제 유통시스템의 연계망을 구축하고 있다. 국제 항공사의 역할 역시 가장 중요하다. 국제호텔과 독립호텔 브랜드간의 차이점과 같이 소규모 항공사는 국제 항공제휴 회원사와 대규모 국제항공 노선망 및 코드공유 협정을 가지고 있는 주요 국제항공사의 마케팅과 같은 영향력을 가지고 있지 않다. 오스트레일리아 소유의 버진 퍼시픽은 오스트레일리아에서 사모아와 통가 같은 인근지역으로는 모항공사인 버진 블루의 보다 큰 마케팅 예산과 유통시스템을 훨씬 넓게 활용할 수 있도록 공동 사용되었으며 중요한 것은 가격인하에 활용되어 왔던 규모의 경제를 달성할 수 있었다. 이들 관광지에는 존경받는 국가 항공사에 의한 지지가 소비자 신뢰에 추가되었으며 버진 퍼시픽에 의해 서비스를 받는 섬이 더욱 오스트레일리아 소비자에게 매력적으로 다가왔다. 이것이 태평양 연안국가에 보다 많은 관광유입자가 발생하도록 바꾸었다. 섬에 의해 채택된 또 다른 전략은 그들의 가시성 및 영향을 증가시키기 위한 지역적 마케팅 기구를 창설하여 그들의 자원을 결합하는 것이다. 예를 들어 쿡 아일랜드, 키리바시, 피지, 뉴칼레도니아, 니우에, 솔로몬, 바누아투, 사모아, 타히티(프랑스령 폴리네시아), 그리고 파푸아뉴기니를 대표하는 남태평양 관광기구는 연구인력, 협력적 마케팅과 정책개발 등을 제공하고 있다.

소규모 섬들이 채택하는 다른 전략은 인터넷 광고, 전문 관광잡지(예를 들어 아일랜드:Island)를 통한 광고와 관광객의 이국적 휴가기회에 초점을 맞추어 점차적으로 인기를 끌고 있는 생활상에 대한 네트워크인 텔레비전 프로그램의 후원을 포함한다. 특히 인터넷은 전통적 유통 시스템과 중개인의 활용이 불가능한 방식으로 독립적 유통시스템을 개발할 수 있는 기회를 소규모 섬에 제공하였다.

지속가능성

지속가능성을 규명하고 이를 달성하는 것이 모든 관광지의 주요 과제다. 앞에서 언급했듯이 SIDS는 지속가능성 분야에서 특별한 문제점을 가지고 있다. 토지나 물과 같은 한정된 자원은 관광산업을 포함한 산업별로 자원수요의 균형점에 두어져야 하다. 따라서 몇 가지 점에서 전문 관광개발 전략의 채택이 반데르 벨데 등(2007)이 설명한 경제성장과 환경악화간의 전통적 '모순'을 초래하는 것 같다. 만약 자연적인 이득을 발생하고 있는 자연자원이 악화된다면 토지와 다른 자원의 과용은 상대적인 비용을 초래할 것이다.

과거에 지속가능성, 수입, 교육 및 고용과 같은 영향을 측정하는 지표를 개발하기 위하여 상당한 노력이 있어 왔다. 이런 지표가 유용하기는 하나 자주 전체적인 측면에서보다는 개별적 측면에 치중하였다. 헌터와 쇼(2007)에 의해 제안된 생태발자국(EF) 개념의 채택은 SIDS가 장기적인 관광개발의 지속가능성을 측정하기 위한 좀 더 효과적인 모니터링 수단을 개발하는데 도움을 주는 하나의 방안이다. 생태발자국은 다른 지표보다 전체적인 방법으로 계획가와 정치가에게 다양한 대안의 결과를 알려준다. 지구기후변화의 위험이 확실해지고 많은 SIDS의 경제적 활성화가 주요 과제로 남아있는 시기에 환경의 측정과 관리를 위한 생태발자국의 활용이나 유사한 분석수단은 상당히 매력적이다. 다른 관광지에서처럼 많은 SIDS는 경제발전과 환경악화간의 전통적인 모순에 직면하고 있다. 따라서 상호타협을 이해하는 것이 중요한 과제가 된다.

섬 관광지의 구조

관광지 측면에서 관광지 개발이 따를 수 있는 하나의 공간적 형태의 범주가 있다. 범주의 한쪽 끝에는 쇼핑, 숙박, 관광명소 및 오락지역을 포함하는 관광개발 클러스터가 형성되는 핵심지역이 있다. 핵심지역의 근처에는 서비스산업이 입지하는 것이 보통이다. 발리는 이런 형태로 개발된 좋은 예가 된다. 주요 리조트 시설, 쇼핑지구와 레스토랑구역이 쿠타, 레기안과 누사두아를 포함한 한정된 몇 개의 위치에 분포해 있다. 범주의 또 다른 한쪽 끝에는 자급자족적 종합리조트가 주 출입구 지역을 벗어난 지역에 흩어져 개발되어 있다. 피지가 이런 행태의 사례다. 관광객이 그들의 대부분의 시간을 보내는 종합리조트는 국가소유의 숙박시설 목록에서 가장 많은 부분을 차지한다. 따라서 대부분의 관광객 소비는 그 리조트에서 이루어진다.

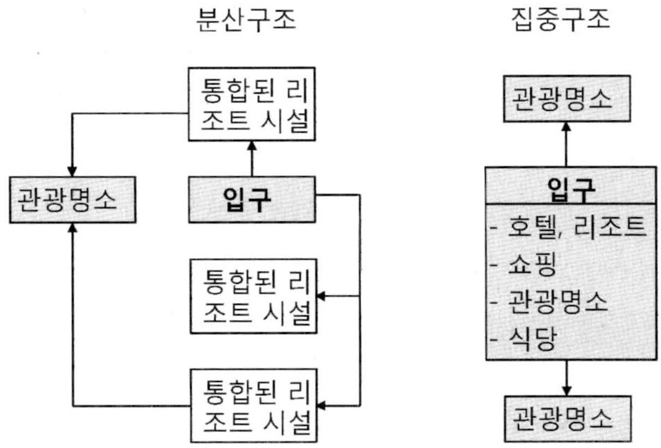

〈그림 9.3〉 섬에서 리조트 개발 형태

이런 형태의 개발은 물과 전기의 공급, 해변의 과도한 개발, 정화처리 되지 않은 하수의 방류로 인한 지역의 오염, 인접한 산호초의 무분별한 이용을 포함하여 계획당국에게 많은 과제를 안겨주고 있다. 이런 형태의 좀 극단적인 예는 몰디브로서 관광객이 국내의 환산호초 사이에 산개하고 외부의 리조트로 가거나 오는 환승을 제외하고 수도지역을 방문하는 것이 용이하지 않다. 그림 9.3은 두 가지 극단적인 섬의 공간적 개발패턴으로서 몰디브에서 볼 수 있는 공간체계인 분산된 공간구조 모델과 바누아투의 집중화된 모델의 예를 보여주고 있다. 실제로 많은 섬에서 채택된 구조는 여러 곳의 출입구를 가지고 있는 뉴질랜드처럼 특히 큰 섬은 이같이 극단에 있는 두 패턴의 사이에 위치한다.

영국과 일본을 포함하는 큰 섬 국가에서는 완전히 다른 개발의 패턴으로, 개발의 규모나 수준을 반영하는 다양한 공간적 구조로 나타난다. 영국과 일본의 많은 관광지는 애초에 국민관광산업을 서비스하기 위해 개발되어 왔으며 단지 최근에 되어서야 그들의 관심이 국제시장으로 돌려지고 있다.

계획과제

계획은 그 계획의 결과가 자주 토지이용, 도시 및 농촌 환경, 생활형태와 지역경제기회 등에 있어서 변화를 초래하는 중요한 이슈다. 만약 지속가능한 관광개발을 위한 기회가 현실화되기 위한다면 한 섬 지역에서 다른 관광지역에서처럼 효과적인 계획이 필요하다. 많은 SIDS의 관광계획은 원조기관에 의해 후원되고 있으며 가끔 계획의 실행을 위해 요구되는 추가적인 자금지원과 숙련된 전문가 없이 섬 행정에 의해 실행에 옮겨지고 있다. 많은 소규모 섬의 지역사회는 거버넌스 과제에 대한 갈등, 자금의 부족, 변화와 부패에 대한 저항 때문에 계획의 목적을 실현하는데 어려움을 겪는다. 게다가 국내자본의 부족현상이 있으면 자주 외국인 투자가 실행가능한 대안으로 여겨지고 있다.

섬 지역에서 관광계획과 관련된 기본적 과제는 제안된 전략을 수행할 섬 지역사회의 능력이다. 계획과정에서 계획초기단계에 검토되어야 할 이슈는 지역사회에 대한 영향, 문화유산지역과 문화전통에 대한 영향, 지속가능성과 관련된 이슈, 주변의 환경, 교통, 고용과 중요한 외부위협 등을 포함한다. 제 3장에서 제안한 것처럼 미래시나리오의 사용은 미래 개발을 위한 가능성에 대한 정보를 섬 행정에 전달하는 효과적인 방법이다. 기후변화가 몰디브와 키리바시에 발생하는 것처럼 섬 지역에 부정적 영향을 미칠 수 있는 곳에서 계획은 인구 재배치에 대한 대안을 포함해야 한다. 다음으로 긴급을 요하는 것은 개발을 담보하기 위하여 정기적으로 사용될 수 있는 자본의 원천을 확인하는 것이다.

미래이슈와 위험

다가오는 수십년 내에 섬지역이 직면할 보다 중요한 과제의 두 가지는 장기간 지속가능성과 기후변화에 대한 적응이라는 것은 명백하다. 섬의 측면에서 지속가능성은 섬 생태계의 유지, 문화적 유산의 자산과 안정된 기후를 가지는 국제적 시스템 내에서 토지이용 패턴을 뜻한다. 미래에 가장 잘 관리된 생태계와 지금은 미지의 지역으로 남아있는 곳조차도 변화로 인해 어느 정도 고통을 받을 것이 명백하다. 지속가능성에 대한 전통적인 측정방법은 이 같은 조건속에서는 문제가 있을 것이다. 미래에 지속가능성의 의미는 섬들이 기후변화와 이 과정이 생태계에 끼치는 변화에 대한 적응 노력의 여하에 따라 변화할 것이다. 적응의 관리는 성공을 위한 핵심적 기준점의 하나가 될 것이다. 이것이 일어나기 위해서는 종합적으로 개발을 관리하는 통합된 국가수준의 계획의 채택과 필요한 곳에서는 해안선, 해양자원과 육지의 생태계를 포함하는 모든 자원의 적응이 필요할 것이다.

인도양관광기구(IOTO)에 의해 채택된 해안자원관리(다울링, 1998)는 본장에서 논의된 몇 가지 이슈가 섬 관광개발의 전반적인 견지에서 SIDS뿐만 아니라 다른 섬들이 어떻게 검토될 필요가 있는지를 보여준다. IOTO에 의해 제언된 계획과정은 해안선과 해양자원을 위한 통합된 국가계획을 수립할 필요성의 인식, 해안지역관리계획 내에서 해안관광개발이 진행된다는 것을 담보하기 위하여 개별적으로 수행되는 해안관광개발을 재검토할 필요성, 해안을 따라 있는 자연경관과 문화적 자원, 계획과정에서 지역사회의 참여, CZM 프로그램에서 명확하고 관리가능한 목표설정, 섬 지역에 미치는 영향에 대한 지속적인 모니터와 평가, 고용자와 리조트 운영자를 위한 적절한 교육프로그램 등을 포함하고 있다. 이런 것에 더하여 기후변화의 충격과 세계화, 피크오일을 포함하는 다른 힘에 대하여 새로운 고려가 필요하며 관광산업이 어떻게 사회적 상황뿐만 아니라 단위당 GDP를 개선하기 위해 선도하는 분야로서 활용될 수 있는지에 대한 고려 등에 강조점을 추가할 필요가 있다.

미래를 위한 핵심과제

앞의 논의는 미래 섬 관광의 성공에 기여할 많은 과제와 연구자들의 더 많은 관심이 요구되는 과제를 강조하였다. 과거 문헌에서 규명된 많은 과제는 구조적이었으며 그 자체가 주어진 것으로 받아 들여졌다. 섬이 관광발생 시장으로부터 먼 거리는 하나의 예다. 그들의 특성 때문에 거리와 같은 요인의 영향을 극복하기 위하여 만족할 만한 거래가 이루어질 것 같지는 않다. 그러나 섬 지역사회와 그들 정부의 정책문제로서 검토될 수 있는 사항으로 본 논의에서 규명된 추가적인 요인 집단이 있다.

다음 많은 요인중에서 절대적인 것은 관광인프라의 공공 및 민간부문의 투자를 위해 요구되는 자금의 원천이다. 공공분야, 지역투자자 혹은 역외자의 소유권은 많은 SIDS의 관광산업개발에 관한 논쟁의 중심에 서있는 관련 이슈이다. 한정된 자본형성과 높은 외부차입이 주요이슈다. 경제발전을 위한 제한된 범위 때문에 어떤 섬은 원조에 의존하는 반면에 다른 섬은 이익이 역외로 송금되어야 한다는 주장과 관련이 있는 외국인투자를 추구하였다. 요약하면 SIDS의 주요 이슈와 다른 많은 섬의 지역사회는 다음사항을 포함하고 있다.

- 투자수요와 자금을 확보할 수 있는 원천의 확인
- 지역기술발전과 자본형성을 조장하기 위한 전략의 규명
- 관광개발 진흥을 위한 인프라의 향상
- 국제적 변환기에 환경적 경제적 지속가능성의 제고
- 관광과 더불어 국가문화에 대한 국제화의 영향
- 적절한 시장부문의 규명과 적절한 상품과 서비스의 개발
- 마케팅 홍보를 위한 자금
- 위기에 대한 대비
- 지역사회의 참여를 포함하는 보다 효과적인 계획
- 문제에 대한 전체적인 관점을 제공하기 위한 자연과학과 사회과학을 보다 효과적으로 통합하는 연구

지속가능성, 변화와 진행자 - 미래 관광목적지의 형성

제10장

변화에 대한 적응의 과제에 직면함으로써 미래의 오늘에 대한 걱정

앞의 장들은 관광지가 발전하는 방법과 미래에 있어서 기능에 영향을 주는 다양한 요소를 규명하였다. 제 3장에서 계획은 성공적 관광지 개발과 운영에 있어서 주요요소로서 규명되었고, 반면 제 5장에서는 위기에 대한 계획의 필요성이 논의되었다. 그외에 기술과 피크오일의 미래에서 역할(제 4장), 지속가능성(기본적으로 제 8장과 제 9장), 대부분의 장에서 기후변화 그리고 제 1장에서 혁신의 역할이 추가되었다. 이런 요소외에도 미래관광지의 형태에 다양한 영향을 미칠 넓고 다양한 요소가 있다. 이런 요소와 다른 요소의 영향에 관한 불확실성을 인정한다면 미래를 위한 계획의 어려움은 인간문명이래로 우리의 관심을 빼앗아온 과제라고 할 수 있다. 시나리오 구축과 다른 기법 등 전망에 대한 우리의 최선의 노력에도 불구하고 미래는 기원전 800년에서 기원후 395년 사이에 미래를 점치는 것과 관련된 그리스 장소로서 델포이 신탁(Oracle Delphi)의 위치를 차지했던 여사제에게 만큼이나 포착해내기 어려운 것으로 남아있다. 2008년부터 세계를 뒤흔들었던 국제금융위기는 그 당시 아무도 예측하지 못했다. 나중에 안 것이지만 경고의 사인은 명백했으나 무시되었다. 따라서 현대세계에서 특히 인프라 기금으로 실질적인 투자가 요구되고 현세대뿐만 아니라 미래세대에도 영향을 줄 정책방향에 대한 결정이 형성될 때 미래를 위한 계획은 점차 중요해지고 있다. 기후변화에 대한 우리의 대응은 미래를 위해 수많은 세분화된 요소로서 이제는 점차 중요성이 인식되고 있는 이슈중의 하나이다.

본장은 글을 쓸 당시에 미래관광지개발의 형체를 만들고, 억제하고 혹은 성장을 촉진시키기 위하여 나타난 다양한 요소를 검증하기 위하여 제 3장에서 시작했던 토론을 바탕으로 형성되었다. 관광수요에 영향을 주는 이런 요소의 잠재력을 이해하고 관광지가 어떻게 대응하는지에 대한 평가는 필수적이다. 이해의 상

태에서 행동의 상태로 전환은 제 3장에서 논의한 계획의 특성과 제 5장에서 논의한 것처럼 위기에 효과적으로 대응하기 위하여 추가된 능력을 통해 제 2장에서 논의한 특정 모델의 안내에 대한 선택과 적용을 요구한다. 그러나 우선 현재의 행동이 어떻게 미래의 형태에 영향을 줄 수 있는지를 포함한 미래의 측면을 개념화할 필요가 있다.

관광지에 영향을 미치는 다양한 가능성이 있는 요소는 광범위하여 하나의 장의 범위를 넘어 선다. 본장에서 활용한 접근법은 먼저 다양한 요소들이 자리잡고 있는 많은 개념적 이슈를 분석하는 것이다. 특히 본장은 변화의 개념과 변화를 가져오는 다양한 요소를 검증할 것이다. 이 목적은 각 요소가 그룹화될 수 있고 확인된 원인과 영향을 포함하는 변수를 둘러싼 개념적 틀을 세우기 위한 것이다. 그 다음에 핵심적 이슈와 이런 이슈가 미래의 관광지 발전의 경로에 어떻게 영향을 미치는지를 분석한다. 이런 이슈 중 첫 이슈는 기후변화로서 사람들이 휴가여행을 어떻게 어디로 갈 것인지를 포함하는 미래 인간생활의 많은 측면에 영향을 미칠 중요한 유발자로 출현하고 있다. 두 번째 검증된 핵심이슈는 지속가능성이다.

미래의 응시

관광산업은 가까운 장래에 수많은 도전에 직면할 것임은 명백하다. 어떤 도전은 실버(1998), 매독스(1998), 콕스(1999), 헌팅톤(1996)과 코테스 등(1997)을 포함하는 연구자와 전문미래학자에 의해 예측되고 있으나 오직 시간의 흐름에 따라 나타나는 또 다른 도전이 있을 것이다. 지금까지 미래의 관광산업 앞에 열려있는 길에 대한 숙고는 미래예측자나 일부 다른 연구자에 한정되어 있었다(예: 홀, 2000; 프리도, 2002; 프리도 외, 2003; 세트론, 2001; 폴크너와 러셀, 2000; 예만, 2007; 베겐, 2008). 기후변화와 다른 사건을 통해 발생할 수 있는 명백한 변화를 인정한다면 바로 이것이 우리의 약점이며 긴급히 착수해야할 필요가 있다. 미래를 들여다보는 것은 과거에 이런 형태의 실습이 이루어졌던 것보다 지금이 더욱 긴급하다. 언젠가 일어날 모든 사건을 포함하는 '시간-공간'으로 넓게 정의된 미래는 실망을 주는 개념이지만 유혹적인 것이다. 과학소설작가와 영화제작자는 미래의 형태내에서 새로운 세계, 사회적 구조, 새로운 공간과 기술을 마음대로 창조하는 자유를 한껏 즐길 수 있으며, 이 같은 일들이 때때로 과학소설에서 과학현실로 전환되는 초자연적인 능력을 가지고 있다. 줄리 베르네의 잠수함 이야기(1869년에 출판된 바다 밑의 2만 리그들)와 달까지의 비행(1865년에 출판된 지구로부터 달까지)은 그 다음 세기에 현실화되었다. 토론의 이 시점에서 현재와 미래간의 관계를 눈여겨 볼 가치가 있다. 단수나 예측할 수 있는 것보다는 차라리 복수의 대안이 될 수 있는 가능한 미래를 구하는데 이용되는 기술, 과학과 방법으로 설명되는 미래학은 이런 임무를 수행하기 위한 다양한 수단을 개발하여왔다(벨, 1997). 그러나 이와같은 방법과 기법으로도 미래는 대부분 미스터리로 남아있다. 미래와 존재할 세계에 대해 더 알려는 우리의 욕구에 대하여 프리도(2002)는 '미래는 바로 다른 세계이며 아직 만들어지지 않았지만 현재 만들어지는 과정속에 있는 것이다. 이 용감한 새로운 세계는 그 자신 역동성과 방향성을 가지고 있으며 그곳에서는 오늘은 내일의 어제이며, 가치있는 것, 방문했던 장소, 공경을 받았던 사람이 해석의 대상이 되고, 중요한 학술적 담론과 역사적 논문 주제의 대상이 될 것이다. 비록 사람들이 가늠자의 도움이 없이는 이런 현상을 보는 것이 항상 실패할지라도 그래도 내일의 핵심은 현재속에 있다.'고 쓰고 있다. 다시 미래를 살펴보면서 프리도(2002)는 '오늘의 화폭위에 존재한다는 의미에서 미래에는 과거와 현재에 표준이라고 생각하는 많은 것들이 현대 여행개념을 근본적으로 바꿀 새로운 사회적, 경제적, 문화적 구조를 형성하는 것으로부터 벗어나 있을 것이라'고 주장하였다.

마치 우리의 현재 관광지가 과거 행위의 산물인 것처럼 미래관광지는 현시대에 있는 우리의 시공간속에서 우리가 만든 결정의 산물이다. '시공간'의 용어는 시간의 흐름에 따라 변화하는 것으로 공간적 요소, 경제, 사회 트렌드, 자연과 소비자수요 패턴 등 이런 모든 것을 포함하는 상호관계를 설명하는 의미로 사용된다. 이 용어는 물리학자나 다른 사람들에 의해 사용되는 4차원을 차지하는 시간과 함께 3차원으로서 공간을 설명하는 '공간-시간'의 개념과는 혼돈하지 말아야 한다. 이런 이유 때문에 적어도 관광지 측면에서 현재와 미래사이의 상호관계를 이해하는 것이 중요하다. 그림 1.2에서 설명된 상호관계를 바탕으로 형성된 그림 10.1은 시공간(과거/현재/미래)과 관광지의 모양, 형성, 억제, 양육하는 요소간의 관계를 나타내고 있다. 그림 10.1에서 보여주는 것처럼 현재의 '시공간'의 구조와 운영은 과거의 두 세트에 의해 영향을 받는다. 위기, 트렌드와 진행자뿐만 아니라 방해자, 자연과 우발적 사건(본장 후반부에 설명)의 영향이 일반적으로 정책, 투자, 혁신과 마케팅으로 묶여질 수 있는 '대응'을 초래하게 되는 '충격'을 형성한다. 충격(원인)과 대응(영향)의 요소가 결합하여 미래의 형태를 만든다. 그림 10.1에서 보듯이 미래는 현재의 원인과 대응의 집합인 것처럼 현재는 과거의 원인과 연속된 대응의 합이다.

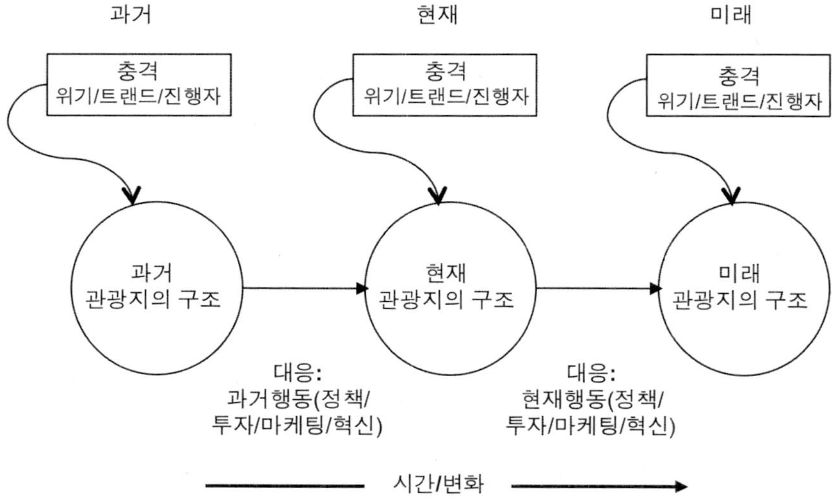

〈그림 10.1〉 관광지 개발에 있어서 과거/현재와 미래간의 상호관계와 트렌드/진행자/정책/마케팅과 투자의 역할

어렵지만 현재에 규명될 수 있는 변화의 요소에 기초하여 미래가 어떻게 펼쳐질 것인지를 이해하려는 노력이 필요하다. 미래는 너무나 중요하기 때문에 미래에만 맡겨둘 수 없으며 기회가 존재하는 곳에서 현재지식의 상태를 전제로 발생할 수 있는 바람직하지 않은 형태보다는 그림 3.5에서 규명한 미래의 바람직한 형태로 최선의 희망을 제공하기 위하여 앞으로 올 미래를 창조하려는 노력을 경주할 필요가 있다. 다음의 논의는 미래에 직면할 수도 있으며 관광지의 개발과 성장에 압력을 가할 많은 이슈를 검토한다. 현재의 입장에서 이 리스트는 종합적인 것으로 볼 수 있으나 아마도 미래의 독자들은 그들의 시공간에서 중요하지만 본 토론에서 놓쳐버린 이슈를 확인하고 미래에는 거의 충격을 주지 않을 것이지만 현재의 시공간속에서는 중요하게 나타나는 이슈를 발견할 것이다. 본장의 나머지 토론은 제 3장이 미처 하지 못한 것을 드러내고 원인과 대응의 다양한 형태의 역할과 어떻게 관광지가 대응할 것인지를 검토하기 전에 변화의 개념에 대한 간단한 논의를 시작한다.

변화

변화는 근본적인 장기적 전환과 관련이 있으며 우리가 살고 있는 국제사회의 새로운 모습을 형성하고 새로운 질서를 부여하는 연속적인 과정속에서 핵심적 힘을 발휘한다. 변화란 우리 삶의 모든 측면에서 명백하다. 변화를 가져오고 진전시키는 힘을 이해함으로써 관광지는 내일의 시장에서 그들의 상품과 서비스를 혁신하고 적응시켜 나갈 수 있다. 관광에서 변화의 예는 대규모 관광 행태에서 좀 더 개인적인 관광형태로 변화, 국제여행을 위해 바다항해에서 항공여행으로 전환을 포함한다. 만약 관광지가 변화와 그 힘을 인식하지 못한다면 그들은 계속해서 오늘의 시장에서 버틀러(1980)와 프리도(2002)가 예상한 형태로서 가끔 유행에서, 수요와 수입에서 뒤떨어진 어제의 상품과 서비스를 팔고 있을 것이다.

변화를 가져오는 주요 동인은 다음과 같다.

- 흐름(트렌드)
- 재해와 위기(제 5장 참조)
- 기회와 우발적 사건
- 혁신
- 새로운 기술
- 자연
- 앞의 변화 동인으로 형성되는 대응으로서 정책

거의 모든 사회에서 문화, 사회, 경제, 정치 그리고 기술적 환경은 과거의 변화속도를 훨씬 능가하는 정도로 변화하고 있다. 사회의 이런 측면들이 역사를 창조하고 현재를 형성하기 위해 결합하거나 혹은 뿌리쳤던 것과 같이, 이것들은 미래를 창조하기 위해 상호작용을 지속적으로 할 것이다. 변화의 인식은 대응의 병렬작업이기 때문에 중요하다. 변화는 우리가 대부분 인식하지 못하는 계속되는 과정이다. 변화는 사회를 앞으로 밀어주는 유발자와 새로운 방향으로 이끌고 가는 사회의 요소를 통해 이루어지며, 우선 인지를 해야하고 그 다음에 혁신과 적응을 통해 변화에 대응한다. 변화는 증가하고 빠르거나 혁명적일 수 있다. 변화의 증가는 긍정적 혹은 부정적일 수도 있는 점진적 변화의 과정이다. 관광지 측면에서 개발에 대한 자연적인 지역의 조그마한 손실을 수반하는 변화의 증가는 처음에는 중요하지 않은 것으로 보여 질 수 있지만 시간이 흐름에 따라 심각하게 될 수도 있다. 또는 변화가 빠르고 짧은 시간에 발생할 수 있으며 혹은 변화가 기존의 정책 혹은 사회, 정치적인 구조까지도 뒤엎는 혁명적인 것일 수 있다. 관광에서 변화는 증가하는 경향이 있는데 이것은 투자의 특성이 변화를 수행하기를 요구하기도 하지만 만약 외부적 충격이 시스템에 영향을 미치는 어떤 경우에는 빠르고 혁명적일 수도 있기 때문이다.

최근 수십년간 변화의 분명한 결과는 장소와 활동형태에 초점을 맞춘 국내 및 국제 관광선택의 폭발적 증가이다. 국제적 관점에서 관광지는 더 이상 정적인 상태로 남아있지 않으며, 변화하는 수요에 대응하여 개혁의 지속적인 과정에 착수하도록 강요당하고 있다. 그러므로 관광지의 관리인과 마케팅 담당자는 짧은 시간의 흐름에서 변화를 지속적으로 모니터해야 하고 만약 이들이 어디에서 변화가 일어나고 어떤 대응전략이 요구되는지를 성공적으로 규명하려면 근본적인 변화의 유발자를 인식하고 있어야 한다. 대응전략의 성공은 일반적으로 공공과 민간분야가 관광지의 관리와 개발에서 어떻게 그들의 책임을 잘 인식하고 어떻게 두 분야가 함께 잘 협조할 것인지에 달려있다. 민간부문은 새로운 상품의 도입과 기존의 상품 및 서비스의 혁신으로 변화에 대응하는 선도적 기능을 가지고 있다. 공공부문은 당시의 견해와 믿음을 반영하는 보완된 정책과 혁신을 방해하는 것이 아니라 진작시키는 지침을 제공할 책임이 있다.

연구는 변화를 이해하기 위한 핵심적 메커니즘이며 기업수준, 관광지 수준과 국가적 수준을 포함하는 많은 수준에서 수행되어야 한다. 수행된 연구의 형태는 공식적인 학술적 연구에서부터 민간 컨설턴트와 공적 기금의 '공공가치' 연구까지 범위가 다양하다. 연구는 또한 탐구적이거나 확인적일 수 있으며 전술적이거나 전략적일 수 있다. 더구나 연구는 회고적인 것을 구하지 않는 혁신적이고 전진적으로 추구해야 한다. 탐구적인 연구가 없이는 관광지는 그들의 방문객이 누구인지 그들이 찾는 경험과 질이 무엇인지를 모르는 진공상태에서 운영하는 것이 된다. 사실 확인 연구는 관광지에서 공공과 민간 두 분야에 확산될 수 있는 지식을 창조하는 탐구적 연구의 발견을 검증하는데 활용될 수 있을 것이다. 비슷하게 전술적 연구는 현재에 대한 정보를 제공하는 반면 전략적 연구는 보다 미래를 위한 것이다. 주요연구가 학제적 초점이 결핍된 반사적이며 미래 산업에 영향을 미칠 주요이슈에 대한 통찰력이나 지침을 제공하지 못하는 작은 이슈에 관련하고 있다는 것은 현재 관광연구의 슬픈 현실이다. 관광연구자는 앞과 바깥세상을 향하고 그리고 미래의 도전을 깨달을 필요가 있다. 이런 형태의 연구자에 대하여 용기를 북돋아주는 저널 편집자의 사전대책 전략이 이런 문제를 유리하게 해결하는데 도움을 주는 전략의 하나가 된다. 최근 수십년 동안 관광지는 다음과 같은 수많은 충격(위기/흐름/유발인자)에 의해 중요한 변화를 겪었다.

- 레저를 위한 소비자의 수요와 선호도의 패턴 변화
- 테러공격과 자연재해 등 다양한 안전이슈에 대한 강조의 점증
- 원유가격의 상승
- 국경을 넘는 여행의 용이성, 세계평화 진전, 국경을 넘는 여행 진작 등을 가능하게 한 새로운 지역적, 정치적 구조와 합의
- 오랜 다국간 갈등의 감소
- 웹 중심의 마케팅과 배분을 포함하는 기술
- 소비에트연방 붕괴이후 국제적 긴장 감소
- 국제적 부의 증가와 경제의 국제화
- 장거리 여행의 용이성 증가
- 많은 국가에서 개인 부의 증가
- 호화로움에서부터 소비자 상품까지 여행의 변환

관광산업에 의한 이런 변화에 대한 대응(정책/투자/혁신 마케팅)은 공간변화, 새로운 상품과 새로운 소비자부류에 대한 대응을 통해 측정될 수 있으며 다음사항을 포함한다.

- 국제경제성장, 안전제고와 값싼 항공여행으로 촉발된 대규모 여행
- 생태관광, 모험관광과 문화유산관광을 포함하는 새로운 형태의 관광 출현
- 호화로움보다는 차라리 생활의 필요성의 하나로서 능동적으로 여행을 진작시키는 호텔, 투어 운영자, 교통회사와 관광명소에 대한 국제여행 네트워크의 출현
- 수많은 새로운 관광지의 출현
- 관광에서 홍보활동 자금에 정부의 지원을 필요로 하는 특별한 경우 정부에 의한 실현

종합적으로 제시된 충격의 형태와 이 충격에 대한 대응은 현재의 여행과 관광지의 현재구조를 형성하여왔지만 현재의 충격과 그들이 대응한 방법은 미래 여행과 관광지의 구조를 형성할 것이다.

충격: 트렌드의 역할, 위기, 진행자, 억제자, 자연, 그리고 우발적 사건

종합적으로 변화의 원인이 되는 가정 중요한 인자는 트렌드, 위기, 진행자, 억제자, 정책, 우발적 사건, 기술과 자연이다. 관광지내에서 이런 각 힘의 역할은 때로는 혼합되고 겹치기도 한다. 본 토론은 관련이 되지만 분리하여 트렌드와 진행자를 다루지만, 다른 측면에서 변화를 일으키는 동일 그룹 요소로서 그들을 바라보는 강력한 경우도 동시에 있다.

트렌드

트렌드는 현재에서 규명될 수 있는 연속적 사건이며 수정하는 행동이 수행되지 않으면 미래에 어느 정도의 붕괴를 유발하거나 붕괴가 진행할 것이다. 트렌드의 몇 가지의 형태가 관광에 영향을 미친다.

- 현재의 수요와 유행에서 장소와 행위를 포함하는 단기간의 트렌드
- 새로운 형태의 관광수요의 출현, 경제성장 기간의 지속 혹은 경제침체의 기간 지속과 같은 근본적 변화가 있는 장기적 트렌드

많은 선진경제에서 출산율의 감소는 미래 관광 패턴에 중대한 변화를 가져올 것이다. 일본의 인구는 현재의 출산율에서 2000년과 2050년 사이에 17백9십만명이 줄어들 것으로 예측되고 있는 반면 60세 이상의 인구는 전체인구의 42%까지 상승할 것이다(쿠퍼와 에아데스, 2007). 이와 같은 트렌드는 현재에 규명될 수 있으며 관광산업은 제품의 조정으로 대응될 수 있다. 정치적 관점에서 이런 형태의 트렌드는 출산율 증가를 위하여 여자에게 인센티브를 제공하는 것을 포함하는 정책조정을 통하여 변화에 따라 수정된다. 관광산업의 견지에서는 미래수요에 영향을 주고 투자와 정책결정에 대한 이런 지식을 포함하는 트렌드를 식별하는 것이 필요하다.

진행자(유발자)

진행자는 변화의 버팀목이 되고 이것이 일어나도록 하는 요소로서 정의된다. 국제적, 국가적, 지역적 그리고 개인적 수준에 작용하는 수많은 유발자가 있다. 다음의 국제적 유발자의 예는 그 다양성을 강조하고 있다. 국제적 유발자는 다음과 같다.

- 기술. 기술적 변화는 유럽사회와 18세기 중반에서 19세기까지 유럽경제 질서를 재정립한 유럽의 산업혁명에 뒤이은 원동력이었으며 현대사회의 기반을 닦았다. 새로운 교통기술은 시간과 여행비용을 줄임으로써 대규모 관광의 출현을 촉진시켰다. 다른 많은 기술도 사회와 경제의 변환에 중요한 역할을 하였다. 현대시대에 산업기술에 있어서 근본적 변화의 영향은 중국과 어느 정도의 인도에서도 관찰될 수 있다. 두 나라는 관광 수요증가에 있어서 관찰되는 비슷한 결과로 유럽 산업혁명의 현대판 변화를 겪고 있다.
- 서비스 경제의 성장. 점차 적은 비율의 노동력으로 생활에 필요한 것을 생산하는 능력은 서비스 경제의 팽창을 탄생시켰고 관광을 포함하는 서비스에 소비자의 능력을 소비하도록 하였다.
- 국제경제의 성장. 지난 십년동안 혹은 2008년 전까지 국제경제 성장은 중국과 어느 정도 인도뿐만 아니라 미국과 일부 개발도상국의 성장에 의해 지지되어 왔다. 결국에는 성장이 느려지거나 쇠퇴 혹은 정지의 가능성이 심각하게 고려되어야 한다.
- 기후변화. 이 원인자는 본장 후반에서 구체적으로 분석된다.
- 피크 오일. 피크오일은 석유추출의 비율이 시추지점 감소로 들어간 후 국제 오일 생산비율이 최대 비율에 도달하는 시점으로 정의된다. 현재 이시점이 언제 도달할 것인지에 대해 많은 논쟁이 있다. 2008년에 원유가격의 가파른 상승은 추가적인 가격 상승을 가져오게 하는 오일수요가 공급보다 더 큰 미래를 겨누고 있다. 가격이 상승함에 따라 새로운 기술이 가시화되고 연료전지, 전기자동차와 제 3의 바이오 연료를 포함하는 대체물이 적당한 가격을 형성하여 오일 수요를 감소시키게 될 것이다.

여행에 대하여 결정에 영향을 미치는 개인적 진행자는 다음과 같다.

- 베이비부머와 억제보다는 여행에 더 관심이 많은 보다 젊은 세대에 의한 여행의 증가. 일반적으로 베이비부머는 그전 어느 세대보다도 부에 많이 접근해 있으며 역사적으로 가장 많은 여행을 하는 세대가 되었다. 2008-2009년 세계금융위기로 인한 부의 실질적인 감소는 얼마동안 여행에 대한 베이비부머들의 경향에 영향을 미칠 것이다.
- 변화는 생활의 일상적인 조건이라는 것의 용인. 과거에 변화는 가끔 저항을 받았다. 오늘날 사람들은 관광산업을 위해 긍정적, 부정적 요소를 다 가지고

있는 변화를 포용한다. 소비자는 이제 새로운 관광지, 상품과 여행의 방법에 시도하는 것을 더 즐기며 그 과정에서 일단 좋아하는 관광지에 대한 충성수준이 감소하는 것을 보여준다.

- 여행은 최신유행이다. 여행은 이제 호화로움이 아니라 일반적인 소비자 상품이다.
- 증가하는 탈냉전시대의 국제안전. 전쟁, 테러 등에도 불구하고 비즈니스를 위해 안전하게 개방된 관광지의 수가 계속해서 늘어나고 있다.
- 소비자 지출의 다른 형태와 경쟁하는 여행비자의 수요
- 윤리적 여행. 미래에 소비자는 개인적 가치판단의 윤리적 의사결정 틀내에서 탄소-발생 여행을 볼 것인가?
- 평면 스크린 텔레비전에 대한 수요와 다른 소비자 상품 및 서비스는 소비자의 여행능력을 제한한다.

억제자

억제자는 어떤 형태(트렌드, 진행자, 우발적 사건, 정책을 포함)의 요소와 성장이나 또는 변화에 대하여 제한하는 위치에 있는 원천으로부터 요소까지 설명되는 일반적인 용어다. 억제자는 그들이 바람직한 변화나 긍정적인 것을 방해하는 의미에서는 부정적일 수 있으며 그들이 부정적인 영향을 주는 성장을 멈추도록 하는 의미에서는 긍정적일 수 있다. 억제자를 규명하는데 있어서 트렌드, 정책과 유발자와 또한 겹친다. 예를 들어 어떤 트렌드는 변화를 억제할 수 있다. 비슷하게 재개발로부터 어떤 자연지역을 유지하는 정책도 억제자로 분류될 수 있다.

프리도(2000d)는 가까운 장래에 다음사항들이 관광을 억제할 수 있다고 제언했다.

- 에이즈의 영향 - 특히 사하라 사막 이남의 아프리카, 잠재적으로 인도 대륙과 러시아 연방;
- 정치적, 종교적 목적을 달성하기 위한 채택하는 테러;
- 예기치 않은 자연재해;
- 예측할 수 없는 전쟁과;
- 전투적인 종교적 근본주의

이런 요소에 보험이 추가될 수 있다. 만약 해수면의 상승이나 더 심각한 기후

사건에 노출된 해안가 건물의 위험이 실질적인 것으로 간주되면 보험회사는 보험료를 올리거나 관광행위를 위해 투자자가 다른 지점을 고려하는 위험을 받아들이기를 거절할 것이다.

가장 가까운 장래를 지나 관광을 중단할 수도 있는 가능한 요소의 범위는 다음을 포함한다.

- 사회주의 소멸이후에 자본주의가 취하는 미래의 방향;
- 특히 레저와 교통에 영향을 주는 기술혁신;
- 선진경제에서 노령인구뿐만 아니라 많은 개발도상국에서 인구증가의 의미에서 인구통계학의 변화;
- 많은 국가에서 더 분파를 일으키는 인종, 종교 그룹에 의해 정치적 정체성에 대한 계속된 검색;
- 특히 농업토지, 물, 해양자원과 비재생 에너지 등 자연자원의 오남용;
- 특히 지구적 온난화가 계속될 것인지의 환경결정론;
- 유행병과 같은 공공건강 위협;
- 앞의 요소 중 많은 것 또는 기존의 국제질서에 도전하기 위해 나타나는 새로운 힘의 집단에 의해 촉발되는 전쟁
- 서양주의(대체로 서방세계의 세계화를 통한 현대의 사회적, 경제적 그리고 문화적 지배구조의 구조를 투영한 것으로 정의)와 인종적 이슬람간의 충돌의 가능성. 코란의 가르침을 중심으로 신정 국가의 이슬람세계의 견지에서 서방주의의 공격적이고 세속적 자유주의에 대하여 명백하고 넓게 지지를 받는 반대는 얼마동안 국제관계와 관광에 영향을 줄 것이다.

자연

자연은 인간의 관리를 넘어서고 적절하게 이해되지 않는 순환과 시간의 구조속에서 작동한다. 결과적으로 장기간의 예측은 불가능하지 않지만 어렵고 단기간의 예측조차도 만족할 만한 수준의 신뢰성을 아직 보여주지 못한다. 관찰과 대응은 적어도 자연에 대한 우리의 현재 이해의 범위내에서 겨우 열려있을 뿐이다. 과거에 세상은 빙하, 화산, 기후순환의 변화, 예정된 자기극과 대규모 종의 멸종을 초래한 지구 생태계를 극적으로 변화시킨 유성을 포함하는 사건에 의해 역동적이고 규칙적으로 바꾸어져 왔다. 자연은 미래에도 과거에 그랬던 것처럼 그리

고 우리가 예측할 수 없는 시간적 틀속에서도 지속적으로 작동을 할 것이라고 믿는 여러 가지 이유가 있다. 자연의 이런 힘을 길들이고 더 잘 지배하는데 있어서 우리의 무능력으로 인해 비용이 어떻든 간에 오직 수용적 대응으로서 적응만이 남아있다. 앞 장에서 많은 참고가 자연에 대한 어떤 논의에서든 기후변화에 대하여 논의가 있어왔지만 초 장기적인 기후변화의 원인에 대한 우리 지식의 결핍을 인정하면서 빙하시대의 주제를 고려하지 않는 것은 태만이 될 것이다. 4만년-10만년을 주기로 진출과 후퇴를 하는 빙하의 순환속에서 플라이오세 후반부동안 빙하는 북반구 전체에까지 뒤덮었다. 빙하의 마지막기간은 만천년 전에 끝났으며 지구는 현재 홀로세 간빙기에 있다. 언제 새로운 빙하시대가 발생할 것인지, 기후변화와 관련된 조건이 어떻게 빙하의 진출과 후퇴의 순환에 영향을 미치는지는 알려져 있지 않다. 남극빙하 중심에 대한 분석에 기초한 최근의 한 논문(EPICA 커뮤니티 멤버스, 2004)은 다음 빙하시대는 어떤 방법으로 해제할 수 있을 것으로 가정하고 있는데 버거와 루트(2002)는 이런 입장을 지지하고 있다.

기회 혹은 우발적 사건

변화에 대한 앞의 많은 힘은 어느 정도 예측을 허용하지만 우발적 사건이 일어날 운, 가능성 혹은 개연성으로 정의되는 기회의 개념은 예측성을 무시한다. 우발성이란 정의된 계획이나 미리 준비된 순서가 없는 것으로 설명될 수 있으며, 설명할 수 있는 결정된 패턴을 따라가는 것이 아니라 개연적 분포를 따라가는 것으로 설명된다. 최근 기네스 팰트로우가 주연한 영화 '슬라이딩 도어'(1998)는 매우 연극적인 방법으로 기회의 개념을 요약하고 있다. 그 영화는 2개의 시나리오를 활용하는 기본적 주인공을 위해 대안적 미래를 탐구하고 있다. 첫 번째 것은 여자가 바로 런던 지하철을 타고 집에 도착하여 그 여자의 남자친구가 옛 여자 친구와 함께 있는 것을 발견하는 것이고, 두 번째 것은 지하철을 놓치고 상호관계에 대해서 아무것도 모르는 것이다. 기회의 개념을 보는 하나의 방법은 우발적 사건 때문에 결코 일어날 수 없는 가능한 이야기를 고려하는 것이다. 예를 들어 우리는 만약에 9.11테러가 일어나지 않았다면 2008년의 세계가 어떻게 되었을지 아무도 모를 것이다. 그런 대안적 미래는 9.11테러 전에는 가능했지만 그날 사건 이후에는 불가능한 것이었다. 시간을 좀 더 뒤로 가서 만약 프란츠 퍼디난드(오스트리아 헝가리 왕위 계승자)를 죽인 암살자와 1차 세계대전 발발에 있어서 절정에 이르게 한 기차속에서 사건이 없었다면, 혹은 미국 존 에프 케네디 암살이 없었다면 세계는 어떻게 달라졌을까?

우연하게 일어나는(적절한 시간에 적절한 장소에서 존재하는 개념 혹은 틀린 시간에 틀린 장소에서 존재하는 반대의 생각 혹은 이런 주제에 대한 변화) 사건의 영향은 예측할 수 없지만 예상해야하며 적절한 대응 체계를 통해 다루어질 수 있다.

대응 – 정책, 투자와 마케팅

앞의 토론은 일반적으로 관광지와 관광에 영향을 미칠 수 있는 다양한 충격에 초점을 두었다. 일단 충격이 가해지면 변화의 순서가 예상될 수 있으며 공공과 민간분야에 주요 관광지의 이해관관계자 뿐만 아니라 소비자로부터 대응을 발생시킨다.

정책

정책은 정부에 의해 채택되고 다른 아이디어, 가치 그리고 이해간의 경쟁을 통해 일어나는 하나의 위치, 전략, 행위 혹은 생산으로 설명될 수 있다(홀, 2008). 정부정책은 변화의 원인자에 대한 비즈니스의 대응을 둘러싼 틀을 제공한다. 변화의 시기에 정책수립자는 반사적이고 방어적이기보다는 적응적이고 앞을 내다보는 것이 필요하다. 정책은 변화뿐만 아니라 변화에 대한 대응도 생성한다.

투자

민간분야는 만약 이익을 개선할 수 있는 기회가 있다면 투자로, 만약 정책이 부정적으로 보여 진다면 투지회수로 변화에 대응할 것이다. 투자가 없다면 관광지는 변화에 대응할 수 없으며 쇠퇴가 예상된다.

마케팅

마케팅은 충격에 대한 관광지의 대응에 관하여 긍정적인 메시지 정보를 교환하는데 있어서 핵심적 요소다. 어떤 위기가 일어난 상황에서 마케팅은 안심을 위하여 활용될 수 있다. 충격에 대한 관광지의 대응이 불명확하거나 오랜 기간에 걸쳐 일어나는 곳에서 마케팅의 목적은 관광지를 개선하고 관광지 시장의 몫을 제고하는데 두어야 한다.

혁신

혁신은 변화에 대응하는 핵심적 전략이다. 많은 관광지는 자연중심의 경험을 개발함으로써 중요한 관광시장을 형성할 수 있었다. 유사한 논리은 새로운 시장을 확보하기 위하여 가능한 자원을 개발하여온 다른 관광지에 대하여도 적용될 수 있다. 미래에 변화하는 소비자의 수요, 피크오일, 기후변화 등에 빠르게 대처할 수 있는 관광지는 성공적으로 남아있을 것이다.

관광의 미래 방향

많은 이슈들이 미래관광 흐름에 영향을 미치는 것으로 나타난다. 여기에는 원천시장의 출현; 새로운 기술; 기후변화에 대한 관심; 건강기준의 개선; 그리고 새로운 곳을 보고 경험하려는 세계 여행자의 욕구를 방해하는 몇 안되는 한정된 국경만이 남아있는 대부분 평화로운 세계 등을 포함한다. 이런 이슈들의 영향을 규명하고 어떻게 관광지가 대응해야 하는가를 결정하는 것은 매우 중대한 활동이다. 원천시장을 예로 들여다보면 미래에 성장의 기본적인 기회는 다음으로부터 나타난다.

- 특히 중국과 인도 등 새롭게 산업화하고 있는 아시아 경제로부터 증가하는 관광객 수. 작은 규모인 여행의 한 그룹은 라틴 아메리카, 서유럽과 좀 먼 시간적 틀에서는 아마도 사하라 이남의 아프리카로부터 나타날 것이다.
- 개발도상국에서 좀 긴 연간 휴가는 우선 국내 숙박여행을 그리고 이어 국제 숙박여행을 부추길 것이다.
- 기대수명이 증가함에 따라 추가적인 은퇴 후의 여행이 가능하고 그들이 기대하는 은퇴 후의 생활기간 동안 발생할 일상적인 생활소비를 위해 제공될 충분한 금전을 보유하는 은퇴자들이 대상이다.
- 새로운 기술은 이 같은 새로운 관광계층을 지원할 뿐만 아니라 새로운 연료기술이 없는 상황에서 연료가격의 상승은 국제수요를 떨어뜨릴 정도까지 교통요금의 상승을 가져올 것이라는 경고에 대하여 더 많이 더 싸게 그리고 더 빠르게 여행을 하려는 기존 여행계층을 지원할 것이다. 새로운 기술의 한 예는 앞의 제 4장에서 논의한 자기부상열차이다.

변화에 대한 대응

변화는 인식을 하고 그다음에 대응을 해야 한다. 이과정이 자주 간과하게 되는데 이는 변화란 검색하기가 어렵고, 정량화가 어려우며 때로는 어떻게 성공적으로 대응할 것인지를 예측하기가 어렵기 때문이다. 변화에 대한 실패는 현상유지를 하려는 욕구, 과거 경험의 이익을 수확하려는 욕구, 혁신이나 성장기간 후에 나타는 피로, 혹은 평범한 나쁜 관리의 작용이다. 이유가 무엇이든 변화에 대한 실패는 자주 관광지의 경우에 있어서 시장상실의 결과를 가져온다. 사례연구 10.1은 관광산업뿐만 아니라 남태평양에 위치한 작은 오스트레일리아 속령 노퍽 아일랜드의 정부가 생산의 자기만족, 방문객 시장의 안주, 재투자의 실패 등이 일어나는 특징의 상황을 보여주고 있다. 피할 수 없는 하강 국면은 섬 사회로 하여금 관광산업을 재평가하도록 하고 감소의 주요원인을 해결하는 새로운 장기전략을 시행하도록 하였다.

사례연구 10.1 노퍽 아일랜드

오스트레일리아의 관광발생지역인 브리즈번과 시드니로부터 제트기로 2시간거리에 위치한 노퍽 아일랜드는 외부의 재정과 고용의 주요 원천으로서 관광에 점차 의존하게 되었다. 이 섬은 오스트레일리아의 자치령으로 자체 입법부를 선출하고 있다. 이 섬은 애초에 18세기 말부터 19세기 초까지 오스트레일리아 식민지로 보내졌던 흉악 범죄자를 수용하기 위한 유배지로서 영국 식민지 당국에 의해 이용되었다. 형무소 기관이 폐쇄된 후 이 섬에 HMS 바운티의 반항적인 선원의 후손들이 정착하였다. 이 섬의 주요 관광명소는 이 형무소 유산(그림 10.2에 보여주고 있음)과 자연이다. 남태평양과 그 외지역의 많은 작은 섬에서처럼 노퍽 아일랜드는 관광에 과도한 의존, 생존 가능한 경제대안의 부재, 한정된 관광연구, 주변적인 위치, 수행능력의 한계, 시장의 선도자라기보다는 시장 추종자, 그리고 오스트레일리아와 뉴질랜드의 주요 관광발생 시장에서 현대의 표준에 뒤떨어진 관광 인프라를 포함하는 많은 문제점에 직면하고 있다.
프리도(2007)에 의해 수행된 연구에서 섬은 문화유산 관광지로서 강한 긍정적 이미지를 가지고 있고, 높은 수준의 방문객의 만족도를 갖고 있으며, 경쟁력있는 가격과 높은 서비스 수준을 제공하고 있지만, 주요 시장의 특성, 즉 연장자의 시장이 세대전환을 겪고 있다는 것을 인식하는데 실패하였다. 전쟁전 세대(1946년 이전에 출생한 사람)는 얼마동안 섬의 관광산업의 주요 기둥이었지만 그러나 이 세대는 이제 새로운 연장자로서 베이비부머 세대(1946에서 1965년 사이에 출생한 사람)들로 대체되고 있다. 베이비부머들은 그전 세대들이 기대했던 경험과 서비스와는 많이 다른 다양한 경험과 서비스를 제공하는 관광지를 요구한다.

〈그림 10.2〉 노퍽 섬의 킹스턴 유산구역. 여기에 보이는 건물은 1850년전에 건설된 것이며 사진에 보이지 않지만 규모가 큰 형사들 거주지 일부를 형성한다.

글로버와 프리도(2009)는 비노령자의 소비패턴을 반영한 관광상품과 서비스로 변화의 실패는 방문자수의 느린 감소의 결과를 가져왔을 수 있었음을 지적하였다. 이런 특징을 갖는 감소의 위험은 정부의 수행능력과 민간부문의 기존 인프라 재정비 및 새로운 투자 집행을 줄이는 것이다. 노퍽 아일랜드의 경우, 이 결과는 방문자 숫자가 안정화 된 후 2000년에서 2005년까지 5년 기간에 15%씩 방문객이 34,000 명까지 감소하였다. 이 섬의 금융지속가능성에 대한 리포트(어큐먼 알리안스, 2005)는 만약 2005년 방문객 수준이 유지되었다면 노퍽 아일랜드 정부는 2007년 중반까지 기금을 운용하는데 불충분하였을 것이라고 지적하였다.

변화하는 수요패턴에 대한 반작용의 실패는 그림 10.3에서 나타난 형태의 소비자 간격의 출현으로 이어질 수 있다. 사례로 노퍽 아일랜드를 이용하여 2개의 수요 곡선이 세대별 회원에 기초한 잠재적 수요를 나타내기 위하여 개발되었다. 이 곡선은 또한 나이, 소득과 동기를 포함하는 다른 요소를 나타낼 수 있다. 그들이 노퍽 아일랜드에 관계함에 따라 곡선 1은 전쟁전 세대를 나타내고, 반면 곡선 2는 베이비부머 그룹의 규모에 기초한 방문객 숫자의 잠재적 성장을 나타낸다. 전쟁전 연장자의 숫자가 시간이 흐름에 따라 줄어들면서 이 부류에 의해 발생되는 수요도 감소할 것이다. 만약 전쟁전의 연장자가 다른 그룹, 예를 들어 베이비부머에 의해 교체되지 않으면 시장 간격이 나타날 것이다. 관광의 견지에서 수요는 연장자의 새로운 그룹의 수요를 충족시켜주기 위하여 새로운 다양한 상품이 개발되지 않으면 쇠퇴의 길로 들어서는 전통적 상품주기설 궤도를 따를 것이다.

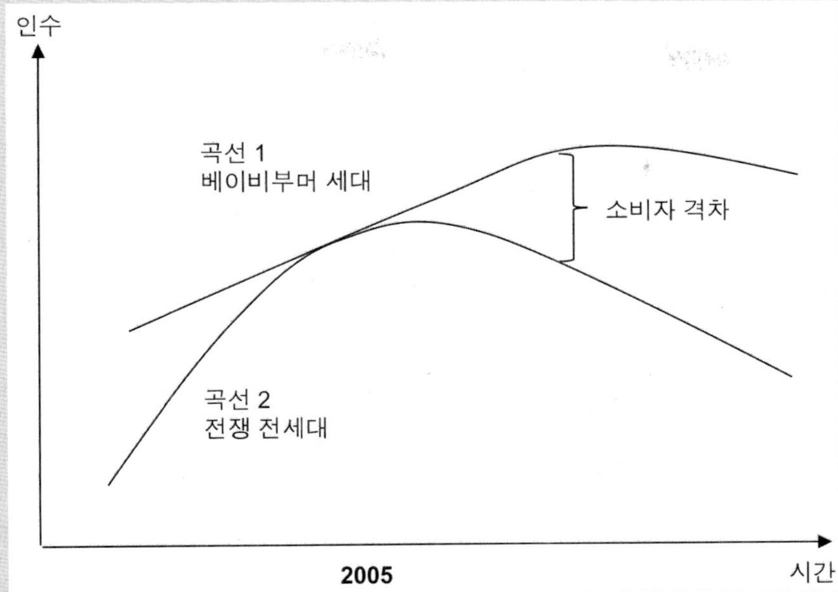

〈그림 10.3〉 시장 격차의 출현
자료: 싱거와 프리도(2009)에 의해 개발된 모델을 수정함

이런 간격을 없애기 위하여 이 섬의 관광산업은 새로운 다양한 상품을 개발하는 한편 전쟁전 연장자들이 좋아하는 서비스와 상품을 계속 유지해야 한다. 만약 새롭고 재 이미지화한 상품이 이 간극을 매우기 위하여 개발되지 않는다면 베이비부머는 다른 관광지를 찾으면서 도착 관광객의 급격한 감소를 초래할 것이다. 노퍽 아일랜드 5개년 관광전략 2007/08-2011/12(국제관광과 레저, 2007)는 관광상품 차이의 출현을 인식하고 5개년 복구계획과 베이비부머에게 마케팅의 초점으로 전환한 개발전략을 통하여 관광지의 재건을 건의하였다. 본 관광지는 관광지가 변할 필요가 있다는 것을 수용하고, 그 리포트를 채택하였으며 이 책을 쓰는 시점에 베이비부머 시장에 맞춘 새로운 상품과 서비스를 개발하기 위한 일련의 개선에 착수하였다.

기후변화

과거 십년동안 늘어나는 CO_2 와 다른 온실가스(메탄과 오존을 포함)의 장기적인 영향에 대한 관심은 정책수립자와 최근의 소비자의 주의를 요하고 있다. 기후변화에 대한 관심은 1990년 '기후변화에 관한 국제의회 위원회'에 의해 발행된 기후변화에 대한 첫 주요 보고서로서 수십 년을 거슬러 올라간다. 후에 그 보고서는 1992년 리오데자네이로에서 열린 기후변화에 관한 유엔협약(UNFCCC)의 기초를 형성하였다.

일반적 개념으로 기후변화는 '평균기후' 패턴 속에서 장기간의 변화를 설명하는데 평균기후란 대기의 일상적인 상태와 관련이 있으며 평균기온과, 풍향 패턴과 강수량을 통해 측정된다. 이런 성질의 기후변화는 장기간이며 과거에는 화산활동, 태양활동의 변화, 궤도변화와 지각 판을 포함하는 역동적 과정이 원인이었다(피토크, 2005). 과거에 지구온도는 상당한 변화를 보여주었다. 보다 최근의 의미에서 기후변화는 기후패턴의 변화를 설명하기 위하여 사용되며 인간활동을 통하여 온실가스 배출 증가로 발생하는 생태계의 반응과 관계된다.

본장의 앞에서 제시하였듯이 가장 최근에 그리고 심각하게 지구기후 패턴에 영향을 주는 기후의 진행은 홀로세 간빙기에 있는 현재 지구에서 지속적으로 일어나는 한 과정으로서 빙하이다. 마지막 빙하기 순환동안 최정점의 지구 평균기온은 현재 지구평균기온보다 훨씬 낮았으며 만년설은 극지방과 산악으로부터 육지의 넓은 지대를 덮었었고 해수면은 오늘날보다 120m나 낮았으며 지구생태계의 지도는 오늘날 그것과 크게 달랐다.

기후변화에 대한 현재의 관심은 대기의 이산화탄소 농도의 빠른 증가에 메탄을 포함하는 다른 가스의 수준이 올라가면서 많은 부정적 영향을 가져오는 지구평균기온의 상승의 원인이 될 것이라는 우려에 기초를 두고 있다(IPCC, 2007). 큰 관심을 끄는 영향은 생태계 분포와 건강성을 파괴할 지구기후패턴의 변화와 해수면의 상승잠재성을 포함한다. '2007 IPCC' 보고서는 평균기온이 3.5°C 오르면 평가된 종의 40%에서 70%가 멸종에 이를 것으로 추정하였다. 관심은 또한 산성화 과정에 있는 것으로 알려진 지구해양의 증가하는 산성으로 인해 예상되는 영향에 대한 목소리도 있다.

세계과학계는 이런 관심에 비교적 빠르게 대응하고 있으며 기후변화에 대한 완화(CO_2 와 다른 온실가스 배출을 감소하는 전략으로 정의)와 적응(기후로 인한 변화 대처하기 위한 적절한 전략으로 정의)의 연구에 실질적인 투자를 지원하고 있다. 북 퀸즈랜드의 습한 열대우림지역에 대한 기후변화의 가능한 영향을 분석한 사례연구 8.2는 자연과학에서 수행된 조사형태의 한 사례이다. 국제사회 또한 1997년 쿄토 의정서를 포함하는 국제 의정서를 통해, 더욱 최근에는 강제적인 탄소거래를 유도할 법적 수단을 통해 대응하고 있다. 놀랍게도 기후변화로부터 잃을 것이 많고 얻을 것이 적은 관광산업은 과학계가 표출하는 관심에 비하여 느린 대응을 하고 있다. 관광연구보고서가 이 같은 관심 부족을 명백하게 반영하고 있다. 몇 편의 논문과 아주 적은 책(예로 베켄과 헤이, 2007; 홀과 하이햄, 2005를 참조)이 발간되었는바 가능한 영향에 대한 관심의 부족인 것 같다. 프리도 등(2009)의 최근 연구는 기후변화 이슈에 대한 대응에서 개인적인 인식과 행동간에 계속되는 간격을 조명하고 있다.

600명이 넘는 과학자 팀이 쓴 IPCC 4차 평가보고서(2007)의 일환으로 발간된 일련의 보고서들은 기후 시스템의 경고는 모호하지 않으며 '이제는 지구평균기온과 해양 온도의 증가를 목격하고, 눈과 얼음이 광범위하게 사라지며 지구해수면이 상승하는 것으로부터 증거가 있다'고 경고하고 있다. 또한 보고서는 '모든 대륙과 대부분의 해양에서 관찰되는 증거는 많은 자연 시스템이 지역적 기후변화 특히 온도상승에 의해 영향을 받는다'고 지적하였다. IPCC(2007)가 지적한 예상되는 기후변화의 영향은 많은 종에 있어서의 변화, 해양의 산성화, 홍수, 빙하의 축소, 해수면의 상승, 일부지역에서 강설의 감소, 길고 더욱 심한 가뭄, 많은 지역에서 감소하는 여름홍수와 눈덮힌 강, 산호 백화현상, 더욱 심해지는 화재사건 등을 포함한다.

IPCC의 지적은 보수적이라이며 이것의 기후모델은 기후변화의 심각함을 과소평가하고 있다고 비판받고 있다. 예를 들어 2007년 보고서는 해수면이 18에서 59cm사이까지 오를 것이라고 추정하고 있지만 이 추정에서는 그린란드의 빙상이 녹으면서 가능한 상승을 도외시하고 있는데 그 이유는 이같은 주제에 대한 연구발표가 부족한 때문이다. 이런 형태의 변화원인은 모든 것이 명확한 것이 아닌 반면 거기에는 예상하지 못한 '놀라움' 혹은 예상되거나 혹은 예상하지 못한 변화를 가속시키는 기폭점(가속화될 수 있고 되돌릴 수 없는 느리고 점진적인 변화로 정의)에 관한 관심 등이 있다. 맥커처 등(2008)은 변화는 인간사회에서 나 이의 다른 사람이 걱정하는 이슈가 아니라 각 개인적 대응과 행동의 수용을 요구하는 중요한 이슈라는 것을 소비자가 인식하고, 이는 곧 미래의 중요한 변곡점이 된다는 것을 규명하였다.

관광산업은 요구되는 완화와 적응의 범위가 분명해 짐에 따라 점증할 것으로 예상되는 기후영향에 대한 완화와 적응을 목적으로 하는 정책을 피할 수 없을 것이라는 것은 명백하다. 메츠아라키즈(2002)와 브라운 등(1999)에 따르면 기후변화의 충격은 심각할 것이며 오래 지속되고 값비쌀 것이다. 만약 관광산업이 적절한 시기에 대응을 하지 못하면 관광시장에서 대규모의 혼란은 충분히 가능하다(해밀턴 외 2005). 적응의 필요성을 인식하고 혁신자 의지의 역할을 인정하는 관광지와 개인사업자는 혁신에 호감을 덜 갖거나 '기다리고 관망'하는 태도에 경도

된 관광지나 개인 사업자보다 부정적 영향을 경험할 가능성이 적을 것이며 견디어 낼 것이다. 놀랍게도 관광지 혹은 소비자가 어떻게 대응하는지 또는 관광지가 어떻게 혁신하는지에 대하여 연구가 수행된 일이 거의 없다.

화석연료에 대한 신뢰성, 관광의 교통에 대한 의존적 특성과 관광이 수반하는 탄소발자국을 전제로 한다면 관광은 기후변화정책의 타깃이 될 가능성이 높다. 이런 상황은 발전소와 가축생산과 같은 '그릇된' 주요오염원을 포함하는 다른 산업부문은 탄소발생에도 불구하고 비켜서서 즐기고 있다는 인식을 부각시키는데 관광산업이 산업적 기반위에서 이에 대응한 집단적 조직화에 실패함으로써 복합적으로 형성되었기 때문이다. 관광이 지구 온난화에 5%정도 기여한다고 추정되는 것을 전제로(베켄과 헤이 2007) 만약 관광이 필수불가결한 소비 상품이 아닌 것으로 인식된다면 이 산업은 탄소배출을 줄이기를 원하는 정책수립자로부터 위협에 직면할 것이다. 처음의 위협은 소비자들이 책임이 있는 탄소 총량에 대한 그들의 관심 후에 곧 이어서 탄소 거래체제를 통해 부과되는 비용이 추가될 것이다. 여행의 거리가 증가함에 따라 여행자의 탄소발자국도 병행하여 증가한다. 이미 유럽의 소비자들은 그들의 탄소발자국에 대하여 더 많이 인식하고 있으며 관심을 가지는 징후가 나타나고 있다. 만약 관심이 행동으로 나타나고 장거리 및 비싼 탄소로 관심이 전환된다면 관광지는 인기를 잃을 것이다.

이런 특성의 이슈는 장거리 관광객에 의존하는 관광지에는 매우 중요하지만 관광연구보고서에서 아직 깊게 언급되지 않고 있으며 출판물이 증가하고 있지만 적은 부분(예로 베켄, 2004, 2007; 쾨닉과 바베그, 1997; 홀과 하이만, 2005를 참고)을 제외하고 이런 논의는 다른 분야의 보고서에 볼 수 있다(예를 들어 기후변화와 같은 전문가 저널을 참고). 이것은 쿄토 의정서, 탄소거래와 2007년 IPCC 보고서, 스턴 검토보고서(2006)와 엘고어의 영화 '불편한 진실'(2006)의 출판을 둘러싼 홍보 등으로부터 야기된 토론에서 놀라운 지배적 이슈가 되었다. 추가적 연구는 기후변화의 의미에서 여행의 인종적 차원, 소비자가 그들의 여행결정에서 외부비용에 직면할 때 대응하는 방식, 탄소거래와 같은 완화 영향의 결과, 채택비용, 언젠가 도달될 예측할 수 없는 변곡점으로부터 발생하는 가능한 위기, 보존 토론의 성격 변화와 현재의 지속가능성의 아이디어에 대해 이것이 무슨 의미를 가지는지 등에 초점을 맞출 필요가 있다. 사이몬과 베켄(2004)에 의해 수행된 형태의 탄소발자국에 대한 것뿐만 아니라 탄소 거래의 가능한 영향에 대한 추가적 연구가 정책수립자와 투자자를 안내하기 위해 시급히 요구된다. 드와 이어와 포사이스(2008)는 장거리여행은 탄소거래 체제로 인한 추가적 비용과 부정적인 미디어 이미지에 달려있다고 주장하였다. 이런 형태의 연구가 정책수립자나 계획가가 활용할 수 있는 예측이나 전망으로 전환은 아직 일어나지 않고 있다. 높은 산이나 스키 관광지(쾨닉과 아베그, 1997; 엘라서와 버키, 2002; 스코트 외, 2003; 베켄과 헤이, 2007)) 그리고 해양과 해안관광지에서 수행된 특정한 자연환경에 대한 다른 연구 또한 요구된다.

프리도 등(2009)이 지적한 것처럼 기후변화는 두 가지 방법으로 관광객의 행태와 수요에 영향을 미칠 것이다. 가장 확실한 충격은 영향을 받는 관광지의 자원기반에 대한 기후변화의 충격이다. 심각한 충격은 이런 관광지의 매력도를 감소시킬 것이다. 산호초의 백화현상과 눈(雪)이 사라지는 것이 두 가지 예다. 두 번째로 관광행태가 도덕, 인종과 경제적 이슈에 의해 영향을 받을 것이다. 여행의 탄소 비용뿐만 아니라 탄소거래 가격인상에 대한 관심이 소비자로 하여금 그들의 여행계획을 재평가하도록 할 것이다.

프리도 등(2009)에 의한 최근 연구는 대부분 소비자는 아직 기후변화의 완화 시각을 통해 그들의 여행계획을 짜지 않고 있다. 그러나 이 같은 관심의 부족 속에서 변화의 몇 가지 증거가 있다(프리도 외, 2009). 개인적 여행탄소 발자국의 크기를 밝혀내는데 소비자의 관심이 늘어나고 있다(프리도 외, 2009). 같은 연구에서 기후변화에 대한 소비자 감정에서 변화를 규명하는데 활용할 수 있는 많은 지표를 분류하였다. 확인된 지표에는 현재 그들의 탄소발자국을 측정하는 많은 사람들에 있어서 변화; 탄소발자국의 크기를 알아내는데 관심을 가진 사람의 숫자; 탄소상쇄 비용지불의사; 항공여행을 덜하는 응답자의 비율; 항공사로부터 탄소상쇄의 구매; 보존프로그램에 참여한 응답자의 비율; 녹색전기의 구매와 관련된 소비자의 행태; 탄소상쇄를 제공하는 상점에서 쇼핑; 그리고 탄소상쇄 체제를 포함하는 상품의 구매 등을 포함한다. 이런 형태의 진전된 연구는 기후변화이슈가 중요하다고 여기는 미래 소비자 결정 패턴을 예측하기 위하여 유용한 변수가 될 수 있으며 이런 지표들의 강도를 확인하는 것이 필요하다. 이런 관심만큼이나 심각한 것은 모든 관광지가 탄소거래와 같은 완화와 적응정책에 의해 발생되는 간접적 영향으로부터 어려움을 겪을 것이지만 모든 관광지가 기후변화로부터 직접적인 심각한 도전에 시달리지는 않을 것이다. 어려움을 겪을 붕괴의 형태는 관광산업의 주요한 구성부분으로서 바다암초 접근에 의존하는 관광지에 영향을 줄 산호초 백화현상, 특히 고도가 낮은 곳의 스키 관광지, 해수면이 많이 상승할 경우 해변지역 그리고 기후요소의 변화 때문에 생태계가 실질적으로 바뀌는 지역을 포함할 것이다.

지속가능성

지속가능성은 관광연구에서 한동안 유행어가 되었지만 그 개념과 기저에 깔린 전제는 거의 이해되지 못하고 있다(쿠퍼 외, 2005). 언젠가 머콧(1996 쿠퍼 외 2005에서)은 57개 지속가능성의 정의를 나열하였다. 쿠퍼 등(2005)은 지속가능성에 관한 2개 학파의 생각을 구별하였다: 강력하고 완전한 지속가능한 것의 옹호자; 약하거나 부분적인 지속가능성을 지지하는 자. 강한 지속가능성의 학파 지지자는 성장은 지속가능성을 줄이는 것으로 보는 반면에 약한 지속가능성을 지지하는 학파는 개발을 위한 어떤 범위가 있다는 것을 유지한다. 생태적 측면에서 지속가능성은 생태적 과정, 기능, 생산성과 미래의 생물다양성을 유지하는 생태시스템의 능력으로 해석된다. 실용적인 측면에서 지속가능성은 미래에 절대적으로 지속될 수 있는 방법으로 자원을 활용하는 능력을 의미한다(크렙스, 2008). 저명한 생태학자로서 크렙스(2008)는 '모든 생물의 수처럼, 인류의 수도 조만간 중요한 자원이 인구성장을 제한할 것이라는 법칙이 적용된다. 인류를 위한 지구의 수용능력은 이미 초과하고 있으며 성장하는 인구가 안정적으로 전환하는 것이 이 세기의 가장 중요한 문제중의 하나다'라는 것을 관찰하였다.

지구적 의미에서 지속가능성은 자원의 소비가 자원을 대체하는 것이 허용되는 정도로 이루어질 때 가능하다. 지구사회가 자원을 대체할 수 있는 자연의 능력을 초과하는 정도로 자원을 소비하고 있다는 증거가 늘어나고 있다. 관광연구보고서에서 지속가능성에 대한 현재 일부의 논의만이 이같은 견해가 의지하고 있는 과학을 인정하고 있다. 지속가능성에 대한 많은 현재의 생각은 생태 시스템은 안정적이며 장기간에 걸쳐 그들의 생물학적 온전함을 유지할 수 있는 것으로 여기는 것 같다. 이런 견해는 생물사회가 공원경계선과 같은 임시조치에 의해 제한받지 않는다는 것으로 이해하거나 적응, 완화 혹은 소멸을 통해 기후의 변화(자연적, 인간개입 모두)에 대응하는데 실패할 것이다. 세계기후 패턴은 단기간과 장기간 순환이라는 일련의 연속선상에서 일정하게 변화하고 있는 것으로 문서화되었으나 기후학자간에 논쟁이 있는 분야로 남아있다. 결론적으로 생물사회는 일정하게 변화하고 있다. 인간이 개입된 기후변화는 기후변화라는 장기간의 사이클에서 새로운 요소이며 식물과 동물사회가 과거보다 더 빠른 정도로 적응하여야 할 것이다.

과거에는 대부분의 보존 생태학자의 중심 아젠다는 기후가 안정적이라는 전제에 기초한 생존가능한 보호 서식지를 구축하는 것이었다. 점차적으로 보존 생태학자들은 생물경계의 안정이 주어진 행정경계에 의해 보호된다는 전제가 더 이상 유효하지 않다는 것을 인식하고 있다. 기후조건이 변화하고 기온, 강수와 습도를 포함하는 변수가 변동함에 따라 어떤 종은 보다 양호한 기후조건을 찾아 이동할 것이다. 이런 형태에서 그전의 영역은 생태 시스템의 대응으로서 더 이상 지속가능하지 않은 것이다. 오오소에크(2008)는 '보존의 역할을 생각하는데 점차 이구동성으로 근본적인 변화를 충고하는 과학자들이 점차 많아지고 있다. 우리가 발견한 상태에서 자연을 보존하려는 노력보다 그것을 개선하기 위하여 손상된 생태계를 재구조화하는 경우가 있다'는 것을 관찰하였다. 초이(2007)는 손상이 발생된 자연은 돌이킬 수 없기 때문에 장애 전의 생태계로 복구하는 것은 현실적이지 않다고 설명한다. 대신에 보다 논리적인 접근방법은 핵심적인 생태적 기능을 갱생하는 것이다.

지속가능한 관광개발에 대하여 길지만 포괄적인 정의에서 세계관광기구(웰포드, 1999에서 인용)는 '지속가능한 관광 개발은 현재의 관광객과 현지지역의 요구를 충족하는 한편 미래를 위한 기회를 보호하고 제고하는 것이다. 이것은 경제적, 사회적 그리고 미적 필요가 충만해질 수 있는 한편 문화적 보존, 근본적인 생태적 과정, 생물 다양성과 생활지원시스템을 포함하는 방법으로 모든 자원의 관리를 선도하는 것으로서 상상하는 것이다.' 이 정의에서 표현된 감상적 표현은 약한 지속가능성의 생각을 가진 학파쪽에 기울어 있다. 컵스의 견해와 지구는 이미 생태 발자국의 한계를 넘어섰다고 얘기하는 다른 사람들에 대해 우리가 과거에 목격했던 자연에 대한 추가적인 경제개발이 가능하거나 바람직한지는 측정될 필요가 있다. 아마 지속가능성에 대한 보다 논리적인 접근방법은 가까운 미래에 많은 생태계가 변화할 것이라는 것을 인식하면서 중요한 것은 관광객과 현지지역사회로부터 환경으로 옮겨가는 것이다. 수정된 정의는 다음과 같이 말할 수 있을 것이다: 지속가능한 관광은 첫째로 환경을 보호하고 강화하는 한편 두 번째로 그들의 존재가 생태적 과정, 종의 다양성을 악화시키거나 기후변화에 대응하는 생태계의 능력을 방해하지 않는다는 전제에서 현재 관광객과 현지지역사회 요구를 인정하는 것이다.

만약 본장에서 논의한 진행자의 영향이 예측된 것만큼 드라마틱하고 멀리까지 미치는 것이라면 성장을 못하는 경우가 강제될 것이다. 관광지가 어떻게 반응할 것인지는 지금 이 시점에서는 규명할 수 없지만 장거리 항공여행이 오늘날의 그것보다 낮은 규모가 될 것이며 레저 여행은 자연속에서 더 지방화가 될 미래를 눈여겨볼 필요가 있다.

결론

미래 피크오일과 기후변화에 의한 위협에 대응하기 위한 일반적인 지속가능성과 인간의 능력에 대한 논쟁에서, 관광산업은 기후변화와 감소하는 지속가능성의 영향에 대처하기 위하여 구축된 정책구상으로부터 과도하게 고통을 받지않는 다는 것을 인정하는 자세를 가져야 한다. 관광산업은 이같은 논쟁의 목소리를 찾고 그 자신들의 주장이 수용되기를 바라는 다른 산업의 일치된 목소리를 경청함과 동시에 앞에서 언급한 과학적으로 도출이 가능한 영향과 결과에 대해 활발하게 논쟁하는 다른 분야에 좀 더 관심을 가져야 한다. 이같은 관심을 나타낸 것으로는 본장에서 언급한 실현되지 않은 Y2K 버그에 대한 두려움을 인용하는 것이 하나의 좋은 예이다. 학계에서는 이런 이슈에 대해 리더십을 수용하는데 어려움을 겪었고 관광지도 이런 이슈가 중요하고 긴급한 대처가 필요하다는 것을 수용하는데 어려움이 있었다. 희망하건데 이것은 가까운 미래에 변화될 것이다.

본 책의 초반에 미래문제를 선도하기 위한 전략으로서 혁신의 역할에 대한 문헌을 언급하였다. 앞으로의 길에는 혁신과 새로운 아이디어에 대한 빠른 채택이 놓여있다. 시장의 변화하는 현실과 폭 넓은 경제특성을 무시하는 관광지는 미리 듣고 대처한 관광지가 이룰 수 있는 것보다 뒤쳐진 상태에 남아있을 것이다.

핵심 이슈

- 변화는 인식하고 행동해야 한다.
- 변화를 지탱하는 많은 진행자(원인자)가 있으며 관광의 견지에서 제대로 이해되지 못하고 있다
- 기후변화는 관광지에 많은 문제를 남겨놓을 것이지만 성장을 위한 기회는 있다.
- 혁신은 변화와 성공적으로 협상할 수 있는 핵심 전략이다.
- 관광산업은 그들의 목소리를 내고 그들의 관심이 합법성을 확보하도록 책임질 수 있는 산업적 규모로 조직화하는 것이 필요하다.

REFERENCES

Abd-Alah, A. M.A. (1999). Coastal zone management in Egypt. *Coastal Zone Management*, 42, 835–848.

Abeyrantne, R. (1999). Management of the environmental impact of tourism and air transport on small island developing states. *Journal of Air Transport Management*, 5, 31–37.

Abeyratne, R. I.R. (1993). Air Transport Tax and its Consequences on Tourism. *Annals of Tourism Research*, 20, 450–460.

Adam-Smith, P. (1983). *When We Rode the Rails*. Lansdowne.

Agarwal, S. (1994). The resort cycle revisited: implications for resort. *Progress in Tourism, Recreation and Hospitality Management*, Cooper, C. P., and Lockwood, A., (eds.). Belhaven, Vol. 5, pp. 191–208.

Agarwal, S. (1997). The resort cycle and seaside tourism: an assessment of its applicability and validity. *Tourism Management*, 18, 65–73.

Agarwal, S. (2002). Restructuring seaside tourism, the resort lifecycle. *Annals of Tourism Research*, 29(1), 25–55.

Aguiló, E., Alegre, J., and Sard, M. (2005). The persistence of the *sun and sand* tourism model. *Tourism Management*, 26, 219–231.

Agyei-Mensah, S. (2006). Marketing its colonial heritage: a new lease of life for Cape Coast, Ghana? *International Journal of Urban and Regional Research*, 30, 705–716.

Airbus Industries. (2007). Flying by nature: global market forecast 2006–2025. Retrieved from, http://airbus.com/fileadmin/documents/gmf/PDF_d1/00-all-gmf-2007.pdf. p. 140.

Airey, D., and Shackley, M. (1997). Tourism development in Uzbekistan. *Tourism Management*, 18, 199–208.

Allchin, C. (2008, August). Architecture's hotspots. *Qantas Australian Airways In-flight Magazine*, pp. 150–157.

Andriotis, K. (2006). Researching the development gap between the hinterland and the coast—evidence from the island of Crete. *Tourism Management*, 27, 629–639.

Anker, H., Nellemann, V., and Sverdrup-Jensen, S. (2004). Coastal zone management in Denmark: ways and means for further integration. *Ocean and Coastal Management*, 47, 495–513.

Ankomah, P. K., and Crompton, J. L. (1992). Tourism cognitive distance: a set of research propositions. *Annals of Tourism Research*, 19, 323–342.

Armstrong, H., and Read, R. (1998). Trade and growth in small states: the impact of global trade liberalisation. *World Economy*, 21(4), 563–583.

Aruba (advert). (2007). Advert. *Islands, Special Issue: How to Run Away to Paradise*, 27 (7), 15.

Ashworth, G., and Hartmann, R. (2005). *Horror and Human Tragedy Revisited: The Management of Sites of Atrocities for Tourism*, Cognizant Communication Corporation, New York.

Ashworth, G. J., and Tunbridge, J. E. (2000). *The Tourist-Historic City: Retrospect and Prospect of Managing the Heritage City*, Elsevier Science Ltd.

Ayres, R. U. (2000). On forecasting discontinuities. *Technological Forecasting and Social Change*, 65, 81–97.

Bairoch, P. (1993). *Economics and World History*, University of Chicago Press.

Barff, R., Mackay, D., and Olshavsky, R. W. (1982). A selective review of travel-mode choice models. *Journal of Consumer Research*, 8, 370–380.

Barrett, J. A. (1958). *The Seaside Resort Towns of England and Wales*. Unpublished PhD thesis. University of London.

Barry, R. (2003). Mountain cryospheric studies and the WCRP climate and cryosphere (CIiC) project. *Journal of Hydrology*, 282, 177–181.

Barton, L. (1994). Crisis management: preparing for and managing disasters. *The Cornell Hotel and Restaurant Association Quarterly* 59–65.

Basu, P. (2000). Conflicts and paradoxes in economic development tourism in Papua New Guinea. *International Journal of Social Economics*, 27, 907–916.

Baum, T. (1998). Taking the exit route: extending the tourism area life cycle model. *Current Issues in Tourism*, 1(2), 167–175.

Beamann, J., Hegmann, S., and DuWora, R. (1991). Price elasticity of demand: a campground example. *Journal of travel Research*, 30(1), 22–29.

Becken, S. (2004). How tourists and tourism experts perceive climate change and carbon-offsetting schemes. *Journal of Sustainable Tourism*, 12, 332–347.

Becken, S. (2008). Developing indicators for managing tourism in the face of peak oil. *Tourism Management*, 29, 695–705.

Becken, S., and Hay, J. E. (2007). *Tourism and Climate Change: Risks and Opportunities*, Channel View Publications.

Beeedie, P., and Hudson, S. (2003). Emergence of mountain-based adventure tourism. *Annals of Tourism Research*, 30, 625–643.

Beirman, D. (2003). *Restoring Tourism Destinations in Crisis: A Strategic Marketing Approach*, CABI International.

Bell, W. (1997). *Foundations of Futures Studies*, Transaction Publishers, Vol. 1.

Benson, G. (1911). *York*. Blackie and Sons Limited.

Bentley, R. (2002). Global oil and gas depletion: an overview. *Viewpoint Energy Policy*, 30, 189–205.

Berger, and Loute. (2002). Climate: an exceptionally long interglacial ahead? *Science* 1287.

Berndaum, E. (1997). *Sacred Mountains of the World*, University of California Press, London.

Bernstein, W. (2008). *A Splendid Exchange How Trade Shaped the World*, Atlantic Monthly Press.

Bianchi, R. (1994). Tourism development in resort dynamics: an alternative approach. *Progress in Tourism, Recreation and Hospitality Management*, Cooper, C. P., and Lockwood, A., (eds.). John Wiley and Sons, Vol. 5, pp. 181–193.

Blake, A., and Sinclair, T. (2003). Tourism crisis management: UK response to September 11. *Annals of Tourism Research*, 30(4), 813–832.

Bood, R., and Postma, T. (1997). Strategic learning with scenarios. *European Management Journal*, 15(6), 633–647.

Borthwick, J. (2008). *Fables of a Spice Island. Vacations & Travel* (Apr/May/June 2008 Issue), Global Publishing, Balmain, Sydney, pp. 43–46.

Bramwell, B. (2004). The policy context for tourism and sustainability in Southern Europe's coastal regions. *Coastal Mass Tourism Diversification and Sustainable Development in Southern Europe*, Bramwell, B. (ed.). Channel View Publications, pp. 32–47.

Braun, O., Lohmann, M., Maksimovic, O., Meyer, M., Merkovic, A., Messerschmidt, E., Riedel, A., and Turner, M. (1999). Potential impact of climate change effects on preferences for tourism destinations: a psychological pilot study. *Climate Research*, 11, 247–254.

Briguglio, L., Archer, B., Jafari, J., and Wall, G. (1996). *Sustainable Tourism in Islands and Small States: Issues and Policies*, Pinter.

Buckley, R. C. (2006). *Adventure Tourism*, CAB International.

Buckley, R., Pickering, C., and Warnken, J. (2000). Environmental Management for Alpine Tourism and resorts in Australia. *Tourism and Development in Mountain Regions*, Godde, P., Price, M., and Zimmermann, F. (eds.). CABI, pp. 27–46.

Burak, S., Dogan, E., and Gazioglu, C. (2004). Impact of urbanisation and tourism on coastal environment. *Ocean and Coastal Management*, 47, 515–527.

Burke, L., and Maidens, J. (2004). *Reefs at Risk in the Caribbean*, World Resources Institute.

Burton, R. (1994). *Travel Geography*, (2nd edition). Pitman Publishing.

Busby, J. (2006). Climate change and collective action: troubles in transition to a post-oil economy. *St Antony's International Review*, 2(1), 35–55.

Butler, R. (1980). The concept of a tourist area resort cycle of evolution: implications for management of resources. *Canadian Geographer*, 14(1), 5–12.

Buzard, J. (2002) The grand tour and after (1660–1840). *The Cambridge Companion to Travel Writing*, Cambridge.

Cairncross, F. (1997). *The Death of Distance: How the Communication Revolution Will Change our Lives*, Harvard Businees School Press, Harvard.

Callegari, F. (2003). Sustainable development prospects for Italian coastal heritage: a Ligurian case study. *Journal of Cultural Heritage*, 4, 49–56.

Cameron, C., and Gatewood, J. (2008). Beyond sun, sand and sea: the emergent tourism programme in the Turks and Caicos Islands. *Journal of Heritage Tourism*, 3, 55–73.

Capra, F. (1996). *The Web of Life*, Harpers Collins Publishers.

Carlsen, J. (1999). 'Tourism impacts on small islands: a longitudinal study of community attitudes to tourism on the Cocos (Keeling Islands)'. *Pacific Tourism Review*, 3(1), 25–35.

Carson, D., and Jacobsen, D. (2005). Knowledge matters: harnessing innovation for regional tourism development. *Regional Tourism Cases: Innovation in Regional Tourism*, Carson, D., and Macbeth, J. (eds.). Common Ground, pp. 7–27.

Cassidy, F. (2002). Espiritu Santo, an event. *Journal of Sport & Tourism*, 7(3), 26–28.

Casson, L. (1994). *Travel in the Ancient World*, John Hopkins, London, UK.

Cetron, M. (2001). The world of today and tomorrow: the global view. *Tourism and Hospitality in the 21st Century*, Lockwood, A., and Meldik, S. (eds.). Butterworth-Heinemann, Oxford, pp. 18–28.

Chacko, H. (1997). Positioning a destination to gain a competitive edge. *Asia Pacific Journal of Tourism Research*, 1(2), 69–75.

Chang, Y., Hsu, C., Williams, G., and Pan, M. (2008). Low cost carrier's destination selection using a Delphi method. *Tourism Management*, 29, 898–908.

Chapman, K. (1979). *People, Pattern and Process: An Introduction to Human Geography*, Edward Arnold.

Cherlow, J. R. (1981). Measuring values of travel time savings. *Journal of Consumer Research*, 7, 360–371.

Chevs, J. R., Stoll, J., and Sellar, C. (1989). On the commodity value of time travel in recreational activities. *Applied Economics*, 21, 711–722.

Chew, J. (1987). Transport and tourism in the Year 2000. *Tourism Management*, 8(2), 83–85.

Cho, L. (2005). Marine protected areas: a tool for integrated coastal management in Belize. *Ocean and Coastal Tourism*, 48, 932–947.

Cho, L. (2005). Marine protected areas: a tool for integrated coastal management in Belize. *Ocean & Coastal Management*, 48(11–12), 932–947.

Choi, Y. (2007). Restoration ecology to the future: a call for a new paradigm. *Restoration Ecology*, 15, 351–353.

Choy, D. J.L. (1992). Life cycle models for Pacific Island destinations. *Journal of Travel Research*, 30(3), 26–31.

Christaller, W. (1963). Some considerations of tourism location in Europe: the peripheral regions in underdeveloped Countries recreation areas, *Regional Science Association: Papers XII*, Lund Congress, pp. 95–105.

Christie, P. (2005). Is integrated coastal management sustainable? *Ocean and Coastal Management*, 48, 208–232.

Coastal Zone Policy. (2008). European Commission. Retrieved 5 June 2008, http://ec.europa.eu/environment/iczm/home.htm.

Coates, J. F., Mahaffie, J. B., and Hines, A. (1997). *2050: Scenarios of US and Global Society Reshaped by Science and Technology*, Oak Hill Press, Greenboro, NC.

Cocks, D. (1999). *Future Makers, Future Takers: Life in Australia 2050*, University of New South Wales Press, Sydney.

Coghlan, A. (2008). Atoll. *The Encyclopaedia of Tourism and Recreation in Marien Environments*, Luck, M. (ed.). CABI.

Cohen, E. (1972). Toward a sociology of international tourism. *Social Research*, 39, 164–184.

Cohen, J. (2005). *Human Population: History, Status, Trends*, Scientific American Earth Institute at Columbus University, 20 October 2005. Accessible at www.earth.columbia.edu.

Collins, J. (2007). Ethnic precincts as contradictory tourist spaces. *Tourism, Ethnic Diversity and the City*, Rath, J. (ed.). Routledge.

Conlin, M., and Baum, T. (1995). *Island tourism: Management Principles and Practices*, Wiley.

Cooper, C. (1992). The life cycle concept and strategic planning for coastal resorts. *Built Environment*, 18(1), 57–66.

Cooper, C. (1997). Parameters and indicators of the decline of the British Seaside Resort. *The Rise and Fall of British Coastal Resorts: Cultural and Economic Perspectives*, Shaw, G., and Williams, A. (eds.). Cassell, London.

Cooper, M., and Eades, J. (2007). Landscape as Theme Park: demographic change, tourism, urbanization and the fate of communities in 21st century Japan. *Tourism Research International*, 11(1), 9–18.

Cooper, C. P., and Jackson, S. (1989). Destination life cycle: the Isle of man case study. *Annals of Tourism Research*, 16(3), 377–398.

Cooper, C., Fletcher, J., Fyall, A., Gilbert, D., and Wanhill, S. (2005). *Tourism Principles and Practise*, (3rd edition). Pearson Education.

Coto-Millan, Banos-Pino, J., and Inglanda, V. (1997). Marshallian demands of intercity passenger transport in Spain: 1980–1992. An economic analysis. *Transportation Research Part E: Logistics and Transportation Review*, 33E(2), 79–96.

Craig-Smith, S., and Fagence, M. (1994). *Learning to Live with Tourism*, Pitman.

Craig-Smtih, S. (1996). Tourism in the Pacific: issues and cases. *Economic Impact of Tourism in the Pacific*, Hall, C.M., and Page, S.J. (eds.). International Thomson Business Press, London, pp. 36–48.

Craik, J. (1991). *Resorting to Tourism Cultural Policies for Tourism Development in Australia*, Allen & Unwin, Sydney.

Croes, R. (2006). A paradigm shift to a new strategy for small island economies: embracing demand side economics for value enhancement and long term economic stability. *Tourism Management*, 27, 453–465.

Crompton, J. (1979). Motivations for pleasure vacation. *Annals of Tourism Research*, 6(4), 408–424.

Crossley-Holland, K. (1980). *The Norse Myths*, Pantheon Books.

Crouch, G. I. (1992). Effect of income and price on international tourism. *Annals of Tourism Research*, 19, 643–664.

Crouch, G. I. (1994). Demand elasticities for short-haul verses long-haul tourism. *Journal of Travel Research*, 33(2), 2–7.

Damodaran, A. (2006). Coastal resource complexes of South India: options for sustainable management. *Journal of Environmental Management*, 79, 64–73.

Dann, G. (1977). Anomie, ego–enhancement and tourism. *Annals of Tourism Research*, 4(4), 184–194.

Dann, G. M.S. (1994). Travel by train: keeping nostalgia on track. *Tourism: The State of the Art*, Seaton, A.U. (ed.). Wiley and Sons.

Davey, S., and Schlossman, M. (2007). *Unforgettable Islands to Escape to Before You Die*, BBC Books.

Davidson, J., and Spearritt, P. (2000). *Holiday Business: Tourism in Australia since 1870*, University of Melbourne Press.

Davis, M. (2003). The results are in ... and now it's time to party. *New Scientist*, 178(2389), 22–23.

Department of Civil Aviation, Tourism and Culture. (1987). Five Year Tourism Development Plan, 1987–1992. Government of Papua New Guinea.

Dear, M., and Flusty, S. (1998). Postmodern urbanism. *Annals of the Association of American Geographers*, 88(1), 50–72.

Debbage, K. (1990). Oligopoly and the resort cycle in the Bahamas. *Annals of Tourism Research*, 17(5), 513–527.

di Benedetto, C. A., and Bojanic, D. C. (1993). Tourism area life cycle extensions. *Annals of Tourism Research*, 20(3), 557–570.

Digance, J. (1997). Life cycle model. *Annals of Tourism Research*, 24(2), 452–454.

Dimanche, F., and Lepetic, A. (1999). New Orleans tourism and crime: a case study. *Journal of Travel Research*, 38, 19.

Dowling, R. (1998). Indian Ocean Tourism Organisation (IOTO) Coastal Zone Management Workshop. *Tourism Management*, 19(3), 293–299.

Downton (1997) cited in Prideaux, B. (2005), Tourism Transport in Ecocities, *The City Limits: Rethinking the Significance of the City in a Globalizing Age*, APU International Symposium, Beppu, Japan, January 29–30 2005.

Doxey, G. (1975). A causation theory of visitor-residents irritants: methodological and research inferences, In: *Sixth Annual Research Conference*, San Diego, CA, 8–11 September, pp. 195–198.

Drabek, T. E. (1995). Disaster planning and response by tourist business executives. *Cornell Hotel and Restaurant Administration Quarterly*, 36(3), 86–96.

Dunn, N. W. (1981). *An Introduction to Public Policy Analysis*, Prentice-Hall, New York.

Dunne, G., Buckley, J., and Flanagan, S. (2007). City break motivation: the case of Dublin – A successful national capital. *Journal of Travel & Tourism Marketing*, 22, 95–107.

Duval, T. (2007). *Tourism and Transport Modes, Networks and Flows*, Channel View.

Dwyer, L., and Forsythe, P. (2008). Climate change policies, long-haul air travel and tourism. In *CAUTHE, Proceedings of the 18th Annual CAUTHE Conference*, Griffith University, Gold Coast, 11–14 February.

Edensor. (1988). *Tourists of the Raj*, Routledge.

Edmond, R. (2002). The Pacific/Tahati: queen of the South Seas. *Travel Writings*, Hulme, P., and Youngs, T. (eds.). Cambridge University Press, pp. 139–155.

Elliott, S., and Neirotti, L. (2008). Challenges of tourism in a dynamic island destination: the case of Cuba. *Tourism Geographies*, 10(3), 375–402 p. 28.

Elsasser, H., and Bürki, R. (2002). Climate change as a threat to tourism in the Alps. *Climate Research*, 20, 253–257.

EPICA Community Members. (2004). Eight glacial cycles from an Antarctic core. *Nature*, 429–623.

European Commission. (2001a). EC Focus on Coastal Zones: Turning the Tide for Europe's Coastal Zones. European Commission.

European Commission. (2001b). Defining, measuring and Evaluating Carrying Capacity in European Tourism Destinations Final Report (B43040/200/2945/MAR/D2). European Commission.

European Union, (2004), http://www.ecosyn.us/ecocity/Proposal/proposal1.html.

Fact Monster, Pearson Education. (2000–2007). Retrieved 6 September 2008, http://www.factmonster.com/ipka/A0762524.html.

Fagence, M. (1997). An uncertain future for tourism in microstates: the case of Nauru. *Journal of Tourism Management*, 18(6), 385–392.

Falco-Mammone, F., Coghlan, A., and Prideaux, B. (2006). *The Impacts of Cyclone Larry on Tourism in the Mission Beach, Tully and the Atherton Tablelands Region*, James Cook University.

Faulkner, B. (2001). Towards a framework for tourism disaster management. *Tourism Management*, 22, 135–147.

Faulkner, B. (2002). Rejuvenating a maturing tourist destination: the case of the Gold Coast. *Current Issues in Tourism*, 5(6), 472–520.

Faulkner, B., and Russell, R. (2000). Turbulence, chaos and complexity in tourism systems: a research direction for the new millennium. *Tourism in the Twenty First Century: Lessons from Experience*, Laws, E., and Faulkner, B. (eds.). Continuum, London, pp. 328–349.

Faulkner, B., and Vikulov, S. (2001). Katherine, washed out one day, back on track on the next: a post-mortem of a tourism disaster. *Tourism Management*, 22(4), 331–344.

Feldman, L. P., and Hornik, J. (1981). The use of time: an integrated conceptual model. *Journal of Consumer Research*, 7(4), 407–419.

Fennel, D. (1999). *Ecotourism: An Introduction*, Routledge.

Fink, S. (1986). *Crisis Management*, American Association of Management.

Fleischer, A., and Pizam, A. (2002). Tourism constraints among Israeli seniors. *Annals of Tourism Research*, 29(1), 106–123.

Frawley, G. (2004). *Jetstar – Lined up for Takeoff*, Australian Aviation.

Future Foundation. (2004). FutureScoping.

Forum on Vision and Strategy of an Ecocity, Ceju Island, Korea, Koran Federation for Environmental Movements, 29–30 October: pp.49–69.

Gable, F. J. (1997). Climate change impacts on Caribbean coastal areas and tourism. *Journal of Coastal Research*, 27, 49–70.

Gale, T. (2007). The problems and dilemmas of northern european post-mature coastal resorts. *Managing Coastal Tourism Resorts: A Global Perspective*, Agarwal, S., and Shaw, G. (eds.). Channel View, pp. 21–39.

Garrett, L. (2005). The next pandemic? *Foreign Affairs*, 84(4), 3–23.

Gates, C. (2003). *Near Eastern, Egyptian, and Aegean Cities, Ancient Cities: The Archaeology of Urban Life in the Ancient Near East and Egypt, Greece and Rome*, Routledge.

Gee, C., and Gain, C. (1986). Coping with crisis. *Travel and Tourism Analyst* 3–12.

GESAMP Joint Group of Experts on the Scientific Aspects of Marine Environmental Protection. (1996). *The Contributions of Science to integrated Coastal Management*. GESAMP Reports and Studies No. 61.

Getz, D. (1986). Models in tourism planning: towards integration of theory and practice. *Tourism Management*, 7(1), 21–32.

Getz, D. (1992). Tourism planning and destination life cycle. *Annals of Tourism Research*, 19(4), 752–770.

Gilbert, E. W. (1939). The growth of inland and seaside health resorts in England. *The Scottish Geographical Magazine*, 55(1), 16–35.

Gill, A., and Welk, E. (2007). Natural heritage as place identity: Tofino, Canada, a coastal resort on the periphery. *Managing Coastal Tourism Resorts: A Global Perspective*, Agarwal, S., and Shaw, G. (eds.). Channel View, pp. 169–183.

Glaesser, D. (2003). *Crisis Management in the Tourism Industry*, Butterworth-Heinemann.

Global Tourism and Leisure (Norfolk Island tourism 5 Year Strategy 2007/2008 to 2011/2121, 2008). Global Tourism and Leisure.

Gloster, M. (1997). *The Shaping of Noosa*, Noosa Blue Publishing Company.

Glover, P., and Prideaux, B. (2008). Using population projections to identify aspects of future tourism demand. *Advances in Hospitality and Leisure 4*, Chen, J. (ed.)., pp. 185–212.

Glover, P., and Prideaux, B. (2009). Implications of population ageing for the development of tourism products and destinations. *Journal of Vacation Marketing*, 15, 25–37.

Godde, P., Price, M., and Zimmermann, F. (eds.). (2000). Tourism and development in mountain regions: moving forward into the new millennium. In: *Tourism and Development in Mountain Regions* (pp. 1–26). CABI.

Godet, M. (2000). The art of scenarios and strategic planning: tools and pitfalls. *Technological Forecasting and Social Change*, 65, 3–22.

Goeldner, C., Ritchie, B. J.R., and McIntosh, R. (2000). *Tourism Principle, Practices, Philosophies*, Wiley.

Goncalves, V. F.D. C., and Aguas, P. M.R. (1997). The concept of life cycle: an application to the tourist product. *Journal of Travel Research*, 36(2), 12–22.

Gordon, S. (2008). *When Asia was the World*, Yale University Press.

Gordon, I., and Goodall, B. (1992). Resort cycles and development processes. *Built Environment*, 18(1), 5–11.

Gormsen, E. (1981). The spatio-temporal development of international tourism: attempt at a centre-periphery model, *La Consommation d'Espace par le Tourisme et sa Preservation* (pp. 150–170), C.H.E.T.: Aix-En-Provence.

Gossling, S., Ceron, J., Dubois, G., Patterson, T., and Richardson, R. (2005). The eco-efficiency of tourism. *Ecological Economics*, 54, 417–434.

Gotham, K. (2007). Destination New Orleans: commodification, rationalisation, and the rise of urban tourism. *Journal of Consumer Culture*, 7(3), 305–334.

Gottmann, J. (1961). *Megalopolis: The Urbanised Northeastern Seaboard of the United States*, Twentieth Century Fund, New York.

Government of Papua New Guinea. (1987). Five Year Tourism Development Plan, 1987–1992, Boroko; Department of Civil Aviation, Tourism and Culture.

Graedel, T. E. (1999, Winter). *The Bridge* 29(4).

Green, R. (2005). Community perceptions of environmental and social change and tourism development on the island of Koh Samui, Thailand. *Journal of Environmental Psychology*, 25, 37–56.

Grey, P., Williamson, J., Karp, D., and Dalphin, J. (2007). *The Research Imagination*, Cambridge University Press.

Griffin, T., and Hayllar, B. (2007). Historic waterfronts as tourism precincts: an experiential perspective. *Tourism and Hospitality Research*, 7, 3–16.

Grosspietsch, M. (2006). Perceived and projected images of Rwanda: visitor and international tour operators perspectives. *Tourism Management*, 27, 225–234.

Gunn, C. (1988). *Tourism Planning*, (2nd edition). Taylor and Francis.

Gunn, C. A. (1994). *Tourism Planning Basics Concepts Cases*, Taylor and Francis.

Gurtner, Y. (2007). Phuket: Tsunami and tourism – a preliminary investigation. *Crisis Management in Tourism*, Laws, E., Prideaux, B., and Chon, K. (eds.). CABI, pp. 217–233.

Gurtner, Y. (2007). Crisis in Bali: lessons in tourism recovery. *Crisis Management in Tourism*, Laws, E., Prideaux, B., and Chon, K. (eds.). CABI, pp. 81–97.

Gurung, C., and De Coursey, M. (1999). Too much too fast: lessons from Nepal's lost kingdom of Mustang. *Tourism Development in Critical Areas*, Singh, T.V., and Singh, S. (eds.). Cognizant, pp. 239–254.

Haimes, Y., Kaplan, S., and Lambert, J. H. (2002). Risk filtering, ranking, and management framework using hierarchical holographic modelling. *Risk Analysis*, 22(2), 383–397.

Hall, P. (2000). The Changing role of capital cities. *Plan Canada*, 40(3), 8–12.

Hall, C. M. (2001). Trends in ocean and coastal tourism: the end of the last frontier? *Ocean & Coastal Management*, 44(9), 601–618.

Hall, D. (2007). Policy response to rural dangers: managing educational visits in the wake of the foot and mouth and *E. coli* crisis. *Crisis Management in Tourism*, Laws, E., and Chon, K. (eds.). CABI, pp. 32–42.

Hall, M. (2008). *Tourism Planning Policies, Processes and Relationships*, (2nd edition). Pearson.

Hall, M., and Higham, J. (2005). *Tourism, Recreation and Climate Change*, Channel View Publications.

Hall, C. M., Timothy, D. J., and Duval, D. T. (2003). *Safety and Security in Tourism: Relationships, Management and Marketing*, The Haworth Hospitality Press.

Hamilton, J., Maddison, D., and Tol, R. (2005). Effects of climate change on international tourism. *Climate Research*, 29, 245–254.

Hansen, J. (2006). Dangerous human-made interference with climate: a GISS Model 1E study. *Atmospheric Chemistry and Physics Discussion*, 6, 12549–12610.

Hansen, J. (2007). Science reticence and sea level rise. *Environmental Research Letters*, 2, 6 Retrieved stacks.iop.org?ERL/2/024002.

Hardy, A. (2003). An investigation into the key factors necessary for the development of iconic touring routes. *Journal of Vacation Marketing*, 9(4), 314–330.

Harrison, D. (1994). Tourism and prostitution: sleeping with the enemy? The case of Swaziland *Tourism Management*, 15, 435–443.

Harrison, D. (1995). Development of tourism in Swaziland. *Annals of Tourism Research*, 22(1), 135–156.

Harrison, D. (2001). Tourism in small islands and microstates. *Tourism Recreation Research*, 26, 3–8.

Hart, C. W., Casserly, G., and Lawless, M. J. (1984). The product life cycle: how useful? *The Cornell Quarterly*, 24(4), 54–63.

Harvey, D. (1989). *The Condition of Post-Modernity*, Blackwell.

Hawaiian Airlines Advert. (2007). *Islands, Special Issue: How to Run Away to Paradise*, 27(7), p. 21.

Hay, I., and Yoeman, (2007). The Role of Scenario Planning in Destination Marketing: A Road Map for Scotland to 2025, Tourism – Past Achievements, Future Challenges, Council of Australian University Tourism and Hospitality Educators Annual Conference, 11–14 February 2007, Sydney (available on CD-ROM).

Haywood, M. T. (1986). Can the tourist area life cycle be made operational? *Tourism Management*, 7(3), 154–167.

Henderson, J. (2007). International tourism and infectious disease: managing the SARS crisis in Singapore. *Crisis Management in Tourism*, Laws, E., Prideaux, B., and Chon, K. (eds.). CABI, pp. 186–200.

Hensher, D. (1993). The transportation sector in Australia: economic issues and challenges. *Transportation Policy*, 1(1), 49–67.

Henson, R. (2008). *Can we Live with Climate Change? Extreme Weather Astronomy Special Issue*, Kalmbach Publishing, Waukesha WI pp. 26–33.

Hodgson, A. (1992). Hexagons for systems thinking. *European Journal of Operational Research*, 59, 220–230.

Hoegh-Guldberg, O. (1999). Climate change, coral bleaching and the future of the world's coral reefs. *Marine Freshwater Research*, 50, 839–866.

Holden, A. (1998). The use of visitor understanding in skiing management and development decisions at the Cairngorm Mountains, Scotland. *Tourism Management*, 19(2), 145–152.

Holden, P., Bale, M., and Holden, S. (2003). *Papua New Guinea — A Private Sector Assessment The Realities of Crisis*, The Enterprise Research Institute, for the Asian Development Bank.

Hollister, C., and Bennett, M. (2006). *Medieval Europe: A Short History*, McGraw-Hill.

Hooper, G. (2002). The Isles/Ireland: the Wilder Shore. *Travel Writing*, Hulme, P., and Youngs, T. (eds.). Cambridge University Press, pp. 174–190.

Hovinon, G. (2002). Revisiting the destination lifecycle model. *Annals of Tourism Research*, 29, 209–230.

Howard, P., and Pinder, D. (2003). Cultural heritage and sustainability in the coastal zone: experiences in South West England. *Journal of Cultural Heritage*, 4, 57–68.

http://www.context.org/ICLIB/IC08/Register.htm, visited 12 September 2004.

Huan, T., Beaman, J., and Shelby, L. (2004). No-escape natural disaster: mitigating impacts on tourism. *Annals of Tourism Research*, 31(2), 255–273.

Hudson, S. (2000). *Snow Business: A Study of the International Ski Industry*, Cassell.

Hudson, S., and Miller, G. (2005). The responsible marketing of tourism: the case of Canadian Mountain holidays. *Tourism Management*, 26, 133–142.

Hunter, M. (2007). Climate change and moving species: furthering the debate on assisted colonisation. *Conservation Biology*, 21, 1356–1358.

Hunter, C., and Shaw, J. (2007). The ecological footprint as a key indicator of sustainable tourism. *Tourism Management*, 28, 46–57.

Huntington, S. (1996). *The Clash of Civilizations and the Remaking of World Order*, Simon & Schuster, New York.

Inskeep, E. (1991). *Tourism Planning, An Integrated and Sustainable Development Approach*, Van Nostrand Reinhold.

Ioannides, D. (1992). Tourism development agents: the Cypriot Resort Cycle. *Annals of Tourism Research*, 19, 711–731.

Intergovernmental Panel on Climate Change. (2007). Summary for Policy Makers. In: Solomon, S., Qin, M., Manning, Z. Chen, M., Marquia, K., Averyt, M., Tignor, M. and Miller, H. (eds.). *Climate Change 2007: The Physical Science Basis*. Contribution of Working Group 1 to the Fourth Assessment Report of the Intergovernmental Panel on Climate Change, Cambridge University Press.

Jacobsen, D. (2005). Processes influencing innovation in the tourism system in Woodburn, New South Wales. *Regional Tourism Cases: Innovation in Regional Tourism*, Carson, D., and Macbeth, J. (eds.). Common Ground, pp. 131–136.

Jafari, J., and Ritchie, B. (1981). Towards a framework of tourism education: problems and perspectives. *Annals of Tourism Research*, 8, 13–34.

Jang, S., and Cai, L. (2002). Travel motivations and destination choice: a study of British outbound markets. *Journal of Travel and Tourism Marketing*, 13(3), 111–131.

Johnson, R. J. (1991). *Geography and Geographers*, Edward Arnold, London.

Johnson, D. *The Geology of Australia*. Cambridge University Press.

Judd, D. (1999). Constructing the Tourist Bubble. *The Tourist City*, Judd, D., and Fainstein, S. (eds.). Yale University press, New Haven.

Judd, D. R., and Fainstein, S. S. (1999). Cities as Places to Play. *The Tourist City*, Judd, D.R., and Fainstein, S.S. (eds.). Yale University Press.

Kaiser, C., and Helber, L. E. (1978). *Tourism Planning and Development*, CBI Publishing, Boston p. 144.

Kantarci, K. (2007). Perceptions of foreign investors on the tourism market in central Asia including Kyrgyzstan, Kazakhstan, Uzbekistan, Turkmenistan. *Tourism Management*, 28, 820–829.

Karkazis, J., and Thanassoulis, E. (1998). Assessing the effectiveness of regional development policies in Northern Greece using data envelopment analysis. *Socioeconomic Planning Science*, 32(2), 123–137.

Kaul, R. N. (1985). *Dynamics of Tourism: A Trilogy, Vol. 111 Transportation and Marketing*, Sterling Publishers.

Krebs, C. (2008). *The Ecological World View*, CSIRO Publishing.

Keller, C. P. (1987). Stages of peripheral tourism development – Canada's North West territories. *Tourism Management*, 8, 20–32.

Kenworthy, J. R. and Laube, F. B. (2001) The millennium cities database for sustainable transport. *International Union (Association) of Public Transport*, Brussels, Belgium and ISTP, Perth, Western Australia (CD-ROM publication).

Keown-McMullan, C. (1997). Crisis: when does a molehill become a mountain? *Disaster Prevention and Management*, 6(1), 4–10.

Kermath, B. M., and Thomas, R. N. (1992). Spatial dynamics of resorts, Sosua, Dominican Republic. *Annals of Tourism Research*, 19, 173–190.

Kilsby, D. (2004). Energy Futures for Australian Transport. Retrieved July 30 2008. http://www.nctr.org.DiscussionPapers/Enargy_Futres.pdf.

Kim, S., and Prideaux, B. (2003). Tourism, peace, politics and ideology: impacts of the Mt. Gumgang Tour Project in the Korean Peninsula. *Tourism Management*, 24(6), 675–685.

King, B. (1994). Research on resorts: A review. *Progress in Tourism, Recreation and Hospitality Management*, Cooper, C. P., and Lockwood, A., (eds.). John Wiley & Sons, Chichester, Vol. 5, pp. 165–180.

King, B. (2001). Resort-based tourism on the pleasure-periphery. *Tourism and the Less Developed World: Issues and Case Studies*, Harrison, D. (ed.). CABI International, Wallingford, pp. 175–190.

King, B., and McVey, M. (1997). Hotel investment in the South Pacific. *Travel and Tourism Analyst*, 5, 63–87.

Knabb, R. D., Rhome, J. R., and Brown, D. P. (December 20, 2005; updated August 10, 2006). "Tropical Cyclone Report: Hurricane Katrina: 23-30 August 2005" (PDF). National Hurricane Center. http://www.nhc.noaa.gov/pdf/TCR-AL122005_Katrina.pdf. Retrieved on 22-07-2008.

Koczberski, G., Curry, G., and Connell, J. (2001). Full circle or spiralling out of control? State Violence and the control of urbanisation in Papua New Guinea *Urban Studies*, 38(11), 2017–2036.

Koenig, U., and Abegg, B. (1997). Impacts of climate change on winter tourism in the Swiss Alps. *Journal of Sustainable Tourism*, 5(1), 46–58.

Kolb, B. M. (2006). *Tourism Marketing for cities and towns*, Butterworth-Heinemann.

Kosters, M. J. (1992). Tourism train: its role in alternative tourism. *Tourism Alternatives: Potential and Problems in the Development of Tourism*, Smith, V.L., and Eadingten, W.R. (eds.). International Academy for the Study of Tourism, USA.

Kotler, P. (1988). *Marketing Management: Analysis, Planning, Implementation and Control*, (6th edition). Prentice Hall, Englewood Cliffs, New Jersey.

Krebs, C. (2008). *The Ecological World View*, CSIRO Publishing, Collingwood.

Krockenberger, A., Kitching, R., and Turton, S., (eds.). (2004). *Environmental Crisis: Climate Change and Terrestrial Biodiversity in Queensland*, Rainforest CRC at James Cook University.

Laaksonen, P., Laaksonen, M., Borisov, P., and Halkoaho, J. (2006). Measuring image of a city: a qualitative approach with case example. *Place Branding*, 2, 210–219.

Lankford, S., and Howard, D. (1994). Developing a tourism impact attitude scale. *Annals of Tourism Research*, 20, 121–139.

Larner, J. (1999). *Marco Polo and the discovery of the World*, Yale University Press.

Lavery, P. (1974). The Demand for Recreation. *Recreational Geography*, Lavery, P. (ed.). David and Charles, Newton Abbot.

Law, C. (1993). *Urban Tourism: Attracting Visitors to Large Cities*, Mansell.

Law, C. M. (2002). *Urban Tourism: The Visitor Economy and the Growth of Large Cities*, Continuum.

Laws, E. (1995). *Tourism Destination Management: Issues, Analysis and Policies*, Routledge.

Laws, L., and Prideaux, B. (2005). Crisis management: a suggested typology. *Journal of Tourism and Travel Marketing*, 19(2–3), 1–8.

Laws, L., and Prideaux, B. (2005). Special issue on crisis. *Journal of Tourism and Travel Marketing*, 19(2–3), 1–8.

Laws, L., and Prideaux, B. (2005). Crisis management: a suggested typology. *Journal of Tourism and Travel Marketing*, 19(2/3), 1–8.

Laws, E., and Scott, N. (2007). *Journal of Travel and Tourism Marketing*, 21(3), [Special Issue on the theme of Tourism Crisis and Marketing Recovery Strategies].

Laws, E., Prideaux, B., and Chon, K. (2007a). Crisis management in tourism: challenges for managers and researchers. *Crisis Management in Tourism*, Laws, E., Prideaux, B., and Chon, K. (eds.). CABI, pp. 1–12.

Laws, E., Prideaux, B., and Chon, K. (2007b). Crisis management in tourism: challenges for managers and researchers. *Crisis Management in Tourism*, Laws, E., Prideaux, B., and Chon, K. (eds.). CABI, pp. 1–13.

Leaper, N. (2004). *Tourism Management*, (3rd edition). Pearson Education Press.

Lee, D., and Chok, S. (2005). Developing a Tourism System: A Tapestry of Knowledge. *Regional Tourism Cases: Innovation in Regional Tourism*, Carson, D., and Macbeth, J. (eds.). Common Ground, Melbourne, pp. 41–51 (change).

Leiper, N. (1979). The framework of tourism: towards a definition of tourism and the tourism industry. *Annals of Tourism Research*, 6, 390–407 90–407.

Leiper, N. (1990). *Tourism Systems An Interdisciplinary Perspective*, Department of Management Systems, Massey University, New Zealand.

Leiper, N. (2004). *Tourism Management*, (3rd edition). Pearson Education: Frenchs Forest.

Lennon, J., and Foley, M. (2000). *Dark Tourism: The Attraction of Death and Disaster*, Continuum.

Lepp, A. (2007). Residents' attitudes towards tourism in Bigodi village. *Uganda. Tourism Management*, 28, 876–885.

Li, H. (2003). Management of coastal mega-cities – a new challenge in the 21st century. *Marine Policy*, 27, 333–337.

Li, G. (2008). The nature of leisure travel and demand. *Aviation and Tourism Implications for leisure travel*, Graham, A., Papatheodorou, A., and Forsyth, P. (eds.). Aldershot, Ashgate, pp. 2–21.

Lim, C. (1997). An econometric classification and review of international tourism demand models. *Tourism Economics*, 3(1), 69–81.

Lindgren, M., and Bandhold, H. (2003). *Scenario Planning: The Link Between Future And Strategy*, Macmillan, Palgrave.

Litvin, S., and Crotts, J. (2007). A comparison of pre- and post-9/11 traveller profiles: post-crisis marketing implication. *Crisis Management in Tourism*, Laws, E., Prideaux, B., and Chon, K. (eds.). CABI, pp. 298–309.

Lockhart, G., and Drakakis-Smith, D. (1997). *Island Tourism, Trends and Prospects*, Pinter.

Lowych, E., Van Langenhave, L., and Bollaert, L. (1992). Typologies of Tourist Roles. *Choice and Demand in Tourism*, Johnson, P.A.D., and Thomas, B. (eds.). Mansell Publishing, London.

Lue, C. C., Crompton, J. L., and Fesenmaier, D. R. (1993). Conceptualization of multi-destination pleasure trips. *Annals of Tourism Research*, 20, 289–301.

Lundtrop, S., and Wanhill, S. (2001). The resort lifecycle theory; generating processes and estimation. *Annals of Tourism Research*, 28, 947–964.

Lyon, A., and Worton, A. (2007). Proposed model for tourism crisis management. *Crisis Management in Tourism*, Laws, E., Prideaux, B., and Chon, K. (eds.). CABI, pp. 200–216.

MacCannell, D. (1975). *The Tourist: A New Theory of the Leisure Class*, Schocken.

Mackintosh-Smith, T., (ed.). (2003). *The Travels of Ibn Battutah,* Picador.

Maddison, D. (2001). In search of warmer climates? The impact of climate change on flows of British tourists *Climatic Change*, 49, 193–208.

Maddox, J. (1998). *What Remains to be Discovered*, The free Press, New York.

Malaysian Airlines. (2008). *Vacations & Travel* (Apr/May/June 2008 Issue). Global Publishing, Balmain, Sydney.

Malaysian Airlines (2008) Shop till you drop in Kuala Lumps (advertisement), *Vacations and Travel* p. 154.

Malaysian Airlines, (2008), *Vacations & Travel,* Apr/May/June 2008 Issue, Global Publishing, Balmain, Sydney.

Maloney, W., and Montes Rojes, G. (2001). *Demand for Tourism*, The World Bank.

Mansfeld, J. (1999). Consuming spaces. *Explorations in Human Geography: Encountering Place,* Le Heron, R., Murphy, L., Foster, P., and Goldstone, M. (eds.). Oxford University Press, pp. 318–343.

Marsh, J. (1985). The Rocky and Selkirk Mountains and the Swiss Connection 1885–1914. *Annals of Tourism Research*, 12, 417–433.

Martin, C. A., and Witt, S. F. (1988). Substitute prices in models of tourism demand. *Annals of Tourism Research*, 15, 255–268.

Masini, E. B., and Medina Vasquez, J. (2000). Scenarios as seen from a human and social perspective. *Technological Forecasting and Social Change*, 65(1), 49–66.

Mason, D. (1999). *Spirit of the Mountains Korea's SAN-SHIN and Traditions of Mountain-Worship*, Hollym.

Matzarakis, A. (2002). Examples of climate change research for tourism demands. 15th Conference on Biometerology and Aerobiology joint with International Congress on Biometerology, 27th October–1 November 2002, Kansas City, Missouri, pp. 391–392.

Mayeres, I., Ochelen, S., and Proost, P. (1996). The marginal external cost of public transport. *Transportation Research Part D: Transport and Environment*, 1D(2), 79–96.

McDonald, J. (2005) Bird Flue to savage economies, *The Courier Mail* 5 November, p. 20.

Mckee, D. L., and Tisdell, C. (1988). The developmental implications of migration from and between small island nations. *International migration*, 26(4), 417–426.

McKercher, B. (1999). A chaos approach to tourism. *Tourism Management* 424–434.

McKercher, B., and Pine, R. (2005). Privation as a stimulus to travel demand? *Journal of Tourism and Travel Marketing*, 19(2–3), 107–116.

McKercher, B., Chan, A., and Lam, C. (2008). The impact of distance on international tourist movements. *Journal of Travel Research*, 47(2), 208–224.

McKercher, B., Prideaux, B., Cheung, C., and Law, R. (2002). *The Uphill Battle to Reduce Tourism's Carbon Footprint*.

McKinsey and Company. (2008). Preparing for China's Urban Billion. Retrieved www.mckinsey.com/mgi/publicatiosn/china_urban_summary_of_findings.asp.

Meethan, K. (1996). Consuming (in) the civilized city. *Annals of Tourism Research*, 23, 322–340.

Meheux, K., and Parker, E. (2006). Tourist sector perceptions of natural hazards in Vanuatu and the implications for a Small Island Developing State. *Tourism Management*, 27, 69–85.

Meredith, P. (2000). *The Australian Geographic Glovebox Guide to the Blue Mountains*, Australian Geographic.

Meyer-Arendt, K. (1985). The Grand Isle Louisiana resort cycle. *Annals of Tourism Research*, 12, 449–465.

Michaud, J., and Turner, S. (2006). Contending visions of a hill-station in Vietnam. *Annals of Tourism Research*, 33, 785–808.

Miles, M., and Covin, J. (2000). Environmental marketing: a sources of reputational, competitive and financial advantage. *Journal of Business Ethics*, 23(3), 299–311.

Mill, R. C., and Morrison, A. M. (1985). *The Tourism System: An Introductory Text*, Prentice Hall, New Jersey.

Milne, S. (1991). Tourism development in Papua New Guinea. *Annals of Tourism Research*, 18(3), 508–510.

Milne, S. (1992). Tourism and development in South Pacific Microstates. *Annals of Tourism Research*, 19(2), 191–212.

Miossec, J. M. (1976). *Elements pour une Theorie de l'Espace Tourisque*, Les Cahiers du Tourisme, C-36, C.H.E.T., Aix-en-Provence.

Mistilis, N., and Tolar, M. (2000). 'Impact of Macroeconomic Issues on Fiji's Hidden Paradise', paper presented to Council for Australian University Tourism and Hospitality Education (CAUTHE), Mt. Buller Victoria Australia, 2–5 February 20000.

Mitchell, R., and Reid, D. (2001). Community integration island tourism in Peru. *Annals of Tourism Research*, 28, 113–139.

Mitroff, I., Pearson, C., and Pauchant, T. (1992). Crisis management and strategic management: similarities, differences and challenges. *Advances in Strategic Management*, Shrivastava, P., Huff, A., and Dutton, J., (eds.). JAI Press Inc, Vol. 8.

Mo, C., Howard, D. R., and Havitz, M. E. (1993). Testing an International Tourist Role Typology. *Annals of Tourism Research*, 20, 319–335.

Moissec (1974).

Morgan, M. (1991). Dressing up to Survive Marketing Majorca Anew. *Tourism Management*, 12(1), 15–20.

Morrison, S. A., and Winston, C. (1985). An Economic Analysis of the Demand for Intercity Passenger Transportation. *Research in Transportation Economics: A Research Annual*, Keeler, T. E., (ed.). JAI Press, Greenwich, CT, Vol. 2, pp. 213–237.

Mules, T., Pforr, C., and Ritchie, B. W. (2007). The impact of domestic tourism on perceptions of Australia's National Capital. *Journal of Travel & Tourism Marketing*, 22, 35–53.

Nash, R., and Martin, A. (2003). Tourism in peripheral areas – the challenges for Northeast Scotland. *Tourism Research*, 5, 161–181.

New Zealand Ministry of Tourism. (2007). *Draft New Zealand Tourism Strategy 2015*. Ministry of Tourism.

Niiniluoto, I. (2001). Futures studies: science or art? *Futures*, 33(5), 371–377.

Norfolk Island Government. (2005). Department of Transport and Regional Services Norfolk Island Government Financial Report. Acumen Alliance.

Noronha, L. (2004). Coastal management policy: observations form an Indian case. *Ocean and Coastal Management*, 47, 63–77.

O'Flaherty, B. (2005). *City Economics*, Harvard University Press.

Oglethorpe, M. (1984). Tourism in Malta, A crisis of dependence. *Leisure Studies*, 3, 147–162.

Olsen, M. (2002). Keeping track of the self-drive market. *Drive Tourism: Up the Wall and Around the Bend*, Carson, D., Waller, I., and Scott, N. (eds.). Common Ground Publishing.

Oosthoek, S. (2008). Nature 2.0. *New Scientist*, 2663, 3235.

Oppermann, M. (1993). Tourism space in developing countries. *Annals of Tourism Research*, 20, 535–556.

Oppermann, M., and Chon, K. (1997). *Tourism in Developing Countries*, International Thompson Business Press, London.

Ortiz-Lozano, L., Granados-Barba, A., Solis-Weiss, V., and Garcia-Salgado, M. (2005). Environmental evaluation and development problems of the Mexican Coastal Zone. *Ocean and Coastal Management*, 48, 161–176.

Pacific Asia Travel Association. (1991). *Crisis Management Planning in the Travel and Tourism Industry*, PATA: Bangkok.

Page, S. (1995). *Urban Tourism*, Routledge.

Page, S. (1999). *Transport and Tourism: 'Themes in Tourism' Series*, Addison Wesley Longman, London.

Page, S. (2005). *Tourism and Transport Global Perspectives*, (2nd edition). Pearson.

Page, S., and Hall, M. (2003). *Managing Urban Tourism*, Prenctice Hall.

Page, S. J., and Hall, C. M. (2003). *Managing Urban Tourism*. Pearson Education Limited.

Palmer, T., and Riera, A. (2003). Tourism and environmental taxes, with special reference to the ''Balearic ecotax''. *Tourism Management*, 24, 665–674.

Papatheodorou, A. (2004). Exploring the evolution of tourism resorts. *Annals of Tourism Research*, 31, 219–237.

Papua New Guinea Tourism Promotion Authority. (2007). *Growing PNG Tourism As A Sustainable Industry*. Final Report.

Parkhe, A. (1993). Messy research, methodology predispositions and theory development in International Joint Ventures. *Academy of Management Review*, 18(2), 227–268.

Parr, M.-V. (2008). *10 Best Golf Courses by the Sea, Coast, March*, The National Magazine Company, London pp. 20–22.

Patton, M. (2002). *Qualitative Research and Evaluation Methods*, Sage Publications.

Pearce, P. (1981). *Tourism Development*, Longmans, London.

Pearce, F. (2006). *When the Rivers Run Dry; What Happens When Our Water Runs Out?*, Transworld Publishers.

Pearce, D. (2007). Capital city tourism: perspectives from Wellington. *Journal of Travel & Tourism Marketing*, 22, 7–200.

Peasley, A. (2008). *Qantas the Australian Way (August)*, Qantas Airways, Sydney pp. 144–147.

Peck, T. G., and Lepie, A. S. (1977). Tourism Development in Three North Carolina Coastal Towns. *Hosts and Guests: An Anthropology of Tourism*, Smith, V. (ed.). University of Pennsylvania Press, Pennsylvania, pp. 159–172.

Peng, B., Hong, H., Xue, X., and Jin, D. (2006). On the measurement of socioeconomic benefits of integrated coastal management (ICM): applications to Xiamen, China. *Ocean and Coastal Management*, 49, 93–109.

Peters, M., and Pikkemaat, B. (2005). Crisis management in Alpine winter sports resorts – the 1999 Avalanche disaster in Tyrol. *Journal of Tourism and Travel Marketing*, 19(2–3), 9–20.

Pfisher, R. (2000). Mountain cultures as a tourism resource: aboriginal views on the privileges of story telling. *Tourism and Development in Mountain Regions*, Godde, P., and Zimmermann, F. (eds.). CABI.

Pittock, A. B. (2005). *Climate Change Turning up the Heat*, CSIRO Publishing.

Pizam, A. (1999). A comprehensive approach to classifying acts of crime and violence at tourism destinations. *Journal of Travel Research*, 38(1), 5–12.

Pizam, A., and Fleischer, A. (2002). Severity versus frequency of acts of terrorism: which has a larger impact on tourism demand? *Journal of Travel Research*, 40, 337–339.

Pizam, A., Tarlow, P., and Bloom, J. (1997). Making tourists feel safe: whose responsibility is it? *Journal of Travel Research*, 36(1), 23–28.

Plog, S. (1973). Why destination areas rise and fall in popularity. *Cornell Hotel and Restaurant Association Quarterly*, 14(4), 55–58.

PNGTPA (2007). PNGTPA Monthly newsletter Issue 01 January. Retrieved 12 April 2008, http://www.pngtourism.org.pg/png/export/sites/TPA/news/newsletters/NewsLetter_Jan_2007_01.html.

Poon, A. (1989). Consumer strategies for a new tourism. *Progress in Tourism, Recreation and Hospitality Management*, Cooper, C., (ed.). Vol. 1, pp. 91–102.

Poon, A. (1993). *Tourism, Technology and Competitive Strategies*, CAB International, Wallingford.

Prideaux, B. (1998). The resort development spectrum: an examination of the role of the market in resort development. In: Faulkner, B., Tidswell, C., and Weaver, D. (eds). *Progress in Tourism and Hospitality Research, Proceedings of the Eight Australian Tourism and Hospitality Research Conference* (pp. 670–690). Gold Coast. Bureau of Tourism Research.

Prideaux, B. (1999a). The millennium bug: harmless insect or contagious business killer. Molloy, J., and Davies, J. (eds.). *Tourism and Hospitality: Delighting the Senses*, Proceedings of the Ninth Australian Tourism and Hospitality Research Conference, Bureau of Tourism Research, Canberra, p. 80.

Prideaux, B. (1999b). Tracks to tourism – Queensland rail joins the Tourism Industry. *International Journal of Travel Research*, 1(2), 73–86.

Prideaux, B. (2000a). The resort development spectrum. *Tourism Management*, 21(3), 225–241.

Prideaux, B. (2000b). The role of transport in destination development. *Tourism Management*, 21(1), 53–64.

Prideaux, B. (2000c). The role of the transport system in the growth of coastal resorts – an examination of resort development in South East Queensland. Unpublished PhD Thesis, The Department of Tourism and Leisure Management, The University of Queensland, pp. 1–309.

Prideaux, B. (2000d). The Asian Financial Crisis and the Tourism Industry – Lessons for the Future. *Current Issues in Tourism*, 2(4), 279–293.

Prideaux, B. (2002). The Cybertourist. *The Tourist as a Metaphor of the Social World*, Dann, G. (ed.). CAB International, Wallingford (Oxon), pp. 317–339.

Prideaux, B. (2003). The need to use disaster planning frameworks to respond to major tourism disasters: analysis of Australia's response to tourism disasters in 2001. *Journal of Travel and Tourism Marketing*, 15(4), 281–298.

Prideaux, B. (2004). The resort development spectrum: the case of the Gold Coast Australia. *Tourism Geographies*, 6(1), 26–59.

Prideaux, B. (2006). Responding to climate change: a case study using scenarios to explore options for destination response, 2006 ATLAS Conference, 5-6 December 2006, University of Otago (available on CD ROM).

Prideaux, B. (2008). The role of visitor attractions in peripheral areas. In: Fyall, A., Garrod, B., Leask, A., and Wanhill, S. (eds.). Managing Visitor Attractions (pp. 80–94). Heinemann: Butterworth.

Prideaux, B., Croswell, M., and Ng, W. Y. (2007). *Norfolk Island Visitor Survey 2002*, James Cook University, Cairns.

Prideaux, B., Coghlan, A., and McKercher, B. (2009, Februaury). Identifying indicators measure the tourists' views on climate change. *CAUTHE 2009: See Change: Tourism and Hospitality in a Dynamic World*, Carlsen, J., Hughes, M., Holmes, K., and Jones, R. (eds.). Promaco Conventions PTY ltd, Fremantle.

Prideaux, B., and Falco-Mammone, F. (2007). *Economic Values of Tourism in the Wet Tropics World Heritage Area*, Cooperative Research Centre for Tropical Rainforest Ecology and Management, James Cook University pp. 1–64.

Prideaux, B., and Laws, E. (2007). Reflections and Future Research Priorities. *Crisis Management in Tourism*, Laws, E., Prideaux, B., and Chon, K. (eds.). CABI, Wallingford, pp. 375–388.

Prideaux, B., and Master, H. (2001). Health and safety issues effecting international tourists in Australia. *Asia Pacific Journal of Tourism*, 6(2), 24–32.

Prideaux, B., and Tao, Y. (2005). Developing ecotourism in Yunnan: the key role of education in achieving long-term sustainability. *ASEAN Journal on Hospitality and Tourism*, 4(1), 39–50.

Prideaux, B., Wei, S., and Ruys, H. (2001). The senior drive tour market in Australia. *Journal of Vacation Marketing*, 7(3), 209–219.

Prideaux, B., Laws, E., and Faulkner, B. (2003a). Events in Indonesia: exploring the limits to formal tourism trends forecasting methods in complex crisis situations. *Tourism Management*, 24(6), 475–487.

Prideaux, B., Laws, E., and Faulkner, B. (2003b). Events in Indonesia: exploring the limits to formal tourism trends forecasting methods in complex crisis situations. *Tourism Management*, 24(4), 511–520.

Prideaux, B., Laws, E., and Faulkner, B. (2003). Events in Indonesia: exploring the limits to formal tourism trends forecasting methods in complex crisis situations. *Tourism Management*, 24(4), 475–487.

Priestly, G., and Mundet, L. (1998). The post-stagnation phase of the resort cycle. *Annals of Tourism Research*, 25, 85–111.

Prosser, G. (1995). Tourist destination life cycles: progress, problems and prospects. *Proceedings of the National Tourism and Hospitality Conference 1995*, Shaw, R. (ed.). Bureau of Tourism Research, Canberra.

Quade, E. S. (1979). *Analysis for Public Decisions*, Elsevier, New York.

Quinn, B. (2005). Arts festivals and the city. *Urban Studies*, 42, 927–943.

Register, R. (1997), EcoCities Making Cities Sustainable is a Crucial Challenge.

Richardson, B. (1994). Crisis Management and the management strategy: time to ''loop the loop''. *Disaster Prevention and Management*, 3(3), 59–80.

Richmand, S., Cambon, M., Harper, D., and Watkins, R. (2004). Malaysia, Singapore and Brunei. Lonely Planet.

Ringland, G. (1998). *Scenario planning: managing for the future*, John Wiley.

Ritchie, B. W. (2004). Chaos, crises and disasters: a strategic approach to crisis management in the tourism industry. *Tourism Management*, 25, 669–683.

Robson, C. (1993). *The Qualitative Story*. Survey, Spring, 13–14.

Rogers, E. (1983). *Diffusion of Innovations*, (3rd edition). The Free Press.

Rogers, E. (1995). *Diffusion of Innovations*, (4th edition). The Free Press, New York.

Rolle, J. D. (1997). Estimation of Swiss railway demand with computation of elasticites. *Transportation Research Part E: Logistics and Transportation Review*, 33E(2), 117–128.

Rostow, W. W. (1960). *The Stages of Economic Growth: A Non Communist Manifesto*, Cambridge University Press, Cambridge.

Rovos Rail. (1996). Royos Rail Steam Safaris. Brochure produced by Rovos Rail, Pretoria, Republic of South Africa.

Russell, R., and Faulkner, B. (1998). Reliving the destination life cycle in Coolangatta. *Embracing and Managing Change in Tourism: International Case Studies*, Laws, E., Faulkner, B., and Moscardo, G. (eds.). Routledge.

Russell, R., and Faulkner, B. (1999). Movers and shakers: chaos makers in tourism development. *Tourism Management*, 20(4), 411–423.

Russo, A. (2002). The 'Vicious circle' of tourism development in heritage cities. *Annals of Tourism Research*, 29(1), 165–182.

Ryan, C. (2003). *Recreational Tourism: Demand and Impacts*, Channel View.

Samuelson, P. (1992). *Economics 3rd Australian Edition*, Mc Graw-Hill, Sydney.

Santana, G. (2003). Crisis management and tourism: beyond the rhetoric. *Journal of Travel and Tourism Marketing*, 15(4), 299–321.

Santana, G. (2007). *Tourism and Crisis Management*, Tauris and Co Ltd.

Santos, C., Belhassen, Y., and Caton, K. (2008). Reimagining Chinatown: an analysis of tourism discourse. *Tourism Management*, 29, 1002–1012.

Saremba, J., and Gill, A. (1991). Value conflicts in mountain park settings. *Annals of Tourism*, 18, 455–472.

Sathiendrakumar, R., and Tisdell, C. (1989). Tourism and the economic development of the Maldives. *Annals of Tourism Research*, 16(2), 254–269.

Scheyvens, R., and Momsen, J. (2008). Tourism and poverty reduction: Issues for Small Island States. *Tourism Geographies*, 10, 22–41.

Schmidt, P., and Berrell, M. (2007). Western and Eastern approaches to crisis management: some differences. *Crisis Management in Tourism*, Laws, E., Prideaux, B., and Chon, K. (eds.). CAB International, pp. 66–80.

Schultz, P. (2003). *1000 Places to See Before you Die: A Travelers' Life*, Workman Publication Company.

Schwartz, B. (1988). Forecasting and scenarios. *Handbook of Systems Analysis*, Miser, H.J., and Quade, E.S. (eds.). Wiley.

Schwartz, P. (1998). *The art of the long view: planning for the future in an uncertain world*, Wiley, Chichester.

Scott, D., McBoyle, G., and Mills, B. (2003). Climate change and the skiing industry in southern Ontario (Canada): exploring the importance of snowmaking as a technical adaptation. *Climate Change*, 23, 171–181.

Shaalan, I. (2005). Sustainable tourism development in the Red Sea of Egypt threats and opportunities. *Journal of Cleaner Production*, 13, 83–87.

Shah, J., and Nagpal, T. (1997). *Urban Air Quality Management Strategy in Asia: Kathmandu Valley Report*, World Bank Technical Paper, No. 378.

Shareef, R., and Hoti, S. (2005). Small Island tourism economies and country risk ratings. *Mathematics and Computers in Simulation*, 68, 557–570.

Shaw, G., and Agarwal, S. (2007). Introduction: the development and management of coastal resorts: a global perspective. *Managing Coastal Tourism Resorts: A Global Perspective*, Agarwal, S., and Shaw, G. (eds.). Channel View, pp. 1–21.

Shaw, G., and Williams, A. (1994). *Critical Issues on Tourism: A Geographical Perspective*. Oxford.

Shaw, G., and Williams, A., M. (2002). *Critical Issues in Tourism: A Geographical Perspective*. Blackwell Publishers Ltd.

Shields, M. (1975). Social impact studies. *Environment and Behaviour*, 7(3), 265–284.

Silver, B. L. (1998). *The Ascent of Science*, Oxford University Press, New York.

Simmons, D., and Becken, S. (2004). Ecotourism: the cost of getting there. *Case Studies in Ecotourism*, Buckley, R. (ed.). CAB International, pp. 15–23.

Singer, P., and Prideaux, B. (2004). Implications of demographic change for the development of tourism products and destinations. In European Academy of Bolzano (ed.) Shaping the Future of the Tourism and Leisure Industry – Proceedings of the 2nd Leisure Futures Conference, Bolzano, Italy, 10–12 November 2004, European Academy of Bolzano, Bolzano.

Singer, P., and Prideaux, B. (2005). Scenarios as a tool for identifying future tourism demand, 15th CAUTHE Conference, Alice Springs, 2–5 February, available on CD Rom.

Skolnick. A. (2007). The last nomads, on A Thai island, Moken Sea Gypsies live as they have lived for Centuries. *Islands, Special Issue: How to Run Away to Paradise*, 27(7), 37–40.

Smeral, E. (1998). The impact of globalisation on small and medium enterprises: new challenges for tourism policies in European countries. *Tourism Management*, 19(4), 371–380.

Smith, V. (1977). Introduction. *Hosts and Guests, The Anthropology of Tourism*, Smith, V.L. (ed.). University of Pennsylvania Press, Pennsylvania.

Smith, R. A. (1992). Beach resort evolution. *Annals of Tourism Research*, 19, 304–322.

Snoussi, M., and Aoul, E. H.T. (2000). Integrated coastal zone management program Northwest African Region case. *Ocean and Coastal Management*, 43, 1033–1045.

Soane, J. (1993). *Fashionable Resort Region: Their Evolution and Transformation*, AB International.

Soanne, J. (1992). The origin, growth and transformation of maritime resorts since 1840. *Built Environment*, 18, 12–26.

Soja, E. (1989). *Postmodern Geographies: The Reassertion of Sapce in Critical Social Theory*, Verso.

Somnez, S., Apostopoulos, Y., and Tarlow, P. (1999). Tourism in Crisis: managing the effects of terrorism. *Journal of Travel Research*, 38, 13–18.

Sontag, S. (1977). *On Photography*, Penguin Books, London.

Stabler, M. J. (1991). Modelling the tourist industry: a new approach. *The Tourism Industry an International Analysis*, Sinclar, M.T., and Stabler, M.J. (eds.). CAB International, Wellingford, pp. 15–44.

Stansfield, C. (1978). Atlantic City and the resort cycle: background to the legalisation of gambling. *Annals of Tourism Research*, 5, 238–251.

Steene, A. (1999). Risk management within tourism and travel – suggestions for research programs. *Tourizam*, 47(1), 13–18.

Stern, N. (2006). *The Economics of Climate Change The Stern Review*, Cambridge University Press.

Steutermann Rodgers, K. (2007). Discover experience the ultimate escape. *Islands, Special Issue: How to Run Away to Paradise*, 27(7), 18–20.

Stewart, G. (2008). *When Asia was the World*, Yale University Press, New Haven and London.

Stix, G. (2008). Traces of a distant past. *Scientific America*, July, 299, 38.

Stone, A., Chow, C., and Ho, R. (2008). *Hong Kong and Macau City Guide*, Lonely Planet Publications.

Stoppford, J., and Strange, S. (1991). *Rival States, Rival Firms: Competition for World Market Share*, Cambridge University Press.

Strapp, J. (1988). The resort cycle and second homes. *Annals of Tourism Research*, 15, 504–516.

Taplin, J. H.E. (1980). A coherence approach to estimates of elasticities in the vacation travel market. *Journal of Transport Economics and Policy*, 14, 19–35.

Taylor, C. J. (1983). Rail Passenger Transport in Australia; A Critical Analysis of the Network and Services. Unpublished PhD Thesis, Department of Regional and Town Planning: The University of Queensland.

Taylor, R., Mileham, L., Tindimugaya, C., Majugu, A., Muwanga, A., and Nakileza, B. (2006). Recent Glacial Recession in the Rwenzori Mountains of East Africa Due to Rising Air Temperature, *Geophysical Research Letters*, 33, L10402, doi: 10.1029/2006GL025962.(Mt Kenya glacier gone in 20 years).

Teye, V. B. (1992). Land Transportation and Tourism in Bermuda. *Tourism Management*, 13(4), 395–405.

The Macau Daily. (2008). 'I need a break' (advert), 3 April 2008, p. 3.

The Sunday Times Travel. (2008). Hip Cities 2008. *The Sunday Times Travel*. April.

Theobald, W. F. (1994). The Context, Meaning and Scope of Tourism. *Global Tourism: The Next Decade*, Theobald, W.F. (ed.). Butterworth-Heinemann.

Thurot, J. M. (1973). *Le Tourisme Tropical Balneaire:le modele caraibe et ses extensions*, Thesis, Centre d'Etudes du Tourisme, Aix-en-Provence.

Timothy, D. J. (2001). Benefits and costs of smallness and peripheral location in tourism: Saint-Pierre et Miquelon (France). *Tourism Recreation Research*, 26(3), 61–70.

Timothy, D. (2002). *Journal of Travel Research*, 41, 107–113.

Tol, R. (2007). The impact of a carbon tax on International tourism. *Transportation Research Part D: Transport and the Environment*, 12, 129–142.

Tooman, L. A. (1997). Applications of the life in cycle models in tourism. *Annals of Tourism Research*, 24(1), 214–234.

Torres, R. (2001). Toward a better understanding of tourism and agriculture linkages in the Yucatan: tourist food consumption and preferences. *Tourism Geographies*, 4(3), 282–306.

Torres, R. (2002). Cancun's tourism development from a Fordist spectrum of analysis. *Tourism Studies*, 2, 8–116.

Tourism Queensland. (2004b). *Developing & Marketing Tourism Drive Routes*. Tourism Queensland.

Tribe, J. (1997). The indiscipline of tourism. *Annals of Tourism Research*, 24(3), 638–657.

Turner, L., and Ash, J. (1975). *The Golden Hordes: International Tourism and the Pleasure Periphery*. Constable.

Turnock, D. (1990). Tourism in Romania rural planning in the Carpathians. *Annals of Tourism Research*, 17, 79–102.

United Nations (1994) Report of the Global Conference on the Sustainable Development of Small Island Developing States, United Nations. Retrieved http://www.un.org/documents/ga/conf167/aconfl67-9.htm.

United Nations General Assembly Resolution 47/186(A/RES/47/186, 25 February 1993.

UNWTO (2003). *Tourism 2020 Vision Vol. 7 Global Forecasts and Profiles of Market Segments*, UNWTO: Madrid.

Unwin, T. (1992). *The Place of Geography*, Longman, London.

Uriely, A., Aviad, A., and Reichel, A. (2002). Heritage proximity and resident attitudes toward tourism development. *Annals of Tourism Research*, 29, 859–861.

Urry, J. (1987). Some social and spatial aspects of services. *Environment and Planning: Society and Space*, 5, 5–26.

Urry, J. (1990). *The Tourist Gaze*, Sage.

Urry, J. (1995). *Consuming Places*, Routledge.

Urry, J. (2002). *The Tourist Gaze*, (2nd edition). Sage.

Usal, M., and Jurowski, C. (1994). Test the push and pull factors. *Annals of Tourism Research*, 21(4), 844–846.

Valaoras, G. (2000). Conservation and development in Greek Mountain Areas. *Tourism and Development in Mountain Regions*, Godde, P., Price, M., and Zimmermann, F. (eds.). CABI, Wallingford.

Vallega, A. (2003). The Coasta; cultural heritage facing coastal management. *Journal of Cultural Heritage*, 4, 5–24.

van der Heijden, K. (1996). *Scenarios: The Art of Strategic Conversation*, John Wiley & Sons.

van der Velde, M., Green, S., Vanclooster, M., and Clothier, B. (2007). Sustainable development in small island developing states: agriculture intensification, economic development, and freshwater resources management on the coral atoll of Tongatapu. *Ecological Economics*, 61, 456–468.

van Doorn, J. W.M. (1986). Scenario writing – a method for long-term tourism forecasting? *Tourism Management*, 7(1), 33–49.

Wack, P. (1985). Scenarios: shooting the rapids. *Harvard Business Review* 139–150.

Wall, G. (1982). Cycles and capacity. Incipient theory a conceptual contradiction? *Tourism Management*, 3(3), 188–192.

Wall. G. (1993). Towards a tourism typology. In: Nelson, J. G., Butler, R. N., and Wall, G. (eds.). *Tourism and Sustainable Development: Monitoring, Planning, Managing*, Department of Geography Publication Series Number 37, University of Waterloo.

Wall, G. (2000). Centre-periphery. *Encyclopaedia of Tourism*, Jafari, J. (ed.). Routledge, pp. 76.

Walsh, R. G., Sanders, L. D., and McKean, J. R. (1990). The consumption value of travel time on recreation trips. *Journal of Travel Research*, 24(1), 17–24.

Watkins, S., and Jones, C. (2006). *Unforgettable Journeys to take Before you Die*, BBC Books.

Weaver (1990).

Weaver, D. B. (1993). Grand Cayman island and the resort cycle concept. *Journal of Travel Research*, 29(2), 9–15.

Weaver, D. (1998a). Peripheries of the periphery tourism in Tobago and Barbuda. *Annals of Tourism Research*, 25, 292–313.

Weaver, D. (1998b). *Ecotourism in the Less Developed World*, CAB International.

Weaver, D. (2000). The exploratory war-distorted destination life cycle. *The International Journal of Tourism Research*, 2, 151–161.

Weiner, A. J., and Kahn, H. (1972). Crisis and Arms Control. *International Crises: Insights from Behaviour Research*, Hermann, C.F. (ed.). The Free Press, pp. 21.

Welford, R. (1999). Tourism and sustainable development: an analysis of policy and guidelines for managing provision and consumption. *Sustainable development*, 7(4), 165.

Wheatley, A. (2008). China Urged to Shift Urban Growth to Supercities, Reuters. Retrieved 28 March 2008. www.planetark.com/dailynewstory.cfm/newsid/47623/story.htm.

Whyte, and Prideaux. (2008). The growth in low-cost carrier services in Queensland: implications for regional tourism destinations. *Tourism Recreation Research*, 33, 59–66.

Wilkerson, P. F. (1987). Tourism in small island nations: a fragile dependence. *Leisure Studies*, 6, 127–146.

Williams, M. (1993). An expansion of the tourist site cycle model: the case of Minorea (Spain). *Journal of Tourism Studies*, 4(2), 24–32.

Williams, P., and Gill, A. (1999). A workable alternative to the concept of carrying capacity: growth management planning. *Tourism Development in Critical Areas*, Singh, T.V., and Singh, S. (eds.). Cognizant, pp. 51–64.

Williams, S., Bolitho, E., and Fox, S. (2003). Climate change in Australian tropical rainforests: an impending environmental catastrophe. *Proceedings of the Royal Society of London Series B*, 270, 1887–1893.

Wilson, I. (2000). From scenario thinking to strategic action. *Technological and Social Change*, 65, 23–29.

Windybank, S., and Manning, M. (2003). Papua New Guinea on the Brink, Issue Analysis, The Centre for Independent Studies, Vol. 30, 12 March 2003.

Witt, S. F. (1980). An Econometric Comparison of U.K. and German Foreign Holiday Behaviour. *Managerial and Decision Economics*, 1(3), 123–131.

Wong, P. P. (1986). Tourism development and resorts on the east coast of Peninsular Malaysia. *Singapore Journal of Tropical Geography*, 7, 152–162.

Wong, P. (1998). Coastal tourism development in Southeast Asia: relevance and lessons for coastal zone management. *Ocean and Coastal Management*, 38, 89–109.

WTO. (2002). *The Economic Impact of Tourism on the Islands of Asia and the Pacific: A Report on the WTO International Conference on Tourism and Island Economies*. Madrid: WTO.

WTO. (1996). *Tourist Safety and Security: Practical Measures for Destinations*. Madrid: World Tourism Organisation.

WTO (1998) *Handbook on Natural Disaster Reduction in Tourist Areas*. Madrid: World Tourism Organisation.

Yang, B-E. (2004). A Vision of Ecological Cities in South Korea, *In International*.

Yeoman, I. (2007). *Tomorrow's Tourist Scenarios and trends*, Elsevier, Oxford.

Yeoman, I., and McMahon-Beattie, U. (2005). Developing a scenario planning process using a blank piece of paper. *Journal of Vacation Marketing*, 5(3), 273–285.

Yeoman, I., Lennon, J., Blake, A., Galt, M., and Greenwood, U. (2007). Oil depletion: what does it mean for Scottish tourism? *Tourism Management*, 28, 1354–1365.

Yin, R. K. (1989). *Case Study Research-Design and Methods. Applied Science Research Series*, (5th revised edition). Sage Publications.

Yin, R. K. (1993). Applications of Case Study Research. Applied Social Research Methods Series. Vol. 34, Sage Publications.

Yin, R. K. (1994). *Case Study Research*, Sage Publications.

Yoon, A. (2007). GE Aviation. Virgin Atlantic 747 to test Biofuel in Early 2008. Retrieved 15 August 2008 www.planetrack.com/dailynewsstory.

Young, B. (1983). Touristization of traditional Maltese fishing-farming villages: a general model. *Tourism Management*, 4(1), 35–41.

Yu, L., and Goulden, M. (2006). A comparative analysis of international tourists' satisfaction in Mongolia. *Tourism Management*, 27, 1331–1342.

Yuan, S., and McDonald, C. (1990). Motivational determinates of International pleasure time. *Journal of Travel Research*, 24(1), 42–44.

Zillinger, M. (2007). Tourist routes: German car-tourists in Sweden. *Tourism Geographies*, 9, 64–83.

찾아보기

ㄱ

ㅅ

ㅇ